■2025年度高等学校受験用

山村学園高等学校

収録内容

★この問題集は以下の収録内容となっています。また、編集の都合上、解説、解答用紙を省略させていただいている場合もございますのでご了承ください。

（○印は収録、一印は未収録）

入試問題の収録内容			解説	解答	解答用紙
2024年度	単願・第1回	英語・数学・国語	○	○	○
	第2回	英語・数学・国語	○	○	○
	第3回	英語・数学・国語	—	○	○
2023年度	単願・第1回	英語・数学・国語	○	○	○
	第2回	英語・数学・国語	○	○	○
	第3回	英語・数学・国語	—	○	○
2022年度	単願・第1回	英語・数学・国語	○	○	○
	第2回	英語・数学・国語	○	○	○
	第3回	英語・数学・国語	—	○	○

★当問題集のバックナンバーは在庫がございません。あらかじめご了承ください。

●凡例●

【英語】

≪解答≫

〔　〕　①別解
　②置き換え可能な語句（なお下線は置き換える箇所が2語以上の場合）
　（例）I am〔I'm〕glad〔happy〕to ~

（　）　省略可能な言葉

≪解説≫

1，2…　本文の段落（ただし本文が会話文の場合は話者の１つの発言）

〔　〕　置き換え可能な語句（なお〔　〕の前の下線は置き換える箇所が２語以上の場合）

（　）　①省略が可能な言葉
　（例）「（数が）いくつかの」
　②単語・代名詞の意味
　（例）「彼（＝警察官）が叫んだ」
　③言い換え可能な言葉
　（例）「いやなにおいがするなべにはふたをするべきだ（＝くさいものにはふたをしろ）」

//　訳文と解説の区切り

cf.　比較・参照

≒　ほぼ同じ意味

【数学】

≪解答≫

〔　〕　別解

≪解説≫

（　）　補足的指示
　（例）（右図１参照）など

〔　〕　①公式の文字部分
　（例）〔長方形の面積〕＝〔縦〕×〔横〕
　②面積・体積を表す場合
　（例）〔立方体ABCDEFGH〕

∴　ゆえに

≒　約、およそ

【社会】

≪解答≫

〔　〕　別解

（　）　省略可能な語

＿＿　使用を指示された語句

≪解説≫

〔　〕　別称・略称
　（例）政府開発援助〔ODA〕

（　）　①年号
　（例）壬申の乱が起きた（672年）。
　②意味・補足的説明
　（例）資本収支（海外への投資など）

【理科】

≪解答≫

〔　〕　別解

（　）　省略可能な語

＿＿　使用を指示された語句

≪解説≫

〔　〕　公式の文字部分

（　）　①単位
　②補足的説明
　③同義・言い換え可能な言葉
　（例）カエルの子（オタマジャクシ）

≒　約、およそ

【国語】

≪解答≫

〔　〕　別解

（　）　省略してもよい言葉

＿＿　使用を指示された語句

≪解説≫

〈　〉　課題文中の空所部分（現代語訳・通釈・書き下し文）

（　）　①引用文の指示語の内容
　（例）「それ（＝過去の経験）が ～」
　②選択肢の正誤を示す場合
　（例）（ア，ウ…×）
　③現代語訳で主語などを補った部分
　（例）（女は）出てきた。

／　漢詩の書き下し文・現代語訳の改行部分

山村学園高等学校

所在地	〒350-1113 埼玉県川越市田町16-2
電　話	049-225-3565㈹
ホームページ	https://www.yamamuragakuen.ed.jp/
交通案内	東武東上線・有楽町線 川越市駅より徒歩5分　西武新宿線 本川越駅より徒歩8分 JR上尾駅西口よりスクールバスで約55分（JR桶川駅西口経由）

普通科

男女共学

くわしい情報はホームページへ

応募状況

年度	募集数	受験数		合格数	倍率
2024	特選　40名 特進　160名 総進　240名	単願	特選　9名	9名	1.0倍
			特進　48名	48名	1.0倍
			総進　179名	177名	1.0倍
		併願	特選　135名	134名	1.0倍
			特進　522名	521名	1.0倍
			総進　759名	743名	1.0倍
2023	特選　40名 特進　160名 総進　240名	単願	321名	320名	1.0倍
		併願①	1050名	1045名	1.0倍
		併願②	318名	305名	1.0倍
		併願③	178名	157名	1.1倍
2022	特選　40名 特進　120名 総進　240名	単願	315名	311名	1.0倍
		併願①	1143名	1139名	1.0倍
		併願②	381名	379名	1.0倍
		併願③	205名	201名	1.0倍

試験科目　（参考用：2024年度入試）

国語・数学・英語，書類を総合判定

校　訓

「質実」　素直な気持ち，感謝する気持ち
「英知」　高い知性とすぐれた創造力
「愛敬」　人を慈しみ，尊敬する心

教育方針

建学の精神「自立した個人の育成」を踏まえ，校訓「質実 英知 愛敬」を具現化するとともに，新しい価値を創造する人材を育成する。

特　色

〈探究学習〉１年次は川越のまちを，２年次は海外を訪問して調査を行い論文を完成させる。
〈国際教育〉海外研修旅行や国内での語学研修，また，海外進学をサポートする制度もある。
〈校内予備校〉外部予備校講師によるSGゼミ，本校教員によるYGゼミを開講している。

３コース

特別選抜SAコース：難関国公立・最難関私立大への一般入試での現役合格を目指す。SAコース専用の授業とリンクしたYGゼミで，実力をつける。

特別進学ELコース：難関私立大・海外大への現役合格を目指す。国際性と探究力を育む多彩なプログラムを展開する。海外への進学希望者のためのプログラムも設置している。

総合進学GLコース：四年制大学の一般選抜に対応できる実力を養成しつつ，多様な進路希望に対応する。学習と部活動・学校行事の両立を図る。

合格実績

◎2024年度・主な大学合格者数（2024年・春）
茨城大１名，お茶の水女子大１名，千葉大１名，筑波大１名，埼玉県立大１名，早稲田大１名，慶應義塾大２名，東京理科大11名ほか

編集部注一本書の内容は2024年6月現在のものであり，変更されている場合があります。正確な情報は，学校のホームページ等で必ずご確認ください。

出題傾向と今後への対策　英語

出題内容

	2024		2023		2022	
	単・1回	2回	単・1回	2回	単・1回	2回
大問数	6	6	6	6	6	6
小問数	40	40	40	40	40	40
リスニング	×	×	×	×	×	×

◎大問6題，小問40問である。長文読解は2題で，うち1題は対話形式で適文選択などの問題である。

2024年度の出題状況

《単願・第1回》

1 対話文完成―適文選択
2 適語(句)選択・語形変化
3 書き換え―適語(句)選択
4 整序結合
5 対話文完成―適文選択
6 長文読解総合―説明文

《第2回》

1 対話文完成―適文選択
2 適語(句)選択・語形変化
3 書き換え―適語(句)選択
4 整序結合
5 対話文完成―適文・適語(句)選択
6 長文読解総合―説明文

解答形式

《単願・第1回》　記　述／マーク／併　用

《第2回》　記　述／マーク／併　用

出題傾向

3年間で学ぶ基礎的な知識をまんべんなく問う内容となっている。設問は，長文読解，会話文，書き換え，整序結合が頻出である。長文読解は，説明文，エッセーなどが多く，教科書レベルで読みやすい内容である。設問は，適語選択，英問英答などである。整序結合は和文付きで重要構文や正確な文法知識が求められる。

今後への対策

不得意分野のないよう，基礎学力を身につけておくことが合格に直結する。そのために教科書の内容をきちんと理解し，基本例文は全て暗記してしまおう。次に，標準レベルの問題集を何度もこなして着実に基礎知識を身につけよう。最後は試験でケアレスミスをしないように過去問を解き，試験形式や時間配分に慣れておこう。

◆◆◆◆◆ 英語出題分野一覧表 ◆◆◆◆◆

分野			2022 単・1回	2022 2回	2023 単・1回	2023 2回	2024 単・1回	2024 2回	2025予想※ 単・1回	2025予想※ 2回
音声	放送問題									
	単語の発音・アクセント									
	文の区切り・強勢・抑揚									
語彙・文法	単語の意味・綴り・関連知識			●		●		●		◎
	適語(句)選択・補充		■	■	■	■	■	■	◎	◎
	書き換え・同意文完成		●	●	●	●	●	●	◎	◎
	語形変化		●	●	●	●	●	●	◎	◎
	用法選択									
	正誤問題・誤文訂正									
	その他									
作文	整序結合		■	■	■	■	■	●	◎	◎
	日本語英訳	適語(句)・適文選択								
		部分・完全記述								
	条件作文									
	テーマ作文									
会話文	適文選択		■	■	■	■	■	■	◎	◎
	適語(句)選択・補充							●		△
	その他									
長文読解	内容把握	主題・表題		●						△
		内容真偽	●	●	●	●	●	●	◎	◎
		内容一致・要約文完成			●				△	
		文脈・要旨把握			●				△	
		英問英答	●	●	●	●	●	●	◎	◎
	適語(句)選択・補充		●		●	●	●	●	◎	◎
	適文選択・補充									
	文(章)整序									
	英文・語句解釈(指示語など)			●						△
	その他									

●印：1～5問出題，■印：6～10問出題，★印：11問以上出題。
※予想欄　◎印：出題されると思われるもの。　△印：出題されるかもしれないもの。

出題傾向と今後への対策　数学

出題内容

2024年度　《単願・第１回》

[1]は計算を主とする問題５問。[2]は小問集合で，６問。[3]は関数で，放物線と直線に関するもの。[4]は平面図形で，円や平行線の性質について問うもの。[5]は空間図形で，立方体を切断してできた立体について問うもの。

《第２回》

[1]，[2]は小問集合で，計11問。[3]は空間図形で，正六角柱について問うもの。切断面についても問われた。[4]は関数で，放物線と直線に関するもの。[5]は関数で，２つの直角二等辺三角形が移動するときの重なった部分の面積に関する問題。

2023年度　《単願・第１回》

[1]は計算を主とする問題５問。[2]は小問集合で，６問。[3]は関数で，放物線と直線に関するもの。[4]は平面図形で，平行四辺形について問うもの。[5]は特殊・新傾向問題で，円を規則的に並べた図について問うもの。

《第２回》

[1]，[2]は小問集合で，計11問。「関数」の理解を問う問題もある。[3]は関数で，一次関数のグラフを利用した問題。[4]は空間図形で，正四面体について問うもの。[5]は平面図形で，長方形の内部を点が辺に当たりながら進む問題。

作…作図問題　証…証明問題　グ…グラフ作成問題

解答形式

《単願・第１回》	記　述／**マーク**／併　用
《第２回》	記　述／**マーク**／併　用

出題傾向

解答群の８個の選択肢（８個ではないこともある）の中から正解を１つ選び，マークする方式となっている。

前半が小問集合で，計算，方程式，関数，図形，確率などの各分野から，基礎～標準レベルの問題。後半は主に関数や図形の総合題。応用力を試すものも見られ，注意が必要。

今後への対策

まずは，教科書を使って，基礎を確実に身につけること。関数，図形が苦手な場合は，重点的に取り組みたい。基礎が身についたら，問題集などで徹底的に演習を重ねていこう。できるだけ多くの問題にあたり，いろいろな解法パターンを身につけることが大事。できなかった問題には印をつけて，後から必ず解き直すこと。

◆◆◆◆◆ 数学出題分野一覧表 ◆◆◆◆◆

分野	年度	2022 単・1回	2022 2回	2023 単・1回	2023 2回	2024 単・1回	2024 2回	2025予想※ 単・1回	2025予想※ 2回
数と式	計算，因数分解	★	★	★	★	★	★	◎	◎
	数の性質，数の表し方						●		△
	文字式の利用，等式変形				●				△
	方程式の解法，解の利用	●	●	●	●	■	■	◎	◎
	方程式の応用	●	●			●	●	◎	◎
関　数	比例・反比例，一次関数	●		●	★			◎	◎
	関数 $y=ax^2$ とその他の関数		★	■		★	★	◎	◎
	関数の利用，図形の移動と関数				●		★		△
図　形	（平面）計　量	★	★	★	★	★	■	◎	◎
	（平面）証明，作図								
	（平面）その他		●						
	（空間）計　量	★	★		★	★	■	△	◎
	（空間）頂点・辺・面，展開図						●		△
	（空間）その他								
データの活用	場合の数，確率	●	●	●	●	●	●	◎	◎
	データの分析・活用，標本調査			●				△	
その他	不 等 式								
	特殊・新傾向問題など			★	●			△	△
	融合問題								

●印：１問出題，■印：２問出題，★印：３問以上出題。
※予想欄　◎印：出題されると思われるもの。　△印：出題されるかもしれないもの。

出題傾向と今後への対策

国語

出題内容

2024年度《単願・第１回》

国語の知識　論説文　古文

課題文 ▶ 二國分功一郎『暇と退屈の倫理学』
三安楽庵策伝『醒睡笑』

《第２回》

国語の知識　論説文　古文

課題文 ▶ 二佐藤健太郎『炭素文明論』
三無住法師『沙石集』

2023年度《単願・第１回》

国語の知識　論説文　古文

課題文 ▶ 二酒井隆史『ブルシット・ジョブの謎』
三無住法師『沙石集』

《第２回》

国語の知識　論説文　古文

課題文 ▶ 二小林朋道『ヒトの脳にはクセがある』
三本居宣長『うひ山ぶみ』

解答形式

《単願・第１回》　記　述／マーク／併　用

《第２回》　記　述／マーク／併　用

出題傾向

現代文は，課題文には論説文が選ばれており，分量がかなり多い。出典は，著名な評論家や学者の作品が目立つ。設問は，15問程度付され，漢字と語句以外は全て内容理解に関するものである。古文は，課題文の分量は標準的で，設問は，８問程度付され，内容理解に関するもののほかに，古典文法や文学史について問われる。

今後への対策

現代文については，かなり長い論説文が課題文となっているので，問題集で練習するのはもちろんのこと，他にも，日頃から文庫や新書などを数多く読んで，長い文章でも論旨の展開を正確に追えるようにしておく必要がある。古文については，基本的なものでよいから，市販の問題集をやっておくのがよい。

◆◆◆◆◆ 国語出題分野一覧表 ◆◆◆◆◆

分野		年度	2022 単・1回	2022 2回	2023 単・1回	2023 2回	2024 単・1回	2024 2回	2025予想※ 単・1回	2025予想※ 2回
現代文	論説文 説明文	主題・要旨	●	●	●	●	●	●	◎	◎
		文脈・接続語・指示語・段落関係	●	●	●	●	●	●	◎	◎
		文章内容	●	●	●	●	●	●	◎	◎
		表現					●		△	
	随筆 日記 手紙	主題・要旨								
		文脈・接続語・指示語・段落関係								
		文章内容								
		表現								
		心情								
	小説	主題・要旨								
		文脈・接続語・指示語・段落関係								
		文章内容								
		表現								
		心情								
		状況・情景								
韻文	詩	内容理解								
		形式・技法								
	俳句 和歌 短歌	内容理解								
		技法								
古典	古文	古語・内容理解・現代語訳	●	●	●	●	●	●	◎	◎
		古典の知識・古典文法	●	●	●	●	●	●	◎	◎
	漢文	（漢詩を含む）								
国語の知識	漢字 語句	漢字	●	●	●	●	●	●	◎	◎
		語句・四字熟語	●	●	●	●	●	●	◎	◎
		慣用句・ことわざ・故事成語	●	●	●	●		●	◎	◎
		熟語の構成・漢字の知識								
	文法	品詞								
		ことばの単位・文の組み立て								
		敬語・表現技法								
	文学史		●	●	●	●	●	●	◎	◎
作文・文章の構成・資料										
その他										

※予想欄　◎印：出題されると思われるもの。　△印：出題されるかもしれないもの。

合格を勝ち取るための

本書の使い方

本書に掲載されている過去問をご覧になって，「難しそう」と感じたかもしれません。でも，大丈夫。ほとんどの受験生が同じように感じるのです。高校入試の出題範囲は中学校の定期テストに比べて広いですし，残りの中学校生活で学ぶはずの，まだ習っていない内容からも出題されているかもしれません。

ですから，初めて本書に取り組む際には，点数を気にする必要はありません。点数は本番で取れればいいのです。

過去問で重要なのは「間違えること」です。自分の弱点を知るために，過去問に取り組むのです。当然，間違った問題をそのままにしておいては意味がありません。

本書には，長年にわたって高校受験に関わってきたベテランスタッフによる詳細な解説がついています。間違えた問題は重点的に解説を読み，何度も解きなおしてください。時にはもう一度，教科書で復習するのもよいでしょう。

別冊として，抜き取って使える解答用紙を収録しました。表示してあるように拡大コピーをとれば，実際の入試と同じ条件で，何度でも過去問に取り組むことができます。特に記述問題では解答欄の大きさがヒントになる場合があります。そうした，本番で使える受験テクニックの練習ができるのも，本書の強みです。

前のページにある「出題傾向と今後への対策」もよく読んで，本校の出題傾向に慣れておきましょう。

2024年度　山村学園高等学校（単願・第1回）

【英　語】（50分）〈満点：100点〉

1　次の対話文の受け答えとして，[1]～[5]に入る最も適当なものをそれぞれ一つずつ選び，その番号をマークしなさい。［マークシート解答番号[1]～[5]］

問1　A：Don't you like tomatoes?
　B：[1] I don't like the taste of them.
　A：I will eat these for you, then.
① Yes, I do.　② I don't mind.
③ So do I.　④ No, I don't.

問2　A：How did you solve this math question?
　B：It was not so difficult.　Do you want me to explain?
　A：Yes, please.　[2]
① Certainly not.　② That would be great!
③ No, I'm good.　Thanks.　④ I can show you how to do it.

問3　A：Can you do me a favor?
　B：Sure.　[3]
　A：I want you to make dinner tonight.
① I'm listening.　② I don't have time to hear that.
③ Just like that.　④ Of course not.

問4　A：Could you tell me how to get to the post office?
　B：Go straight and turn left at the second corner.　[4]
　A：Thank you so much.
① You cannot miss it.
② I'll take you to the station.
③ I am not familiar with this area.
④ I would appreciate it.

問5　A：Hello, this is Yamamura High.　How can I help you?
　B：This is Tom Williams.　Could I speak to Mr. Smith?
　A：He is in a meeting now.　[5]
　B：No, I will call him back, then.　Thanks anyway.
① Who's calling?
② The line isn't busy.
③ Here you go.
④ Would you like to leave a message?

2　次の[6]～[15]に当てはまる最も適当なものをそれぞれ一つずつ選び，その番号をマークしなさい。［マークシート解答番号[6]～[15]］

問1　Mr. Brown drives his new car very [6].
① care　② careful　③ careless　④ carefully

問2　I wish I [7] my dog's feelings.　He is always barking at night.

①　know　②　knew　③　knowing　④　known

問3　She [8] in the sun for two hours.

①　is sitting　②　is sit　③　has sit　④　has been sitting

問4　I'd like a lemonade with [9] ice in it, please.

①　any　②　many　③　some　④　another

問5　Our baby didn't get much sleep.　We didn't, [10].

①　so　②　too　③　either　④　neither

問6　The teacher asked Tom [11] in the library after school.

①　has read　②　reads　③　to read　④　reading

問7　Would you mind [12] the window ?

①　close　②　closing　③　to close　④　closed

問8　Maria has already eaten her lunch, but I'm saving [13] until later.

①　my　②　me　③　mine　④　myself

問9　I have lived here [14] I was fifteen years old.

①　for　②　since　③　while　④　when

問10　These flowers are all dry.　Please give me some fresh [15].

①　one　②　ones　③　it　④　them

3　次の各組の英文がほぼ同じ内容を表すように，[16]～[20]に当てはまる最も適当なものをそれぞれ一つずつ選び，その番号をマークしなさい。［マークシート解答番号[16]～[20]］

問1　
{ She said to him, "You cannot do that."
{ She [16] him that he could not do that.

①　spoke　②　told　③　asked　④　talked

問2　
{ We will hold the birthday party for my father next week.
{ The birthday party for my father will [17] next week.

①　hold　②　held　③　be hold　④　be held

問3　
{ I used to play basketball in the park.
{ I [18] play basketball in the park.

①　could　②　might　③　would　④　should

問4　
{ No other student in my school is as tall as Jim.
{ Jim is [19] than any other student in my school.

①　the tallest　②　so tall　③　as tall　④　taller

問5　
{ He has been sick for one week, so he cannot come to the party.
{ He cannot come to the party [20] he has been sick for one week.

①　if　②　when　③　though　④　because

4　次の日本文の意味を表すように，それぞれ下の語(句)を並べ替えて空所を補い，英文を完成させなさい。解答は[21]～[30]に入れるものの番号のみをマークしなさい。ただし，文頭に来る語(句)も小文字にしてあります。［マークシート解答番号[21]～[30]］

問1　ジャズはトムが最も好きな音楽です。

Jazz ＿＿ ＿＿ [21] ＿＿ ＿＿ ＿＿ [22] ＿＿.

① best　② the　③ music　④ of
⑤ is　⑥ all　⑦ Tom　⑧ likes

問２　博物館のチケットを買うために，どこに行けばいいかわかりますか。

＿＿ ＿＿ ＿＿ [23] ＿＿ ＿＿ ＿＿ ＿＿ [24] the museum？

① a ticket　② do　③ know　④ for　⑤ go
⑥ to buy　⑦ you　⑧ to　⑨ where

問３　10キロ走り終えるのに，どのくらいの時間がかかりましたか。

＿＿ ＿＿ ＿＿ [25] ＿＿ ＿＿ [26] ＿＿ ＿＿ 10 km？

① how　② finish　③ you　④ it　⑤ take
⑥ running　⑦ long　⑧ to　⑨ did

問４　先週借りた本は難しかった。

＿＿ [27] ＿＿ ＿＿ ＿＿ [28] ＿＿.

① the book　② difficult　③ borrowed　④ last week
⑤ was　⑥ I　⑦ which

問５　明日晴れなら，彼女は家族でキャンプに行くつもりです。

She ＿＿ ＿＿ [29] ＿＿ ＿＿ ＿＿ ＿＿ [30] ＿＿ tomorrow.

① is　② will　③ her family　④ camping　⑤ fine
⑥ it　⑦ go　⑧ if　⑨ with

5　次の英文を読み，話の流れに合うように [31] ～ [35] に入る最も適当なものをそれぞれ一つずつ選び，その番号をマークしなさい。［マークシート解答番号 [31] ～ [35] ］

Theresa：Finally I've finished the math homework！ How about you, Yuki？
Yuki：I've almost done the physics report. [31]
Theresa：Wow, you did a great job！ I didn't think it would take so long to finish it. What time is it now？
Yuki：It's around three.
Theresa：We've spent such a long time on it. [32]
Yuki：I agree. We've done enough. Why don't you have something to eat？ Look, I just made these this morning.
Theresa：I'd love to, thanks. What are they called？
Yuki：They are called *ohagi*.
Theresa：[33] They are sweet rice balls, right？
Yuki：You're right. Which would you like？ These are bean-paste, and those are *zunda*-flavored.
Theresa：Let me see . . . I'll try the green one first. Mmm . . . this is so yummy！ [34]
Yuki：They are originally from Miyagi and made from green soybeans. *Zunda*-flavored desserts are becoming popular these days.
Theresa：I didn't know that. [35] I've heard of *hōjicha*.
Yuki：*Hōjicha* sweets are also becoming common now. Perhaps you can try some at coffee shops.
Theresa：Interesting！ I'll check it out.

問１ [31]

① Did you finish it ?　② Can I have a look ?
③ Will you finish it ?　④ Would you have a look ?

問2 [32]
① I think we should take a break.
② I think we can continue.
③ I don't think we can finish it.
④ You don't look tired.

問3 [33]
① Have you heard of them ?
② You are not familiar with Japanese sweets.
③ I'm not interested.
④ Yeah, I've heard of them.

問4 [34]
① Who made them ?　② Have you tried it ?
③ Tell me about *zunda*.　④ Does it taste nice ?

問5 [35]
① Are rice balls common in Japan ?
② Are there any other popular flavors ?
③ Where can we eat *zunda* sweets ?
④ Have you eaten *matcha* sweets ?

6 次の英文を読み，以下の設問に答えなさい。［マークシート解答番号 [36] ～ [45] ］

Robots are machines that can do tasks and interact with the world around them. They come in various shapes and sizes, from small robots that can fit in your hand to large robots used in factories. Robots can be controlled by humans or work automatically by using sensors and programming. They have become an important part of our lives and help us in many ways, from cleaning our homes to helping in hospitals.

Robots [36] in different industries for many years. In the automobile industry, robots are used to build cars, do jobs with metal, and paint vehicles. They can complete these tasks quickly and carefully and help to improve the manufacturing processes. Robots are also used in healthcare to assist with *surgeries, deliver medicine, and help *patients relax.

The development of robots is a continuing process, and new advancements are made regularly. Scientists and engineers are continuously working to make robots smarter and more useful. They are using artificial intelligence and *machine learning to enable robots to learn from their experiences and change for different situations. [37] [[1] possibilities [2] in various fields [3] to [4] robots [5] this [6] assist [7] for [8] opens], including agriculture, and space research.

Robots can be found in our daily lives, even in our homes. Robotic vacuum cleaners help to keep our floors clean, and robot assistants can answer questions, play music, and control smart devices. These robots make our lives more convenient and allow us to focus on other tasks. As [38] as these things, robot toys provide information and opportunities for children to grow and to use their imaginations.

Robots have the potential to make a positive impact on society. They can assist in *disaster situations and do tasks that are too dangerous for humans. Robots are also used in scientific research and *explore [39] environments that are inaccessible to humans, such as deep oceans or high mountains. By doing these tasks, robots let humans focus on more creative and complex jobs and advance our society.

＊ surgeries 手術　patients 患者　machine learning 機械学習
　disaster situations 被災状況　explore 探索する

問１　空欄 [36] に入る最も適当なものを一つ選び，その番号をマークしなさい。

①　used　②　are using　③　have used　④　have been used

問２　下線部 [37] の［　］の語（句）を以下の日本文に合うように正しい語順に並べ替えるとき，４番目と６番目に来る語（句）の組み合わせとして最も適当なものを選び，その番号をマークしなさい。ただし，文頭に来るべき語（句）も小文字にしてあります。

「このことが，ロボットが様々な分野で支援する可能性を広げる」

①　[4]－[6]　②　[7]－[3]　③　[1]－[3]　④　[1]－[6]

問３　空欄 [38] に入る最も適当なものを一つ選び，その番号をマークしなさい。

①　good　②　well　③　soon　④　early

問４　空欄 [39] に入る最も適当なものを一つ選び，その番号をマークしなさい。

①　rich　②　comfortable　③　risky　④　respectable

問５　本文の内容に一致するものを一つ選び，その番号をマークしなさい。[40]

①　ロボットは人間によって操作され，自動で動くことはできない。
②　ロボットは医療の現場でも使われており，患者の診察もできるようになった。
③　ロボットが自分の経験から学び，様々な状況に合わせて適応できるように科学者やエンジニア達は研究をしている。
④　ロボットのおもちゃは子供を楽しませるだけでなく，子供の主体性も高めてくれる。

以下の設問で最も適当なものをそれぞれ一つずつ選び，その番号をマークしなさい。

問６　What are robots ?　[41]

①　Machines that can do tasks and interact with the world
②　Mysterious creatures with magical powers
③　Animals with artificial intelligence
④　Vehicles used for transportation

問７　In which industry are robots commonly used to assemble and paint cars ?　[42]

①　Aerospace　②　Entertainment　③　Automobile　④　Food service

問８　According to the passage, in which area are robots developed to assist with tasks ?　[43]

①　Cooking　②　Entertainment　③　Chemistry　④　Farming

問９　What is one way robots are used in homes ?　[44]

①　Gardening　②　Cleaning floors
③　Walking pets　④　Playing musical instruments

問10　According to the passage, in what way can robots make a positive impact on society ?　[45]

①　Creating art
②　Exploring outer space
③　Completing dangerous tasks
④　Cooking gourmet meals

【数　学】（50分）〈満点：100点〉

（注意）　分度器，定規，コンパス等は使用禁止です。

1　次の $\boxed{1}$ から $\boxed{5}$ に適するものをそれぞれの解答群の中から選びなさい。

問１　$(-2)^2-4\div\dfrac{5}{2}\div\left(-\dfrac{8}{10}\right)=\boxed{\ 1\ }$

$\boxed{1}$ の解答群

①　-4　②　0　③　$\dfrac{1}{2}$　④　2　⑤　6　⑥　$\dfrac{68}{25}$　⑦　8　⑧　12

問２　$(\sqrt{75}-3\sqrt{5})(\sqrt{20}+\sqrt{27})=\boxed{\ 2\ }$

$\boxed{2}$ の解答群

①　$-15+\sqrt{15}$　②　$15+\sqrt{15}$　③　$15+19\sqrt{15}$　④　$75+19\sqrt{15}$

⑤　$-15-\sqrt{15}$　⑥　$15-\sqrt{15}$　⑦　$15-19\sqrt{15}$　⑧　$75-19\sqrt{15}$

問３　$(-5x^3y)^2\times(xy^3)^3=\boxed{\ 3\ }$

$\boxed{3}$ の解答群

①　$25x^3y^7$　②　$25x^9y^9$　③　$10x^9y^{11}$　④　$10x^{18}y^{18}$

⑤　$-10x^3y^7$　⑥　$-5x^9y^9$　⑦　$25x^9y^{11}$　⑧　$25x^{18}y^{18}$

問４　$(5a+b)^2-(5a+2b)(5a-2b)=\boxed{\ 4\ }$

$\boxed{4}$ の解答群

①　$5ab-3b^2$　②　$10ab-3b^2$　③　$50a^2+10ab-3b^2$

④　$50a^2+5ab-3b^2$　⑤　$5ab+5b^2$　⑥　$10ab+5b^2$

⑦　$50a^2+10ab+5b^2$　⑧　$50a^2+5ab+5b^2$

問５　２次方程式 $-2x^2+5x=-1$ の解は $x=\boxed{\ 5\ }$ である。

$\boxed{5}$ の解答群

①　$\dfrac{5\pm\sqrt{17}}{2}$　②　$\dfrac{5\pm\sqrt{33}}{2}$　③　$\dfrac{5\pm\sqrt{17}}{4}$　④　$\dfrac{5\pm\sqrt{33}}{4}$

⑤　$\dfrac{-5\pm\sqrt{17}}{2}$　⑥　$\dfrac{-5\pm\sqrt{33}}{2}$　⑦　$\dfrac{-5\pm\sqrt{17}}{4}$　⑧　$\dfrac{-5\pm\sqrt{33}}{4}$

2　次の $\boxed{6}$ から $\boxed{11}$ に適するものをそれぞれの解答群の中から選びなさい。

問６　連立方程式 $\begin{cases}(x+2):y=1:2\\2x+y=5\end{cases}$ に対して，$x+y=\boxed{\ 6\ }$ である。

$\boxed{6}$ の解答群

①　$\dfrac{19}{4}$　②　$\dfrac{17}{4}$　③　$\dfrac{17}{5}$　④　$\dfrac{1}{5}$

⑤　$-\dfrac{19}{4}$　⑥　$-\dfrac{17}{4}$　⑦　$-\dfrac{17}{5}$　⑧　$-\dfrac{1}{5}$

問7　$x★y=(\sqrt{2}x-\sqrt{y})^2$ と定めるとき，$\left(\sqrt{2}★\frac{1}{4}\right)★8=$ $\boxed{7}$

$\boxed{7}$ の解答群

① $\frac{\sqrt{2}}{4}$　② $\frac{\sqrt{2}}{8}$　③ $\frac{\sqrt{2}}{16}$　④ $\frac{\sqrt{2}}{32}$

⑤ $\frac{1}{4}$　⑥ $\frac{1}{8}$　⑦ $\frac{1}{16}$　⑧ $\frac{1}{32}$

問8　$x=\frac{6}{\sqrt{2}}-2$ のとき，$x^2+4x=$ $\boxed{8}$

$\boxed{8}$ の解答群

① 10　② 12　③ 14　④ 16　⑤ 18　⑥ 20　⑦ 22　⑧ 24

問9　正六角形ABCDEFの３個の頂点を結んでできる直角三角形の個数は $\boxed{9}$ 個である。

$\boxed{9}$ の解答群

① 6　② 7　③ 8　④ 9　⑤ 10　⑥ 11　⑦ 12　⑧ 13

問10　半径２，中心角30°のおうぎ形OABがある。
半径OA上に点Cがあり，CAを直径とする半円がOBに接している。このとき，半円の面積は $\boxed{10}$ である。

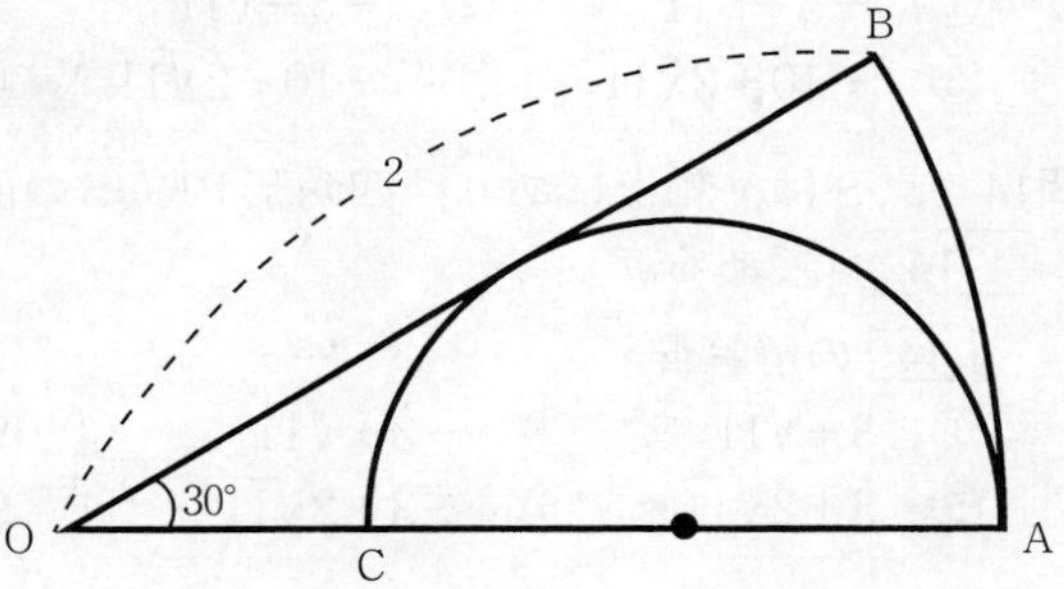

$\boxed{10}$ の解答群

① $\frac{2}{9}\pi$　② $\frac{4}{9}\pi$　③ $\frac{1}{2}\pi$

④ π　⑤ 2π　⑥ $\frac{9}{4}\pi$

⑦ 4π　⑧ $\frac{9}{2}\pi$

問11　外周の長さが3.2kmの公園がある。同じ地点からＰさんとＱさんが同時に出発してそれぞれ一定の速さでその公園の外周を移動する。ＰさんとＱさんが反対方向に移動した場合は20分後に初めて出会い，ＰさんとＱさんが同じ方向に移動した場合はＰさんが160分後にＱさんに追い付く。このとき，Ｑさんの速さは分速 $\boxed{11}$ mである。

$\boxed{11}$ の解答群

① 60　② 65　③ 70　④ 75　⑤ 80　⑥ 85　⑦ 90　⑧ 95

3

関数 $y=2x^2$ のグラフ上に2点P，Qがあり，点Pの x 座標は -1 である。点Qの x 座標は正の値であり，y 座標は点Pの y 座標の4倍である。PQを直径とする円と y 軸との2つの交点のうち，y 座標の小さい方の点をRとする。このとき，次の [12] から [14] に適するものをそれぞれの解答群の中から選びなさい。

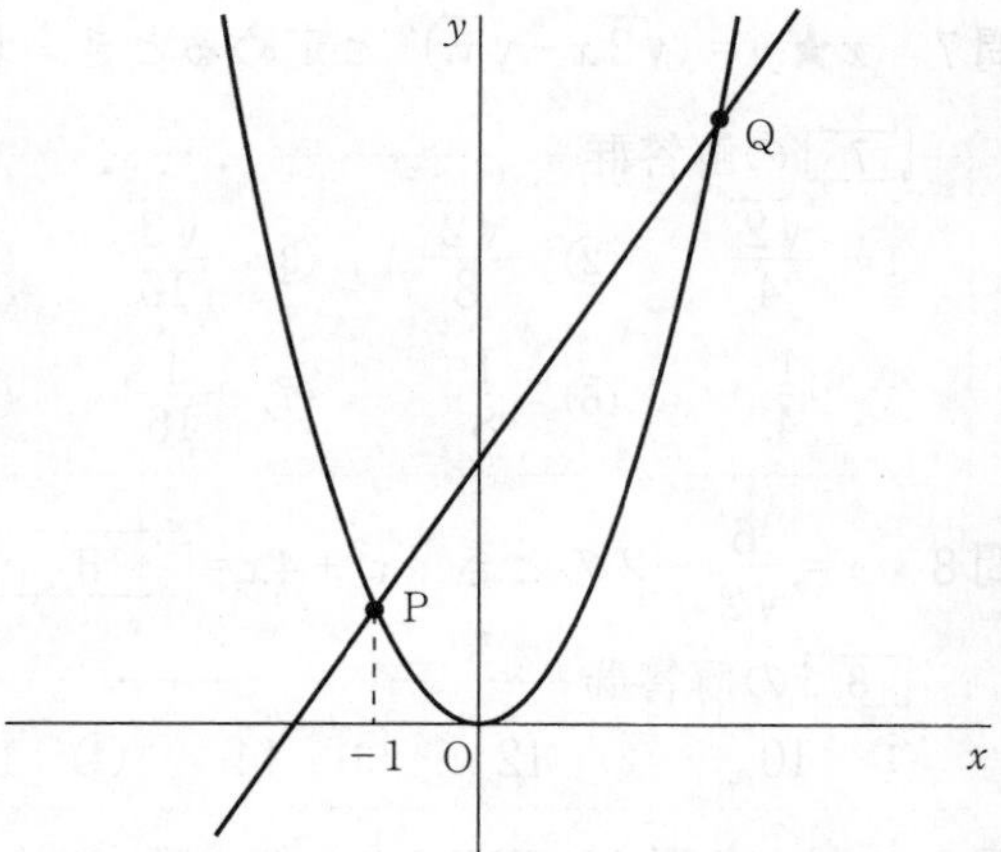

問12　点Qの x 座標は [12] である。

[12] の解答群

① $\frac{3}{2}$	② 2	③ $\frac{5}{2}$	④ 3
⑤ $\frac{7}{2}$	⑥ 4	⑦ $\frac{9}{2}$	⑧ 5

問13　点Rの y 座標は [13] である。

[13] の解答群

① $-5+\sqrt{11}$	② $-5-\sqrt{11}$	③ $5+\sqrt{11}$	④ $5-\sqrt{11}$
⑤ $-10+2\sqrt{11}$	⑥ $-10-2\sqrt{11}$	⑦ $10+2\sqrt{11}$	⑧ $10-2\sqrt{11}$

問14　点Sは y 軸上にあり，四角形PRQSの面積の二等分線が直線PQとなるとき，点Sの y 座標は [14] である。

[14] の解答群

① $3+\sqrt{11}$	② $-3+\sqrt{11}$	③ $9+\sqrt{11}$	④ $9-\sqrt{11}$
⑤ $3+2\sqrt{11}$	⑥ $-3+2\sqrt{11}$	⑦ $9+2\sqrt{11}$	⑧ $9-2\sqrt{11}$

4

図のように，ABを直径とする半径5の円Oがある。円周上に $\overset{\frown}{AC}=\overset{\frown}{CB}$ となるような点C，$\angle ACD=60^\circ$ となる点Dをとる。また，Bから線分CDと平行な直線を引きADの延長との交点をEとし，線分ABと線分CDの交点をFとする。このとき，次の [15] から [17] に適するものをそれぞれの解答群の中から選びなさい。

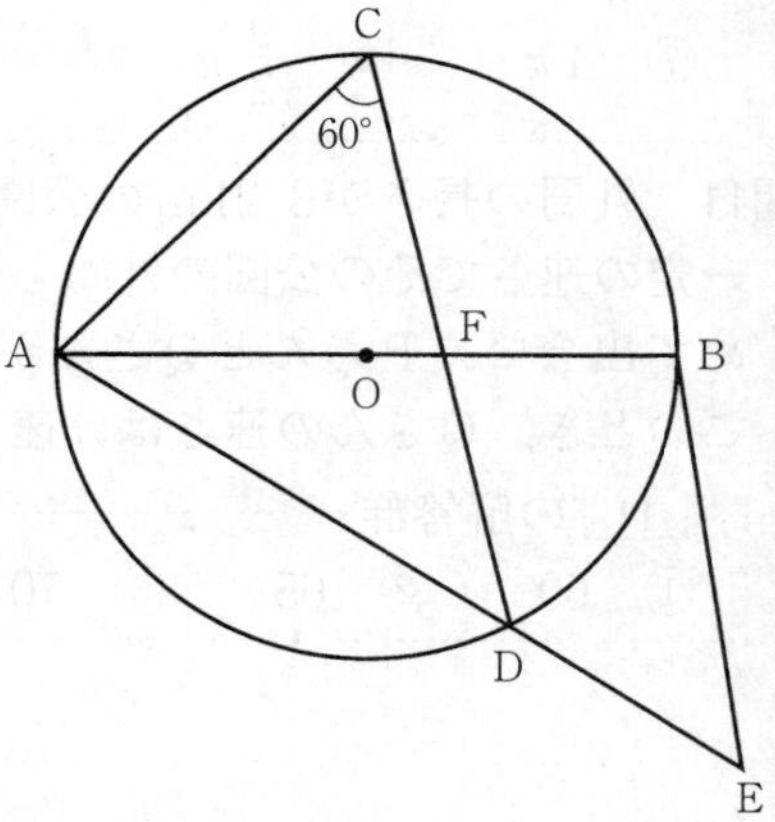

問15　$\angle ABE=$ [15] °である。

[15] の解答群

① 90	② 95	③ 100	④ 105
⑤ 110	⑥ 115	⑦ 120	⑧ 135

問16　△ABEの面積は [16] である。

[16] の解答群

① $\frac{50\sqrt{3}}{2}$	② $\frac{50\sqrt{3}}{4}$	③ $\frac{5+5\sqrt{3}}{2}$	④ $\frac{5+5\sqrt{3}}{4}$
⑤ $\frac{25+25\sqrt{3}}{2}$	⑥ $\frac{25+25\sqrt{3}}{4}$	⑦ $\frac{225}{2}$	⑧ $\frac{25\sqrt{3}-25}{2}$

問17　$\dfrac{AF}{FB}=\boxed{\quad 17 \quad}$ である。

$\boxed{17}$ の解答群

① $\sqrt{2}$　② $\dfrac{3}{2}$　③ $\sqrt{3}$　④ $\sqrt{3}+1$

⑤ $\sqrt{2}+1$　⑥ $\dfrac{8}{5}$　⑦ $\sqrt{3}-1$　⑧ $\dfrac{\sqrt{3}+1}{2}$

5　図のような一辺の長さが6の立方体ABCD－EFGHがある。辺FG，GHの中点をそれぞれM，Nとする。この立方体を3点A，M，Nを通る平面で切断し2つの立体に分けたとき切り口は五角形になる。この切り口と辺BF，DHとの交点をそれぞれP，Qとする。このとき，次の $\boxed{18}$ から $\boxed{20}$ に適するものをそれぞれの解答群の中から選びなさい。

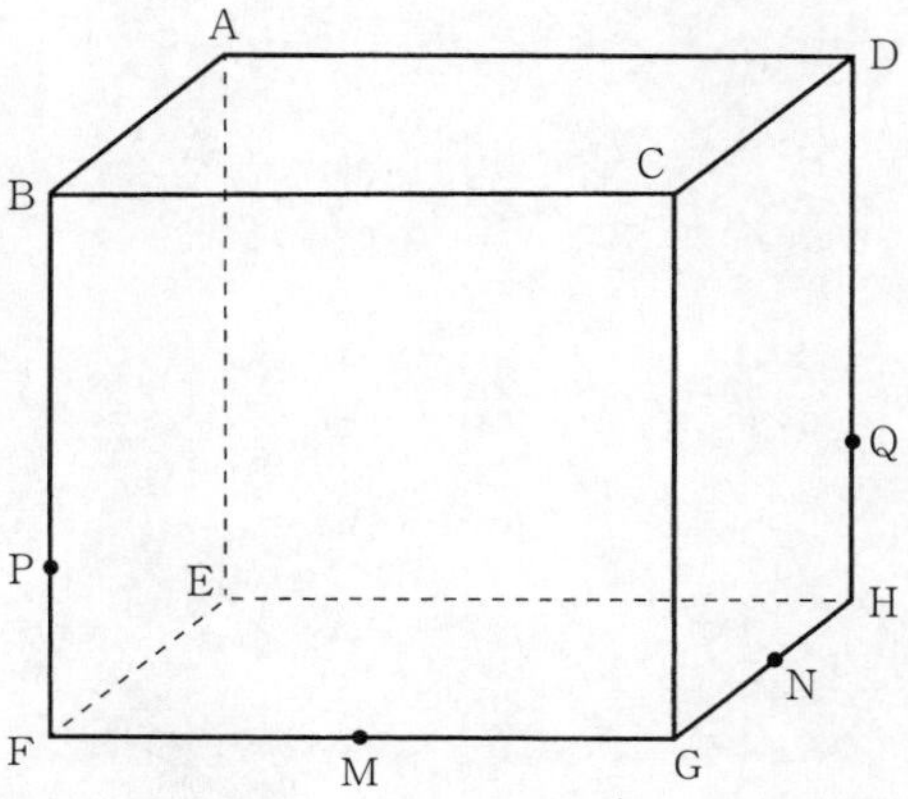

問18　MP＝ $\boxed{\quad 18 \quad}$ である。

$\boxed{18}$ の解答群

① 3　② 4　③ 5　④ $2\sqrt{2}$

⑤ $2\sqrt{3}$　⑥ $3\sqrt{3}$　⑦ $\sqrt{10}$　⑧ $\sqrt{13}$

問19　切断してできた2つの立体のうち，点Eを含む方の立体の体積は $\boxed{\quad 19 \quad}$ である。

$\boxed{19}$ の解答群

① 75　② 78　③ 81　④ 84　⑤ 87　⑥ 90　⑦ 93　⑧ 96

問20　点Eから五角形APMNQに垂線を下ろし，五角形APMNQとの交点をTとするとき，ET＝ $\boxed{\quad 20 \quad}$ である。

$\boxed{20}$ の解答群

① $\sqrt{17}$　② $\dfrac{\sqrt{17}}{3}$　③ $\dfrac{6\sqrt{17}}{17}$　④ $\dfrac{12\sqrt{17}}{17}$

⑤ $\dfrac{18\sqrt{17}}{17}$　⑥ $\dfrac{50\sqrt{17}}{51}$　⑦ $\dfrac{50\sqrt{17}}{153}$　⑧ $\dfrac{100\sqrt{17}}{153}$

① 徳川家康の優秀な家臣の中でも、板倉伊賀守は江戸町奉行としてそのタクエツした手腕に定評があった

② 板倉伊賀守が残した名言の中でも、「一滴舌上に通じて、大海の塩味を知る」はとくに有名である

③ 亭主は山伏の刀を借りて身なりを整え、国主の帰国の出迎えに行ったが、その外出中に徳政令が出た

④ 亭主と山伏の訴訟を家康がみごとな裁定で収めたので、板倉伊賀守は主君の力量にいたく感心した

問九 傍線a「多き」・b「作り」・c「いまだ」・d「なり」の品詞名を次の中からそれぞれ選びなさい。解答番号はaが47、bが48、cが49、dが50。

① 動詞　② 形容詞　③ 形容動詞　④ 名詞
⑤ 副詞　⑥ 連体詞　⑦ 助動詞　⑧ 助詞

なくてもいいという借金棒引きの政令
※流れ（流る）…金品の貸し手の所有権がなくなること
※出入り…訴訟
※大相国…太政大臣のこと。家康をさす
※御諚…おおせ。おことば
※御感…感心なさること

問一　傍線Ⅰ・Ⅱ・Ⅲ・Ⅳの口語訳として最も適当なものを後の中からそれぞれ選びなさい。解答番号は36〜39。

Ⅰ　奇なるかな妙なるかな　36
①　不思議なことだなあ　②　すばらしいことだなあ
③　変なことだなあ　④　物好きなことだなあ

Ⅱ　余は知りぬべきや　37
①　あとはきっと想像がつくはずだ
②　それ以外はわかるわけがない
③　私はよく知っているつもりだ
④　自分は知らなくて当然である

Ⅲ　さらさら返すまじき　38
①　すんなり返してはならない
②　ますます返すのは困難だ
③　まったく返すつもりはない
④　どうして返さないだろう

Ⅳ　造作もなき儀と存じ候　39
①　ほんとうのことだと思います
②　初めてのことだと思います
③　正解のないことだと思います
④　たやすいことだと思います

問二　傍線ア「この御代」より前の時代に成立した作品を次の中から一つ選びなさい。解答番号は40。
①　徒然草　②　雨月物語
③　曽根崎心中　④　東海道中膝栗毛

問三　傍線イ「富貴の人とても、へつらふ色もなく、貧賤の者とても、くだせる体なし」とありますが、これは板倉伊賀守のどのような態度を述べたものですか。最も適当なものを次の中から選びなさい。解答番号は41。
①　毅然　②　緻密　③　公平　④　温和

問四　傍線ウ「下向あり」とありますが、どこからどこへ向かったのですか。次の中から一つ選びなさい。解答番号は42。
①　江戸から京都へ　②　京都から江戸へ
③　越後から京都へ　④　越後から江戸へ

問五　傍線エ「幸ひ札の上にて亭主が借りたる刀を流し候はば、また山伏が借りたる家をも、みな山伏がに仕るべきものなり」とありますが、この裁定の説明として適当でないものを、次の中から一つ選びなさい。解答番号は43。
①　亭主が徳政令を盾に権利を主張するのをうまく逆手に取っている
②　あくまで法令に従いつつ人の気持ちや社会の道義にも配慮している
③　宿泊するという意の「宿を借りる」という表現をとんち的に利用している
④　山伏びいきの立場から亭主の論理の矛盾を徹底的に指摘している

問六　A　に当てはまる接続詞として最も適当なものを次の中から選びなさい。解答番号は44。
①　さるは　②　さても　③　されば　④　されども

問七　B　に当てはまる四字熟語として最も適当なものを次の中から選びなさい。解答番号は45。
①　大言壮語　②　単刀直入
③　当意即妙　④　以心伝心

問八　本文の内容と一致するものを次の中から一つ選びなさい。解答番号は46。

④　大型獣の狩猟に重点を置き、十分な食料を確保しながら、遊動生活を続けること

問十二　Ⅰ・Ⅱ に当てはまる語の組み合わせとして最も適当なものを次の中から選びなさい。解答番号は 33。

①　Ⅰ　植物性食料　Ⅱ　魚類　②　Ⅰ　有蹄類　Ⅱ　大型獣
③　Ⅰ　獣　Ⅱ　海藻　④　Ⅰ　小型獣　Ⅱ　海産

問十三　次の一文は本文中の《A》から《D》のどこに入りますか。後の中から選びなさい。解答番号は 34。

> 同じことが定住化についても言えよう。定住生活の条件がそろったからといって、一万年どころか何百万年も続けてきた遊動生活をやめて、おいそれと定住化することなどできるだろうか？

①　《A》　②　《B》　③　《C》　④　《D》

問十四　本文の内容に合致するものとして最も適当なものを次の中から選びなさい。解答番号は 35。

①　食料の生産技術と保存技術を向上させることによって、人類は長年の願いであった定住生活を実現することができた
②　慣れ親しんだ生活という観点が重要なので、最初から定住生活を始めていれば、遊動生活をせずに、現在までずっと定住生活のみで人類は生活してきたはずだ
③　一つの場所にとどまることができず、絶えず別のところに行かなければならないことは、大変な苦労を強いられることであり、遊動生活者たちは不利益を被っていた
④　人類はもともと遊動生活に適していたが、気候変動による食料事情の変化でやむなく定住生活をするようになり、結果として食料生産技術を獲得した

三　次の文章を読んで、後の問いに答えなさい。

従一位の右大臣征夷将軍※源家康公天下を治め給ふ。アこの御代に賢臣義士a多き中に、※板倉伊賀守《いがのかみ》、京都の所司代《しよしだい》として訟《うった》へを聞き、理非を決断せらるるに、イ富貴の人とても、へつらふ色もなく、貧賤の者とても、くだせる体《てい》なし。然る間、上下万民裁許を悦んで、Ⅰ奇なるかな妙なるかなと、讃嘆《さんだん》する人、ちまたに満てり。「一滴舌上《ぜつじやう》に通じて、大海の塩味《えんみ》を知る」とあれば、その金語のはしをいふに、Ⅱ余は知りぬべきや。

然る時、越後にて山伏宿を借りぬ。その節、※国主の迎ひに※亭も罷《まか》り出るに、かの山伏のさしたる刀、こしらへといひ、b作りといひ、世にすぐれたる物なるを借りて行き、cいまだ宿に帰らざる間に、※一国徳政の札立ちけり。さるほどに亭主帰りても、刀を返す事なし。山伏こらへかね、しきりにこふ。宿主返事するやう、「そちの刀、借りたる処、実正《じつしやう》なり。A　徳政の札立ちたる上は、この刀も※流れたるなり。Ⅲさらさら返すまじき」といふ。※出入りにdなりければ双方江戸に参り、※大相国御前《だいしやうこくおんまへ》の沙汰になれり。

そのみぎり板倉伊賀守ウ下向あり、御前にはんべられし。「この裁許いかに」と※御諚《ごぢやう》あるに、謹しんで、「Ⅳ造作もなき儀と存じ候《さうらふ》。エ幸ひ札の上にて亭主が借りたる刀を流し候はば、また山伏が借りたる家をも、みな山伏がに仕《つかまつ》るべきものなり」と申し上げられしかば、大相国※御感《ぎよかん》甚だしかりし。B　の下知なるかな。

（『醒睡笑』による）

※源家康…徳川家康のこと。「源」は家康の本姓
※板倉伊賀守…板倉勝重（一五四五～一六二四）。「伊賀守」は朝廷から与えられた官職
※国主…越後ほぼ一国の大名だった松平忠輝（一五九二～一六八三）。家康の六男
※亭…「亭主」に同じ。宿の主人のこと
※一国徳政…越後国全域を対象とした徳政令。徳政令は借りた金品を返さ

③ 食料生産技術をもたなかったから

④ 移動により快適な環境を維持できるから

問五 傍線2「遊動生活を行っていた人間は、定住したくても定住できなかったのだ」とありますが、一般にこのように考えられている理由として最も適当なものを次の中から選びなさい。解答番号は26。

① 畑を耕すなどして、時間をかけて食料を手に入れるのは大変なことだから

② 現在の人類の大半が定住生活をしており、その自らと同じ基準で判断しているから

③ 「いつの日か定住するぞ！」と願うだけで、具体的な行動が伴っていないから

④ 当時の人類の肉体的・心理的・社会的能力が遊動生活に適合していたと考えられているから

問六 X に入る語として最も適当なものを次の中から選びなさい。解答番号は27。

① 逆説的 ② 一時的 ③ 例外的 ④ 歴史的

問七 傍線3「食料生産技術をもたない定住生活者」の例として適当でないものを、次の中から選びなさい。解答番号は28。

① 北アメリカ北西海岸の諸民族

② 後期旧石器時代の列島の住人

③ 縄文時代の日本人

④ アイヌ

問八 傍線4「もろい偏見」とありますが、その内容として最も適当なものを次の中から選びなさい。解答番号は29。

① 稲作到来以前に定住生活が始まっていたこと

② 縄文時代の人々は食料生産を行っていなかったこと

③ 食料生産を定住生活の前提とすること

④ 食料生産は定住生活の結果であること

問九 傍線5「子どもや妊婦等々の存在をあげて遊動生活の困難を説くことはできないのである」とありますが、それはなぜですか。その理由として最も適当なものを次の中から選びなさい。解答番号は30。

① 移動は必ずしも毎日行われるわけではなく、距離もそれほど長くはないから

② 子どもを抱えて長距離を移動することは、とても大変なことだから

③ 妊婦など移動が困難な者に配慮する意識が、まだそれほど高くない社会だったから

④ ある場所にとどまっていては、食料が必ず足りなくなってしまうから

問十 傍線6「遊動生活を捨てざるを得ない事情」とありますが、その具体的な説明として最も適当なものを次の中から選びなさい。解答番号は31。

① 気候変動により、生活環境が変化し、食料の貯蔵が必要となったこと

② 何百万年にも渡る不都合な生活に、ついに耐えきれなくなったこと

③ 農業技術が進み、食料生産が一般的となり、土地への定着が当然となったこと

④ 遊動生活により、環境を汚染し、食料の確保が困難となったこと

問十一 傍線7「この生活戦略」とありますが、その内容として最も適当なものを次の中から選びなさい。解答番号は32。

① 大きな集団を形成し、集団の力で大型獣を狩り、獲物をみんなで分配して生活を維持すること

② アカシカやイノシシなど、捕まえやすい動物を集中的に狙い獲物とすること

③ 食べる物を植物性食料と魚類を中心にし、貯蔵技術と保存技術を向上させ定住を図ること

る大型獣の狩猟に重点を置いた生活に大きな打撃を与えたに違いない」。

狩猟が困難になれば、植物性食料か魚類へのｅイゾンを深める他ない。だが、温帯森林環境では、熱帯森林と異なり、[Ⅰ]のとれる量が季節によって大きく変動する。また、[Ⅱ]資源にイゾンするにしても、冬場は水域での活動が困難である。したがって、この地域で生活を続けるためには、貯蔵が必須《ひっす》の条件となる。そして貯蔵は移動を妨げる。貯蔵の必要に迫られた人類が、定住をヨｆギなくされたことがこうして想像できるのである。

（『暇と退屈の倫理学』より抜粋　作問の都合により一部省略　著者　國分功一郎）

※西田によれば…西田正規『人類史のなかの定住革命』による仮説

※「中緯度地域における温帯森林環境の拡大は、旧石器時代における大型獣の狩猟に重点を置いた生活に大きな打撃を与えたに違いない」…右記の西田の本からの引用

問一　傍線ａ・ｂ・ｃ・ｄ・ｅ・ｆのカタカナにあたる漢字と同じ漢字を用いているものを、それぞれ一つ選びなさい。解答番号は[12]〜[17]。

ａ　コウハイ　[12]
①　気分がコウヨウする
②　自分の意見をトウコウする
③　キンコウを破るヒットを打つ
④　コウヤを突き進む

ｂ　ハイセツ　[13]
①　優秀な人材をハイシュツする
②　ハイタ的な土地柄
③　ハイクの季語を考える
④　寺社をハイカンする

ｃ　トホウ　[14]
①　駅までトホで行く
②　来月トベイする予定である
③　話のイトが伝わらない
④　ゼントに希望を持つ

ｄ　サイシュウ　[15]
①　優れたサイカクの持ち主
②　支払いをサイソクする
③　サイヨウの通知を受ける
④　一国のサイショウとなる

ｅ　イゾン　[16]
①　イライを引き受ける
②　有力者のイコウを笠に着る
③　イフの念を抱く
④　販売業務をイタクする

ｆ　ヨギ　[17]
①　ギリ堅い人
②　ソウギに出席する
③　テキギ利用する
④　ギジ録を保管する

問二　波線①・②・③の語句は、本文の中でどのような意味で使われていますか。最も適当なものをそれぞれ選びなさい。解答番号は[18]〜[20]。

①　遡る　[18]
①　合計する
②　丁寧に数える
③　過去に立ち返る
④　省略する

②　山麓　[19]
①　山の下の方
②　山の頂上
③　山の中腹
④　山の連なり

③　インパクト　[20]
①　実害
②　不利益
③　困難
④　影響

問三　（ア）・（イ）・（ウ）・（エ）に当てはまる語を、次の中からそれぞれ選びなさい。（解答は重複しないこと。）解答番号は（ア）が[21]、（イ）が[22]、（ウ）が[23]、（エ）が[24]。

①　また
②　したがって
③　たとえ
④　なぜなら
⑤　むしろ
⑥　なお
⑦　ところが
⑧　つまり

問四　傍線１「人類は長きにわたり遊動生活を行ってきた」とありますが、なぜ人類は遊動生活を行ってきたのですか。その理由として最も適当なものを次の中から選びなさい。解答番号は[25]。

①　特定の地域を遊動する必要があったから
②　定住生活をする経済的基盤がなかったから

ことである。なぜなら日本の縄文文化が、3食料生産技術をもたない定住生活者たちによってはぐくまれた文化であることは、中学校の歴史の教科書にも書いてあることだからだ(稲作の到来時期については議論が盛んだが、いずれにせよ、稲作到来以前に定住生活が始まっていたことは疑い得ない)。

つまりこういうことだ。食料生産は定住生活の結果であって原因ではない。農業などの技術を獲得したから定住したのではなくて、定住したからその技術が獲得されたのだ。「遊動生活者は食料生産ができないから定住したくともできない」という見方は定住中心主義に強く拘束されている。そして、食料生産を定住生活の前提とする見方は、よく知られた事実(たとえば縄文時代の人々は定住していたが食料生産を行っていなかった)を考え直してみるだけですぐに崩れてしまう、4もろい偏見なのである。

遊動生活者は自然によってもたらされるものをdサイシュウして食料を確保する。もちろん資源には限りがあるから、ある場所にとどまっていては食料が不足する事態が必ず訪れる。その場合には生活の場所を移動する。

よく誤解されることだが、遊動民は一日中重たい荷物を背負って風に吹かれながら歩き続けているのではない。移動も毎日行われるわけではない。現在の遊動民についての研究では、移動は数百メートルほどだと言う(もちろん、もっと遠くまで移動する場合もあるだろうが)。5子どもや妊婦等々の存在をあげて遊動生活の困難を説くことはできないのである。

遊動生活を行っていれば、食料に困ることはない。むしろ、定住生活を行うと食料に困るのだ。人間はすぐに周囲の環境を汚染し、資源を使い尽くすからである。定住生活者は、(エ)、何らかの手段で食料を確保しなければならない。重要なのは貯蔵である。貯蔵の技術が発達すれば、食料のない時期にも飢えをしのげる。だが、場所によっては限界があるだろう。ここに、食料生産が促された原因がある。

そもそも具体的に考えてみて欲しい。ずっと移動しながら暮らしてきた人間が、慣れ親しんだ生活様式を捨ててまで、わざわざ天候などに大きく左右される食料生産という実験に乗り出したりするだろうか? 作物を育て収穫するまでには大変な時間がかかる。しかも極めて繊細な技術を必要とするため、一度にその技術を獲得することは不可能である。ならば、慣れ親しんだ6遊動生活を捨てざるを得ない事情があって定住生活を強いられた人たちが、苦労して食料生産という技術を獲得したと考えるのが妥当ではないだろうか?

定住中心主義的なものの見方によって、私たちは具体的に考えてみれば分かることすら想像できなくなっているのだ。

なぜ一万年前に中緯度帯で定住が始まったのだろうか?

この時期、足並みをそろえたかのように、ヨーロッパ、西アジア、日本など、ユーラシア大陸の各地に定住集落が現れていることを考古学が明らかにしている。※西田によればその背景には、氷河期から後氷期にかけて起こった気候変動と、それに伴う動植物環境の変化がある。

人類がもともと暮らしていた熱帯環境を出て中緯度帯へ進出したのは、およそ五〇万年前と考えられている。中緯度帯は、当時、寒冷であったため、草原や疎林《そりん》が広がっていた。そうした開けた環境では視界がきく。狩りの技術を発達させた人類は、主に槍《やり》を用いてウマやウシ、トナカイ、毛サイ、マンモス、洞穴グマなどの有蹄類《ゆうているい》を狩り、生活していたものと思われる。

だが、氷河期が終わりを告げた約一万年前、温暖化が進み、中緯度帯が森林化してくると、7この生活戦略は大きな変更を迫られる。温帯の森林が拡大してくれば、それまで狩っていた有蹄類は減少する。また、森林では百メートル先の獣を見出すことすら困難である。森に住む獣は、アカシカやイノシシなど、氷河期の大型獣から比べるといずれも小さな獣であって、それまでは有効であった槍も使えない。しかも、手に入れても肉は少ない。

※「中緯度地域における温帯森林環境の拡大は、旧石器時代におけ

範囲を通常の生活領域として遊動生活を送っていたと見られている。瀬戸内技法による石器が近畿・瀬戸内地方から遠く離れた新潟県や山形県で発見されたり、産地が特定できる黒曜石製の石器が産地から二、三百キロ以上離れた遺跡から発見されることがあることから、彼らがかなりの遠距離移動を行っていたことも分かっているという。縄文時代は約一万年前に始まる。日本列島でも約一万年前まではそのような遊動生活が行われていたのである。

　遊動生活は一般にこんな風に考えられてはいないだろうか。2遊動生活を行っていた人間は、定住したくても定住できなかったのだ、と。人間は本来は住む生き物だが、住むためにはさまざまな経済的基盤が必要になる。だから、そうした経済的基盤をまだ手に入れていない、発展途上の遅れた人間たちが非定住を強いられ、遊動生活を行っていたのだ、と。

　一つの場所にとどまっていられないなんて……。しょっちゅう別のところに行かなければならないなんて……。住むことに慣れている定住生活者なら、そう考えるのは当然だ。そして遊動生活者について、彼らは定住したくても定住できなかったのだと考えても当然だ。

　しかし、遊動生活者は、本当に、できることなら定住したいと考えていたのだろうか？

　定住のための経済的基盤と言うときに、真っ先に出てくるのは農業などの食料生産技術のことだろう。では、遊動生活者は、畑を耕すなど、時間をかけて食料を手に入れる技術を身につけていないために、仕方なく移動する生活をしていたのだろうか？

　すこし立ち止まって考えてみてもらいたい。人類は長い遊動生活の伝統のなかでホモ・サピエンスまで進化してきた。その人類が「いつの日か定住するぞ！」と願い続けてきたなどと考えられるだろうか？　何百万年も不都合な生活に耐えてきたなどと考えられるだろうか？

（ウ）こう考えた方がいいのではないか。人類の肉体的・心理的・社会的能力や行動様式は、むしろ遊動生活にこそ適している。だからこそ、何百万年もの間、遊動生活を続けてきた、と。

　現在、人類の大半は定住生活を行っている。そのために私たちは、定住中心主義とでも言える視点から人類史を眺め、遊動生活について価値判断を行ってしまう。住むことこそが人間の本来的な生活様式であると考えてしまう。《　A　》

　そうすると、人類の歴史の大部分は定住したくても定住できなかった歴史とみなされることになる。そして人類史は、どうやって定住生活が可能になったのかという視点から眺められることになるだろう。《　B　》

　しかし、定住する条件さえみたされれば人類はただちに定住するものだろうか？　たとえば、私たち定住民が遊動生活を始めることは極めて困難である。私たちはすでに一万年の定住生活の歴史をもち、それに慣れ親しんでしまっているからだ。《　C　》

既に確立された生活様式があるのに、進んでそれを放棄し、新しい生活様式をもとめるなどということは考えにくい。慣れ親しんだ生活様式を放棄することは大変な苦労を強いられる出来事であるからだ。するとこう考えてみることができるだろう。人類は定住生活を望んでいたが経済的事情のためにそれがかなわなかったのではない。遊動生活を維持することが困難になったために、やむを得ず定住化したのだ、と。

　これまでの人類史では食料生産の開始があまりにも強調されてきた。そのために定住の開始がもたらす③インパクトは十分に検討されてこなかった。

　定住には食料生産は必ずしも必要ない。実際、北アメリカ北西海岸の諸民族やアイヌなどは定住生活を行っているが、農耕民ではない。彼らは食料生産を行わず、主に漁撈《ぎょろう》活動によって定住生活を営んでいる。《　D　》

　食料生産を重視する見方では、彼らの生活様式を単に　X　なものとして片づけることしかできなかった。これは実に不思議な

二〇二四年度　山村学園高等学校（単願・第一回）

【国語】（五〇分）〈満点：一〇〇点〉

一　次の問いに答えなさい。

問一　後の漢字が間違っているものをそれぞれ一つ選びなさい。解答番号は1～4。

ア　1　①浪費　②渓谷　③蓄責　④陣容

イ　2　①堕落　②紛糾　③仲介　④深告

ウ　3　①卓悦　②綿密　③墜落　④謹厳

エ　4　①循環　②遠隔　③寛容　④評彰

問二　次の□に当てはまる漢字を後から選び、番号で答えなさい。解答番号は5～8。

ア　□和感（いわかん）　5
①異　②違　③維　④緯

イ　有頂□（うちょうてん）　6
①天　②点　③店　④添

ウ　□山子（かかし）　7
①安　②案　③菓　④花

エ　画□的（かっきてき）　8
①気　②機　③期　④奇

問三　A「拾得」、B「迂回」、C「質素」の対義語を次の中から選び、番号で答えなさい。解答番号はAが9、Bが10、Cが11。

①取捨　②退行　③蛇行　④遺失　⑤華美
⑥盛大　⑦損失　⑧直行　⑨栄華

二　次の文章を読んで、後の問いに答えなさい。

　サルや類人猿は他の動物たちと同様、あまり大きくない集団をつくり、一定の範囲内を移動して暮らしてきた。どれほど快適な場所であろうと、長く滞在すればaコウハイする。食料はなくなるし、bハイセツ物《ぶつ》で汚れてしまう。だが頻繁に移動すれば、環境を過度に汚染するのを防ぐことができる。汚染された環境もしばらくすれば元に戻る。時間が経《た》ったらまたそこに帰ってくればいい。

　このように移動しながら生きていく生活を遊動生活と呼ぶ。遊動生活は高い移動能力を発達させてきた動物にとって、生きるための基本戦略だった。

　さて、この遊動生活の伝統は人類にも受け継がれた。1人類は長きにわたり遊動生活を行ってきた。一所に定住することなく、大きな社会を作ることもなく、人口密度も低いまま、環境をコウハイさせぬままに数百万年を生きてきた。

　（ア）その生活様式があるときに大きく変わった。人類は一所にとどまり続ける定住生活を始めたのである。約一万年前のことだ。

　人類は約一万年前に、中緯度帯で、定住する生活を始めたことが分かっている。

　一万年と言うとcトホウもない長さに思えるかもしれない。けれども、仮に一世代を二〇年とすれば（つまり平均的な親子の年齢差を二〇歳とすれば）、一万年前とは五〇〇世代前のことにすぎない。親を五〇〇人ほど①遡るだけで一万年前に到達する。

　二足歩行する初期人類は遅くとも四〇〇万年前には出現したと考えられている。すると人類の歴史のなかで一万年とはどれほどの長さであろうか。四〇〇万年のうちの一万年は、四メートルのうちの一センチに相当する。（イ）、人類史の視点から見れば、人類が遊動生活を放棄し、定住生活を始めたのはつい最近のことだと言わねばならないのである。

　日本列島について言うと、縄文時代以前の後期旧石器時代、列島の住人たちは、②山麓《さんろく》や河川・湖岸沿いの一〇キロから二〇キロの

英語解答

1 問１ ④　問２ ②　問３ ①
問４ ①　問５ ④

2 問１ ④　問２ ②　問３ ④
問４ ③　問５ ③　問６ ③
問７ ②　問８ ③　問９ ②
問10 ②

3 問１ ②　問２ ④　問３ ③
問４ ④　問５ ④

4 問１ 21…③　22…④
問２ 23…⑨　24…④
問３ 25…④　26…⑧
問４ 27…⑦　28…⑤
問５ 29…④　30…①

5 問１ ④　問２ ①　問３ ④
問４ ③　問５ ②

6 問１ ④　問２ ②　問３ ②
問４ ③　問５ ③　問６ ①
問７ ③　問８ ④　問９ ②
問10 ③

1〔対話文完成―適文選択〕

問１．Ａ：トマトは好きじゃないの？／Ｂ：うん，好きじゃない。トマトの味が好きじゃないんだ。／Ａ：じゃあ，君の代わりに食べてあげるよ。//空所に続く発言から，Bはトマトが好きではない。「～しないのですか」という否定疑問文に対して「はい(～しない)」と返答する場合は，Yes ではなく No を使って答える。

問２．Ａ：この数学の問題をどうやって解いたの？／Ｂ：そんなに難しくなかったよ。説明しようか？／Ａ：頼むよ。それはうれしいな！//数学の問題の解き方について，BがAに説明しようと申し出ている。Yes, please. という発言から，Aはこの申し出を好意的に受け止めている。

問３．Ａ：お願いがあるんだけど。／Ｂ：いいよ。話を続けて。／Ａ：今夜夕食をつくってほしいんだ。//I'm listening. は「あなたの話は聞いていますよ，どうぞ続けてください」という意味で，相手の話を促すときに使われる表現。

問４．Ａ：郵便局へはどう行けばいいのか教えていただけませんか？／Ｂ：まっすぐ行って，２番目の角を左に曲がってください。見逃すことはないでしょう。／Ａ：どうもありがとうございました。//郵便局までの道を教えている。cannot〔can't〕には「～のはずがない」という意味がある。ここでの miss は「～を見逃す，～を見落とす」という意味。

問５．Ａ：はい，山村高校です。ご用件は何でしょうか？／Ｂ：トム・ウィリアムズと申します。スミス先生はいらっしゃいますか？／Ａ：今，会議中です。ご伝言を承りましょうか？／Ｂ：いや，それなら，かけ直します。とにかくありがとうございました。//この発言に対してBは No と返答し，かけ直すと言っていることから，Aは伝言を預かることを申し出たと判断できる。

2〔適語(句)選択・語形変化〕

問１．動詞 drive を修飾できるのは，副詞 carefully「注意深く」。care は「注意，世話」という意味の名詞，careful は「注意深い」という意味の形容詞，careless は「不注意な」という意味の形容詞である。　「ブラウンさんは新車をとても注意深く運転する」

問２．'I wish＋主語＋動詞の過去形…' は，「～であればいいのになあ」と'現在の事実に反する願望’や‘現在実現困難な願望’を表す(仮定法過去)。 「飼い犬の気持ちが理解できればいいのになあ。夜になるといつもほえているんだ」

問３．for two hours「２時間」から，ずっと座り続けていると判断できる。「ずっと〜している」という‘動作の継続’は通常，現在完了進行形(have/has been 〜ing)で表す。なお，‘have/has＋過去分詞’の現在完了形も「ずっと〜している」という意味を表すことがあるが，こちらは通常，‘状態の継続’を表す場合に使う。 「彼女は２時間ずっとひなたぼっこをしている」

問４．「氷」という意味のiceは‘数えられない名詞’。選択肢の中で，‘数えられない名詞’を修飾できるのは，someかanyだが，肯定文で使うanyは「どんな(〜でも)」を表し，ここでは意味が通らない。someは‘数えられない名詞’とともに使われた場合，「いくらかの，多少の」という意味を表し，日本語に訳す必要がないことが多い。 「氷入りのレモネードをください」

問５．否定文で「〜もまた…ない」という意味を表したい場合には，tooではなくeitherを使う。「私たちの赤ん坊はあまり眠らなかった。私たちもだ」

問６．‘ask＋人＋to 〜’で「〈人〉に〜するように頼む，要求する」という意味になる。「先生はトムに放課後図書室で読書するように要求した」

問７．Would you mind 〜ing? は「〜していただけませんか」と，ていねいにものを頼む表現。mindは動詞で，「〜を嫌がる，〜を気にする」という意味があり，この表現を直訳すると「あなたは〜するのが嫌ですか」となる。 「窓を閉めていただけませんか」

問８．ここでのsaveは「取っておく」という意味。「私」が取っておいているのは，文の前半の内容から，her lunchに対してmy lunch「私の昼食」と判断できる。これは１語でmine「私のもの」と表せる。 「マリアはもうお昼を食べたが，私は後で食べるために取っておいている」

問９．‘have/has＋過去分詞’の現在完了の文(‘継続’用法)。sinceは‘since＋過去の一時点’の形で「〜から，〜以来」という意味を表せる。 「私は15歳のときからずっとここに住んでいる」

問10．oneは，前に出た‘数えられる名詞’の繰り返しを避けるために用いられる代名詞。ここではflowersの代わりとなるので，複数形のonesが適切。itが前に出た名詞と全く同じもの(特定のもの)を指すのに対し，oneは同じ種類の不特定のものを指す。 「これらの花は全部ドライです。生花をください」

3 〔書き換え―適語(句)選択〕

問１．「彼女は彼に『あなたにはそれはできない』と言った」→「彼女は彼に，彼にはそれはできないと言った」 直接話法から間接話法への書き換え。‘tell＋人＋that 〜’で「〈人〉に〜と言う，伝える」という意味。

問２．「私たちは来週父の誕生日パーティーを開くつもりだ」→「来週父の誕生日パーティーが開かれる予定だ」 下の文では，主語が「父の誕生日パーティー」なので，‘be動詞＋過去分詞’の受け身の文にする。 hold－held－held

問３．「私はその公園でよく野球をしたものだ」 助動詞used toは「よく〜したものだ」という‘過去の習慣’を表せる。これは助動詞wouldを使っても同じような意味を表せる。

問４．「私の学校のどの生徒もジムほど背が高くない」→「ジムは私の学校の他のどの生徒よりも背が高い」 ‘No other＋単数名詞＋is as＋原級＋as 〜’「〜ほど…な―は他にない」の構文を，‘比較級＋than any other＋単数名詞’「他のどの―よりも…」の形に書き換える。 tall－taller－tallest

問５.「彼は１週間ずっと病気なので，パーティーに来ることができない」 上は接続詞 so「だから」を使って，‘理由’と‘結果’をつないだ文。下では空所以下が理由を表す文になっているので，‘理由’を表す接続詞 because を選ぶ。

4〔整序結合〕

問１. 文の骨格は「ジャズは音楽です」なので，まず，Jazz is the music. という文をつくる。「音楽」を修飾している「トムがもっとも好きな」は，「トムが全ての中で最も好きな」と考えて，Tom likes best of all とまとめ，the music の後に置く（music と Tom の間には，目的格の関係代名詞が省略されている）。また，ここでの best は副詞 well の最上級であるため，the は省略されている。 well－better－best Jazz is the music Tom likes best of all.

問２.「（あなたは）～がわかりますか」なので Do you know で始める。know の目的語となる「どこに行けばいいか」は‘疑問詞＋to不定詞’の形で where to go と表せる。「買うために」は to不定詞の副詞的用法を使って to buy とし，「～のチケット」は a ticket for ～の形で表す。 Do you know where to go to buy a ticket for the museum?

問３.‘It takes＋人＋時間＋to ～’「〈人〉が～するのに〈時間〉がかかる」を疑問文で使う。ここでは‘時間’にあたる部分を，疑問詞 how long「どのくらい」として文頭に置き，後は一般動詞の過去形の疑問文の語順（‘did＋主語＋動詞の原形…?’）にする。finish ～ing は「～することを終える」という意味。 How long did it take you to finish running 10 km?

問４. 文の骨格は「本は難しかった」なので，まず，The book was difficult. という文をつくる。「先週借りた本」は，The book を先行詞，which を目的格の関係代名詞として The book which I borrowed last week とまとめる。 The book which I borrowed last week was difficult.

問５.「～しに行く」は go ～ing で表せるので，go camping とする。「家族で」は「家族と一緒に」と読み換え，with her family とする。また，「もし～なら」は‘if＋主語＋動詞…’で表せるが，このような‘条件’を表す副詞節では，未来の内容であっても現在形で表す。 She will go camping with her family if it is fine tomorrow.

5〔対話文完成―適文選択〕

≪全訳≫❶テレサ（Ｔ）：やっと数学の宿題が終わった！ あなたはどう，ユキ？❷ユキ（Ｙ）：物理のレポートがだいたい終わったわ。31見てもらえる？❸Ｔ：わあ，とてもがんばったわね！ 終えるのにこんなにかかるなんて思っていなかったわ。今，何時なの？❹Ｙ：３時くらいよ。❺Ｔ：私たちはとても長い時間を使ってしまったわね。32休憩しましょうよ。❻Ｙ：そうね。私たちは十分がんばったものね。何か食べない？ 見て，これをちょうど今朝つくったの。❼Ｔ：ぜひいただくわ，ありがとう。それは何ていうの？❽Ｙ：おはぎよ。❾Ｔ：33そうだ，聞いたことがあるわ。甘いおむすびでしょ？❿Ｙ：そうそう。どっちがいい？ こっちがあんこで，そっちはずんだの味よ。⓫Ｔ：ええと…まず緑色のをいただくわ。うーん，とってもおいしい！ 34ずんだのことを教えて。⓬Ｙ：もとは宮城のもので，枝豆でできているのよ。ずんだ味のデザートが最近人気になっているわ。⓭Ｔ：それは知らなかったわ。35他に人気の味ってある？ 私，ほうじ茶のことを聞いたことがあるの。⓮Ｙ：今，ほうじ茶スイーツも一般的になってきているわね。ひょっとすると，喫茶店で食べられるかもしれないわよ。**15** T：興味深いわ！　チェックしてみる。

<解説>問１．直後のテレサの発言から，ユキはテレサにレポートを見せたのだとわかる。Would you ～？は「～してもらえますか」というていねいな‘依頼’を表す。 have a look「見る」　問２．直後で，ユキはテレサのこの発言に賛成し，何か食べようと言っている。　take a break「休憩する」　問３．空所に続くテレサの発言から，テレサはおはぎについて知っていたとわかる。　hear of ～「～のことを耳にする」　問４．直後でユキがずんだの発祥や原材料などについて説明していることから判断できる。　問５．空所以降では，ずんだからほうじ茶スイーツに話題が移っている。

6〔長文読解総合―説明文〕

≪全訳≫**1**ロボットとは，仕事をしたり周囲の世界と交流したりできる機械のことだ。ロボットの形と大きさはさまざまで，手の中に収まる小さなロボットから工場で使われる大きなロボットまである。ロボットは人間が制御することもできるし，センサーとプログラミングを使うことによって自動で動くこともできる。ロボットは私たちの生活の重要な一部となっており，家の掃除から病院での援助まで数多くの点で私たちを助けてくれる。**2**ロボットは何年もの間，さまざまな産業で使われ続けている。自動車産業では，車の組み立てや金属を使った作業や車体の塗装にロボットが使われている。ロボットはこれらの仕事をすばやく慎重にやり遂げることができ，製造工程の改善に役立っている。ロボットはまた医療でも使われており，手術の援助をしたり，薬を届けたり，患者がリラックスするのを手助けしたりしている。**3**ロボット開発は途切れることのない過程であり，常に新たな進歩がある。科学者と技術者は，ロボットをさらに賢く役立つものとするために，絶え間なく努力している。彼らは，ロボットが経験から学び，さまざまな状況に合わせて適応できるようになるために，人工知能と機械学習を活用している。このことが，ロボットが農業や宇宙研究を含むさまざまな分野で支援する可能性を広げる。**4**ロボットは私たちの日常生活で見られるが，家でさえそうだ。ロボット掃除機は床をきれいにしておくのに役立ち，ロボットアシスタントは，質問に答えたり音楽をかけたりスマートデバイスをコントロールしたりすることができる。こういったロボットは，私たちの生活をさらに便利にし，私たちを他の仕事に集中させてくれる。このようなことに加え，ロボットのおもちゃは，情報を提供し，子どもたちが成長したり，想像力を使ったりするための機会を与えてくれる。**5**ロボットには社会に好影響を与える可能性がある。ロボットは被災状況で支援を行ったり，人間には危険すぎる仕事をしたりすることができる。ロボットは科学研究でも使われており，深海や高山のような人間には近づけない危険な環境を探査する。こういった仕事を行うことによって，ロボットは人間をもっと創造的で複雑な仕事に集中させてくれ，社会を前進させるのだ。

問１<適語(句)選択>主語がRobots「ロボット」で，for many years「何年もの間」とあることから，「使われ続けている」という現在完了‘継続’用法の受け身の形(‘have/has been＋過去分詞’)にする。

問２<整序結合>「このことが可能性を広げる」なので，This opens possibilities. という文をまず考える。「可能性」を修飾する「様々な分野で支援する」はto不定詞の形容詞的用法を使って to assist in various fieldsと表し，possibilitiesの後に置けばよいが，「ロボット」が「支援する」

という関係なので，for robots を to不定詞の意味上の主語として to の直前に置く。 This opens possibilities for robots to assist in various fields.

問３＜適語選択＞as well as ～で「～に加えて，～だけでなく」という意味。空所を含む文では，前文までで説明された生活で役立つロボットに加えて，子どもたちに役立つロボットについて紹介している。

問４＜適語選択＞空所後にある「深海や高山のような人間には近づけない環境」という説明から判断できる。 rich「豊かな」 comfortable「快適な」 respectable「立派な」

問５＜内容真偽＞①…× 第１段落第３文参照。自動で動くこともできる。 ②…× 第２段落最終文に，ロボットの医療分野での活用についての記述はあるが，「患者の診察」についての記述はない。 ③…○ 第３段落第２，３文に一致する。 ④…× このような記述はない。

問６＜英問英答＞「ロボットとは何か」―①「仕事をしたり世界と交流したりできる機械」 第１段落第１文参照。

問７＜英問英答＞「車を組み立てたり塗装したりするために，ロボットが一般的に使われているのはどの産業か」―③「自動車」 第２段落第２文参照。 assemble「～を組み立てる」 aerospace「航空宇宙産業」

問８＜英問英答＞「この文章によると，どのような分野で仕事を支援するためにロボットが開発されているか」―④「農業」 第３段落最終文参照。 chemistry「化学」

問９＜英問英答＞「ロボットの家庭での使われ方の１つは何か」―②「床を掃除すること」 第４段落第２文参照。

問10＜英問英答＞「この文章によると，ロボットはどのように社会に好影響を与える可能性があるか」―③「危険な仕事をやり遂げること」 最終段落第１，２文参照。

数学解答

1	問１ ⑤	問２ ②	問３ ⑦	3	問12 ②	問13 ④	問14 ①
	問４ ⑥	問５ ④		4	問15 ④	問16 ⑤	問17 ③
2	問６ ①	問７ ⑥	問８ ③	5	問18 ⑧	問19 ①	問20 ⑤
	問９ ⑦	問10 ①	問11 ③				

1〔独立小問集合題〕

問１＜数の計算＞与式$=4-4\times\frac{2}{5}\times\left(-\frac{10}{8}\right)=4+2=6$

問２＜数の計算＞与式$=(\sqrt{5^2\times3}-3\sqrt{5})(\sqrt{2^2\times5}+\sqrt{3^2\times3})=(5\sqrt{3}-3\sqrt{5})(2\sqrt{5}+3\sqrt{3})=5\sqrt{3}\times2\sqrt{5}+5\sqrt{3}\times3\sqrt{3}-3\sqrt{5}\times2\sqrt{5}-3\sqrt{5}\times3\sqrt{3}=10\sqrt{15}+15\times3-6\times5-9\sqrt{15}=10\sqrt{15}+45-30-9\sqrt{15}=15+\sqrt{15}$

問３＜式の計算＞与式$=25x^6y^2\times x^3y^9=25x^9y^{11}$

問４＜式の計算＞与式$=25a^2+10ab+b^2-(25a^2-4b^2)=25a^2+10ab+b^2-25a^2+4b^2=10ab+5b^2$

問５＜二次方程式＞$2x^2-5x-1=0$として，解の公式を用いると，$x=\frac{-(-5)\pm\sqrt{(-5)^2-4\times2\times(-1)}}{2\times2}=\frac{5\pm\sqrt{33}}{4}$である。

2〔独立小問集合題〕

問６＜連立方程式＞$(x+2):y=1:2$……㋐，$2x+y=5$……㋑とする。㋐より，$y\times1=(x+2)\times2$，$y=2x+4$，$-2x+y=4$……㋐′　㋐′＋㋑より，$y+y=4+5$，$2y=9$，$y=\frac{9}{2}$となる。これを㋑に代入して，$2x+\frac{9}{2}=5$，$2x=\frac{1}{2}$，$x=\frac{1}{4}$となる。よって，$x+y=\frac{1}{4}+\frac{9}{2}=\frac{19}{4}$である。

問７＜数の計算＞$\sqrt{2}★\frac{1}{4}=\left(\sqrt{2}\times\sqrt{2}-\sqrt{\frac{1}{4}}\right)^2=\left(2-\frac{1}{2}\right)^2=\left(\frac{3}{2}\right)^2=\frac{9}{4}$となる。これより，$\left(\sqrt{2}★\frac{1}{4}\right)★8=\frac{9}{4}★8=\left(\sqrt{2}\times\frac{9}{4}-\sqrt{8}\right)^2=\left(\frac{9\sqrt{2}}{4}-2\sqrt{2}\right)^2=\left(\frac{\sqrt{2}}{4}\right)^2=\frac{2}{16}=\frac{1}{8}$である。

問８＜数の計算＞与式$=x(x+4)$となる。また，$x=\frac{6\times\sqrt{2}}{\sqrt{2}\times\sqrt{2}}-2=\frac{6\sqrt{2}}{2}-2=3\sqrt{2}-2$である。よって，これを与式に代入して，与式$=(3\sqrt{2}-2)(3\sqrt{2}-2+4)=(3\sqrt{2}-2)(3\sqrt{2}+2)=(3\sqrt{2})^2-2^2=18-4=14$である。

≪別解≫$x+2=\frac{6}{\sqrt{2}}$より，$(x+2)^2=\left(\frac{6}{\sqrt{2}}\right)^2$，$x^2+4x+4=\frac{36}{2}$となる。よって，$x^2+4x=\frac{36}{2}-4$より，$x^2+4x=14$である。

図１

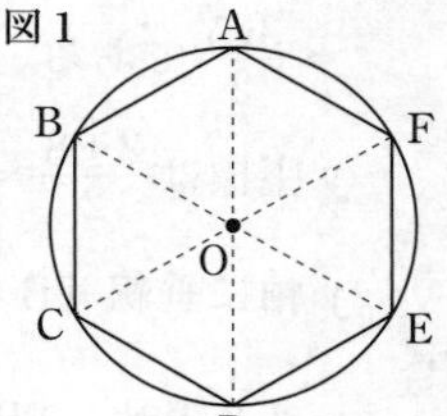

問９＜場合の数―直角三角形の個数＞右図１のように，正六角形ABCDEFの３本の対角線AD，BE，CFの交点Oを中心とし，正六角形の６個の頂点を通る円Oを考える。６個の頂点のうち，３個を選んで三角形をつくるとき，円Oの直径を１辺とする三角形は，直径が斜辺となり，直角三角形となる。直径はAD，BE，CFの３通りあり，ADを斜辺とすると，残り１個の頂点の選び方はB，C，E，Fの４通りある。斜辺がBE，CFのときも同様だから，直角三角形の個数は$3\times4=12$(個)である。

図２

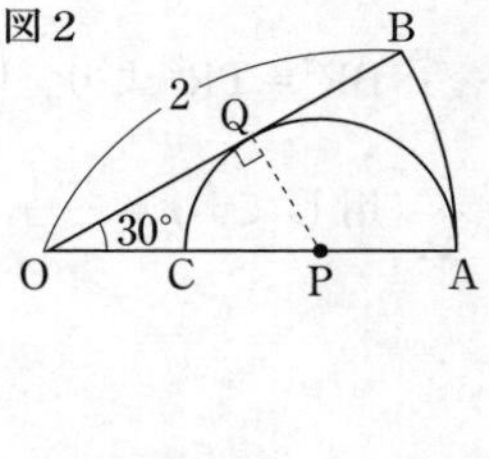

問10＜平面図形―面積＞右図２のように半円の中心をP，半円と線分OBの接点をQとし，点Pと点Qを結ぶ。半円の半径をrとすると，PA＝PQ

$=r$ で，$\angle OQP=90^\circ$，$\angle POQ=30^\circ$ より，△OPQ は3辺の比が $1:2:\sqrt{3}$ の直角三角形であるから，$OP=2PQ=2r$ となる。これより，$OA=OP+PA=2r+r=3r$ となるから，$OA=2$ より，$3r=2$，$r=\frac{2}{3}$ である。よって，半円の面積は円 P の面積の $\frac{1}{2}$ だから，その面積は，$\pi\times\left(\frac{2}{3}\right)^2\times\frac{1}{2}=\pi\times\frac{4}{9}\times\frac{1}{2}=\frac{2}{9}\pi$ となる。

問11＜連立方程式の応用＞P さんと Q さんの速さをそれぞれ分速 xm，分速 ym とする。P さんと Q さんが反対方向に移動した場合，20 分後に出会うので，2 人の進んだ道のりはそれぞれ $20x$m，$20y$m と表され，その和が公園の外周の 3.2km，つまり，$3.2\times1000=3200$(m) に等しいことから，$20x+20y=3200$……㋐が成り立つ。また，P さんと Q さんが同じ方向に進んだ場合，160 分後に P さんが Q さんに追いつくから，2 人の進んだ道のりはそれぞれ $160x$m，$160y$m と表され，その差が公園の外周の 3200m に等しいから，$160x-160y=3200$……㋑が成り立つ。㋐÷20 より，$x+y=160$……㋐′　㋑÷160 より，$x-y=20$……㋑′　㋐′−㋑′より，$y-(-y)=160-20$，$2y=140$　$\therefore y=70$　よって，Q さんの速さは分速 70m である。

3〔関数—関数 $y=ax^2$ と一次関数のグラフ〕

≪基本方針の決定≫問13　線分 PQ を直径とする円の中心は，線分 PQ の中点である。

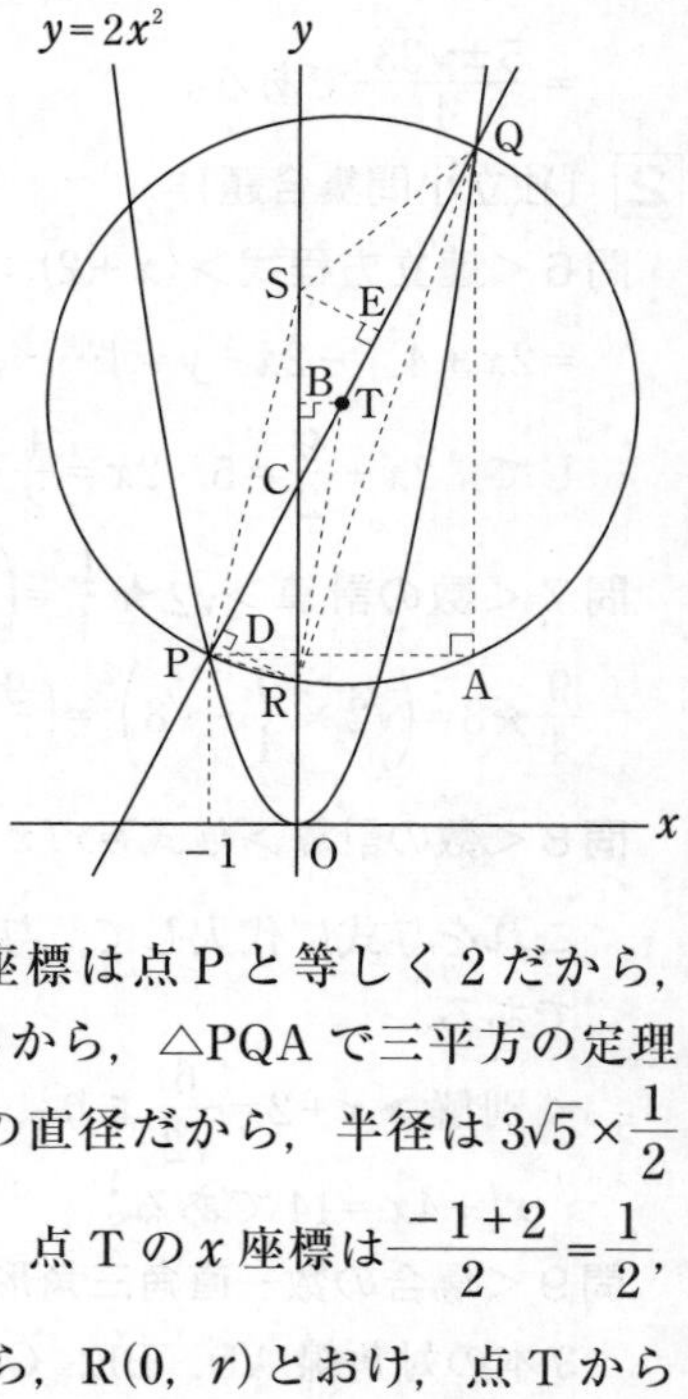

問12＜x 座標＞右図において，点 P は関数 $y=2x^2$ のグラフ上にあり，x 座標は−1だから，$x=-1$ を代入して，$y=2\times(-1)^2=2$ となり，P(−1，2) である。また，点 Q の y 座標は点 P の y 座標の 4 倍だから，$y=2\times4=8$ である。点 Q は関数 $y=2x^2$ のグラフ上にあるから，x 座標を q とおくと，$8=2\times q^2$，$q^2=4$，$q=\pm2$ となり，点 Q の x 座標は正だから，$q=2$ である。よって，点 Q の x 座標は 2 である。

問13＜y 座標＞右図のように，線分 PQ を直径とする円の中心を T とすると，円 T と y 軸との交点のうち，y 座標の小さい方が点 R である。また，点 P を通り，x 軸に平行な直線と，点 Q を通り，y 軸に平行な直線の交点を A とすると，$\angle PAQ=90^\circ$ で，PQ は円 T の直径より，点 A は円 T の周上の点である。問12 で，P(−1，2)，Q(2，8) より，点 A の x 座標は Q と等しく 2 で，y 座標は点 P と等しく 2 だから，A(2，2) である。よって，$PA=2-(-1)=3$，$QA=8-2=6$ となるから，△PQA で三平方の定理より，$PQ=\sqrt{PA^2+QA^2}=\sqrt{3^2+6^2}=\sqrt{45}=3\sqrt{5}$ となり，PQ は円 T の直径だから，半径は $3\sqrt{5}\times\frac{1}{2}=\frac{3\sqrt{5}}{2}$ である。さらに，円 T の中心は線分 PQ の中点であるから，点 T の x 座標は $\frac{-1+2}{2}=\frac{1}{2}$，$y$ 座標は $\frac{2+8}{2}=5$ より，$T\left(\frac{1}{2},\ 5\right)$ である。点 R は y 軸上の点だから，R(0，r) とおけ，点 T から y 軸に垂線 TB を引くと，点 B の y 座標は点 T と等しいから，B(0，5) となり，$BT=\frac{1}{2}$，$BR=5-r$ と表せ，TR は円 T の半径だから，$TR=\frac{3\sqrt{5}}{2}$ である。よって，△BTR で三平方の定理 $BT^2+BR^2=TR^2$ より，$\left(\frac{1}{2}\right)^2+(5-r)^2=\left(\frac{3\sqrt{5}}{2}\right)^2$，$\frac{1}{4}+25-10r+r^2=\frac{45}{4}$，$r^2-10r+14=0$，解の公式を利用して，$r=\frac{-(-10)\pm\sqrt{(-10)^2-4\times1\times14}}{2\times1}=\frac{10\pm\sqrt{44}}{2}=\frac{10\pm2\sqrt{11}}{2}=5\pm\sqrt{11}$ となる。したがっ

て，点Rのy座標は小さい方だから，$r=5-\sqrt{11}$である。

問14＜y座標＞前ページの図のように，y軸上に点S(0, s)をとり，直線PQとy軸との交点をCとする。P(−1, 2)，Q(2, 8)より，直線PQの傾きは$\frac{8-2}{2-(-1)}=2$だから，直線PQの式を$y=2x+b$とおくと，点Pを通ることより，$2=2\times(-1)+b$，$b=4$となる。これより，直線PQの式は$y=2x+4$となり，切片が4だから，C(0, 4)である。また，四角形PRQSの面積の二等分線が直線PQとなることから，△PQR＝△PQSである。ここで，△PQR＝△PCR＋△QCR，△PQS＝△PSC＋△QSCで，△PCRと△PSCは，底辺をそれぞれCR，SCと見ると，高さは等しい。同様に，△QCRと△QSCは，底辺をそれぞれCR，SCと見ると，高さは等しい。よって，CR＝SCのとき，△PCR＝△PSC，△QCR＝△QSCとなるから，△PCR＋△QCR＝△PSC＋△QSCより，△PQR＝△PQSとなる。したがって，$SC=CR=4-(5-\sqrt{11})=-1+\sqrt{11}$より，$CO+SC=4+(-1+\sqrt{11})=3+\sqrt{11}$となるから，点Sの$y$座標は$3+\sqrt{11}$である。

4〔平面図形—円〕

≪基本方針の決定≫問16　特別な直角三角形の辺の比が利用できることに気づきたい。

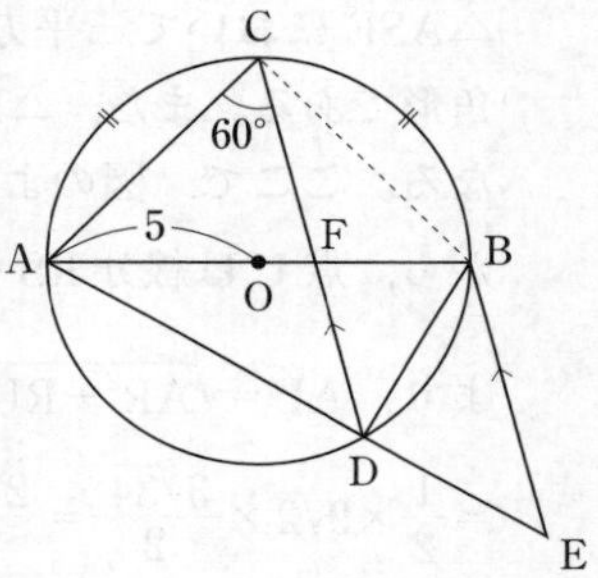

問15＜角度＞右図で，点Bと点Cを結ぶと，線分ABは円Oの直径だから，∠ACB＝90°であり，同じ長さの弧に対する円周角は等しいから，$\overset{\frown}{AC}=\overset{\frown}{CB}$より，∠ABC＝∠BACとなり，△ABCは直角二等辺三角形となる。よって，∠BAC＝45°であり，△ACFで内角と外角の関係より，∠AFD＝∠BAC＋∠ACF＝45°＋60°＝105°となる。したがって，CD∥BEより，同位角が等しいので，∠ABE＝∠AFD＝105°である。

問16＜面積＞右図で，円Oの半径は5だから，AB＝5×2＝10となる。線分ABは円Oの直径だから，∠ADB＝90°であり，$\overset{\frown}{AD}$に対する円周角は等しいから，∠ABD＝∠ACD＝60°となる。よって，△ABDは3辺の比が$1:2:\sqrt{3}$の直角三角形だから，$BD=\frac{1}{2}AB=\frac{1}{2}\times10=5$，$AD=\sqrt{3}BD=\sqrt{3}\times5=5\sqrt{3}$となる。また，∠BDE＝180°−∠ADB＝180°−90°＝90°，∠DBE＝∠ABE−∠ABD＝105°−60°＝45°より，△BDEは直角二等辺三角形となるから，DE＝BD＝5である。よって，$\triangle ABE=\frac{1}{2}\times AE\times BD=\frac{1}{2}\times(AD+DE)\times BD=\frac{1}{2}\times(5\sqrt{3}+5)\times5=\frac{25+25\sqrt{3}}{2}$である。

問17＜長さの比＞右上図で，△ABEにおいて，FD∥BEより，AF：FB＝AD：DEとなる。よって，問16より，$AD=5\sqrt{3}$，DE＝5だから，$AF:FB=5\sqrt{3}:5=\sqrt{3}:1$より，$\frac{AF}{FB}=\frac{\sqrt{3}}{1}=\sqrt{3}$である。

5〔空間図形—立方体〕

≪基本方針の決定≫問20　立体の体積から高さを求めよう。

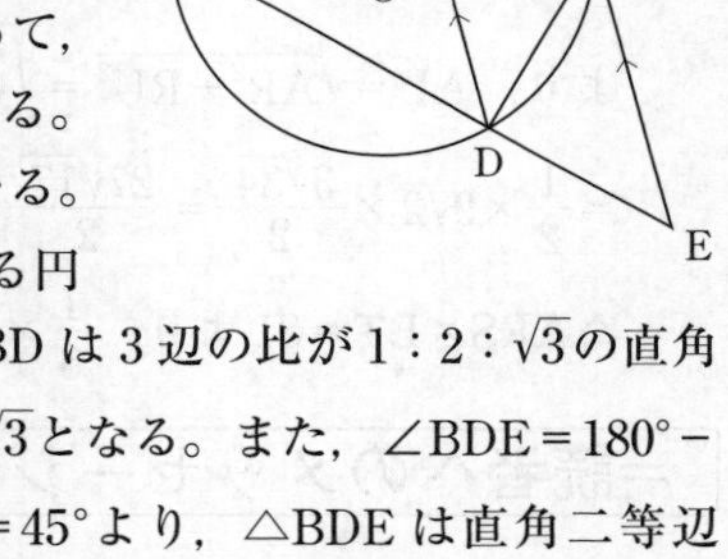

問18＜長さ＞右図のように，面APMNQと直線EF，EHの交点をそれぞれR，Sとする。点M，Nはそれぞれ辺FG，GHの中点だから，$FM=GM=NG=NH=\frac{1}{2}GH=\frac{1}{2}\times6=3$である。△FMRと△GMNにおいて，FM＝GM，∠FMR＝∠GMN（対頂角），∠RFM＝∠NGM＝90°より，1組の辺とその両端の角がそれぞれ等しいので，△FMR≡△GMNとなる。よって，RF＝NG＝3となる。次に，△ABPと△RFPにおいて，AB∥FRより，∠BAP＝∠FRP，∠ABP＝∠RFP＝90°となり，2組の角がそれぞれ等しいので，△ABP

$\backsim\triangle$RFP となる。これより，PF：PB＝RF：AB＝3：6＝1：2となるから，PF＝$\frac{1}{1+2}$BF＝$\frac{1}{3}\times6$＝2である。したがって，△PFM で三平方の定理より，MP＝$\sqrt{\mathrm{PF}^2+\mathrm{FM}^2}=\sqrt{2^2+3^2}=\sqrt{13}$となる。

問19＜体積＞前ページの図で，点 E を含む方の立体は，三角錐 A–ERS から三角錐 P–FRM と三角錐 Q–HNS を除いた立体である。問18と同様にして，SH＝RF＝3，QH＝PF＝2となり，RE＝RF＋FE＝3＋6＝9，SE＝SH＋HE＝3＋6＝9より，〔三角錐 A–ERS〕＝$\frac{1}{3}\times\triangle\mathrm{ERS}\times\mathrm{AE}=\frac{1}{3}\times\left(\frac{1}{2}\times\mathrm{RE}\times\mathrm{SE}\right)\times\mathrm{AE}=\frac{1}{3}\times\left(\frac{1}{2}\times9\times9\right)\times6=81$となる。また，〔三角錐 P–FRM〕＝$\frac{1}{3}\times\triangle\mathrm{FMR}\times\mathrm{PF}=\frac{1}{3}\times\left(\frac{1}{2}\times\mathrm{RF}\times\mathrm{FM}\right)\times\mathrm{PF}=\frac{1}{3}\times\left(\frac{1}{2}\times3\times3\right)\times2=3$で，同様に，〔三角錐 Q–HNS〕＝$\frac{1}{3}\times\triangle\mathrm{HNS}\times\mathrm{QH}=\frac{1}{3}\times\left(\frac{1}{2}\times\mathrm{NH}\times\mathrm{SH}\right)\times\mathrm{QH}=\frac{1}{3}\times\left(\frac{1}{2}\times3\times3\right)\times2=3$となる。よって，求める体積は，〔三角錐 A–ERS〕−〔三角錐 P–FRM〕−〔三角錐 Q–HNS〕＝81−3−3＝75である。

問20＜長さ＞前ページの図で，線分 ET は三角錐 A–ERS において，△ARS を底面と見たときの高さになる。△ARE で三平方の定理より，AR＝$\sqrt{\mathrm{AE}^2+\mathrm{RE}^2}=\sqrt{6^2+9^2}=3\sqrt{13}$となり，同様に，△ASE において三平方の定理より，AS＝$3\sqrt{13}$であるから，AR＝AS となり，△ARS は二等辺三角形である。また，△ERS は RE＝SE＝9の直角二等辺三角形だから，SR＝$\sqrt{2}$RE＝$\sqrt{2}\times9=9\sqrt{2}$となる。ここで，図のように，頂点 A から線分 RS に垂線 AU を引くと，△ARS は二等辺三角形だから，点 U は線分 RS の中点であり，RU＝$\frac{1}{2}$SR＝$\frac{1}{2}\times9\sqrt{2}=\frac{9\sqrt{2}}{2}$となる。△ARU で三平方の定理より，AU＝$\sqrt{\mathrm{AR}^2-\mathrm{RU}^2}=\sqrt{(3\sqrt{13})^2-\left(\frac{9\sqrt{2}}{2}\right)^2}=\sqrt{\frac{306}{4}}=\frac{3\sqrt{34}}{2}$となるから，△ARS＝$\frac{1}{2}\times\mathrm{SR}\times\mathrm{AU}=\frac{1}{2}\times9\sqrt{2}\times\frac{3\sqrt{34}}{2}=\frac{27\sqrt{17}}{2}$となる。よって，問19より，三角錐 A–ERS の体積は81だから，$\frac{1}{3}\times\triangle\mathrm{ARS}\times\mathrm{ET}=81$より，$\frac{1}{3}\times\frac{27\sqrt{17}}{2}\times\mathrm{ET}=81$，$\frac{9\sqrt{17}}{2}\mathrm{ET}=81$，ET＝$\frac{18}{\sqrt{17}}$，ET＝$\frac{18\sqrt{17}}{17}$となる。

＝読者へのメッセージ＝

三平方の定理は何百通りもの証明法が発見されていますが，2023年にアメリカの高校生２人がこれまで不可能だと考えられてきた方法で三平方の定理を証明し，学会で発表したことが話題になりました。興味のある方は新しい証明法にチャレンジしてみてはいかがでしょうか。

国語解答

一　問一　ア…③　イ…④　ウ…①　エ…④
問二　ア…②　イ…①　ウ…②　エ…③
問三　Ａ…④　Ｂ…⑧　Ｃ…⑤
問七　②　問八　③　問九　①
問十　①　問十一　④　問十二　①
問十三　③　問十四　④

二　問一　ａ…④　ｂ…②　ｃ…④　ｄ…③
ｅ…①　ｆ…②
問二　①…③　②…①　③…④
問三　ア…⑦　イ…⑧　ウ…⑤　エ…②
問四　④　問五　②　問六　③

三　問一　Ⅰ…②　Ⅱ…①　Ⅲ…③　Ⅳ…④
問二　①　問三　③　問四　②
問五　④　問六　④　問七　③
問八　③
問九　ａ…②　ｂ…④　ｃ…⑤　ｄ…①

一〔国語の知識〕

問一＜漢字＞ア．「ちくせき」は「蓄積」と書く。　イ．「しんこく」は「深刻」または「申告」または「親告」と書く。　ウ．「たくえつ」は「卓越」と書く。　エ．「ひょうしょう」は「表彰」と書く。

問二＜漢字＞ア．「違和感」は，何かを不自然に感じるなどして，しっくりこないような感覚のこと。　イ．「有頂天」は，得意の絶頂であること。　ウ．「案山子」は，作物を荒らす鳥などを防ぐために，わらなどでつくった人形。　エ．「画期的」は，それまでに見られないほど目ざましく優れているさま。

問三＜語句＞Ａ．「拾得」は，落とし物を拾うこと。対義語は，落とすなどして物を失う，という意味の「遺失」。　Ｂ．「迂回」は，遠回りをすること。対義語は，どこにも寄らずに目的地まで行く，という意味の「直行」。　Ｃ．「質素」は，飾り気がなく簡素なこと。対義語は，はなやかで美しい，という意味の「華美」。

二〔論説文の読解―自然科学的分野―人類〕出典：國分功一郎『暇と退屈の倫理学』。

≪本文の概要≫高い移動能力を発展させてきた動物にとって，生きるための基本戦略だった遊動生活は，人類にも受け継がれたが，その生活様式は約一万年前に大きく変わり，人類は，定住生活を始めた。人類の大半が定住している現在，私たちは，遊動生活をしていた人間は経済的基礎となる食料生産技術を持たなかったために，定住したくてもできなかったと考えてしまうが，すでに確立された生活があるのに，それを積極的に放棄するというのは考えにくい。すると，人類は，遊動生活を維持できなくなったから，やむを得ず定住化したと考えられる。実際，現在でも食料生産を行わずに定住生活をしている民族がいるし，日本でも稲作到来前から定住生活は始まっている。つまり食料生産は，定住生活の前提ではないことになる。約一万年前に世界の各地に定住集落が現れたことの背景には，地球の気候変動と，それに伴う動植物環境の変化があるとされている。狩猟が困難になり，人類は，貯蔵の必要に迫られて定住を始めたとも考えられるのである。

問一＜漢字＞ａ．「荒廃」と書く。①は「高揚」，②は「投稿」，③は「均衡」，④は「荒野」。　ｂ．「排泄」と書く。①は「輩出」，②は「排他的」，③は「俳句」，④は「拝観」。　ｃ．「途方」と書く。①は「徒歩」，②は「渡米」，③は「意図」，④は「前途」。　ｄ．「採集」と書く。①は「才覚」，②は「催促」，③は「採用」，④は「宰相」。　ｅ．「依存」と書く。①は「依頼」，②は「威光」，③は「畏怖」，④は「委託」。　ｆ．「余儀」と書く。①は「義理」，②は「葬儀」，③は「適宜」，④は「議事録」。

問二＜語句＞①「遡る」は，過去や根本に立ち返る，という意味。　②「山麓」は，山のふもとのこと。　③「インパクト」は，衝撃やその影響のこと。

問三＜接続語＞ア．人類は「長きにわたり遊動生活を行って」きて，「数百万年を生きてきた」が，その生活様式が「あるときに大きく」変わった。　イ．人類が出現してからの「四〇〇万年」のうち，定住を始めた「一万年前」が「四メートルのうちの一センチに相当する」ということは，言い換えれば，人類が「定住生活を始めたのはつい最近」ということになる。　ウ．「長い遊動生活」の中で「ホモ・サピエンスまで進化」してきた人類が，定住することを願い続け，「何百万年も不都合な生活に耐えてきた」などと考えるよりも，人類の能力や行動様式は「遊動生活にこそ適して」いて，「何百万年もの間，遊動生活を続けてきた」と考える方が合理的である。　エ．人間は「すぐに周囲の環境を汚染し，資源を使い尽くす」ので，「定住生活者」は「何らかの手段で食料を確保」する必要がある。

問四＜文章内容＞移動しながら生きていけば，「環境を過度に汚染するのを防ぐ」ことができ，「汚染された環境もしばらくすれば元に戻る」ため，人類は，「遊動生活の伝統」を受け継ぎ行っていた。

問五＜文章内容＞「現在，人類の大半は定住生活を行っている」ために，私たちは，「住むことこそが人間の本来的な生活様式である」と考え，「遊動生活を行っていた人間」も，本当は定住したかったのだと想像してしまう。

問六＜表現＞定住するためには食料生産が重要だとする見方では，「漁撈活動によって定住生活」を営む民族の「生活様式」を，ごく一部の特別なものと見なすことしかできなかった。

問七＜文章内容＞現在でも「北アメリカ北西海岸の諸民族やアイヌなど」は，「食料生産を行わず，主に漁撈活動によって定住生活を営んで」いる(①・④…○)。また，縄文時代の人々は，「定住していたが食料生産を行って」いなかった(③…○)。これに対して「縄文時代以前の後期旧石器時代」の人たちは，「遊動生活を送っていたと見られて」いる(②…×)。

問八＜文章内容＞「食料生産は定住生活の結果であって原因ではない」のであり，「食料生産を定住生活の前提」とする考えは，「よく知られた事実」をもとに「考え直して」みればすぐにおかしいとわかる偏った見方である。

問九＜文章内容＞遊動民の移動は，「数百メートルほど」で，しかも「毎日行われるわけではない」ので，「子どもや妊婦」がいるから「遊動生活」は困難だという理屈は，成り立たないのである。

問十＜文章内容＞一万年前に，世界各地に「定住集落が現れている」背景には，「氷河期から後氷期にかけて起こった気候変動と，それに伴う動植物環境の変化がある」と考えられている。気候が変動し，環境が変化して「狩猟が困難」になったために，生活を続けるうえで「貯蔵が必須の条件」となったのである。

問十一＜文章内容＞氷河期が終わりを告げる前までは，「草原や疎林が広がって」いる環境だったので，人類は，マンモスなどの「有蹄類」を狩ることで食料を確保しつつ，遊動生活を続けていた。

問十二＜文章内容＞狩猟が困難になれば，「植物性食料」をとったり「魚類」を捕ったりして食料を確保するしかないが，温帯森林環境では，「植物性食料」のとれる量が，熱帯と違って「季節によって大きく変動する」し，「魚類」に頼るにしても，冬は「水域での活動が困難」である。

問十三＜文脈＞「すでに一万年の定住生活の歴史」を持っている「私たち」は，定住生活に「慣れ親しんでしまっている」ために，今から「遊動生活を始めることは極めて困難」である。これと同じことが，「定住化についても」いえる。なぜなら，「定住生活の条件がそろった」としても，「何百万年も続けてきた遊動生活」をやめて，簡単に「定住化すること」などできないからである。

問十四＜要旨＞「人類の肉体的・心理的・社会的能力や行動様式」は，「遊動生活にこそ適して」いたと考えられるが，気候変動や環境変化によって「狩猟が困難」となり，定住生活をせざるをえなくなって，その「結果」として，人類は「食料生産という技術を獲得」した。

三 〔古文の読解―笑話〕出典：安楽庵策伝『醒睡笑』巻之四「聞えた批判」。

≪現代語訳≫従一位の右大臣征夷将軍である徳川家康公が天下をお治めになる。この時代に賢臣や義士が多い中に，板倉伊賀守(という人)は，京都の所司代として訴訟を聞き入れ，道理にかなっているかどうかを決断されていたが，裕福な人であっても，こびる様子もなく，貧乏な人であっても，軽んじる様子もない。そういうわけで，身分の高い人から低い人まで全ての人々は(所司代の)裁きを喜び，すばらしいことだなあと，賛嘆する人が，世間に満ちていた。「一滴を舌で味わって，大海の塩辛さを知る」とあるが，その金言の一端を言うだけで，後はきっと想像がつくはずだ。

あるとき，越後で山伏が宿を借りた。その折，国主の出迎えに宿の亭主も参上するので，その山伏が差していた刀，意匠といい，つくりといい，世にも優れたものであるのを借りていき，まだ(亭主が)宿に帰らない間に，越後の国に徳政の札が立った。そうする間に亭主は帰ってきたが，刀を返さない。山伏は耐えかねて，(返すように)何度も求めた。亭主が返答するには，「あなたの刀を，借りたことは，真実である。〈けれども〉徳政の札が立った以上は，この刀も所有権が失われたのである。(だから)全く返すつもりはない」と言う。訴訟になったので双方は江戸に参上し，家康公直々の裁きとなった。

そのとき板倉伊賀守が都から江戸に下っていて，(家康の)御前に控えることになった。(家康から)「この裁きはどのようにしたらいいか」とお言葉があったので，(板倉伊賀守は)謹んで，「たやすいことだと思います。幸いにも(徳政の)札が立ったことで亭主が借りた刀の所有権が失われたとするならば，また山伏が借りた家も，全て山伏が所有できることになります」と申し上げたので，家康公は感心なさること甚だしかった。〈当意即妙〉の判決であったことよ。

問一＜現代語訳＞Ⅰ．「奇なり」は，並々ではなく珍しいさま。「妙なり」は，きわめて優れているさま。　Ⅱ．ここでの「余」は，それ以外，という意味。「ぬべし」は，きっと～だろう，という意味。　Ⅲ．「さらさら」は，打ち消しや禁止の語を伴って，全く，決して，という意味。「まじ」は，打ち消しの意志を表す。　Ⅳ．「造作もなし」は，非常にたやすいさま。

問二＜文学史＞『徒然草』は，鎌倉時代末期の成立。『雨月物語』『曾根崎心中』『東海道中膝栗毛』は，江戸時代の成立。

問三＜古文の内容理解＞板倉伊賀守は，貧富や身分に関係なく，公正に罪の有無を判断した。

問四＜古文の内容理解＞「下向」は，都(京都)から地方へ行くこと。板倉伊賀守は，京都から徳川家康のいる江戸へ向かったのである。

問五＜古文の内容理解＞徳政令は，借りた金品を返さなくてもよいという法令なので，亭主はそれを理由にして刀を返さないと言い張ったが，板倉伊賀守は，その理屈を逆に利用して，山伏も宿を借りたのだから，その宿は返さなくてよいという裁きを下した(①・③…○)。板倉伊賀守の判決は，あくまでも，徳政令を順守しつつ，倫理的，道徳的なものといえる(②…○，④…×)。

問六＜古文の内容理解＞亭主は，刀を借りたのは事実ではあるけれども，徳政令が出た以上，山伏の刀の所有権はなくなったと言った。「されども」は，そうではあるが，けれども，という意味。

問七＜古文の内容理解＞板倉伊賀守の裁きは，その場の状況に適応した機転のきいたものだった。「当意即妙」は，すばやくその場に適した機転をきかせること。

問八＜古文の内容理解＞宿の亭主が，山伏の刀を借りて「国主」の迎えに行っている間に，「一国徳政の札」が立った。

問九＜古典文法＞ａ．「多き」は，多い，という意味の形容詞「多し」の連体形。　ｂ．「作り」は，ここでは，出来具合，という意味の名詞。　ｃ．「いまだ」は，まだ，という意味の副詞。　ｄ．「なり」は，あるものや状態になる，という意味の動詞「なる」の連用形。

2024年度 山村学園高等学校（第２回）

【英　語】（50分）〈満点：100点〉

1　次の対話文の受け答えとして，[1]～[5]に入る最も適当なものをそれぞれ一つずつ選び，その番号をマークしなさい。［マークシート解答番号[1]～[5]］

問１　A： How was your summer vacation?　Where did you go?
　　　B： [1]　It was my first time to go there.
　　　A： What did you do there?
　　　B： I ate a lot of Hawaiian food.

① It was August fifth.　② There you go.
③ I want to go to Hawaii.　④ I went to Hawaii.

問２　A： How can I help you?
　　　B： I am looking for the limited edition of this blue T-shirt.　Do you have one?
　　　A： Well, I think we still have one.　[2]
　　　B： Thanks.　I will wait here.

① Do you think so?
② It sold out yesterday.
③ No, I'm good.
④ Let me check if we have one in stock.

問３　A： I have to be at the station by ten o'clock.
　　　B： Really?　You should hurry.
　　　A： Do you have the time?
　　　B： [3]

① It's nine thirty.
② It's Friday.
③ It takes ten minutes from here.
④ I don't have time now.

問４　A： Welcome to our house party.
　　　B： Thank you for inviting us.　This is great.
　　　A： We are happy to have you here.　[4]
　　　B： Thank you.　I will.

① Let me see.　② Make yourself at home.
③ Of course.　④ I see.

問５　A： Have you finished your homework?
　　　B： Not yet.
　　　A： You should finish it as soon as you can.　We have Daniel's party tonight.
　　　B： [5]　I will do that right away.

① You are right.　② Here it is.
③ Sorry, but I can't.　④ Not so bad.

2　次の[6]～[15]に当てはまる最も適当なものをそれぞれ一つずつ選び，その番号をマークしなさい。［マークシート解答番号[6]～[15]］

問１　He [6] English for 10 years since he was 10 years old.

①　learns　②　is learning　③　have learned　④　has been learning

問２　She studied [7] hard that she will pass the exam.

①　so　②　too　③　very　④　enough

問３　She has gone to the market [8] some eggs.

①　buying　②　to buy　③　bought　④　for buying

問４　If it [9] sunny today, I would go fishing.

①　is　②　will be　③　were　④　had

問５　I don't know how to play poker and [10].

①　neither does my wife　②　my wife doesn't too

③　either does my wife　④　my wife either doesn't

問６　I'm sure [11] many people will live with a robot in the future.

①　of　②　to　③　that　④　which

問７　There [12] a lot of people at the new supermarket last Saturday.

①　is　②　are　③　was　④　were

問８　A new tower [13] here in 2030.

①　will build　②　is going to build

③　is built　④　will be built

問９　We [14] a lovely three weeks in the South of France last year.

①　spent　②　stayed　③　did　④　used

問10　"Hello, Sam.　Where [15] all day long ?"

①　are you　②　have you been　③　do you　④　did you

3　次の各組の英文がほぼ同じ内容を表すように，[16]～[20]に当てはまる最も適当なものをそれぞれ一つずつ選び，その番号をマークしなさい。［マークシート解答番号[16]～[20]］

問１　{ Let's play baseball together tomorrow, shall we ?
　　　{ [16] playing baseball together tomorrow ?

①　Why don't you　②　How are you

③　How about　④　Can we

問２　{ They speak Spanish in Argentina.
　　　{ Spanish [17] in Argentina.

①　was spoken　②　is spoken

③　was speaking　④　is speaking

問３　{ I was sad to hear the truth about his accident.
　　　{ The truth of his accident [18] me sad.

①　gave　②　made　③　brought　④　took

問４　{ We don't have to finish this job today.
　　　{ We [19] finish this job today.

①　must not　②　cannot　③　need not　④　may not

問５ {I cooked you a gorgeous dinner tonight.
I cooked a gorgeous dinner [20] you tonight.

① to　② with　③ of　④ for

4 次の日本文の意味を表すように，それぞれ下の語(句)を並べ替えて空所を補い，英文を完成させなさい。解答は [21] ～ [30] に入れるものの番号のみをマークしなさい。ただし，文頭にくる語(句)も小文字にしてあります。［マークシート解答番号 [21] ～ [30]］

問１　地球から月までどのくらいの距離ですか。

How ______ ______ [21] ______ ______ [22] ______ the moon?

① the　② is　③ it　④ from
⑤ far　⑥ to　⑦ Earth

問２　マイクはユキが何時にそのレストランに到着するか知っていますか。

______ ______ ______ [23] ______ [24] ______ ______ ______ the restaurant?

① at　② time　③ what　④ Mike　⑤ arrive
⑥ will　⑦ Yuki　⑧ know　⑨ does

問３　富士山は日本で一番高い山です。

______ ______ [25] ______ ______ [26] ______ ______ Japan.

① than　② in　③ Mt. Fuji　④ other
⑤ mountain　⑥ any　⑦ higher　⑧ is

問４　そのＴシャツは小さすぎて，彼は着ることができなかった。

The ______ ______ [27] ______ ______ [28] ______ ______.

① was　② to　③ for　④ small
⑤ wear　⑥ T-shirt　⑦ too　⑧ him

問５　今週末雨なら，彼は洗車をしないだろう。

He ______ ______ [29] ______ ______ ______ [30] ______ this weekend.

① it　② rainy　③ his car　④ if
⑤ is　⑥ wash　⑦ not　⑧ will

5 次の英文を読み，話の流れに合うように [31] ～ [35] に入れるのに最も適当なものをそれぞれ一つずつ選び，その番号をマークしなさい。［マークシート解答番号 [31] ～ [35]］

In 2023, there was a G7 Summit in Hiroshima, Japan. Before it started, two students were talking about it.

Masa：Hey, have you heard about the Hiroshima Summit?

Sarah：Yes, I have! It's a big meeting of world leaders. Are you interested in it too?

Masa：[31] I think it's a good chance to talk about global issues and world peace. Have you been keeping up with the summit news?

Sarah：Yeah, I've been reading articles and watching TV. They'll discuss problems like getting rid of *nuclear weapons and energy issues. Among them, I want to know more about [32] as it is getting warmer and warmer.

Masa：I see. We need to deal with those issues and protect our planet. Do you know which leaders will go to the summit?

Sarah：I heard leaders from major countries like the United States, the United Kingdom, and

France will be there. It's a big meeting.

Masa : It is. I think this summit will make a big difference.

Sarah : I totally agree. Countries need to come together, share ideas, and work towards common goals. It means [33] is a key to solving global problems.

Masa : Absolutely. It's also a chance for Hiroshima to show how terrible the atomic bomb was. [34]

Sarah : Yeah, Hiroshima's history teaches us the horrors of war and the importance of peace. I hope people understand these things during the summit.

Masa : Me too. It's a time for the world to think about the past and work for a peaceful future. Do you have any plans to learn more about the issues talked about in the summit?

Sarah : I'm thinking of talking to our social studies teacher to do that. It'll be interesting to know more about the topics they discuss in Hiroshima.

Masa : Sounds cool. [35] We can learn more and understand why the summit is important.

Sarah : You are right. It is a good chance to learn and grow.

Masa : Agreed. I believe this summit will help us move toward a better world.

Sarah : Yeah. Together, we can make a difference and create a world where peace and cooperation are valued.

※nuclear　核の

問１ [31]

① Me too.　② Of course.　③ Unfortunately, not.　④ So do I.

問２ [32]

① global finance　② gender issues　③ food waste　④ climate change

問３ [33]

① teamwork　② construction　③ history　④ trouble

問４ [34]

① I find the topic unimportant.
② I hope the summit brings attention to that.
③ I'm not interested in history.
④ I think it's better to focus on current events.

問５ [35]

① You must not join me.　② You should join me.
③ I can't join you.　④ I will join you.

6　次の英文を読み，以下の設問に答えなさい。［マークシート解答番号 [36]～[45]］

Fast food is food that is prepared and served quickly. It is popular because it is convenient and can be eaten on the go. Fast food restaurants, [36-A] McDonald's and Burger King, offer a variety of options such as hamburgers, fries, and chicken nuggets. Many people enjoy fast food [37] it is tasty, but it is important to remember to eat it in moderation because if we eat too much fast food, too often it is bad for our bodies.

Fast food is made through processes that allow the food to be cooked quickly. This means that it can be served to customers in a short amount of time. Fast food restaurants also have drive-thru windows, and make it easy for people to order food without even [38] their car. This convenience has made fast food a popular choice for busy individuals and families.

While fast food is convenient, it is important to make healthy choices when eating it. Fast food is often high in calories, unhealthy fats, and *sodium. It is recommended to balance fast food with other healthier options [36-B] fruits, vegetables, and whole grains. Making smart choices and eating fast food in moderation can help maintain a healthy lifestyle.

Fast food restaurants are found all around the world, making them accessible to people in many different countries. Each country may have its own variations of fast food, with local flavors and ingredients. This allows people to experience a taste of different cultures through fast food, adding to its global popularity.

Fast food provides a quick and convenient option for our daily [39] <u>diet</u>, but it is important to remember to make healthy choices. It is always a good idea to use a variety of fresh foods into our diet for overall health and well-being. Fast food should be one part of a healthy diet.

*sodium　ナトリウム

問1　空欄 [36-A] と [36-B] に共通して入る最も適当なものを一つ選び，その番号をマークしなさい。

①　such　②　with　③　like　④　for

問2　空欄 [37] に入る最も適当なものを一つ選び，その番号をマークしなさい。

①　though　②　because　③　if　④　how

問3　空欄 [38] に入る最も適当なものを一つ選び，その番号をマークしなさい。

①　leaving　②　left　③　being left　④　leave

問4　下線部 [39] とほぼ同じ意味となる最も適当なものを一つ選び，その番号をマークしなさい。

①　flavor　②　ingredient　③　taste　④　meal

問5　<u>本文の内容に一致しない</u>ものを一つ選び，その番号をマークしなさい。[40]

①　ファストフードは，忙しい個人や家族にとって人気の選択肢となっている。
②　ファストフードは，健康的な食品とバランスを取りながら摂取することが推奨される。
③　ファストフードは，世界中で多くの人々に利用されており，どこで食べても同じ味を味わえる安心感がある。
④　ファストフードを通して，異なる文化の味を経験することができる。

以下の設問で最も適当なものをそれぞれ一つずつ選び，その番号をマークしなさい。

問6　Why is fast food popular？ [41]

①　It is easy and can be eaten on the go.
②　It is expensive but worth it.
③　It is only available in certain places.
④　It is a healthy and nutritious option.

問7　How is fast food made quickly？ [42]

①　It is prepared using traditional cooking methods.
②　It is cooked slowly to make the flavors better.
③　It is made with special ingredients.
④　It is made using processes that allow quick cooking.

問 8　What should you do when eating fast food ?　43

① Make healthy choices and eat it in moderation.
② Consume as much as you want without any concerns.
③ Avoid fast food completely.
④ Replace it with nutritious options like fruits and vegetables.

問 9　What makes fast food popular globally ?　44

① It is the same in every country.
② Each country has its own variations of fast food.
③ It is only popular in a few countries.
④ It is only accessible in major cities.

問10　According to the passage, which is true about fast food ?　45

① It should be the main part of our diet.
② It should be avoided entirely.
③ It should be eaten with other food.
④ It should be replaced with other unhealthy options.

【数　学】（50分）〈満点：100点〉

（注意）　分度器，定規，コンパス等は使用禁止です。

1　次の $\boxed{1}$ から $\boxed{5}$ に適するものをそれぞれの解答群の中から選びなさい。

問１　$-2^3\times5+(-6)^2\div3=\boxed{\quad 1 \quad}$

$\boxed{1}$ の解答群

① -52　② -34　③ -28　④ -26
⑤ -18　⑥ 18　⑦ 26　⑧ 52

問２　$\sqrt{3}(\sqrt{8}-\sqrt{6})-\dfrac{10}{\sqrt{6}}=\boxed{\quad 2 \quad}$

$\boxed{2}$ の解答群

① $-\dfrac{7\sqrt{6}}{3}$　② $-\dfrac{2\sqrt{6}}{3}$　③ $\dfrac{2\sqrt{6}}{3}$
④ $\dfrac{-27\sqrt{2}+7\sqrt{6}}{3}$　⑤ $\dfrac{-9\sqrt{2}+6\sqrt{3}+\sqrt{6}}{3}$　⑥ $\dfrac{-9\sqrt{2}-6\sqrt{3}+\sqrt{6}}{3}$
⑦ $\dfrac{9\sqrt{2}+\sqrt{6}}{3}$　⑧ $\dfrac{-9\sqrt{2}+\sqrt{6}}{3}$

問３　$(x+5)^2-11(x+5)+24$ を因数分解すると $\boxed{\quad 3 \quad}$ である。

$\boxed{3}$ の解答群

① $(x-1)(x+1)$　② $(x+9)(x+11)$　③ $(x+8)(x-13)$　④ $(x-4)(x+3)$
⑤ $(x+3)(x+4)$　⑥ $(x+2)(x-3)$　⑦ $(x-8)(x+13)$　⑧ $(x+4)(x-3)$

問４　$x=\dfrac{1}{5}$，$y=-3$ のとき，$3(x-5y)-2(4x-7y)=\boxed{\quad 4 \quad}$ である。

$\boxed{4}$ の解答群

① -2　② 2　③ -4　④ 4　⑤ -1　⑥ $\dfrac{7}{5}$　⑦ $-\dfrac{11}{5}$　⑧ $\dfrac{11}{5}$

問５　２次方程式 $x^2+14x-3=0$ の解は $x=\boxed{\quad 5 \quad}$ である。

$\boxed{5}$ の解答群

① $14\pm2\sqrt{13}$　② $14\pm4\sqrt{13}$　③ $7\pm5\sqrt{2}$　④ $7\pm2\sqrt{13}$
⑤ $-14\pm2\sqrt{13}$　⑥ $-14\pm4\sqrt{13}$　⑦ $-7\pm5\sqrt{2}$　⑧ $-7\pm2\sqrt{13}$

2　次の［6］から［11］に適するものをそれぞれの解答群の中から選びなさい。

問6　$\sqrt{5}$より大きく，$5\sqrt{5}$より小さい整数は［6］個ある。

［6］の解答群

①　7　②　8　③　9　④　10
⑤　11　⑥　12　⑦　13　⑧　14

問7　右の図において，BD＝［7］である。

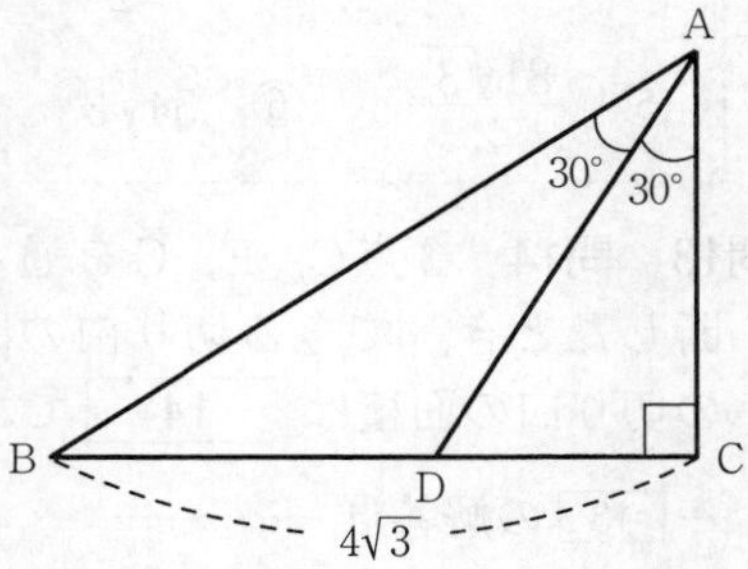

［7］の解答群

①　2　②　$\frac{7}{3}$　③　$\frac{8}{3}$　④　3
⑤　$2\sqrt{3}$　⑥　$\frac{7\sqrt{3}}{3}$　⑦　$\frac{8\sqrt{3}}{3}$　⑧　$3\sqrt{3}$

問8　右の図において，ABは円Oの直径とする。$\overset{\frown}{AD}=\overset{\frown}{CD}$とするとき，$x$＝［8］°である。

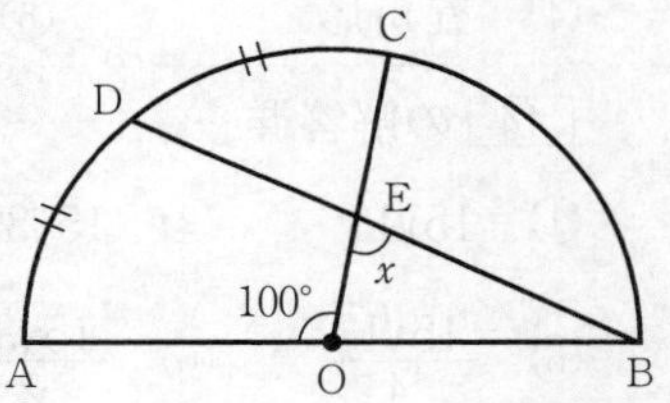

［8］の解答群

①　65　②　68　③　70　④　73
⑤　75　⑥　78　⑦　80　⑧　83

問9　男子３人，女子２人の中から２人選ぶとき，２人とも男子が選ばれる確率は［9］である。

［9］の解答群

①　$\frac{1}{2}$　②　$\frac{1}{3}$　③　$\frac{3}{4}$　④　$\frac{3}{5}$
⑤　$\frac{3}{7}$　⑥　$\frac{3}{8}$　⑦　$\frac{3}{10}$　⑧　$\frac{3}{11}$

問10　ある学年の生徒数は360人であり，このうち，男子生徒の20％と女子生徒の16％が電車を利用して通学している。電車を利用して通学している男女の人数は等しいとき，電車通学している生徒は全部で［10］人である。

［10］の解答群

①　16　②　32　③　64　④　68　⑤　72　⑥　80　⑦　86　⑧　92

問11　x，yについての連立方程式$\begin{cases} ax+by=1 \\ bx-2ay=8 \end{cases}$の解が$x=2$，$y=3$であるとき，$\frac{a}{b}$＝［11］である。

［11］の解答群

①　-3　②　-2　③　$-\frac{3}{2}$　④　-1　⑤　$\frac{1}{2}$　⑥　1　⑦　3　⑧　4

3　図のような，すべての辺の長さが3である正六角柱がある。このとき，次の [12] から [14] に適するものをそれぞれの解答群の中から選びなさい。

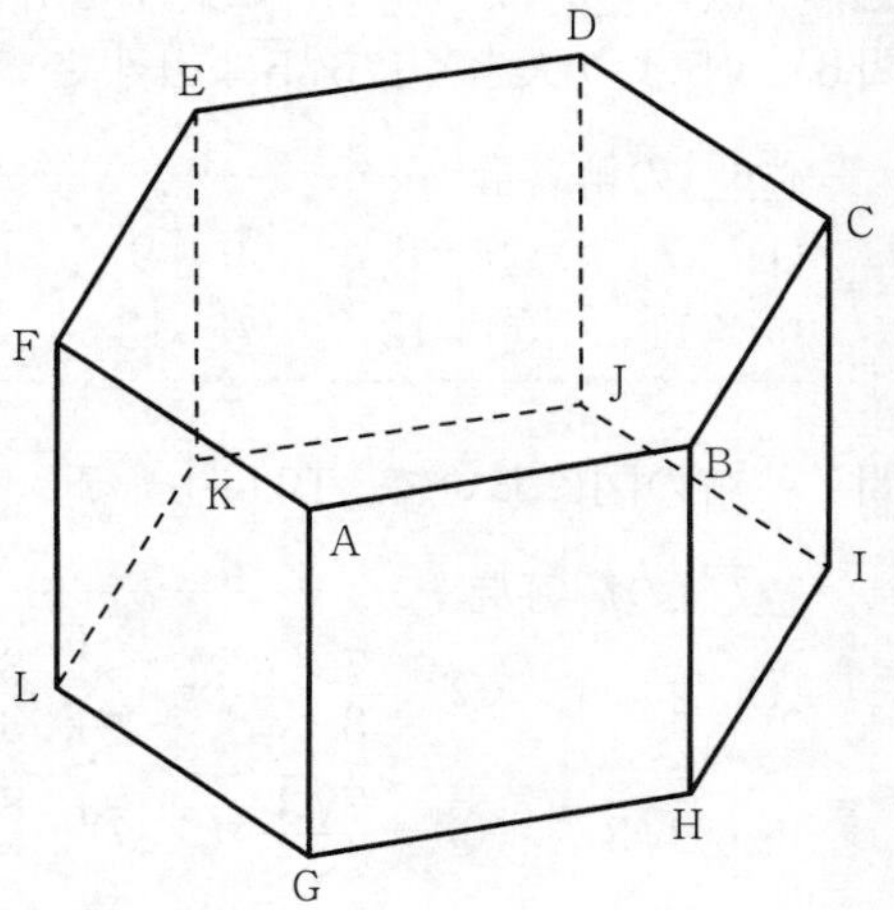

問12　この正六角柱の体積は [12] である。

[12] の解答群

①　$18\sqrt{3}$　②　$\dfrac{27\sqrt{3}}{2}$　③　27　④　$27\sqrt{3}$

⑤　$\dfrac{81\sqrt{3}}{2}$　⑥　$54\sqrt{3}$　⑦　81　⑧　$81\sqrt{3}$

問13　問14　3点C，E，Gを通る平面でこの正六角柱を切断したとき，できる切り口の図形は [13] であり，その切り口の面積は [14] である。

[13] の解答群

①　二等辺三角形　②　正三角形　③　四角形

④　五角形　⑤　六角形

[14] の解答群

①　$15\sqrt{13}$　②　$15\sqrt{39}$　③　$\dfrac{5\sqrt{13}}{3}$　④　$\dfrac{15\sqrt{13}}{8}$

⑤　$\dfrac{15\sqrt{13}}{4}$　⑥　$\dfrac{15\sqrt{39}}{2}$　⑦　$\dfrac{15\sqrt{39}}{4}$　⑧　$\dfrac{45\sqrt{39}}{2}$

4　図のように，関数$y=\dfrac{1}{2}x^2$のグラフ上に，4点A$(-2,\ 2)$，B$(4,\ 8)$，C，Dがあり，四角形ABCDはAB∥DC，AB：DC＝3：2となる台形である。このとき，次の [15] から [17] に適するものをそれぞれの解答群の中から選びなさい。

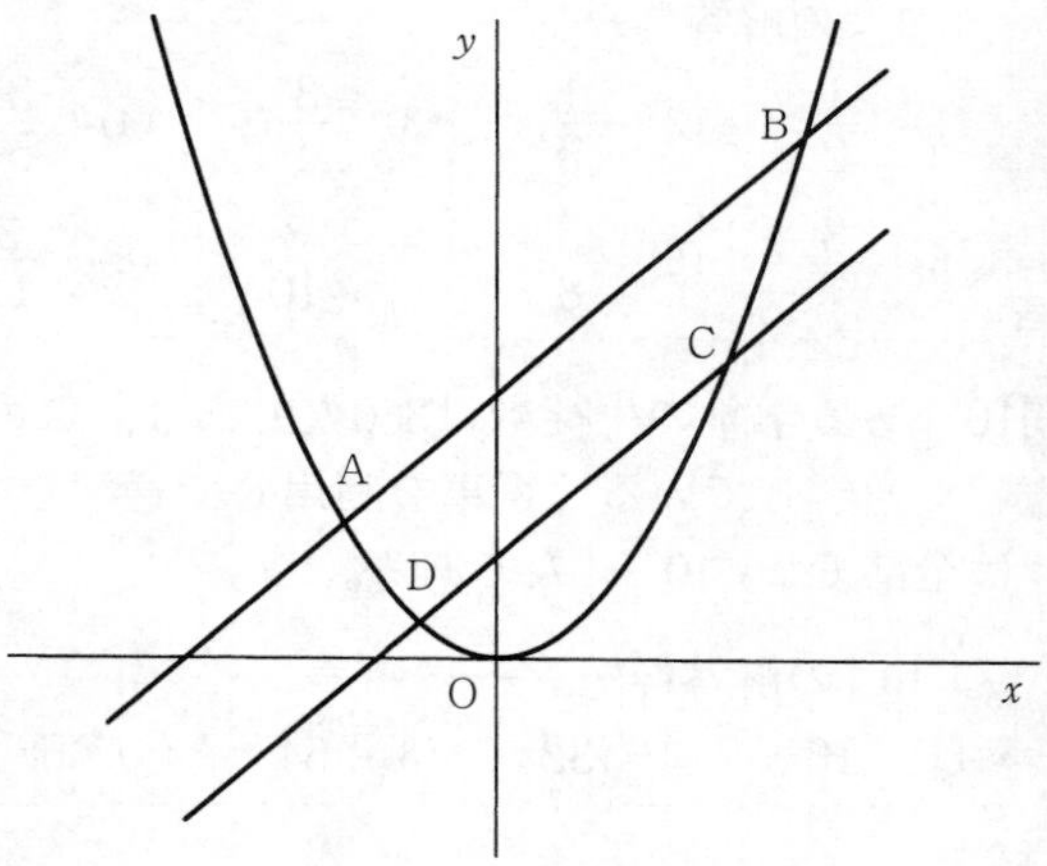

問15　直線ABの切片は [15] である。

[15] の解答群

①　$\dfrac{12}{5}$　②　3　③　$\dfrac{11}{3}$　④　4

⑤　$\dfrac{14}{3}$　⑥　$\dfrac{24}{5}$　⑦　5　⑧　$\dfrac{16}{3}$

問16　点Dのx座標は [16] である。

[16] の解答群

①　-1　②　$-\dfrac{5}{6}$　③　$-\dfrac{4}{5}$　④　$-\dfrac{2}{5}$

⑤　$-\dfrac{3}{4}$　⑥　$-\dfrac{2}{3}$　⑦　$-\dfrac{1}{3}$　⑧　$-\dfrac{1}{2}$

問17　線分ADに平行な直線 l が台形ABCDの面積を２等分するとき，直線 l の切片は [17] である。

[17] の解答群

① 3　② 5　③ $\frac{11}{2}$　④ $\frac{15}{2}$　⑤ $\frac{17}{2}$　⑥ $\frac{11}{4}$　⑦ $\frac{15}{4}$　⑧ $\frac{21}{4}$

5　下の図１で，△ABCと△DEFは直角二等辺三角形であり，直角をはさむ辺の長さがそれぞれ4cm，6cmである。４点B，C，E，Fは同一直線上にあり，点Cと点Eが重なっている。△ABCが，図１の状態から，点Bと点Fが重なるまで右に移動する。図２は，この途中の様子を表している。ECの長さを x cm，△ABCと△DEFの重なった部分の面積を y cm^2とするとき，下の [18] から [20] に適するものをそれぞれの解答群の中から選びなさい。

図１

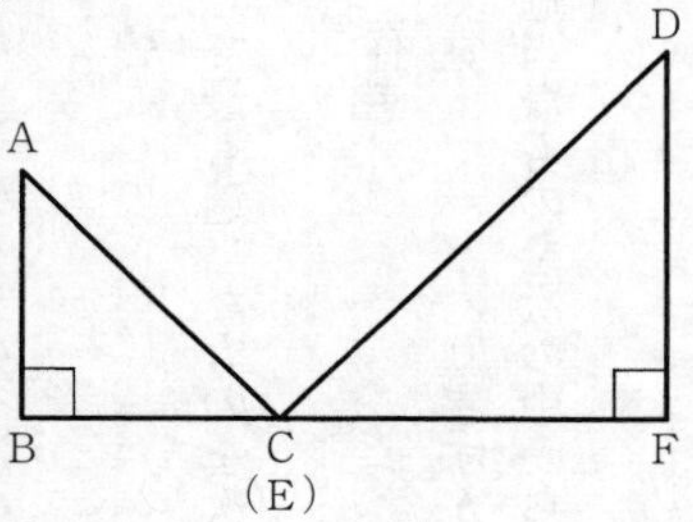

図２

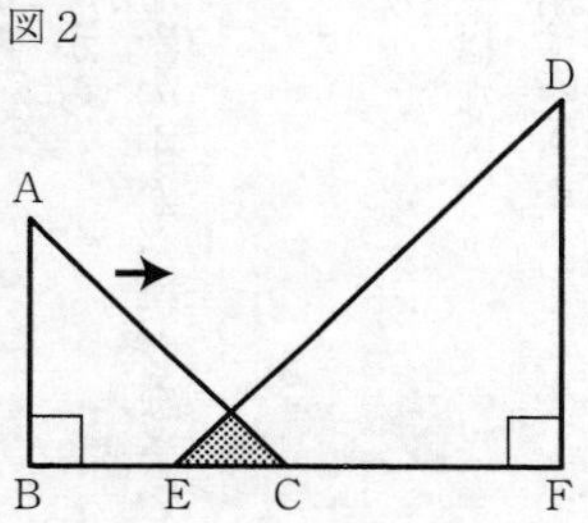

問18　$x=2$ のとき，$y=$ [18] である。

[18] の解答群

① 1　② $\frac{1}{2}$　③ $\frac{3}{2}$　④ $\frac{1}{4}$　⑤ $\frac{3}{4}$　⑥ $\frac{5}{4}$　⑦ $\frac{7}{4}$　⑧ $\frac{9}{4}$

問19　$x=6$ のとき，$y=$ [19] である。

[19] の解答群

① 6　② 7　③ $\frac{13}{2}$　④ $\frac{15}{2}$　⑤ $\frac{25}{4}$　⑥ $\frac{27}{4}$　⑦ $\frac{29}{4}$　⑧ $\frac{31}{4}$

問20　点Cが辺EF上にあるとき，$y=\frac{23}{4}$ となる x の値は $x=$ [20] である。

[20] の解答群

① 4　② 5　③ 6　④ $2\sqrt{2}$　⑤ $3\sqrt{2}$　⑥ $\sqrt{3}$　⑦ $2\sqrt{3}$　⑧ $3\sqrt{3}$

問五 [B] に共通して当てはまる語として最も適当なものを次の中から選びなさい。解答番号は[42]。

① ども　② こそ　③ ぞ　④ だに

問六 傍線ウ「物ものたまはず」の主語として最も適当なものを次の中から選びなさい。解答番号は[43]。

① 姫君　② 乳母　③ 殿　④ 作者

問七 傍線エ「乳母余りに心うくあさましく覚えて」とありますが、それはなぜですか。その理由として最も適当なものを次の中から選びなさい。解答番号は[44]。

① 殿が想像以上に気遣い上手であったから
② 姫君が指示通りに難なくやり切ったから
③ 殿が教えに背くような行動をしたから
④ 姫君が教えの内容を勘違いしていたから

問八 本文の主題として最も適当なものを次の中から選びなさい。解答番号は[45]。

① ところ構わず話しすぎることはよくない
② 人の話には素直に耳を傾けるべきだ
③ 無理をしてまで人の教えに従う必要はない
④ 人の言葉に従うならその意図を理解すべきだ

問九 傍線a「珍しき」・b「さて」・c「伸べ」・d「ざる」の品詞名を次の中からそれぞれ選びなさい。解答番号はaが[46]、bが[47]、cが[48]、dが[49]。

① 動詞　② 形容詞　③ 形容動詞　④ 名詞
⑤ 副詞　⑥ 接続詞　⑦ 助動詞　⑧ 助詞

問十 この文章の出典は鎌倉時代の『沙石集』ですが、同時代の作品を次の中から選びなさい。解答番号は[50]。

① 伊曽保物語　② 枕草子
③ 平家物語　④ 花月草紙

たまへば、「御心得だに候はば、それこそ心安く思ひ参らせ候へ」と B 言ひける。ｂさて殿の許へおはして後、二三日は※つやつやウ物ものたまはず。これも余りなりと思ひける程に、殿と並びてⅡ物召しけるに、よによき※酸茎《すぐき》のありけるを、なほ欲しく思はれけるにや、膝を立て、肩をすべ、羽繕ひするやうにして、首をｃ伸べ、声を作りて、「酸茎食はう」と二声、鶯の鳴く声色にてのたまひける。エ乳母余りに心うくあさましく覚えて、Ⅲまた言はせじとて、「やがて参らせむ」と言ひけるが、遅かりければ、「きときときと」と B 言ひける。

物の心を得ずして言葉に随《したが》ふこと、※世間出世かくこそありけれ。仏法もその心を得ずして言葉に随ふ時は、誤りあることこれに違はｄざるをや。

（『沙石集』より）

※殿の許へおはすべきにてありけるを…殿に嫁入りなさろうとしていたのだが

※尋常なる…上品な

※物の姫君なんどのやうに…例えて〝なんとかの姫君〟などのように

※この御前の物を仰せられよかし…この姫君に物を仰ってほしい

※籬…竹や柴などで目をあらく編んだ垣

※つやつや…一向に。少しも

※酸茎…漬物の一種

※世間出世…俗世間でも出家しても

問一 傍線Ⅰ・Ⅱ・Ⅲの口語訳として最も適当なものを次の中からそれぞれ選びなさい。解答番号は 36 ～ 38 。

Ⅰ しかるべからず覚え候ふ 36

① 仕方がないと思います
② 手に負えないと思います
③ ふさわしくないと思います
④ ぎこちないと思います

Ⅱ 物召しけるに 37

① 食事を召し上がったときに
② 召使をお呼びになったときに
③ 招待なさったときに
④ 紹介なさったときに

Ⅲ また言はせじ 38

① もう一度言うだろうか　② もう一度言ってほしい
③ もう一度言わせよう　④ もう一度言わせまい

問二 傍線ア「乳母教へける」の内容として最も適当なものを次の中から選びなさい。解答番号は 39 。

① 常に殿の顔を立てなさい
② 口数を減らしなさい
③ 穏やかに振るまいなさい
④ 殿の興味をひく会話をしなさい

問三 A に当てはまる語として最も適当なものを次の中から選びなさい。解答番号は 40 。

① 春　② 夏　③ 秋　④ 冬

問四 傍線イ「我は乳母より前に心得たるぞ。何しに賢しく教ふる」から読み取れる姫君の性格として最も適当なものを次の中から選びなさい。解答番号は 41 。

① 内向的な性格　② 勝ち気な性格
③ 冷静沈着な性格　④ 世話好きな性格

問十一　傍線6「米は究極の作物だ」とありますが、なぜそのように言えるのですか。その理由として適当でないものを、次の中から一つ選びなさい。解答番号は32。

① 栽培可能な地域が広く、収穫量も多い作物だから
② 様々な栄養素を含んだ作物であり味も良いから
③ 日本の気候風土での栽培に適した作物だから
④ 条件さえ良ければ数年程度は保存ができる作物だから

問十二　傍線7「日本はまさに『米が作った国』といえる」とありますが、なぜそのように言えるのですか。その理由として適当でないものを、次の中から一つ選びなさい。解答番号は33。

① 日本人の国民性は稲作を通じて培われてきたと考えられるから
② 日本の国土は稲作のために大規模な改造を施されてきたから
③ 日本人は米と鉄こそが国家の命運を担うものだと考えるから
④ 日本の人口は米の普及により大国と呼べるまでに増加したから

問十三　傍線8「日本においては、田を押さえるということが、すなわち力を握ることだったのだ」とありますが、それはどういうことですか。最も適当なものを次の中から一つ選びなさい。解答番号は34。

① 歴史的に米は経済力や軍事力に直結しており、多くの田を手にした者はその分大きな勢力を持つことができたということ
② 文化的に米は権威そのものであり、田を保有する量で「天皇」や「豪族」などの社会的な地位が決まってきたということ
③ 穀物が基盤の経済システムは世界に類例がなく、中心となる米のおかげで日本は世界有数の大国へと成長したということ
④ 穀物が基盤の経済システムには小麦よりも米が適するので、日本が力を持つためには畑よりも田が重要だったということ

問十四　この文章について議論するAさん～Dさんの発言について、本文の内容に合致するものとして最も適当なものを後の中から選びなさい。解答番号は35。

Aさん　近年の歴史研究では、治める民衆のために食糧を確保した英雄的な人物だけが、優秀なリーダーだと評価されているみたい。
Bさん　だから人民に十分な食糧をもたらすことができなかった人物が、暗君や暴君として歴史的に不名誉な評価を得ているんだね。
Cさん　安定した食糧供給の維持は歴史上大きな課題だったんだね。米が今や世界中の人口を支える主食となったこともうなずける。
Dさん　食糧が精神的、文化的な意味を持つ例もあるみたい。各民族の命を支えてきた食品は、生命維持以上の意味を持ち得るんだね。

① Aさん　② Bさん　③ Cさん　④ Dさん

三

次の文章を読んで、後の問いに答えなさい。

ある姫君、※殿の許《もと》へおはすべきにてありけるを、ア乳母教へけるは、「やさしく※尋常なることをば、※物の姫君なんどのやうにとこそ申せ。何となきことのみ、御口《おんくち》がましき御癖のおはしますこと、Iしかるべからず覚え候ふに、殿の聞かせ給はむ時、いたく物な仰せられ候ひそ。あはれ、※この御前の物を仰せられよかし、聞かむなんど思し召す時、物は仰せ候へよ。Aの鶯《うぐひす》の※籬《まがき》の竹に訪れむを聞かむやうに、a珍しき御事にて候へよ」と教え申しければ、「イ我は乳母より前に心得たるぞ。何しに賢しく教ふる」との

例していない場合がみられるから

③ 歴史上、優秀なリーダーが出現しても、長期間の安定的な政権は一度も実現していないから

④ 歴史上、リーダーが優秀であればあるほど、逆に社会は安定を失っていく傾向がみられるから

問五 傍線２「歴史に重大な影響を及ぼしていながら、今まで軽視されていた要素」とありますが、具体的に何を指していますか。最も適当なものを次の中から選びなさい。解答番号は26。

① 飢えた流民を鎮圧できるだけの軍事力

② 人民に十分な食料を与える政治的手腕

③ 英雄と言えるほどの器を持つリーダー

④ 気候変動による食料の収穫量への影響

問六 傍線３「典型的だったのは、始皇帝死後に起きた漢と楚の抗争だろう」とありますが、なぜ「典型的」な例と言えるのですか。その理由として最も適当なものを次の中から一つ選びなさい。解答番号は27。

① 天候フジュンで人民が飢えたことが反乱を招き、それが連鎖した結果中国全体を巻き込む戦へとつながっていったから

② 漢軍を率いる劉邦は穀物の栽培法を熟知しており、楚軍に対して食料面で優位だったことが戦の勝敗を分けたから

③ 武門出身の項羽の方が戦において上手だったにもかかわらず、庶民出身で戦にも慣れていない劉邦が勝利したから

④ 不作による反乱という形で始まった戦が、最後には戦の強弱ではなく食料確保の有無で勝敗が決するに至ったから

問七 Ｉ に当てはまる言葉として最も適当なものを次の中から選びなさい。解答番号は28。

① 六千万人　② 二千万人

③ 一千万人　④ 五千万人

問八 傍線４「農耕による人口の増大は、こうした巨大な戦乱の種をまくことでもあったのだ」とありますが、なぜそのように言えるのですか。その理由として最も適当なものを次の中から選びなさい。解答番号は29。

① 人口が増えれば増えるほど、戦乱を起こし覇権を争う人間が多く出現する傾向があるから

② 食料生産技術の限界を超えた人口増加は、災害をきっかけに戦乱を引き起こす傾向があるから

③ 人口の増大は自然環境に負担をかけ、戦乱につながる災害を引き起こす傾向があるから

④ 農耕による人口増加は新たな宗教を発生させ、それが戦乱につながっていく傾向があるから

問九 傍線５「歴史にも大きな爪痕を残した」とありますが、具体的に起こった出来事の例として最も適当なものを次の中から選びなさい。解答番号は30。

① 東ローマ帝国の衰退

② 卑弥呼女王の後継者の座を巡る内乱

③ ゲルマン諸族のローマ領内侵入

④ 中国の異民族侵入による分裂

問十 次の文章は、本文中の《A》～《D》のどこに入りますか。後の中から選びなさい。解答番号は31。

> 品種改良は、味にも及んだ。デンプンは、ブドウ糖分子が長くらせん状につながったアミロースと、途中で枝分かれを持つアミロペクチンがある。後者が多いと、デンプンの鎖同士が絡まり合い、粘りが増して、これが米の味に重要な影響をもたらす。アミロペクチン一〇〇パーセントであると非常に弾力性が強くなり、これがいわゆるもち米だ。コシヒカリなどはアミロースを一六パーセントほど含んでおり、このあたりが美味い米の黄金比率であるらしい。

① 《A》　② 《B》　③ 《C》　④ 《D》

ということが、すなわち力を握ることだったのだ。
戦国期においては、いかに大量の米を確保するかが勝敗を分けた。「石」という単位は、大人が一年間に食べる米の量であり、「一万石の大名」とはすなわち一万人を雇用できる勢力を意味した。江戸期には、大名の軍役から農民の年貢に至るまでが、石高を元に定められるようになる。このように、穀物をベースとした経済システムを構築した国は、世界に類例を見ない。
もちろん、こうした「民族の魂」ともいうべき食品を持つのは、日本だけではない。寒冷で乾燥したヨーロッパでは、小麦が主食の座を占めた。キリスト教ではパンがイエスの肉に⑤なぞらえられたし、イタリアでは各都市にそれぞれのパスタが存在し、多彩な食文化を形成している。デンプンは単に命をつなぐための物質を超えて、各民族のアイデンティティ、心のよりどころにもなっているのだ。

（『炭素文明論「元素の王者」が歴史を動かす』より抜粋　作問の都合により一部改変　著者 佐藤健太郎）

問一 傍線a・b・c・d・eのカタカナに当たる漢字と同じ漢字を用いているものを、それぞれ一つ選びなさい。解答番号は11～15。

a ボンヨウ 11
① チュウヨウを説く　② ヨクヨウのない音声
③ ヨウジンを警護する　④ ヨウキな人物

b フジュン 12
① ジュンタクな資金　② 会場をジュンカイする
③ ジュンスイな水　④ ジュンバンを守る

c シュウヤク 13
① ヤクシンする　② ヤクワリを果たす
③ キヤクに則る　④ 日本語にホンヤクする

d ヨウサイ 14
① サイオウが馬　② サイゲンなく続く作業
③ サイソクを説明する　④ サイルイ弾を撃ち込む

e ワボク 15
① ダボク傷を負う　② シンボクを深める
③ ボクジョウを経営する　④ スイボク画を鑑賞する

問二 波線①・②・③・④・⑤の語句は、本文の中でどのような意味で使われていますか。最も適当なものをそれぞれ選びなさい。解答番号は16～20。

① ファクター 16
① 意志　② 要因　③ 言動　④ 論理

② ダイナミック 17
① 動的　② 静的　③ 公的　④ 私的

③ 素地 18
① 劣悪な条件　② まっさらな状態
③ なにかを成す底力　④ ものごとの土台

④ 台頭して 19
① 処刑して　② 勢力を増して
③ 反撃して　④ 功を奏して

⑤ なぞらえられた 20
① 疑問に思われた　② 隣に添えられた
③ それとみなされた　④ 併せて出された

問三 （ア）・（イ）・（ウ）・（エ）に当てはまる語を次の中からそれぞれ選びなさい。なお、同じ記号を複数回用いても構いません。解答番号は（ア）が21、（イ）が22、（ウ）が23、（エ）が24。
① 特に　② しかし　③ いくら
④ むしろ　⑤ やがて　⑥ もし

問四 傍線1「不思議になることがある」とありますが、それはなぜですか。その理由として最も適当なものを次の中から選びなさい。解答番号は25。
① 歴史上、暗君や暴君と評されるリーダーのすぐ後には必ず優秀な指導者が現れ、社会が安定するから
② 歴史上、リーダーの人徳や能力の高低と、社会の安定度が比

と呼ばれたユスティニアヌスも、気候変動と飢饉には抗するべくもなかったのだ。この寒冷化は歴史の大きな変わり目となり、ここに古代という時代が終焉したといえる。

なお、日本への仏教伝来（五三八年）は、この寒冷化と同じ時期に当たる。太陽が薄れ、食料不足で多くの人命が失われたことが、新たな宗教を受け入れる③素地になったという見方もなされる。これに限らず、偉大な思想や宗教は、寒冷化の時期に発生していることが多い。食を失い、死と向き合うことが、人を深い思索へと向かわせるのだろうか。こうした大規模で急激な気候の変化は、今後いつでも起こりうることでもある。

「イネ」の語源は「命の根」であるという説がある。どんなに時代が変わろうと、日本人は決して米食から離れようとせず、食料自給率が四割を切っている中、米だけは一〇〇パーセントの自給を保ち続けている。「鉄は国家なり」というビスマルクの言葉に倣えば、さしずめ日本の場合は「米は国家なり」というところだろうか。

《　A　》

言ってしまえば、6米は究極の作物だ。デンプンはもちろん、良質なタンパク質やミネラルをバランスよく含み、ビタミン類も摂取できる。ビタミンB_1は、米ぬかから発見されたため、米の学名からとってオリザニンと命名されたほどだ。春に一粒のイネの種を蒔けば、秋には二千～三千粒もの収穫が得られるほど多産だし、栽培可能な地域も広い。条件さえよければ、数年程度の保存も可能だ。そして何より、米は美味い。日本人が米に執着するのも、まず当然と思える。《　B　》

稲作が日本で大規模に行われるようになったのは、縄文晩期から弥生時代初期といわれるから、少なくとも二千数百年の歴史を持っていることになる。多量の水と温暖な気候を要するイネの栽培は、日本の風土に適していた。《　C　》

畑と異なり、田は土地を水平に均して水を張り、周りを囲って水が漏れないようにしなければならない。また、大量の水を必要とするから、川の水を引くなど大規模な工事が必要となる。利根川など大河の流路さえも、必要とあれば大胆に付け替えた。我々が「豊かな自然」と感じる田園の光景は、こうして極めて人工的に作り出されたものだ。日本列島は、デンプン生産のために改造された島だといっても、決して過言ではない。

またこうした工事は一人でできるものではなく、統制のとれた集団でなければ成し得ない。サボったり、手を抜いたりする者があれば、全てが水の泡になることすらありうる。団体で規律正しい行動を取るが、個人の抜け駆けや目立ち過ぎを嫌う日本人の国民性は、こうしたところで培われてきたのだろう。

もともと熱帯の原産であるイネを寒冷地で育てるため、品種の改良も進められた。青森県の砂沢遺跡は二三〇〇年前のものと見られているから、高度な稲作技術が驚くべき速度で本州の端まで広がったことがわかる。《　D　》

この素晴らしい主食のおかげで、日本人の人口は大いに増加した。縄文時代が終わる頃、日本の人口は十六万人程度であったと見られるが、三世紀に入る頃には二百五十万、九世紀初頭には六百万～七百万を数えていた。当時すでに日本は、ヨーロッパ諸国を上回る世界有数の大国であったのだ。この意味でも、7日本はまさに「米が作った国」といえる。現在でも、東アジアや東南アジアの人口密度が高いのは、米という優れた作物に支えられてのことだ。

このようなわけで、日本の政治は「米を管理する」というところから始まったといっていい。日本史の授業で習った言葉を思い返していただければ、「租庸調」「口分田」「班田収授の法」「墾田永年私財法」「荘園」などなど、米や田に関するものばかりであったことに気づかれるだろう。

当初は豪族たちの所有物であった田は、大化の改新によって天皇のものとなり、やがて荘園制によって貴族の手に落ちる。その管理を請け負っていた守護や地頭が実力で田を乗っ取り、やがて戦国大名たちが④台頭してこれを奪う。8日本においては、田を押さえる

3典型的だったのは、始皇帝死後に起きた漢と楚の抗争だろう。長雨による不作で民が疲弊していたところに、陳勝《ちんしょう》と呉広《ごこう》が反乱に立つと、連鎖的にあちこちで反乱が勃発した。立ち上がった兵士たちは離合集散を繰り返しつつ、漢の劉邦、楚の項羽という二人の英雄のもとにシュウ c ヤクされた。

武門の名門に生まれた項羽に比べ、庶民出身の劉邦は戦に慣れておらず、何度も敗走を重ねた。追い詰められた劉邦は、奇策に打って出る。秦の官営穀倉であった広武山をヨウ d サイ化し、そこに立てこもったのだ。項羽も隣の山に陣取るが、こちらは食料がない。腹が減っては戦ができぬという言葉通り、（イ）戦闘が強くとも飯が食えない楚軍は次第に窮してゆく。項羽は結局ワ e ボクを結んで引き上げようとするが、劉邦はこれを背後から急襲し、大逆転の天下取りを成し遂げたのだ。戦の強弱よりも、とにかく飯にしがみつくことを優先した劉邦が勝利を収めたのは、なかなか象徴的といえる。

人口増加と、戦乱による急減という過程は、歴代の王朝交代のたびに繰り返されてきた。たとえば、前漢末のころの戸籍には約六千万人が登録されているが、戦乱の後に後漢が成立した時には、戸籍登録者はわずか二千万に落ち込んでいた。この数字は、二〇〇年をかけて元の六千万へと回復する。

（ウ）二世紀後半には気候が寒冷化して不作が続き、北方民族の略奪がこれに追い討ちをかけた。（エ）、信徒に五斗の米を寄進させ、流民に食料を提供する「五斗米道」という宗教が発生し、これが三国時代の幕開けへとつながってゆく。せっかく回復した人口は、戦乱によってまた一千万程度にまで激減している。

当時の農業技術では、［ I ］という数字はこの大陸で養える限界であったらしい。人口の上限は生産可能なデンプンの量で決まっており、これを超えたところに冷害や蝗害《こうがい》などの天変地異が起きると、それが引き金となって戦乱と人口崩壊が発生するのが、ひとつのパターンのようだ。

二世紀半ばごろは、世界的に洪水や干魃《かんばつ》が多く、不作が続いた時代であった。こうした傾向は、長期的な戦乱を呼び起こす。中国においては長く統一国家の現れない三国時代（二二〇〜二八〇年）であったし、ローマ帝国でも軍人皇帝が乱立した「危機の三世紀」（二三五〜二八四年）であった。日本でもこの時期は、卑弥呼女王の後継の座を巡って長期の内戦が起きたことが記録されている。4農耕による人口の増大は、こうした巨大な戦乱の種をまくことでもあったのだ。

四世紀後半から六世紀にかけては、ヨーロッパにおける民族大移動の時代に当たる。アジア系のフン族の西進に押し出される形で、ゲルマン諸族がローマ領内に侵入し、これが西ローマ帝国の崩壊につながってゆく。

そして中国でもこの時期は、異民族の侵入によって小国が乱立した「五胡十六国時代」に当たっている。歴史上まれにしか見られない民族移動という現象が、東西でほぼ同時に起きたことは、恐らく偶然ではないだろう。一説には、中央アジアの乾燥化が進行したため、各部族が食を求めて東西へ攻め込んだ結果ともいわれる。

そして五三五年から翌年にかけて、地球規模の異変が起こる。この年、太陽が薄く翳《かげ》って寒い日が続き、深刻な食料不足に陥ったことが、世界中の文献に残されているのだ。日本書紀にも、宣化天皇が飢饉に備えて食料を集めるよう詔を出したという記録がある。

この急激な寒冷化は、各地の樹木の年輪などの記録にも裏付けられている。巨大な噴火により、巻き上げられた火山灰が太陽光を遮って起きた現象と見られ、インドネシアのクラカタウ島火山がその容疑者として挙げられている。

この大規模な寒冷化は十数年続き、5歴史にも大きな爪痕を残した。東ローマ皇帝ユスティニアヌスは、地中海帝国の復活を目指して征服事業に励んでいたが、頻発する飢饉とペストの流行によって、これを断念せざるを得なかった。かつて世界の中心であったイタリアは荒廃し、東ローマ帝国も衰退の一途をたどることとなる。大帝

二〇二四年度　山村学園高等学校（第二回）

【国語】（五〇分）〈満点：一〇〇点〉

一　次の問いに答えなさい。

問一　次の漢字の読みが間違っているものをそれぞれ一つ選びなさい。解答番号は[1]～[4]。

ア　[1]
①　河童（かっぱ）　②　呵責（かせき）
③　恰幅（かっぷく）　④　割愛（かつあい）

イ　[2]
①　慶賀（けいが）　②　栄冠（えいかん）
③　迂遠（うおん）　④　晴雨（せいう）

ウ　[3]
①　生粋（きっさい）　②　異議（いぎ）
③　喜悦（きえつ）　④　使役（しえき）

エ　[4]
①　画策（がさく）　②　恰好（かっこう）
③　喝采（かっさい）　④　葛藤（かっとう）

問二　次の□に当てはまる漢字をそれぞれ後から選び、番号で答えなさい。解答番号はアが[5]、イが[6]、ウが[7]。

ア　□に腕押し
イ　□の不養生
ウ　□の白袴

①　布団　②　豆腐　③　坊主　④　医者　⑤　紺屋
⑥　髪結　⑦　暖簾　⑧　武士　⑨　巫女

問三　次の作者による作品をそれぞれ後から選び番号で答えなさい。解答番号はアが[8]、イが[9]、ウが[10]。

ア　梶井基次郎
イ　幸田露伴
ウ　谷崎潤一郎

①　風立ちぬ　②　高瀬舟　③　山椒魚
④　雪国　⑤　五重塔　⑥　檸檬
⑦　武蔵野　⑧　細雪　⑨　或る女

二　次の文章を読んで、後の問いに答えなさい。

歴史の本を眺めていると、1不思議になることがある。史上には多くの暗君や暴君が登場するが、必ずしも彼らの時代で国が傾き、滅んでいるわけではない。ローマ帝国は、暴君といわれたカリグラやネロの後に、五賢帝による全盛期を迎えている。逆に、フランス革命に散ったルイ一六世などは、人民を愛した仁慈に厚い君主であり、ボンaヨウかもしれないが暗君ではないというのが近年の評価だ。三国志の時代には英雄豪傑が数多登場しているが、安定的な長期政権はなかなか出現しなかった。リーダーの器というものはもちろん重要ではあるが、歴史を動かす①ファクターは決してそれだけではなさそうだと思える。

2歴史に重大な影響を及ぼしていながら、今まで軽視されていた要素が、近年の学問の進展によって徐々に明らかになりつつある。それは気候だ。数千年の間に、地球の気候は予想以上に②ダイナミックに変動している。天候フbジュンなどで十分な収穫が得られなければ、いかに秀でた君主でも反乱は起きる。要は、人民が腹一杯飯を食えれば政治が多少おかしくとも世は平和であり、食えなければ世は乱れるのだ。

（ア）中国では、その傾向が強く現れている。冷涼多雨の年には穀類が不作となり、食えなくなった人々は流民となってよその村を襲う。襲撃を受けた村民は別の村を襲い、ということが繰り返されて、流民の数は膨れ上がっていく。その中で数千、数万の民を食わせることに成功したものが英雄となり、最終的に全ての民に食を与えた者が覇者となる。

2024年度／山村学園高等学校（第２回）

英語解答

1 問１ ④　問２ ④　問３ ①
問４ ②　問５ ①

2 問１ ④　問２ ①　問３ ②
問４ ③　問５ ①　問６ ③
問７ ④　問８ ④　問９ ①
問10 ②

3 問１ ③　問２ ②　問３ ②
問４ ③　問５ ④

4 問１ 21…③　22…⑦
問２ 23…③　24…⑦
問３ 25…⑦　26…④
問４ 27…⑦　28…⑧
問５ 29…⑥　30…⑤

5 問１ ②　問２ ④　問３ ①
問４ ②　問５ ④

6 問１ ③　問２ ②　問３ ①
問４ ④　問５ ③　問６ ①
問７ ④　問８ ①　問９ ②
問10 ③

1〔対話文完成―適文選択〕

問１．Ａ：夏休みはどうだった？　どこに行ったの？／Ｂ：ハワイに行ったよ。ハワイに行くのは初めてだったんだ。／Ａ：向こうでは何をしたの？／Ｂ：ハワイの食べ物をたくさん食べたよ。∥Ａの「どこに行ったの？」という問いかけに対する適切な応答を選ぶ。

問２．Ａ：何かご用はありますか？／Ｂ：この青いＴシャツの限定版を探しているんです。ありますか？／Ａ：ええと，まだあったと思います。在庫があるかどうか確認します。／Ｂ：ありがとうございます。ここで待ちます。∥店員（Ａ）と客（Ｂ）のやり取り。直後のＢの発言から，ＡはＴシャツがあるかを確認することを伝えたと判断できる。

問３．Ａ：僕は10時までに駅に行かないといけないんだ。／Ｂ：本当？　急がないといけないね。／Ａ：今何時かわかる？／Ｂ：9時半だよ。∥Do you have the time? は「何時ですか」と時刻を尋ねる表現。Do you have time?「時間はありますか」との違いに注意。

問４．Ａ：我が家のパーティーにようこそ。／Ｂ：招待してくれてありがとう。すばらしいよ。／Ａ：来てくれてうれしいよ。くつろいでね。／Ｂ：ありがとう。そうさせてもらうよ。∥Make your self at home. は「くつろいで」という意味の慣用表現。Ｂの最後の発言 I will の後には make myself at home が省略されている。　Let me see.「ええと」　Of course.「もちろん」　I see.「なるほど，わかった」

問５．Ａ：宿題は終わった？／Ｂ：まだなんだ。／Ａ：できるだけ早く終わらせた方がいいよ。今夜はダニエルのパーティーだから。／Ｂ：そうだね。すぐにやってしまうよ。∥Ａに早く宿題をやった方がいいと言われたＢの発言。直後の内容から，ＢはＡの発言に同意したとわかる。　Here it is.「（物を差し出して）はい，ここにあります，さあどうぞ」

2〔適語（句）選択・語形変化〕

問１．「10歳のときから10年間」という‘期間’を表す語句があることから，「ずっと～している」という‘継続’の意味を表せる，現在完了形（‘have/has＋過去分詞’）または，現在完了進行形（have/has been ～ing）にする。本問では，主語が He なので④を選ぶ。　「彼は10歳のときから10年間ずっと英語を学んでいる」

問２．‘so ～ that …’で「とても～なので…」という意味。　「彼女はとても一生懸命に勉強したので試験に合格するだろう」

問３．「～するために」を表す to不定詞の副詞的用法。　「彼女は卵を買うために市場に行っている」

問４．‘If＋主語＋動詞の過去形～，主語＋助動詞の過去形＋動詞の原形…’で「もし～なら…するのに」という，‘現在の事実に反する仮定’を表せる(仮定法過去)。この表現ではif節の動詞がbe動詞の場合，原則として主語の人称にかかわらずwereを使う。　「もし今日晴れなら，釣りに行くのに」

問５．否定文に続けて「～も…ない」という場合は，‘neither＋(助)動詞＋主語’で表せる。... and my wife doesn’t, either.としても同じ意味を表せる。　「私はポーカーのやり方を知らないし，妻も知らない」

問６．空所の後に完全な文がきていることに着目し，接続詞を選ぶ。接続詞thatは‘that＋主語＋動詞...’の形で「～ということ」という意味を表す。　「たくさんの人が将来ロボットとともに暮らすと私は確信している」

問７．‘There＋be動詞＋主語...’「～がある〔いる〕」の構文。be動詞の語形は‘主語’によって決まる。ここでは‘主語’がa lot of people「たくさんの人」と複数のため，areかwereになるが，last Saturdayとあるので過去形にする。　「先週の土曜日新しいスーパーにはたくさんの人がいた」

問８．主語がA new tower「新しい塔」なので，「建てられる」という受け身の文になると判断する。「2030年に」という未来を表す語句があるので，助動詞willを含んだ受け身の形(‘助動詞＋be＋過去分詞’)にする。　「2030年に新しい塔がここに建てられる予定だ」

問９．空所の後に「３週間」と‘時間’を表す語句がきているので，「〈時間〉を過ごす」という意味を持つspendを選ぶ。(lovely) three weeksの前にaがあるが，これは「３週間」をひとまとまりのものとしてとらえているため。　spend－spent－spent　「私たちは昨年南フランスですてきな３週間を過ごした」

問10．Where have you been?で「どこに行っていたの」という意味。all day long「一日中」　「やあ，サム。一日中どこに行っていたんだい」

3〔書き換え―適語(句)選択〕

問１．「明日一緒に野球をしませんか」　上の文はLet’sの付加疑問文で「～しましょう」という‘提案・勧誘’を表す。これを下の文ではHow about ～ing?「～しませんか，～するのはどうですか」の形で書き換える。

問２．「アルゼンチンではスペイン語が話される」　上の文は「アルゼンチンではスペイン語を話す」という意味。ここでのTheyは「一般の人々」という意味を表す。下の文では主語が「スペイン語」になっているので，‘be動詞＋過去分詞’の受け身の文にする。　speak－spoke－spoken

問３．「私は彼の事故の真相を聞いて悲しかった」→「彼の事故の真相が私を悲しませた」　上は「～して」という意味で‘感情の原因’を表すto不定詞の副詞的用法を使った文。これを‘make＋目的語＋形容詞’「～を…(の状態)にする」を使って書き換える。

問４．「私たちは今日この仕事を終えなくてもいい」→「私たちは今日この仕事を終える必要はない」　don’t have to ～で「～する必要はない，～しなくてもよい」という意味。これはneed not ～でほぼ同じ意味を表せる。　must not ～「～してはならない」

問５．「今夜私はあなたに豪華な夕食をつくった」　‘cook＋人＋料理’で「〈人〉に〈料理〉をつくってあげる」。これは‘cook＋料理＋for＋人’でも同じ意味を表せる。

4〔整序結合〕

問１．‘距離’を尋ねる文なのでHow far is it ～？の形にする(このitは日本語には訳さない)。「*A*から*B*まで」は‘from＋*A*＋to＋*B*’で表せる。　How far is it from the Earth to the moon?

問２．Yes／Noで返答できる内容であるため，Does Mike know「マイクは知っていますか」で文を始める。これに「ユキが何時にそのレストランに到着するか」を‘疑問詞＋主語＋動詞…’の間接疑問の形で続ける。　Does Mike know what time Yuki will arrive at the restaurant?

問３.「富士山は日本の他のどの山よりも高い」と読み換え，‘比較級＋than any other＋単数名詞’「他のどの～より…」の構文をつくる。　Mt. Fuji is higher than any other mountain in Japan.

問４.「～すぎて…は―できない」は‘too ～ for … to ―’で表せる。　The T-shirt was too small for him to wear.

問５.「彼は～しないだろう」なのでHe will not ～とし,「今週末雨なら」の部分を‘if＋主語＋動詞…’の形にまとめる。「もし～なら」のような‘条件’を表す副詞節では，未来の内容であっても現在形で表す。　He will not wash his car if it is rainy this weekend.

5〔対話文完成―適文・適語(句)選択〕

≪全訳≫❶2023年，日本の広島でG7サミットが開催された。サミットが始まる前に，２人の生徒がサミットについて話していた。❷マサ(M)：やあ，広島サミットのことを聞いた？❸サラ(S)：ええ，聞いたわ！　世界のリーダーが集まる大規模な会議よね。あなたも興味があるの？❹M：31もちろんだよ。地球規模の課題や世界平和について議論するいい機会だと思うんだ。サミットのニュースは追いかけてる？❺S：ええ，記事を読んだりテレビを見たりしているわ。核兵器の廃絶やエネルギー問題のような課題について話し合うのよね。その中でも私は32気候変動についてもっと知りたいの，ますます暖かくなってきているから。❻M：なるほどね。僕たちはそういった問題に対応して地球を守る必要があるよね。どのリーダーがサミットに来るのか知ってる？❼S：アメリカやイギリスやフランスのような主要国のリーダーが参加する予定だと聞いたわ。大規模な会議ね。❽M：そうだね。今回のサミットで大きな違いが生まれると思うんだ。❾S：私もそのとおりだと思うわ。国々が一堂に会して，考えを共有して，共通の目標に向かって努力する必要があるわ。33チームワークが地球規模の課題を解決する鍵ということね。❿M：全くそのとおりだね。広島にとっては原爆がどれほど恐ろしいものであったのかを示す機会でもあるよね。34サミットによってこのことに注目が集まればいいと願っているよ。⓫S：そうね，広島の歴史は私たちに戦争の恐ろしさと平和の大切さを教えてくれるわ。サミット期間中にみんながこういうことをわかってくれることを願うわ。⓬M：僕もだよ。世界が過去について考えて平和な未来のために協力すべき時だね。サミットで議論される問題についてもっと学ぶ計画はある？⓭S：私はそのために社会の先生と話そうと考えているの。広島で議論される話題についての知識が増えるのはおもしろいと思うわ。⓮M：いいね。35僕も参加するよ。僕たちは知識が増えて，なぜサミットが重要なのかを理解できるようになるね。⓯S：そのとおりね。学んで成長するいい機会よね。⓰M：同感。今回のサミットは，僕たちがよりよい世界に向かうのに役立つと思うな。⓱S：そうね。私たちが協力すれば，変化をもたらし，平和と協力が尊重される世界をつくり出せるわ。

＜解説＞問１．サミットに興味があるかという質問への返答として適切なものを選ぶ。この後の内容から，マサも興味を持っていることは明らかである。　問２．直後の「ますます暖かくなってきている」という説明から判断する。　global finance「国際金融」　gender issues「ジェンダーの問題」　food waste「食品廃棄物」　問３．直前の発言内容を，It means …と説明している。

問４．直前の発言から，マサは今回のサミットが原爆の恐ろしさを世界に伝える機会になると考えていることがわかる。②のthatは前文のhow terrible the atomic bomb was「原爆がいかに恐ろしかったか」を指す。　問５．サラの計画を聞いたマサの発言。直前および直後の内容から，自分も加わろうと考えていると判断する。

6〔長文読解総合―説明文〕

≪全訳≫❶ファストフードとは，すばやく調理され提供される食べ物のことだ。便利でとても忙しいときでも食べられるので人気がある。マクドナルドやバーガーキングのようなファストフード店は，ハンバーガー，フライドポテト，チキンナゲットなどさまざまなメニューを提供している。おいしいのでたくさんの人がファストフードを楽しんでいるが，あまりにたくさんのファストフードを頻繁に食べすぎると体に悪いので，適度に食べることを忘れないことが重要だ。❷ファストフードは食品をすばやく調理できる過程を経てつくられる。つまり，ファストフードは短時間で顧客に提供できるということだ。ファストフード店には，ドライブスルー用の窓口もあり，顧客は車を降りることさえなく食べ物の注文ができる。この便利さのために，ファストフードは忙しい個人や家族にとって人気の選択肢となっている。❸ファストフードは便利だが，それを食べるときには健康によい選択をすることが重要だ。ファストフードは，高カロリーで，健康によくない脂肪やナトリウムを多く含むことがよくある。ファストフードと，果物，野菜，全粒粉のようなより健康によい他のメニューとのバランスを取ることが望ましい。賢明な選択をし，ファストフードを適度に食べることは，健康的なライフスタイルの維持に役立つ。❹ファストフード店は世界中にあり，多種多様な国の人々が利用できる。各国には，その土地の味や食材を使った独自のファストフードのバリエーションがあるかもしれない。このために，人々はファストフードを通してさまざまな文化の味を経験することができ，ファストフードの世界的な人気を増加させている。❺ファストフードは，日々の食事にすばやくて便利な選択肢を提供してくれるが，健康によい選択をすることを忘れないことが重要だ。総合的な健康と幸福のために，食事に新鮮な食べ物をいろいろと取り入れるのは常に賢明な考えだ。ファストフードは健康的な食事の一部であるべきだ。

問１＜適語選択＞空所後は２か所とも空所前の内容の具体例になっている。前置詞 like「～のような」は‘具体例’を導くときに使われる。such as でも同じような意味を表せる。

問２＜適語選択＞空所後の「おいしい」は空所前の「たくさんの人がファストフードを楽しんでいる」という内容の理由になるので，‘理由’を表す接続詞 because を入れる。

問３＜適語(句)選択＞空所の前の前置詞 without に注目。「～すること」という意味を持つ動名詞(～ing)を入れ，without ～ing「～することなしに」の形にする。直前の even は「～さえ」という意味の副詞。

問４＜単語の意味＞diet には「食事」という意味がある。　flavor「(食べ物・飲み物の)風味」　ingredient「(料理などの)材料」

問５＜内容真偽＞①…○　第２段落最終文に一致する。　②…○　第３段落第３文に一致する。　③…×　第４段落参照。第２文に「各国独自の味のバリエーションがあることもある」とあり，「どこで食べても同じ味を味わえる安心感」という記述はない。　④…○　第４段落最終文に一致する。

問６＜英問英答＞「ファストフードはなぜ人気があるのか」―①「簡単で仕事がとても忙しいときでも食べられるから」　第１段落第２文参照。この on the go は「忙しく働いて」といった意味。

問７＜英問英答＞「ファストフードはどんなふうにしてすばやくつくられるのか」―④「すばやく調理できる過程を用いてつくられる」　第２段落第１文参照。

問８＜英問英答＞「ファストフードを食べるときには何をすべきか」―①「健康によい選択をして適度に食べる」　第１段落最終文および第３段落第１文参照。

問９＜英問英答＞「ファストフードはなぜ世界的に人気なのか」―②「各国に独自のファストフードのバリエーションがあるから」　第４段落第２，３文参照。

問10＜英問英答＞「この文章によると，ファストフードについて正しいのはどれか」―③「他の食べ物とともに食べるべきだ」　第３段落第３文および第５段落第２，３文参照。

数学解答

1	問１　③	問２　⑧	問３　⑥
	問４　②	問５　⑧	
2	問６　③	問７　⑦	問８　⑤
	問９　⑦	問10　③	問11　④
3	問12　⑤	問13　④	問14　⑦
4	問15　④	問16　①	問17　⑧
5	問18　①	問19　②	問20　②

1〔独立小問集合題〕

問１＜数の計算＞与式 $=-8\times5+36\div3=-40+12=-28$

問２＜数の計算＞与式 $=\sqrt{3\times2^3}-\sqrt{3\times2\times3}-\dfrac{10\times\sqrt{6}}{\sqrt{6}\times\sqrt{6}}=2\sqrt{6}-3\sqrt{2}-\dfrac{10\sqrt{6}}{6}=\dfrac{6\sqrt{6}}{3}-\dfrac{9\sqrt{2}}{3}-\dfrac{5\sqrt{6}}{3}=\dfrac{-9\sqrt{2}+\sqrt{6}}{3}$

問３＜式の計算―因数分解＞与式 $=x^2+10x+25-11x-55+24=x^2-x-6=(x+2)(x-3)$

≪別解≫ $x+5=X$ とすると，与式 $=X^2-11X+24=(X-3)(X-8)$ となり，X をもとに戻すと，与式 $=(x+5-3)(x+5-8)=(x+2)(x-3)$ となる。

問４＜数の計算＞与式 $=3x-15y-8x+14y=-5x-y=-5\times\dfrac{1}{5}-(-3)=-1+3=2$

問５＜二次方程式＞解の公式より，$x=\dfrac{-14\pm\sqrt{14^2-4\times1\times(-3)}}{2\times1}=\dfrac{-14\pm\sqrt{208}}{2}=\dfrac{-14\pm4\sqrt{13}}{2}=-7\pm2\sqrt{13}$ となる。

2〔独立小問集合題〕

問６＜数の性質＞$\sqrt{4}<\sqrt{5}<\sqrt{9}$ より，$2<\sqrt{5}<3$ だから，$\sqrt{5}$ より大きい整数は３以上の整数である。また，$5\sqrt{5}=\sqrt{125}$ より，$\sqrt{121}<\sqrt{125}<\sqrt{144}$，$11<5\sqrt{5}<12$ だから，$5\sqrt{5}$ より小さい整数は 11 以下の整数である。よって，$\sqrt{5}$ より大きく $5\sqrt{5}$ より小さい整数は，$x=3,\ 4,\ 5,\ 6,\ 7,\ 8,\ 9,\ 10,\ 11$ の９個ある。

問７＜平面図形―長さ＞右図１で，$\angle BAC=\angle BAD+\angle DAC=30^\circ+30^\circ=60^\circ$ より，$\triangle ABC$ は３辺の比が $1:2:\sqrt{3}$ の直角三角形だから，$AC=\dfrac{1}{\sqrt{3}}BC=\dfrac{1}{\sqrt{3}}\times4\sqrt{3}=4$ である。また，$\triangle ADC$ も３辺の比が $1:2:\sqrt{3}$ の直角三角形だから，$DC=\dfrac{1}{\sqrt{3}}AC=\dfrac{1}{\sqrt{3}}\times4=\dfrac{4\sqrt{3}}{3}$ である。よって，$BD=BC-DC=4\sqrt{3}-\dfrac{4\sqrt{3}}{3}=\dfrac{8\sqrt{3}}{3}$ である。

図1

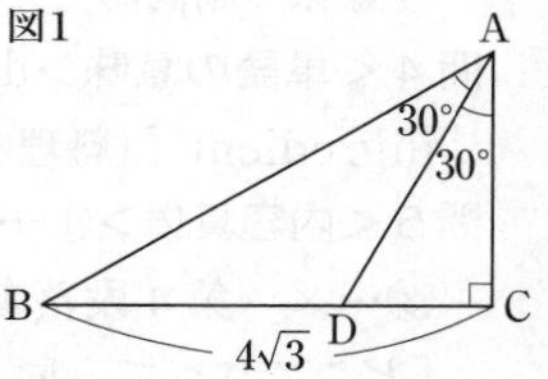

問８＜平面図形―角度＞右図２で，中心Ｏと点Ｄを結ぶ。$\overset{\frown}{AD}=\overset{\frown}{CD}$ より，等しい長さの弧に対する中心角は等しいから，$\angle AOD=\angle COD=\dfrac{1}{2}\angle AOC=\dfrac{1}{2}\times100^\circ=50^\circ$ である。$\overset{\frown}{AD}$ に対する円周角と中心角の関係より，$\angle ABD=\dfrac{1}{2}\angle AOD=\dfrac{1}{2}\times50^\circ=25^\circ$ となる。これより，$\triangle OBE$ で内角と外角の関係より，$\angle x=\angle AOC-\angle ABD=100^\circ-25^\circ=75^\circ$ である。

図2

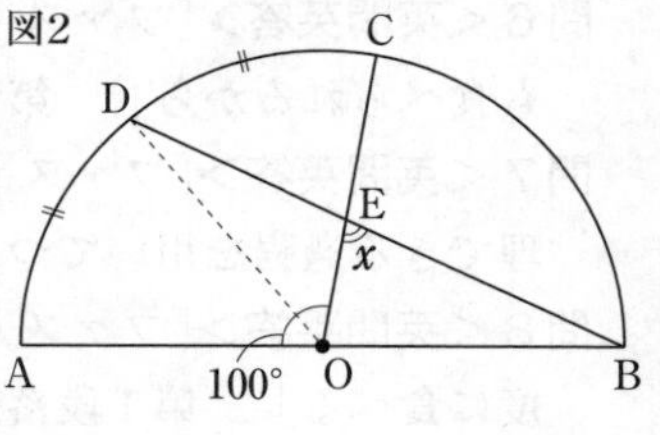

問９＜確率―人の選び方＞男子３人をＡ，Ｂ，Ｃ，女子２人をＰ，Ｑとすると，男子３人，女子２人の中から２人を選ぶ選び方は，<u>(Ａ，Ｂ)</u>，<u>(Ａ，Ｃ)</u>，(Ａ，Ｐ)，(Ａ，Ｑ)，<u>(Ｂ，Ｃ)</u>，(Ｂ，Ｐ)，(Ｂ，Ｑ)，(Ｃ，Ｐ)，(Ｃ，Ｑ)，(Ｐ，Ｑ)の 10 通りある。このうち，２人とも男子が選ばれるのは，下線をつけ

た3通りある。よって，求める確率は$\frac{3}{10}$である。

問10＜一次方程式の応用＞360人の生徒のうちの男子生徒をx人とすると，女子生徒は$360-x$人と表せる。また，電車通学をしている男子生徒の20％と女子生徒の16％の人数が等しいから，$x\times\frac{20}{100}=(360-x)\times\frac{16}{100}$が成り立つ。これを解くと，$5x=4(360-x)$，$5x=1440-4x$，$9x=1440$，$x=160$となる。よって，電車通学をしている男女の人数は等しいから，電車通学をしている生徒は全部で，$160\times\frac{20}{100}\times2=64$(人)である。

問11＜連立方程式―解の利用＞$ax+by=1$……①，$bx-2ay=8$……②として，①，②の連立方程式の解が$x=2$，$y=3$であることから，それぞれの式に代入すると，①より，$2a+3b=1$……③，②より，$2b-6a=8$，$-6a+2b=8$，$-3a+b=4$……④となる。③－④×3より，$2a-(-9a)=1-12$，$11a=-11$，$a=-1$となり，これを④に代入すると，$3+b=4$，$b=1$となる。よって，$\frac{a}{b}=\frac{-1}{1}=-1$である。

3〔空間図形―正六角柱〕

≪基本方針の決定≫問13，問14　2つの合同な台形に分けて，台形の面積を求める。

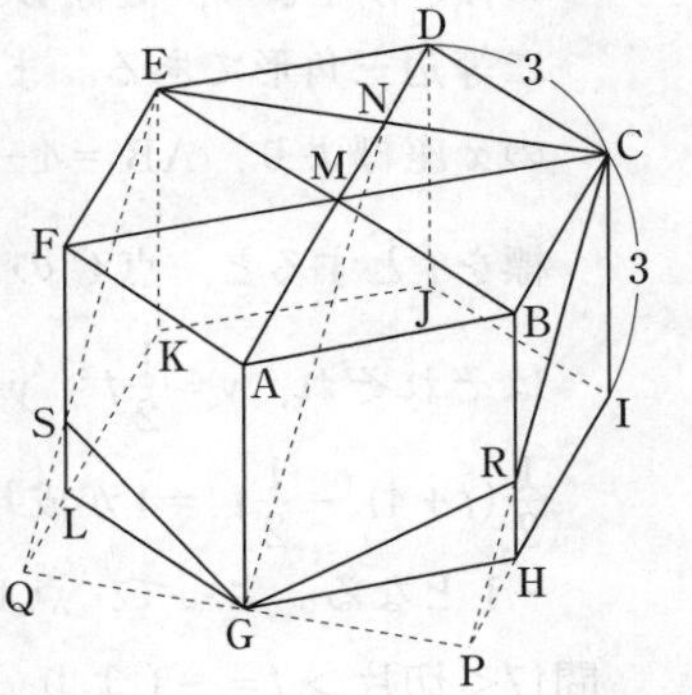

問12＜体積＞正六角柱の底面は正六角形より，右図のように，正六角形ABCDEFは3本の対角線で6つの合同な正三角形に分けられるから，正三角形の面積を求める。3本の対角線の交点をM，CEとMDの交点をNとすると，四角形MCDEはひし形で，DM⊥CNとなる。よって，△CDNは3辺の比が$1:2:\sqrt{3}$の直角三角形だから，$\mathrm{CN}=\frac{\sqrt{3}}{2}\mathrm{CD}=\frac{\sqrt{3}}{2}\times3=\frac{3\sqrt{3}}{2}$となり，MD＝CD＝3より，$\triangle\mathrm{MCD}=\frac{1}{2}\times\mathrm{MD}\times\mathrm{CN}=\frac{1}{2}\times3\times\frac{3\sqrt{3}}{2}=\frac{9\sqrt{3}}{4}$である。したがって，〔正六角形ABCDEF〕$=6\triangle\mathrm{MCD}=6\times\frac{9\sqrt{3}}{4}=\frac{27\sqrt{3}}{2}$となるから，正六角柱の体積は，〔正六角形ABCDEF〕$\times\mathrm{AG}=\frac{27\sqrt{3}}{2}\times3=\frac{81\sqrt{3}}{2}$である。

問13，問14＜切断面，面積＞右上図のように，点Gを通り，CEに平行な直線を引き，直線IH，KLとの交点をそれぞれP，Qとする。さらに，CPと辺BHの交点をR，EQと辺FLの交点をSとし，点Rと点G，点Sと点Gをそれぞれ結ぶ。これより，正六角柱を3点C，E，Gを通る平面で切断したとき，切り口は五角形GRCESとなる。また，切断面である四角形CEQPは長方形となり，切り口の五角形GRCESをGNで2つの四角形に分けると，図形の対称性より，四角形CNGRと四角形ENGSは合同な台形である。よって，NG，CRの長さを求める。まず，$\mathrm{AN}=\mathrm{AM}+\mathrm{MN}=\mathrm{AM}+\frac{1}{2}\mathrm{MD}=3+\frac{1}{2}\times3=\frac{9}{2}$，AG＝3だから，△AGNで三平方の定理より，$\mathrm{NG}=\sqrt{\mathrm{AN}^2+\mathrm{AG}^2}=\sqrt{\left(\frac{9}{2}\right)^2+3^2}=\sqrt{\frac{117}{4}}=\frac{3\sqrt{13}}{2}$である。次に，BC∥PHより，△CBR∽△PHRとなる。$\angle\mathrm{GHP}=180^\circ-\angle\mathrm{GHI}=180^\circ-60^\circ\times2=60^\circ$より，△GPHは3辺の比が$1:2:\sqrt{3}$の直角三角形だから，$\mathrm{PH}=\frac{1}{2}\mathrm{GH}=\frac{1}{2}\times3=\frac{3}{2}$であり，相似な図形の対応する辺の比は等しいから，$\mathrm{BR}:\mathrm{HR}=\mathrm{CB}:\mathrm{PH}=3:\frac{3}{2}=2:1$となり，$\mathrm{BR}=\frac{2}{2+1}\mathrm{BH}=\frac{2}{3}\times3=2$である。△CBRで三平方の定理より，$\mathrm{CR}=\sqrt{\mathrm{CB}^2+\mathrm{BR}^2}=\sqrt{3^2+2^2}=\sqrt{13}$となる。ここで，台形CNGRで，∠RCN＝∠CNG＝90°だから，CNが高さになり，問12よ

り CN$=\frac{3\sqrt{3}}{2}$である。したがって，〔台形 CNGR〕$=\frac{1}{2}(\mathrm{CR}+\mathrm{NG})\times\mathrm{CN}=\frac{1}{2}\left(\sqrt{13}+\frac{3\sqrt{13}}{2}\right)\times\frac{3\sqrt{3}}{2}=\frac{1}{2}\times\frac{5\sqrt{13}}{2}\times\frac{3\sqrt{3}}{2}=\frac{15\sqrt{39}}{8}$となる。以上より，〔五角形 GRCES〕＝2〔台形 CNGR〕$=2\times\frac{15\sqrt{39}}{8}=\frac{15\sqrt{39}}{4}$である。

4〔関数—関数 $y=ax^2$ と一次関数のグラフ〕

≪基本方針の決定≫問 17　線分 BC の中点を通り，AD と平行な直線を引き，台形 ABCD の面積と等しい平行四辺形をつくり，この平行四辺形の面積を２等分する直線を考える。

問15＜切片＞右図１で，A(−2，2)，B(4，8)より，直線 AB の傾きは，$\frac{8-2}{4-(-2)}=1$だから，直線 AB の式を $y=x+k$ とおくと，点 A の座標より，$x=-2$，$y=2$ を代入して，$2=-2+k$，$k=4$ となり，直線 AB の切片は４である。

図1

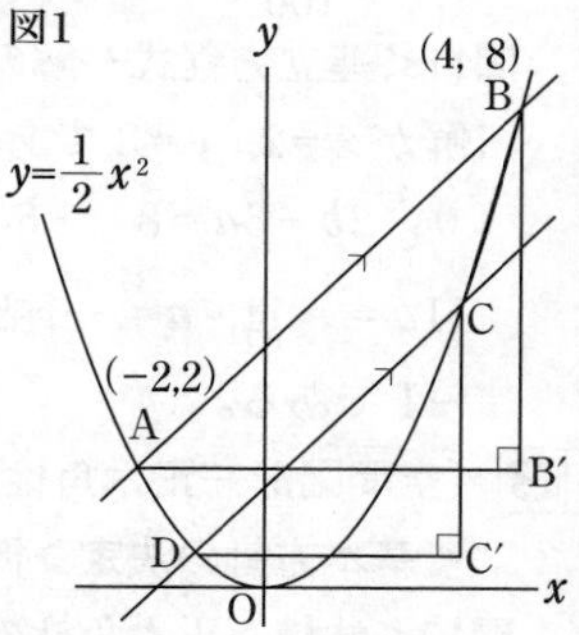

問16＜x 座標＞右図１で，点 A を通り x 軸に平行な直線と，点 B を通り y 軸に平行な直線の交点を B′とし，点 D を通り x 軸に平行な直線と，点 C を通り y 軸に平行な直線の交点を C′とする。AB∥DC で，直線 AB の傾きが１より，直線 DC の傾きも１となり，△ABB′と△DCC′は直角二等辺三角形である。また，AB：DC＝3：2 より，AB′：DC′＝AB：DC＝3：2 となり，点 A，B の x 座標より，AB′$=4-(-2)=6$ だから，DC′$=\frac{2}{3}$AB′$=\frac{2}{3}\times6=4$ である。そこで，点 D の x 座標を t とすると，点 C の x 座標は $t+4$ と表され，点 D，C は放物線 $y=\frac{1}{2}x^2$ 上の点だから，y 座標はそれぞれ，$y=\frac{1}{2}t^2$，$y=\frac{1}{2}(t+4)^2$ と表される。CC′＝DC′＝4 だから，点 C，D の y 座標より，$\frac{1}{2}(t+4)^2-\frac{1}{2}t^2=4$ が成り立つ。これより，$(t+4)^2-t^2=8$，$t^2+8t+16-t^2=8$，$8t=-8$ より，$t=-1$ となる。よって，点 D の x 座標は -1 である。

問17＜切片＞$t=-1$ より，点 D の y 座標は $y=\frac{1}{2}\times(-1)^2=\frac{1}{2}$ となり，$\mathrm{D}\left(-1,\ \frac{1}{2}\right)$である。また，点 C の x 座標は $-1+4=3$ となり，y 座標は $y=\frac{1}{2}\times3^2=\frac{9}{2}$ となるから，$\mathrm{C}\left(3,\ \frac{9}{2}\right)$である。ここで，右図２のように，線分 BC の中点を M として，点 M を通り，直線 AD と平行な直線を引き，直線 AB，直線 DC との交点をそれぞれ E，F とする。このとき，四角形 AEFD は平行四辺形となり，△BEM≡△CFM より，▱AEFD＝〔台形 ABCD〕である。よって，線分 AD に平行な直線 l が台形 ABCD の面積を２等分するとき，直線 l は▱AEFD の面積を２等分すると考えて，直線 l の式を求める。B(4，8)，$\mathrm{C}\left(3,\ \frac{9}{2}\right)$より，中点 M の x 座標は$\frac{4+3}{2}=\frac{7}{2}$，$y$ 座標は$\left(8+\frac{9}{2}\right)\times\frac{1}{2}=\frac{25}{4}$となり，$\mathrm{M}\left(\frac{7}{2},\ \frac{25}{4}\right)$である。次に，図２のように線分 AD の中点を N とすると，A(−2，2)，$\mathrm{D}\left(-1,\ \frac{1}{2}\right)$より，中点 N の x 座標は$\frac{-2+(-1)}{2}=-\frac{3}{2}$，$y$ 座標は$\left(2+\frac{1}{2}\right)\times\frac{1}{2}=\frac{5}{4}$となり，$\mathrm{N}\left(-\frac{3}{2},\ \frac{5}{4}\right)$である。平行四辺形は点対称な図形であるから，直線 l は対称の中心，すなわち，対角線 AF と対角線 DE の交点を通る。交点を P とすると，点 P は線分 MN の中点でもある。$\mathrm{M}\left(\frac{7}{2},\ \frac{25}{4}\right)$，$\mathrm{N}\left(-\frac{3}{2},\ \frac{5}{4}\right)$よ

図2

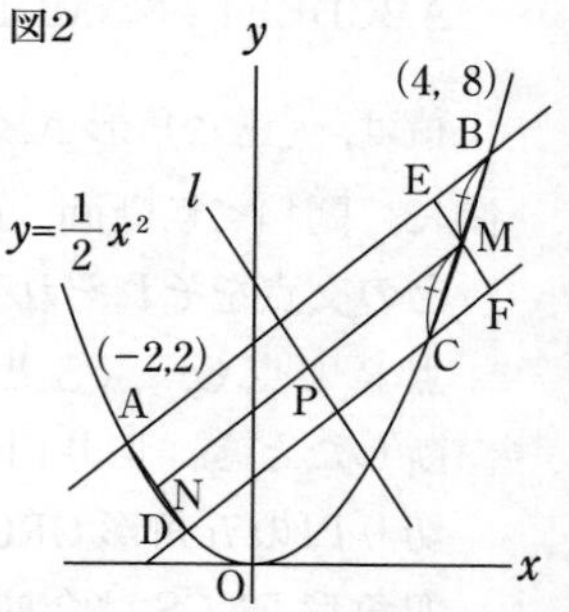

り，点Pのx座標は$\left\{\frac{7}{2}+\left(-\frac{3}{2}\right)\right\}\times\frac{1}{2}=1$，$y$座標は$\left(\frac{25}{4}+\frac{5}{4}\right)\times\frac{1}{2}=\frac{15}{4}$となり，$\mathrm{P}\left(1,\ \frac{15}{4}\right)$である。

直線lは線分ADに平行で，線分ADの傾きは$\left(\frac{1}{2}-2\right)\div\{(-1)-(-2)\}=-\frac{3}{2}$だから，直線$l$の式を$y=-\frac{3}{2}x+m$とおき，点Pの座標より，$x=1$，$y=\frac{15}{4}$を代入すると，$\frac{15}{4}=-\frac{3}{2}\times1+m$，$m=\frac{21}{4}$となり，直線$l$の切片は$\frac{21}{4}$である。

5〔関数—図形の移動と関数〕

≪基本方針の決定≫問20　2つの直角二等辺三角形の面積の差としてyをxの式で表す。

問18＜面積—yの値＞$x=2$のとき，EC＝2より，△ABCと△DEFの様子は右図1のようになる。このとき，辺ACと辺DEの交点をPとすると，∠PEC＝∠PCE＝45°だから，△PECは直角二等辺三角形となる。よって，$\mathrm{PE}=\mathrm{PC}=\frac{1}{\sqrt{2}}\mathrm{EC}=\frac{1}{\sqrt{2}}\times2=\sqrt{2}$となるから，$\triangle\mathrm{PEC}=\frac{1}{2}\times\mathrm{PE}\times\mathrm{PC}=\frac{1}{2}\times\sqrt{2}\times\sqrt{2}=1$となる。したがって，$x=2$のとき，$y=1$である。

図1

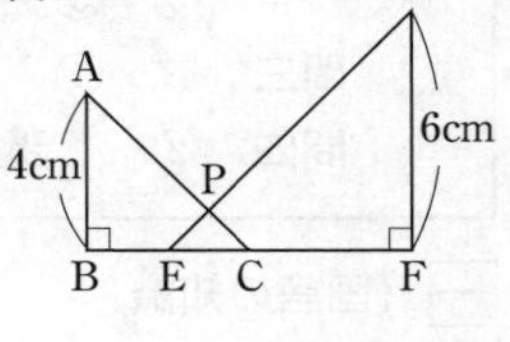

問19＜面積—yの値＞$x=6$のとき，EC＝6より，△ABCと△DEFの様子は右図2のようになる。辺ABと辺DEの交点をRとする。yの値を△PEC－△BERとして求める。$\mathrm{PE}=\mathrm{PC}=\frac{1}{\sqrt{2}}\mathrm{EC}=\frac{1}{\sqrt{2}}\times6=3\sqrt{2}$，BE＝EC－BC＝6－4＝2となり，△BERも直角二等辺三角形だから，BR＝BE＝2である。よって，$y=\triangle\mathrm{PEC}-\triangle\mathrm{BER}=\frac{1}{2}\times\mathrm{PE}\times\mathrm{PC}-\frac{1}{2}\times\mathrm{BE}\times\mathrm{BR}=\frac{1}{2}\times3\sqrt{2}\times3\sqrt{2}-\frac{1}{2}\times2\times2=9-2=7(\mathrm{cm}^2)$である。

図2

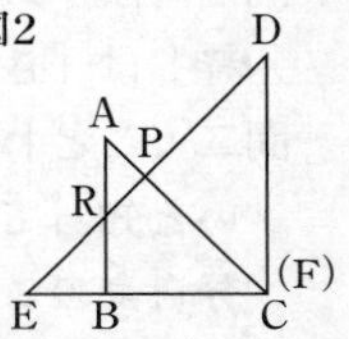

問20＜長さ—xの値＞右図3で，$x=4$のとき，点Eに点Bが重なり，EC＝4より，$\mathrm{PE}=\mathrm{PC}=\frac{1}{\sqrt{2}}\mathrm{EC}=\frac{1}{\sqrt{2}}\times4=2\sqrt{2}$である。このとき，$\triangle\mathrm{PEC}=\frac{1}{2}\times\mathrm{PE}\times\mathrm{PC}=\frac{1}{2}\times2\sqrt{2}\times2\sqrt{2}=4$となり，$y=4$である。これと，問19で，$x=6$のとき$y=7$より，$4<\frac{23}{4}<7$だから，$y=\frac{23}{4}$となるときの$x$の値は$4<x<6$の範囲にある。$x$の範囲が$4<x<6$のとき，△ABCと△DEFの様子は右図4のようになる。このとき，$\mathrm{PE}=\mathrm{PC}=\frac{1}{\sqrt{2}}\mathrm{EC}=\frac{1}{\sqrt{2}}\times x=\frac{\sqrt{2}}{2}x$，$\mathrm{BR}=\mathrm{BE}=x-4$より，$y=\triangle\mathrm{PEC}-\triangle\mathrm{BER}=\frac{1}{2}\times\mathrm{PE}\times\mathrm{PC}-\frac{1}{2}\times\mathrm{BE}\times\mathrm{BR}=\frac{1}{2}\times\frac{\sqrt{2}}{2}x\times\frac{\sqrt{2}}{2}x-\frac{1}{2}\times(x-4)\times(x-4)=\frac{1}{4}x^2-\frac{1}{2}(x-4)^2$となり，$y=\frac{23}{4}$となるとき，$\frac{1}{4}x^2-\frac{1}{2}(x-4)^2=\frac{23}{4}$が成り立つ。これを解くと，$x^2-2(x-4)^2=23$，$x^2-2(x^2-8x+16)=23$，$x^2-2x^2+16x-32=23$，$x^2-16x+55=0$，$(x-5)(x-11)=0$，$x=5$，11となる。よって，$4<x<6$だから，$x=5$となる。

図3

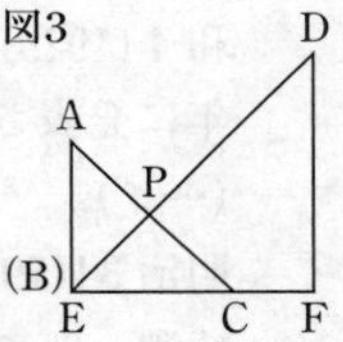

図4

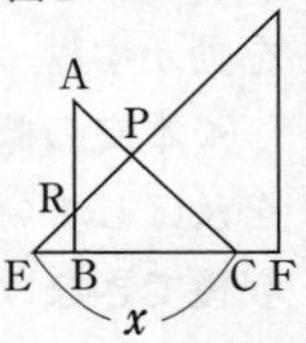

国語解答

一　問一　ア…②　イ…③　ウ…①　エ…①
問二　ア…⑦　イ…④　ウ…⑤
問三　ア…⑥　イ…⑤　ウ…⑧

二　問一　a…①　b…④　c…③　d…①
e…②
問二　①…②　②…①　③…④　④…②
⑤…③
問三　ア…①　イ…③　ウ…②　エ…⑤
問四　②　問五　④　問六　④
問七　①　問八　②　問九　①
問十　④　問十一　③　問十二　③
問十三　①　問十四　④

三　問一　Ⅰ…③　Ⅱ…①　Ⅲ…④
問二　②　問三　①　問四　②
問五　③　問六　①　問七　④
問八　④
問九　a…②　b…⑥　c…①　d…⑦
問十　③

一〔国語の知識〕

問一＜漢字＞ア．「呵責」は「かしゃく」と読む。　イ．「迂遠」は「うえん」と読む。　ウ．「生粋」は「きっすい」と読む。　エ．「画策」は「かくさく」と読む。

問二＜ことわざ＞ア．「暖簾に腕押し」は，手ごたえがないこと。　イ．「医者の不養生」は，正しいと知っているが自分では実行しないこと。　ウ．「紺屋の白袴」は，他人のことに忙しくて自分自身のことには手が回らないこと。

問三＜文学史＞①『風立ちぬ』は，昭和11(1936)年に発表された堀辰雄の小説。　②『高瀬舟』は，大正５(1916)年に発表された森鷗外の小説。　③『山椒魚』は，大正12(1923)年発表の『幽閉』を昭和４(1929)年に改稿して発表された，井伏鱒二の小説。　④『雪国』は，昭和10～22(1935～1947)年に発表された川端康成の小説。　⑤『五重塔』は，明治25(1892)年に発表された幸田露伴の小説(…イ)。　⑥『檸檬』は，大正14(1925)年に発表された梶井基次郎の小説(…ア)。　⑦『武蔵野』は，明治34(1901)年に発表された国木田独歩の小説。　⑧『細雪』は，昭和11(1936)年に発表された谷崎潤一郎の小説(…ウ)。　⑨『或る女』は，大正８(1919)年に発表された有島武郎の小説。

二〔論説文の読解―文化人類学的分野―文化〕出典：佐藤健太郎『炭素文明論　「元素の王者」が歴史を動かす』。

≪本文の概要≫リーダーの器は歴史を動かす要因として重要ではあるが，気候も歴史に重大な影響を及ぼしていることが，近年の学問の進展によって明らかになってきた。天候の影響で食料が十分に収穫できなければ，反乱が起き，世の中は乱れるのである。二世紀半ば頃は，世界的に洪水や干ばつが多く，不作が続き，戦乱が長期にわたって続いた。また，六世紀に起こった大規模な寒冷化は，歴史に大きな爪痕を残した。日本への仏教伝来は，この寒冷化と同じ時期に当たり，食料不足で多くの人命が失われたことが，新たな宗教を受け入れる素地になったとも見られている。また，日本は，二千数百年の間，大規模な土地の整備や品種改良を重ね，稲作を続けてきた。日本人の国民性は，集団で工事を行う稲作を通じて培われてきたと考えられ，日本は，米によって人口を増やし，世界有数の大国になった。日本の政治は，米を管理するところから始まっており，日本は，穀物をベースとした経済システムを構築した。このような「民族の魂」ともいうべき食品を持つのは，日本だけではない。デンプンは，単に命をつなぐための物質を超え，各民族のアイデンティティにもなっている。

問一＜漢字＞a．「凡庸」と書く。①は「中庸」，②は「抑揚」，③は「要人」，④は「陽気」。　b．「不順」と書く。①は「潤沢」，②は「巡回」，③は「純粋」，④は「順番」。　c．「集約」と書く。①は「躍進」，②は「役割」，③は「規約」，④は「翻訳」。　d．「要塞」と書く。①は「塞翁」，

②は「際限」，③は「細則」，④は「催涙弾」。　e．「和睦」と書く。①は「打撲傷」，②は「親睦」，③は「牧場」，④は「水墨画」。

問二＜語句＞①「ファクター」は，要因や要素のこと。　②「ダイナミック」は，動きがあって力強いさま。　③「素地」は，何かをする際の基礎や土台のこと。　④「台頭」は，勢力を増してくること。　⑤「なぞらえる」は，類似の物事と比較して仮にそれと見なす，という意味。

問三＜接続語＞ア．「人民が腹一杯飯を食えれ」ば「世は平和であり，食えなければ世は乱れる」という傾向は，とりわけ「中国」で強く現れている。　イ．「腹が減っては戦ができぬ」という言葉のとおり，どれほど「戦闘が強くとも飯が食えない楚《そ》軍は次第に窮して」いった。　ウ．後漢が成立したときには「二千万に落ち込んで」いた戸籍登録者数は，「二〇〇年をかけて元の六千万へと回復」したが，「二世紀後半」には気候の寒冷化で「不作が続き，北方民族の略奪がこれに追い討ち」をかけた。　エ．「不作」が続き，「北方民族の略奪」が起こるようになって，程なくして，「流民に食料を提供する『五斗米道』という宗教」が発生した。

問四＜文章内容＞暗君や暴君がいても「国が傾き，滅んでいるわけでは」なく，仁慈に厚い君主や英雄豪傑が登場しても「安定的な長期政権はなかなか出現しなかった」という史実は，不思議なことといえる。

問五＜文章内容＞近年明らかになりつつある「歴史に重大な影響」を及ぼす要素は「気候」で，「天候不順などで十分な収穫」が得られないと，「いかに秀《ひい》でた君主でも反乱は起きる」のである。

問六＜文章内容＞「漢と楚の抗争」は「長雨による不作」が原因で起こった反乱だが，「戦の強弱よりも，とにかく飯にしがみつくことを優先した劉邦《りゅうほう》が勝利を収めた」とは，いかに食料が大切かということを明確に示した例といえる。

問七＜文章内容＞戸籍登録者数は，前漢末で「約六千万人」であったが，後漢成立時には「二千万」に減少し，その後「六千万」に回復したが，不作や戦乱によってまた人数が激減した。したがって，当時の農業技術で養える「この大陸」の人口は，「六千万人」が「限界」だったと考えられる。

問八＜文章内容＞当時，「生産可能なデンプンの量」で決まる「人口の上限」を超えたときに，「天変地異」が起きると「戦乱と人口崩壊が発生」するのが，「ひとつのパターン」になっていた。

問九＜文章内容＞「大規模な寒冷化」が十数年も続いて，「頻発する飢饉とペストの流行」のため，「世界の中心であったイタリアは荒廃し，東ローマ帝国も衰退の一途をたどる」こととなった。

問十＜文脈＞「品種の改良」は「もともと熱帯の原産であるイネを寒冷地で育てる」ために行われたが，その「品種改良は，味にも」及んだ。

問十一＜文章内容＞米は，「デンプン」や「良質なタンパク質」や「ビタミン類」などを含み，味も「美味《うま》い」のである(②…○)。また，米は，「多産」で「栽培可能な地域も広い」し(①…○)，条件が整えば「数年程度の保存も可能」であるので(④…○)，「究極の作物」といえる。

問十二＜文章内容＞大規模な土地の整備を進めてきた日本列島は，「デンプン生産のために改造された島」であるともいえ(②…○)，「個人の抜け駆けや目立ち過ぎを嫌う日本人の国民性」は，稲作の「工事」を通じて「培われてきた」と考えられる(①…○)。そして，米という「主食のおかげ」で，「日本人の人口は大いに増加」し，日本は「世界有数の大国」になった(④…○)。

問十三＜文章内容＞田は，「豪族たちの所有物」から「天皇のもの」となり，やがて「貴族の手に落ち」た。そして，「守護や地頭」に奪い取られた田は，「戦国大名」のものになったように，田を得た者がその時代の実力者となり，戦国期では「いかに大量の米を確保するかが勝敗を」分けた。

問十四＜要旨＞日本人にとっての米のような，「民族の魂」ともいうべき食品を持つ国は他にもあり，それぞれの国には「多彩な食文化」が形成されている。デンプンは「単に命をつなぐための物質を超えて，各民族のアイデンティティ，心のよりどころにもなっている」のである。

三 〔古文の読解―説話〕出典：無住法師『沙石集』（梵舜本）巻第八ノ十二。

≪現代語訳≫ある姫君が，殿に嫁入りなさろうとしていたのだが，乳母が教えたことは，「慎ましく上品なことを，（世間では）たとえて何とかの姫君などのように申します。（姫君には）どうでもいいことばかり，口やかましい癖がございますが，ふさわしくないと思いますので，殿がお聞きなっているようなときは，あまりものをおっしゃらないでください。（殿が）ああ，この姫君にものをおっしゃってほしい，聞きたいなどとお思いになるとき，何かお話しになってください。〈春〉の鶯が垣根の竹に訪れるときの声を聞くように，普通とは違ってすばらしいことでしょう」と教え申し上げたところ，（姫君は）「私は乳母に言われる前に（そのようなことは）心得ている。何を利口ぶって教えるのか」とおっしゃったので，（乳母は）「心得ていらっしゃるのであれば，それこそ安心していられます」と言った。そうして殿のもとへ嫁入りなさって後，（姫君は）二三日は少しもお話しにならなかった。これもあまりのことだと思っていたところ，殿と並んで食事を召し上がったときに，実においしい酢茎があったので，（姫君は）もっと欲しいと思われたのであろうか，膝を立てて，肩をすくめて，（鳥が）羽づくろいするようにして，首を伸ばし，声をまねて，「酢茎を食おう」と二声，鶯が鳴く声色でおっしゃった。乳母はあまりに情けなくあきれてしまい，もう一度言わせまいとして，「すぐに来るでしょう」と言ったが，（言うのが）遅かったので，（姫君は）「きときときと」と言った。

物事の真意を理解せずに言葉に従うことは，俗世間でも出家してもそのようなことはあるものだ。仏法においてもその真意を理解せずに言葉に従うときは，取り違えてしまうことはこの話と同じである。

問一＜現代語訳＞Ⅰ．「しかるべからず」は，適切ではない，という意味。　Ⅱ．ここでの「召す」は，召し上がる，という意味の尊敬表現。　Ⅲ．「せ」は，使役の意味を表す助動詞「す」の未然形。「じ」は，打ち消し意志の意味を表す助動詞。

問二＜古文の内容理解＞乳母は，姫君にはどうでいいことばかり口やかましい癖があるので，殿の前では，あまり話さないようにと教えた。「な仰せられ候ひそ」の「な〜そ」は，禁止を表す。

問三＜古文の内容理解＞乳母は，春に鳴く「鶯」の声を，美しく，また希少価値のあるものの例として挙げた。

問四＜古文の内容理解＞姫君は，乳母の教えに対して，そのようなことは言われる前からわかっていたと，勝ち気なことを言った。

問五＜古典文法＞「ける」は，過去の意味を表す助動詞「けり」の連体形。文中に係助詞「ぞ」「なむ」「や」「か」があると，係り結びの法則により，文末は連体形になる。

問六＜古文の内容理解＞姫君は，乳母に教えられたとおり，最初の二三日は少しも話さなかった。

問七＜古文の内容理解＞乳母は，あまりしゃべらないようにということを，鶯を例に挙げて教えたが，姫君は，鶯のように話せばいいと勘違いし，「鶯の鳴く声色」で話した。

問八＜古文の内容理解＞姫君は，乳母の教えの真意を理解せず，取り違えをした。このように，人の言葉の真意を理解せずに従ってしまうと，取り違えをしてしまうことが教訓として示されている。

問九＜古典文法＞ａ．「珍しき」は，すばらしい，などの意味の形容詞「珍し」の連体形。　ｂ．「さて」は，ここでは，そうして，という意味の接続詞。　ｃ．「伸べ」は，伸ばす，という意味の動詞「伸ぶ」の連用形。　ｄ．「ざる」は，打ち消しの意味を表す助動詞「ず」の連体形。

問十＜文学史＞『平家物語』は，鎌倉時代に成立した軍記物語。『伊曾保物語』は，江戸時代に成立した仮名草子。『枕草子』は，平安時代に成立した随筆で，作者は清少納言。『花月草子』は，江戸時代に成立した随筆で，作者は松平定信。

2024年度 山村学園高等学校（第３回）

【英　語】（50分）〈満点：100点〉

1 次の対話文の受け答えとして，[1]～[5]に入る最も適当なものをそれぞれ一つずつ選び，その番号をマークしなさい。

［マークシート解答番号 [1]～[5]］

問１　A ： Did you hear that we will have a new boy in our class today?

B ： Really? [1]

A ： The new classmate is a really tall man from Tokyo.

B ： I should invite him to join my basketball team.

① How old is he?

② Do you know who he looks like?

③ Do you have any information about him?

④ How long have you known him?

問２　A ： Happy birthday, Ken. It's your birthday today, right?

B ： That's right. Thanks.

A ： This is your birthday gift. [2]

B ： Wow! I didn't expect that. Thank you so much.

① Hang on there.

② That's it.

③ Here you go.

④ No way!

問３　A ： Look. There is a beautiful bird over there.

B ： [3] I can't find it.

A ： Right there. On the oak tree.

B ： Really? I still can't see it.

① Where are you?

② Where is it?

③ Where do you go?

④ When will it be over?

問４　A ： Long time no see! How have you been?

B ： I have been great. [4]

A ： I came here for business.

B ： Good luck with your job.

① What made you so?

② How do you like it?

③ What are you doing here?

④ How far is it from here?

問５　A ： Shall we go to dinner tonight?

B ： That sounds great! Where shall we go?

A ： How about the seafood restaurant near the harbor? They serve really good crab.

B ： [5] I am allergic to shellfish.

① That's interesting.

② The crabs look really big.

③ I'm sorry but can we go to another place?

④ I would love to.

2 次の 6 ～ 15 に当てはまる最も適当なものをそれぞれ一つずつ選び，その番号をマークしなさい。

［マークシート解答番号 6 ～ 15 ］

問１ The phone is ringing. [6] answer it?

① Shall you　② Will I

③ Shall I　④ Are you

問２ He is sick in bed. I'll look [7] him.

① for　② with

③ at　④ after

問３ There is [8] furniture in this room.

① many　② few

③ one　④ a lot of

問４ This song [9] me of my high school days.

① remembers　② reminds

③ recommends　④ reduces

問５ The population of these countries [10] recently.

① increase　② are increasing

③ is increased　④ has increased

問 6　If it [11] a lot tomorrow, we are not going to have a meeting.

① snows　② will snow

③ snowing　④ is snowed

問 7　The art museum has the painting [12] I'd like to see.

① when　② who

③ whose　④ which

問 8　I [13] this computer since 2011. It looks old but still works fine.

① used　② am using

③ was using　④ have been using

問 9　Her story is always [14] . It makes me sleepy.

① bore　② bores

③ boring　④ bored

問 10　If I [15] you, I would continue working until it is done.

① am　② are

③ were　④ have been

3 次の各組の英文がほぼ同じ内容を表すように, [16] ～ [20] に当てはまる最も適当なものをそれぞれ一つずつ選び，その番号をマークしなさい。

［マークシート解答番号 [16] ～ [20] ］

問1
I bought this dress for 15,000 yen.
This dress [16] me 15,000 yen.

① cost
② pay
③ buy
④ sell

問2
There are two thousand students in this school.
This school [17] two thousand students.

① have
② has
③ are
④ is

問3
Tom doesn't play the guitar well.
Tom is [18] at playing the guitar.

① short
② poor
③ wrong
④ sad

問４ I want to visit the new museum downtown.
I [19] to visit the new museum downtown.

① would rather

② would be

③ would like

④ would be better

問５ This novel was written by him.
This is the novel which he [20] .

① write

② wrote

③ written

④ writes

4 次の日本文の意味を表すように，それぞれ下の語(句)を並べ替えて空所を補い，英文を完成させなさい。解答は [21] ～ [30] に入れるものの番号のみをマークしなさい。ただし，文頭にくる語(句)も小文字にしてあります。
［マークシート解答番号 [21] ～ [30] ］

問１ サッカーをするために，どこに行けばいいか教えてください。

____ ____ ____ ____ [21] ____ ____ [22] soccer?

① to play ② you ③ me ④ where ⑤ to

⑥ go ⑦ could ⑧ tell

問２　私の息子は，今年の冬に雪が降ったら雪だるまを作るつもりです。

My son ＿＿＿ [23]＿＿＿ ＿＿＿ ＿＿＿ ＿＿＿ [24]＿＿＿ ＿＿＿ ＿＿＿ winter.

① will　② snows　③ snowman　④ it　⑤ this

⑥ a　⑦ if　⑧ build

問３　孫は親切にもスマートフォンの使い方を教えてくれた。

My grandson ＿＿＿ ＿＿＿ [25]＿＿＿ ＿＿＿ ＿＿＿ [26]＿＿＿ ＿＿＿ ＿＿＿

a smartphone.

① show　② was　③ to　④ use　⑤ how

⑥ me　⑦ kind　⑧ enough to

問４　日曜日あなたに妹の面倒をみてほしいです。

I ＿＿＿ ＿＿＿ [27]＿＿＿ ＿＿＿ ＿＿＿ [28]＿＿＿ ＿＿＿ ＿＿＿ Sunday.

① of　② care　③ on　④ you　⑤ to

⑥ my sister　⑦ want　⑧ take

問５　あの青いシャツを着ている男の子を知っていますか。

＿＿＿ ＿＿＿ ＿＿＿ [29]＿＿＿ ＿＿＿ ＿＿＿ [30]＿＿＿ ＿＿＿ ?

① who　② do　③ that boy　④ know　⑤ is

⑥ wearing　⑦ a blue shirt　⑧ you

5 次の英文を読み，話の流れに合うように 31 ～ 35 に入れるのに最も適当なものをそれぞれ一つずつ選び，その番号をマークしなさい。

［マークシート解答番号 31 ～ 35 ］

Becky : Have you decided on your summer vacation? I'm going to my house in California for a week with my family.

Asuka : That sounds nice! 31 I'm going to visit my grandparents in Nagoya with my family.

Becky : That's good. I've never been to Nagoya, but I read about the many delicious foods in Nagoya in a guidebook. 32 Of course I will fly to America.

Asuka : By train!

Becky : You mean the Shinkansen, right?

Asuka : No. Every year we go by Shinkansen, but this year by regular train. Dad said that trains are good because they are slow and we can see the scenery well. On the way, Mt. Fuji can be seen clearly from the window.

Becky : 33 I prefer to arrive early and enjoy sightseeing locally.

Asuka : Then traveling by Shinkansen or airplane would suit you. By the way, do you know the linear Shinkansen?

Becky : I've heard the name, but I don't know the details. 34

Asuka : That's right. Now, it takes about 100 minutes from Tokyo to Nagoya by Shinkansen, but with the linear Shinkansen, it takes about 40 minutes! Now, the maximum speed is 320 km/h, but the linear Shinkansen will run at 500 km/h!

Becky : That's a surprise! There are no faster trains in America! I want to see it someday.

Asuka : You can see it if you go to the linear museum in Yamanashi Prefecture! I went there once a few years ago because my brother was interested in it. I was very surprised that the speed was so fast!

Becky : Nice! I want to go there. 35

Asuka : That sounds good. You can go out a lot during the summer. I hope we can enjoy ourselves!

問1　31

① Not yet.

② My schedule has been decided.

③ Say it again.

④ Where do you go?

問2　32

① What kind of food do you like?

② How do you go there?

③ Do you like to fly?

④ Do you know how to cook?

問3　33

① When do you go?

② I agree with you!

③ I don't know where I can buy the ticket.

④ I see.

問4　34

① I read it in a book.

② When did you ride?

③ I'm not interested in it.

④ It's very fast, right?

問5　35

① I'm going to visit next winter vacation.

② I can't go, so I'll look it up on the Internet.

③ I will go there as soon as I come back to Japan.

④ I don't know how the linear Shinkansen works.

6 次の英文を読み，以下の設問に答えなさい。

［マークシート解答番号 [36] ～ [45] ］

Subways, also known as underground or metro systems, are important transportation in many cities around the world. They are a type of train system that runs underground through tunnels. Subways are designed to help people travel quickly and easily within busy urban areas, reducing traffic and providing a cheap, convenient and fast way to get around the city.

The first subway system was built in London, England, in 1863. It was called the London Underground, and it started with one single train line. Since then, many other cities have developed their own subway systems. Today, some of the most famous subways include the New York Subway, Tokyo Metro, Paris Metro, and Moscow Metro. [36] <u>New York [[1] more [2] other [3] stations [4] than [5] city [6] has [7] any [8] subway]</u>, Shanghai has the longest and London has the oldest.

Subways are known for their unique and special features. They usually have designated* stations and there passengers get on and off the trains. Stations are usually located underground or up high, elevated above street level. Subway trains run on tracks and are powered by electricity. They have doors that open and close automatically when the train stops at a station.

One of the great advantages of subways is their ability to carry a [37] number of people. They have lots of space and they run all day. They can transport thousands of passengers each day. Subways often stop and go on fixed schedules. This makes [38] it easier for people to plan their journeys and subways are trusted as good transportation.

Subways offer many benefits to cities and people living there. They provide a fast and easy way to travel, especially during rush hours when roads can be [39] busy. Subways can also help to reduce air pollution and carbon gas since they run on electricity instead of using fossil fuels. Additionally, subways make it easier for people to explore different parts of the city, visit attractions, and connect to other forms of public transportation.

＊　designated　指定された

問１　下線部 [36] の［　］の語を以下の日本文に合うように正しい語順に並べ替えるとき，２番目と７番目に来る語の組み合わせとして最も適当なものを選び，その番号をマークしなさい。

「ニューヨークは他のどの都市よりも地下鉄の駅が多い」

① [8]－[7]
② [1]－[7]
③ [8]－[2]
④ [1]－[2]

問２　空欄 37 に入る最も適当なものを一つ選び，その番号をマークしなさい。

① big

② large

③ lot

④ many

問３　下線部 38 の内容として最も適当なものを一つ選び，その番号をマークしなさい。

① 地下鉄が終日運行すること

② 地下鉄が一日に何千人もの乗客を輸送すること

③ 人々が旅程を計画すること

④ 地下鉄が信頼されること

問４　下線部 39 とほぼ同じ意味を持つ語を一つ選び，その番号をマークしなさい。

① crowded

② built

③ repaired

④ destroyed

問５　本文の内容に一致しないものを一つ選び，その番号をマークしなさい。 40

① 地下鉄が設計された理由の一つは，都市部の交通量を減らすためである。

② ロンドンの地下鉄は最古であるが，当初は片道の路線であった。

③ 地下鉄の駅は地下または地上より高い場所にある。

④ 地下鉄は化石燃料を使わないので，炭素を排出しない。

以下の設問で最も適当なものをそれぞれ一つずつ選び，その番号をマークしなさい。

問6　According to the passage, what are subways mostly used for? [41]

① Delivering goods

② Traveling between cities

③ Transportation inside urban areas

④ Sightseeing tours

問7　According to the passage, which of the following sentences is true? [42]

① The London Subway is the most recent subway built.

② The Paris Metro was the second subway built in the world.

③ The Shanghai Subway is longer than the Paris Subway.

④ The Shanghai Subway has the most stations.

問8　According to the passage, what is an important feature of subways? [43]

① They have designated stations.

② They are usually located in rural areas.

③ They run on tracks and are powered by steam engines.

④ They have manual doors that passengers open and close.

問9　According to the passage, what is one advantage of subways? [44]

① Ability to fly above traffic

② Limited seating capacity

③ Fixed schedules with perfect timing

④ Lack of designated stations

問 10　According to the passage, how do subways contribute to reducing air pollution? [45]

① By using gasoline

② By running on electricity

③ By putting out smoke

④ By increasing heavy traffic

【数　学】 (50分) 〈満点：100点〉

〈注意〉 分度器，定規，コンパス等は使用禁止です。

1　次の $\boxed{1}$ から $\boxed{5}$ に適するものをそれぞれの解答群の中から選びなさい。

問１　$(7-2^2)-2\times\dfrac{1}{3}=\boxed{1}$

$\boxed{1}$ の解答群

① $\dfrac{1}{3}$　② $-\dfrac{1}{3}$　③ 1　④ -1　⑤ $\dfrac{5}{3}$　⑥ $-\dfrac{5}{3}$　⑦ $\dfrac{7}{3}$　⑧ $-\dfrac{7}{3}$

問２　$\sqrt{18}+\sqrt{50}-\dfrac{3}{\sqrt{8}}=\boxed{2}$

$\boxed{2}$ の解答群

① $\dfrac{29\sqrt{2}}{4}$　② $-\dfrac{29\sqrt{2}}{4}$　③ $\dfrac{141\sqrt{2}}{4}$　④ $-\dfrac{141\sqrt{2}}{4}$

⑤ $\dfrac{2\sqrt{15}}{3}$　⑥ $-\dfrac{2\sqrt{15}}{3}$　⑦ $6\sqrt{19}$　⑧ $-6\sqrt{19}$

問３　$(-xy^2)^3\div(-x^2y)^2\times\dfrac{x}{y^2}=\boxed{3}$

$\boxed{3}$ の解答群

① $\dfrac{x^2}{y}$　② $-\dfrac{x^2}{y}$　③ $\dfrac{x^8}{y^6}$　④ $-\dfrac{x^8}{y^6}$　⑤ y　⑥ $-y$　⑦ y^2　⑧ $-y^2$

問４　$ab-4a-3b+12$ を因数分解すると $\boxed{4}$ である。

$\boxed{4}$ の解答群

① $(a+3)(b+4)$　② $(a-3)(b+4)$　③ $(a+3)(b-4)$　④ $(a-3)(b-4)$

⑤ $(a+4)(b+3)$　⑥ $(a-4)(b+3)$　⑦ $(a+4)(b-3)$　⑧ $(a-4)(b-3)$

問５　2次方程式 $4x^2+5x-3=0$ の解は $x=\boxed{5}$ である。

$\boxed{5}$ の解答群

① $\dfrac{5\pm\sqrt{13}}{4}$　② $\dfrac{-5\pm\sqrt{13}}{4}$　③ $\dfrac{5\pm\sqrt{13}}{8}$　④ $\dfrac{-5\pm\sqrt{13}}{8}$

⑤ $\dfrac{5\pm\sqrt{73}}{4}$　⑥ $\dfrac{-5\pm\sqrt{73}}{4}$　⑦ $\dfrac{5\pm\sqrt{73}}{8}$　⑧ $\dfrac{-5\pm\sqrt{73}}{8}$

2 次の [6] から [11] に適するものをそれぞれの解答群の中から選びなさい。

問６　y は x の２乗に比例し，$x=2$ のとき $y=20$ である。$x=-4$ のとき，$y=$ [6] である。

[6] の解答群

① -80　② -40　③ -20　④ 5　⑤ 10　⑥ 20　⑦ 80　⑧ 160

問７　$x:y=2:3$ のとき，$\frac{3x+y}{x+2y}=$ [7] である。

[7] の解答群

① $\frac{2}{3}$　② $\frac{3}{4}$　③ $\frac{8}{9}$　④ 1　⑤ $\frac{9}{8}$　⑥ $\frac{3}{2}$　⑦ $\frac{9}{4}$　⑧ $\frac{9}{2}$

問８　下の表は８人の生徒が１週間に読んだ本の冊数を表している。最頻値は１つのみで５冊，中央値は４冊である。x, y は自然数で $x \leqq y$ のとき，$x=$ [8] である。

生徒	A	B	C	D	E	F	G	H
冊数	2	5	1	x	5	2	y	7

[8] の解答群

① 1　② 2　③ 3　④ 4　⑤ 5　⑥ 6　⑦ 7　⑧ 8

問９　底面の円の半径が５，母線の長さが７である円錐の表面積は [9] である。

[9] の解答群

① 65π　② 60π　③ 55π　④ 50π　⑤ 45π　⑥ 40π　⑦ 35π　⑧ 25π

問10　1個のさいころを2回続けて投げる。1回目に出たさいころの目を a，2回目に出たさいころの目を b とするとき，$a \geqq b$ となる確率は $\boxed{10}$ である。

$\boxed{10}$ の解答群

① $\frac{1}{2}$　② $\frac{1}{6}$　③ $\frac{4}{9}$　④ $\frac{5}{9}$　⑤ $\frac{5}{12}$　⑥ $\frac{7}{12}$　⑦ $\frac{7}{18}$　⑧ $\frac{11}{18}$

問11　図のように，5点A，B，C，D，Eが円Oの周上にあり，$\overset{\frown}{BC}=\overset{\frown}{CD}$ のとき，$x=\boxed{11}$°である。

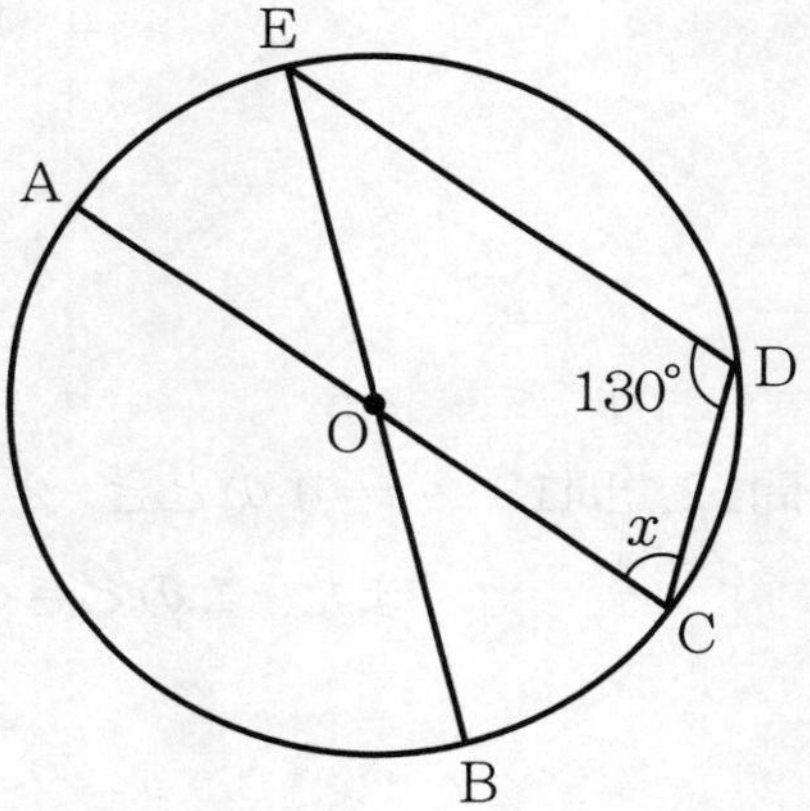

$\boxed{11}$ の解答群

① 40　② 45　③ 50　④ 55　⑤ 60　⑥ 65　⑦ 70　⑧ 75

3 関数 $y=\dfrac{4}{3}x^2$ のグラフ上の２点 A, B の x 座標は，それぞれ -3, t である。点 A と x 座標が一致する x 軸上の点を C, 点 B と x 軸について対称な点を D とする。このとき，次の [12] から [14] に適するものをそれぞれの解答群の中から選びなさい。

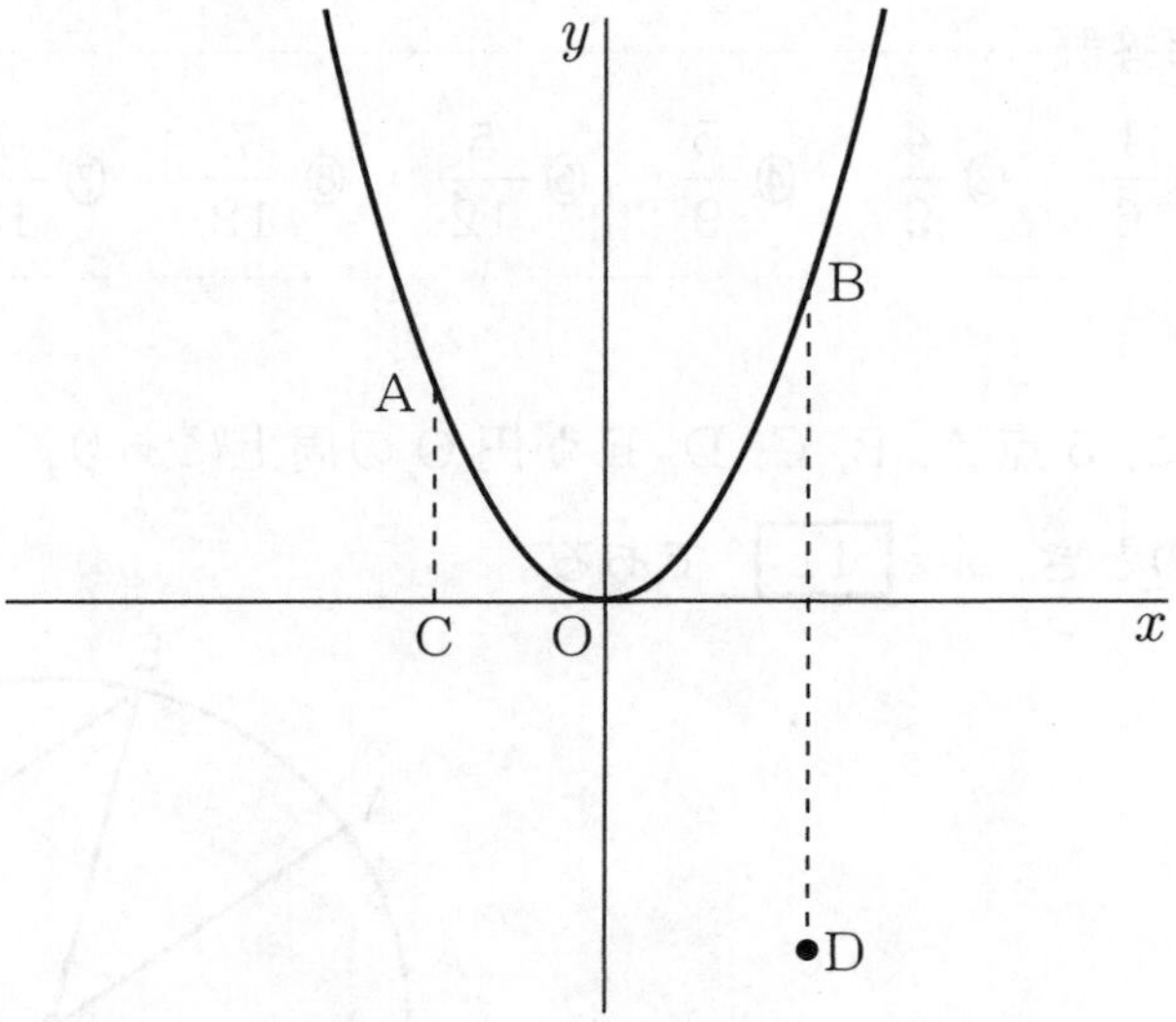

問12，問13　$t=4$ のとき，２点 A, B を通る直線の傾きは [12] である。
また，このときの四角形 ACDB の面積は [13] である。

[12] の解答群

① $\dfrac{1}{2}$　② $\dfrac{3}{2}$　③ $\dfrac{2}{3}$　④ $\dfrac{4}{3}$　⑤ $\dfrac{3}{4}$　⑥ $\dfrac{5}{4}$　⑦ $\dfrac{4}{21}$　⑧ $\dfrac{20}{21}$

[13] の解答群

① $\dfrac{280}{3}$　② $\dfrac{287}{3}$　③ $\dfrac{314}{3}$　④ $\dfrac{350}{3}$　⑤ $\dfrac{476}{3}$　⑥ $\dfrac{490}{3}$　⑦ $\dfrac{500}{3}$　⑧ $\dfrac{574}{3}$

問 14　$t>0$ とする。四角形 ACDB が平行四辺形となるのは，$t=$ [14] である。

[14] の解答群

① $\dfrac{1}{2}$　② $\dfrac{3}{2}$　③ $\dfrac{9}{2}$　④ $\dfrac{\sqrt{2}}{2}$　⑤ $\dfrac{3\sqrt{2}}{2}$　⑥ $\dfrac{3\sqrt{3}}{2}$　⑦ $\dfrac{\sqrt{6}}{2}$　⑧ 3

4　半径１の円の外側に，正六角形と円を手順①，②を繰り返しながら描いていく。下の図は手順①，②を２回繰り返したときの図である。このとき，次の [15] から [17] に適するものをそれぞれの解答群の中から選びなさい。

手順①　正六角形の各辺が円と接するように円の外側に正六角形を描く。
手順②　正六角形の各頂点が円周上にあるように①で描いた正六角形の外側に円を描く。

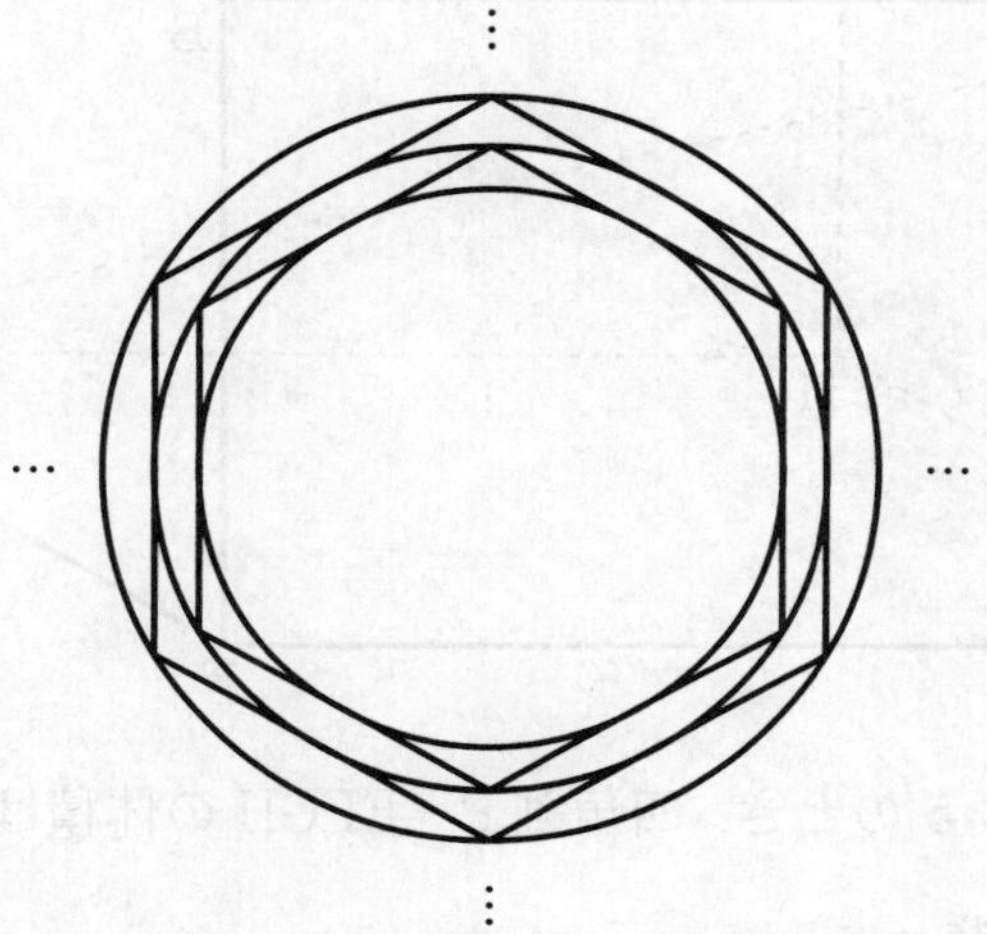

問15　1回目に出てくる正六角形の面積は [15] である。

[15] の解答群

① $2\sqrt{3}$　② $3\sqrt{3}$　③ $2\sqrt{6}$　④ 3　⑤ 4　⑥ $\frac{10}{3}$　⑦ $\frac{5\sqrt{3}}{3}$　⑧ $\frac{3\sqrt{6}}{2}$

問 16　3回目に出てくる正六角形の面積は [16] である。

[16] の解答群

① $\frac{3\sqrt{3}}{2}$　② $\frac{16}{3}$　③ $\frac{9\sqrt{3}}{8}$　④ $\frac{16}{9}$　⑤ $\frac{25\sqrt{3}}{9}$　⑥ $\frac{32\sqrt{3}}{9}$　⑦ $\frac{32}{27}$　⑧ $\frac{32\sqrt{3}}{27}$

問17　5回目に出てくる正六角形の一辺の長さは [17] である。

[17] の解答群

① $\frac{3\sqrt{3}}{2}$　② $\frac{16}{3}$　③ $\frac{9\sqrt{3}}{8}$　④ $\frac{16}{9}$　⑤ $\frac{25\sqrt{3}}{9}$　⑥ $\frac{32\sqrt{3}}{9}$　⑦ $\frac{32}{27}$　⑧ $\frac{32\sqrt{3}}{27}$

5 下の図のように，AB＝4，AD＝4，AE＝3である直方体ABCD－EFGHの対角線AG上に点Pがある。このとき，次の [18] から [20] に適するものをそれぞれの解答群の中から選びなさい。

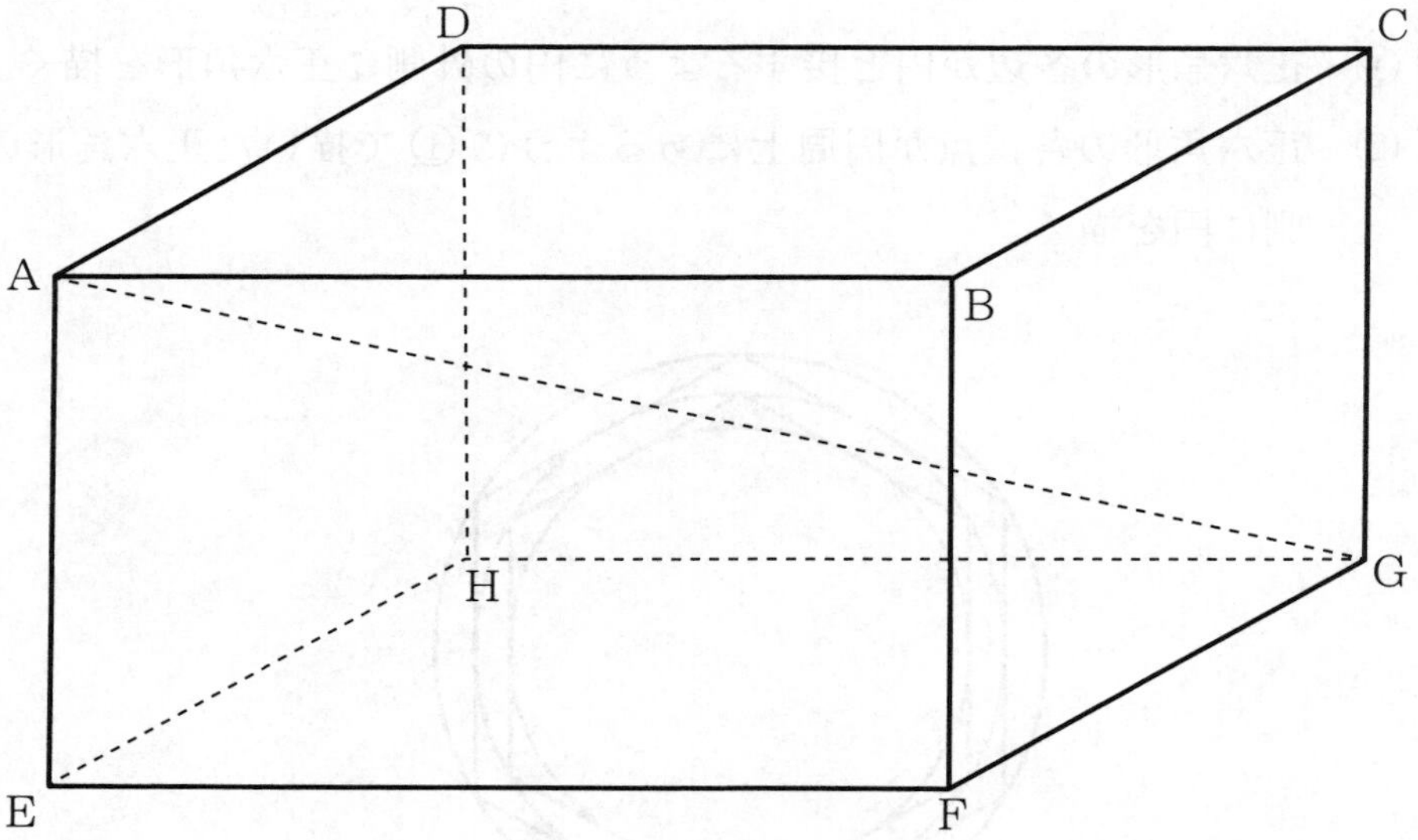

問18　AP：PG＝2：5のとき，四角錐P－EFGHの体積は [18] である。

[18] の解答群

① $\frac{32}{7}$　② $\frac{80}{7}$　③ $\frac{96}{7}$　④ $\frac{240}{7}$　⑤ $\frac{720}{7}$　⑥ $\frac{32}{21}$　⑦ $\frac{80}{21}$　⑧ $\frac{100}{21}$

問19　CP＝ [19] であるとき，CPの長さが最も短くなる。

[19] の解答群

① $\frac{12\sqrt{11}}{11}$　② $\frac{15\sqrt{11}}{11}$　③ $\frac{12\sqrt{22}}{11}$　④ $\frac{15\sqrt{22}}{11}$

⑤ $\frac{12\sqrt{41}}{41}$　⑥ $\frac{15\sqrt{41}}{41}$　⑦ $\frac{12\sqrt{82}}{41}$　⑧ $\frac{15\sqrt{82}}{41}$

問20　3点C，F，Hを含む切り口の上に点Pがあるとき，CP＝ [20] である。

[20] の解答群

① $\frac{\sqrt{7}}{3}$　② $\frac{2\sqrt{7}}{3}$　③ $\frac{\sqrt{17}}{3}$　④ $\frac{2\sqrt{17}}{3}$

⑤ $\frac{\sqrt{33}}{3}$　⑥ $\frac{2\sqrt{33}}{3}$　⑦ $\frac{\sqrt{67}}{3}$　⑧ $\frac{2\sqrt{67}}{3}$

問六　本文の内容として最も適当なものを次の中から選びなさい。解答番号は[44]。

①　筆者は以前、真言寺で木の実拾いをしていたときに、思いがけず将軍と遭遇した

②　将軍の偉そうな態度が気に食わなかった老僧は、話しかけられても答えなかった

③　老僧は、この先も木が大きく育たないことを承知したうえで、接ぎ木をしていた

④　老僧の言葉を聞いて感動した将軍は、奥にいた老僧を召し出してほうびを与えた

問七　[A]に入る語として最も適当なものを次の中から選びなさい。解答番号は[45]。

①　や　②　か　③　ば　④　のみ　⑤　こそ

問八　傍線a「しばしば」、b「あやし」、c「大きに」、d「べし」の品詞名を次の中からそれぞれ選びなさい。解答番号はaが[46]、bが[47]、cが[48]、dが[49]。

①　動詞　②　形容詞　③　形容動詞　④　名詞

⑤　副詞　⑥　連体詞　⑦　助動詞　⑧　助詞

問九　この文章の出典は江戸時代の随筆『駿台雑話』ですが、同じ随筆に属する作品を次の中から選びなさい。解答番号は[50]。

①　万葉集　②　方丈記　③　源氏物語　④　奥の細道

問四　傍線ウ「あながちに我一代に限るべき事かは」の解釈として最も適当なものを次の中から選びなさい。解答番号は 42 。

① 一生懸命に接ぎ木をしているのは、私だけではないはずだ
② 異常なほど熱心に接ぎ木しているのは、私一人だけだろう
③ 将軍に反発したい人々は、必ずしも自分一代だけではない
④ 必ずしも自分一代だけを思って接ぎ木しているのではない

問五　傍線エ「老僧それに心得て」とありますが、このとき老僧が悟ったこととして最も適当なものを次の中から選びなさい。解答番号は 43 。

① 無理に接ぎ木をしても、その木は大きくならないこと
② 接ぎ木が大きくなるまで自分は生きていられないこと
③ 自分に話しかけてきた人物が、実は将軍であったこと
④ 将軍に失礼を働いた自分を、家来が捕まえに来たこと

Ⅳ　いとはしたなく　39

① とても物静かに
② たいそう無愛想に
③ とてもあわてた様子で
④ たいそう滑稽《こっけい》な感じで

問二　傍線ア「御わらひありて」とありますが、将軍が笑った理由として最も適当なものを次の中から選びなさい。解答番号は 40 。

① 生きているうちに成果は見られないのに老僧が接ぎ木をすることが、無駄に思われたから
② 庭木の剪定《せんてい》に集中していて返事がぞんざいになった老僧の様子が、見苦しく思われたから
③ 将軍である自分のことを知らない老僧の世間知らずな様子が、哀れなものに思われたから
④ 老僧が答えた「接木するよ」という言葉に込められた冗談に気づき、面白く思われたから

問三　傍線イ「御身は誰人なればかく心なき事をきこゆるものかな」からうかがえる老僧の心情として最も適当なものを次の中から選びなさい。解答番号は 41 。

① 通りすがりの者が、深く考えもせずに自分の行動を馬鹿にすることを不快に思う心情
② 自分に声を掛けた人物が何者だかわからずに、その人物の素性に興味を持っている心情
③ 自分が高名な僧であることを知らずに、気軽に声をかけた人物に腹を立てている心情
④ 自分の冗談を素早く察知し、笑って応じた人物が、実は将軍であると確信する心情

※忍が岡《しのぶ》、谷中《やなか》……どちらも現在の東京都台東区の地名

※翁《おきな》……おじいさん。ここでは筆者自身のこと

※住僧《ぢゅうそう》……その寺に住んでいる僧

※寛永《くわんえい》……江戸時代の年号。一六二四年から一六四四年まで

※八旬……八十歳

※みつはぐみつつ……長生きをしつつ

問一　傍線Ⅰ・Ⅱ・Ⅲ・Ⅳの口語訳として最も適当なものを次の中からそれぞれ選びなさい。
解答番号は 36 ～ 39 。

Ⅰ　いとけなかりしころ　36

① 幼かったころ
② 退屈だったころ
③ 貧しかったころ
④ 出家する前のころ

Ⅱ　御かちにて　37

① おひとりで
② お歩きになって
③ お急ぎになって
④ 駕籠《かご》にお乗りになって

Ⅲ　やんごとなき御事　38

① どうにもならないご事情
② たいそうお急ぎのご用件
③ 身分が高いお方であること
④ 病気がちでいらっしゃること

三　次の文章を読んで、後の問いに答えなさい。

※忍《しのぶ》が岡のあなた谷中《やなか》の里に、何某《なにがし》の院とてひとつの真言寺あり。※翁《おきな》Ⅰいとけなかりしころ、その※住僧《ぢゆうそう》を知りてaしばしば寺に行きつつ、木の実拾ひなどして遊びしが、住僧かたへの人にむかひて、前住の時の事をなん語りしを聞きはべりしに、※寛永《くわんえい》のころの事になん、将軍家谷中わたり御鷹狩《たかがり》のありし時、Ⅱ御かちにてここやかしこ御過ぎがてに御覧ましましけるが、この寺へもおもほえず渡御《とぎよ》ありしに、折ふしその時の住僧はや※八旬に及びて、庭に出て※みつはぐみつつ、手づから接木《つぎき》して居《を》りけるが、御供の人々おくれ奉りて、御側に二人三人つき奉りしを、Ⅲなかなかやんごとなき御事をば思ひよらねば、そのまま背き居たりしを、「坊主なに事するぞ」と仰せられしを、老僧心にbあやしと思ひて、Ⅳいとはしたなく、「接木するよ」と御いらへ申せしかば、ア御わらひありて、「老僧が年にて今接木したりとも、その木のc大きになるまでの命もしれがたし。それにさやうに心をつくす事不要なるぞ」と上意ありしかば、老僧「イ御身は誰人なればかく心なき事をきこゆるものかな。よくおもうてみたまへ。今この木ども接《つ》ぎておきなば後住の代に至りていづれも大きになりぬdべし。しからば林もしげり寺も黒みなんと、我は寺の為をおもうてする事なり。ウあながちに我一代に限るべき事かは」と言ひしを聞こしめして、「老僧が申す［A］げにも理なれ」と御感ありけり。そのほどに御供の人々おひおひ来たりつつ、御紋の御物ども多くつどひしかば、エ老僧それに心得て、大きにおそれて奥へ逃げ入りしを、御召し出しありて物など賜りけるとなん。

（『駿台雑話《すんだいざつわ》』より）

問十三　本文の内容としてふさわしいものを次の中から一つ選びなさい。解答番号は 35 。

① 時代の流れとともに打算的なものの考え方が広がり、新たな領域に挑戦しようとする人が増えてきている

② 現代の職業においては、システムの多様化とともに各個人の技量のスキルアップが重要視されている

③ 答えに行き詰まった際に、あまり視野を広げ過ぎてしまうと物の本質を見失ってしまうことがある

④ 重要な問題に窮することがないように、しっかりと自己研鑽を重ねてもっぱら勉学に励む賢い人になるのがよい

⑤ 社会問題への対応では、変化する状況を柔軟に分析して先を読み、最善の行動を選択することが大切である

問十一　傍線６「世界がめくれ返って」とありますが、これは具体的にはどういうことですか。最も適当なものを次の中から選びなさい。解答番号は[33]。

① 考えているうちに、自分だけがいつしか取り残されて、歴史が目まぐるしく変化してしまうこと

② 考えているうちに、自分が築き上げてきた世界観が、実は正しい理解ではなかったと気づくこと

③ 考えているうちに、自分の頭の許容量をはるかに超えてしまい、いきなり思考が停止してしまうこと

④ 考えているうちに、自分が今まで経験したことのないような新しい発見に遭遇して、驚いてしまうこと

問十二　次の一文は本文中の《Ａ》～《Ｄ》のどこに入りますか。後の中から選びなさい。解答番号は[34]。

> 大学だって入れるかどうかわからないし、結婚といってもうまくパートナーと出会えるかわからない。定年退職する前に病気になるかもしれないし、年金制度も将来どうなっていることか……。

①《Ａ》　②《Ｂ》　③《Ｃ》　④《Ｄ》

問九　傍線５「知的な肺活量」とありますが、これはどうすることの例えですか。最も適当なものを次の中から選びなさい。解答番号は 30 。

① 本当につらい時にも、唯一の正解を求め続けること
② 博愛の心を持ち、世のため人のために尽くすこと
③ わからないことであっても、食らいついて問い続けること
④ 思想や芸術を学び、文化的生活を豊かにすること

問十　二重傍線Ⅰ「それ」、Ⅱ「その」の指すものとして適当なものを、それぞれ一つ選びなさい。解答番号はⅠが 31 、Ⅱが 32 。

Ⅰ　それ 31
① 関連する他のすべての問題を考えなおすこと
② 理解とは一瞬のひらめきでできること
③ ある問いを突き詰める中で最初の考えを信じ抜くこと
④ 考えが進まないときは小休止も必要であること

Ⅱ　その 32
① 思想・芸術・文化の成立
② ギリシャ哲学の歴史
③ 科学の極限的問題
④ 人間の心と体の関係

問六　傍線3「自分がここにいる理由が欲しい」とありますが、それはなぜですか。その理由として最も適当なものを次の中から選びなさい。解答番号は 27 。

① 人間とは本来、自分の存在目的や意味が明確であることを欲するものだから
② 哲学で今もなお解き明かされない問題を、封印したいと思うから
③ 時代が進むにつれ社会の動きのスピードが増し、アイデンティティを確認しにくくなったから
④ 人の出会いやふれあいが少しずつ希薄になり、心の温もりを少しでも取り戻したいから

問七　傍線4「行き詰まった思考回路」とありますが、これは具体的にはどういうことですか。最も適当なものを次の中から選びなさい。解答番号は 28 。

① 本題の外側から考えること
② 視野を広げて考えること
③ 一つの答えに固執して考えること
④ 相対的な立場で考えること

問八　A に当てはまる語として最も適当なものを次の中から選びなさい。解答番号は 29 。

① 腰　② 腹　③ 腸　④ 脳　⑤ 肝

問三　（ア）・（イ）・（ウ）・（エ）に当てはまる語を、次の中からそれぞれ選びなさい。（解答は重複しないこと。）

解答番号は（ア）が 21 、（イ）が 22 、（ウ）が 23 、（エ）が 24 。

①　また　②　では　③　例えば　④　もし

⑤　すると　⑥　ところが　⑦　それとも

問四　傍線１「今、私たちの社会は、とても危ういところにさしかかっている」とありますが、これは具体的にはどういうことですか。最も適当なものを次の中から選びなさい。解答番号は 25 。

①　自分にできないことはないという、自信過剰なムードが広がっていること

②　ある程度の将来像がイメージできることに、安堵感を持っていること

③　自分の存在価値が認められない状況にあることに納得していること

④　自分の存在理由を見出せず、短絡的に生を否定する人が多いこと

問五　傍線２「今の時代は生きにくいだろう」とありますが、それはなぜですか。その理由として**適当でない**ものを、次の中から一つ選びなさい。解答番号は 26 。

①　将来のモデルや型ができあがっているように思えて、そこにおもしろさを感じられないから

②　現代社会は、人を一つの小さな部品と見なして、そこに人間性を求めることなどないから

③　自分の存在する意味や事実を、明確に見出すことがしづらいから

④　戦争の時代に負けず劣らず、精神的な充実感が得られないから

問二　波線①・②・③・④・⑤の語句は本文の中でどのような意味で使われていますか。最も適当なものをそれぞれ選びなさい。解答番号は 16 ～ 20 。

①　パイオニア　16

① 先駆者
② 実力者
③ 異端者
④ 為政者

②　気概　17

① どことなく感じられる気高さ
② 個人が生まれつき持つ性質
③ 困難にくじけない強い意志
④ 過剰なほど高い自意識

③　デリケート　18

① 堅固
② 繊細
③ 微妙
④ 虚弱

④　糸口　19

① 励まし
② 方法
③ 困難
④ きっかけ

⑤　のっぴきならない　20

① 乗り越えなければならない
② 自力ではどうにもならない
③ 反省しなければならない
④ 諦めなければならない

問一　傍線a・b・c・d・eのカタカナに当たる漢字と同じ漢字を用いているものを、それぞれ一つ選びなさい。解答番号は 11 ～ 15 。

a　カンリ　11

①　カンリョウを目指す
②　カンカツ区域
③　カンサンとした村
④　カンボツした道路

b　グウゼン　12

①　事故のグウハツ
②　神社のグウジ
③　大都会のイチグウ
④　過酷なキョウグウ

c　フクザツ　13

①　フクエンする
②　フクインを説く
③　フクギョウで稼ぐ
④　フクガン生物

d　コンキョ　14

①　インキョ生活
②　マイキョにいとまがない
③　センキョされた建物
④　セイキョの報に接する

e　タイショ　15

①　イッショ懸命
②　ショアクの根源
③　ショメイ活動をする
④　ゼンショ願います

もしょっちゅうだ。哲学という学問がまさにそれ[Ⅰ]の連続なのだ。私もある問いを突き詰めていたとき、突然世界がめくれ返って[6]、「これがわからないということはあの問題はわかっているつもりだったが、実はコンキョ[d]がなかったんだ」と、すべての問題をもう一度考え直す、ということもあった。

なぜ生きているのか、自分の存在は何なのかという大問題に、答えはない。大昔からみんな考え続けていまだ答えられていないのだから。例えば、心と体の関係はギリシャ以来、二〇〇〇年以上哲学者が考え続けていて、まだ[Ⅱ]その答えは出ていない。それでも大昔からその問題に食らいついて問い続けてきた。その結果としていろいろな思想や芸術が生まれ、文化が豊かになってきた。たいせつなのは、問い続けることにある。

自分自身の問題や世の中に起こる出来事は、理由や意味がわからないものがほとんどだ。（エ　）、科学の極限的な問題や、社会生活で重要な問題、生きるうえで重要な問題というのは、ほとんどが複数の解を持っていたり、正解が一つもなかったり、そもそも答えがない、というものばかりだ。だから、自分の持っている狭い枠組みの中で無理やり解釈して、わかった気になっても何も解決しないし、とても危ない。必要なのは、わからないことでもこれは大事、としっかりと自分で受けとめて、わからないままにずっと持ち続けることなのだ。そして何度も体当たりして痛い思いをして、問題に正確にタイショ[e]するすべを身につけよう。「頭がいい」と「賢い」とはなんの関係もない。じぐざぐにいろいろな補助線を立てて、誠実に考え続ける、「賢い」人になってほしいと心から願っている。

（『「賢くある」ということ』より抜粋　作問の都合により一部改変　著者　鷲田清一）

※茫漠……ぼんやりとしてつかみどころのないさま

づいてくれないからいら立ちながら書いているとか、そういうことがある。読むだけではわからないし、そのときの気分を忘れているから、後で読み返しても表現の意味がわからないこともある。文章はそれくらい③デリケートなものだが、その答えを一つに絞ろうというのだから、ほんとうに不思議だ。

無力な状態から脱し、自分の問題を自分で考えて、責任を負うことができるようになるために、私たちは、「一つの問いに一つの答えがある」という考え方をやめなければならない。物事は、こちらからはこう見えるが、後ろから見ればこんなふうだ、といろいろな補助線を引きながら考えよう。みんなが一方からしか考えられなくなっているときに、別の方向から見ることがたいせつだ。例えば、自分の苦しみを打ち明けて絶望する友人に対して、いやそれだけではない、こういう考え方もある、と別の補助線を示せる「頼れるやつ」になろう。

自分の生きている意味を考え、思い悩むこともあるだろう。問いが大きすぎて、知的体力が足りずにだれもが倒れそうになってしまう。そのとき、4行き詰まった思考回路をひっくり返せるかが［ A ］だ。④糸口はたくさんある。

普段、自分が「生まれる」という言葉を使う。考えが進まないときに、「ところでこの言葉はほんとうに正しいのだろうか」と、本題の外に立ってみてほしい。（ ウ ）、生を自分の出来事のように語るが、よく考えればこれは受け身の言葉であることに気づくだろう。つまり「生まれる」ということは自分だけではなく他人との間に起こった出来事なのだと、少し視野が広がる。相手の身になって問いを考え直すと、歯が立たないと思った問いも、違う見え方になるはずだ。文学や芸術作品も、同じ苦しみの中から生み出されたものだから、いろいろな補助線を与えてくれるはずだ。《 D 》

それから、投げ出さずに考え続ける、いわば5知的な肺活量も持ってほしい。理解はあるとき一瞬でできることでは決してなく、じっと考え続けて到達できるものだ。それだけでなく、考えるうちにまったく別の、⑤のっぴきならない問題が現れてきて、そのことによってほかの問題も全部問い直さなければいけない、ということんどさは、「自分がここにいるという事実」を肯定しづらいという、非常に抽象的なものなのだ。多くの人が、自分の存在をめぐって、非常に危うい感情しか持てなくなっている。これまでの歴史の中で、ある意味では戦争の時代に負けず劣らずしんどいかもしれない。「ここにいる意味」は、簡単には見つかるものではないからだ。

　だから、私たちは「ちっとは賢く」ならなければいけない。「賢い」というのはつまり「簡単な思考法に逃げない」ということだ。物事の理由は簡単にはわからない。それを知り、受け入れようとすることが賢くなる第一歩なのだ。

　社会の問題も同じだ。（　イ　）経済政策についてA派、B派となって議論するが、実はどの施策も必要でたいせつなこと。ただ、Aの次にB、その次にCを実行するのと、Cを行ってからB、Aを実行するのとでは、意味が変わってくる。どれが一番たいせつかということよりも、どういう順番で実行するのかが、ほんとうの考えどころなのだ。状況は刻一刻と変化するから、それを確言できる者はいない。だから状況を分析し、過去の例を総動員して、先を読み最善の行動を選びとることが求められるのだ。その非常に不確定な思考法というものが、政治や外交には必要になる。相手の出方や次に起こることを決めつけることはできないから、わからないままに受け入れ、しかも正確に対応しなければならない。

　今の学問についても、同じようなことがある。中学や高校では、一つの問いには一つの正解があたりまえ、という前提で勉強する。私の書いた文章もよくマークシート式の試験に使われて、「著者はこの段落で何を言いたいのか次の四つの中から選べ。」などといった問題になる。私もこれに挑戦してみるのだが、自分の文章なのに解くことができないことがある。四つの選択肢のうち、二つには確かに私の言いたいことが書かれている。自分でも選びきれないが、そんな問題に対して皆さんはちゃんと一つ、私の代わりに確定してくれるわけだ。文章をつくるとき、いろいろな思いを込めている。伝えたいことがあってもストレートには言えないから、別の言葉に置き換えてカムフラージュしていることもある。私が伝えたいと思っている相手がなかなか気というものが働いて、決して自分の思い通りにならないのが世の中。将来が見えちゃってるからおもしろくない、なんていうのは少し調子がよすぎると思うのだが。

そうはいっても、[2]今の時代は生きにくいだろう。パイオニアであれば、自分ががんばらないとその世界が開けない。すなわち、自分が仕事をする意味、さらには「ここにいること」の意味が、疑いようもなく明確だ。

考えてみてほしい。皆さんが仕事を選ぶときに、なんの役に立つのかわからない仕事は避けるだろう。仕事の意味とか目的が見えている、つまり自分を高めるとか、人の役に立っているとか、だれかが自分のしたことで喜ぶ、といったようにはっきりしている仕事であれば、すなおにがんばろうという気になれるし、働きがいも出てくる。

（　ア　）、現代の仕事というのは簡単に言えば、自分の仕事の目的がすぐにわからない。生産システムが[C]フクザツになったおかげで、自分のつくった小さな部品は、ものすごく長い経路をたどって一つの商品の一部になる。だから、それを買って喜んでいる人の顔を知ることができない。

今の時代はほとんどどんな職業に就いても「これはほんとうに自分がするべき仕事なのだろうか」「ほかの人が代わりになってもいいのではないだろうか」と考えざるをえない。そして、自分にしかできない仕事はなんだろうか、と悩んでしまう。この思いを突き詰めると、「自分がここにいることにほんとうに意味があるのだろうか」というところに至ってしまう。するとただ働くことすらつらくなってきて、さらには生きること自体やめたいと思うようになる。自分がいなくなっても世の中がどうなるわけでもない、ひょっとしたら自分はここにいなくてもだれも気づかないかもしれない存在なのだ、という思いに駆られてしまう。

皆さんはつらいときに、「犬はいいなあ、お腹がすいたらものを食べてなでてもらって、あとは寝ているだけでいいんだから」と思うかもしれない。《　C　》しかしほんとうにつらいときの人間は、ただ生きていること、それすらできない。つまり、人間はただ生きるだけのためにも、[3]自分がここにいる理由が欲しい。理由が見つからないと、存在していること自体苦しくなってきて、もう消えてしまいたい、と願う。今の時代のし

二 次の文章を読んで、後の問いに答えなさい。

1今、私たちの社会は、とても危ういところにさしかかっていると感じている。早急に自分たちを「ちっとは賢くなるように」鍛えなければ、と思う。今日は、「賢くある」とはどういうことかをお話ししたい。

一九八〇年代から、若い人たちの間に「自分は何もできない」というような※茫漠《ぼうばく》とした思いが広がってきている。職業を選ぶことを考えればわかりやすい。皆さんは、今の世の中で「この私にしかできないこと」がそう簡単には見つからないように思っているかもしれない。皆さんの両親が若い頃、六〇年代から八〇年くらいまでは、違っていた。《 A 》例えば女性の場合なら「女性で初めてのダンプの運転手」「女性で初めての建築家」といった、①パイオニアになれる仕事がたくさんあった。男性の場合は、職業として目立つものはなくても「自分が初めてやること」がいろいろあった。例えばライブだ。六〇年代に突然バンド文化が生まれて、若い素人がバンドを組む、そして自分たちで歌をつくって、自分たちで演奏するという、今ではあたりまえのことが始まった。六九年には野外のライブが初めて行われた。バンドを組んだり新しい音楽を好んでいたような人たちは、世界で起こっている新しい音楽のムーブメントに自分も同時にかかわっているという思いを持っていたから、元気があった。自分がパイオニアだ、という②気概があったのだ。

しかし時代が進むにつれ、自分が初めて足を踏み入れる領域はなくなってきた。周りの人を見ても、モデルや型ができ上がっているように思える。大学を卒業して就職、何歳で課長に昇進、何歳で結婚して、子どもが二人くらいできて、うまくいったらaカンリ職になって、定年退職して……というようなストーリーが、どの分野に進もうとしてもイメージできてしまう。高校生たちは「何もかも見えちゃってる」などと言っている。だから元気が出るはずないよ、という顔をする。

確かに、パイオニアになる場所がない社会は息苦しくておもしろくないだろうとは思う。が、「見えちゃってる」のはいいことしか見ていないからだ。《 B 》悪いこともいいことも含め、人との出会いやbグウゼン

問三　次のことわざの意味に最も関係の深いものをそれぞれ後から選び、番号で答えなさい。
解答番号はアが 8 、イが 9 、ウが 10 。

ア　立て板に水　8
① 阻止
② 流暢
③ 氾濫
④ 枯渇

イ　月夜に釜を抜かれる　9
① 途絶
② 恥辱
③ 油断
④ 風流

ウ　爪に火をともす　10
① 衛生
② 倹約
③ 手品
④ 贅沢

二〇二四年度　山村学園高等学校（第三回）

【国語】（五〇分）〈満点：一〇〇点〉

一　後の問いに答えなさい。

問一　次の漢字が間違っているものをそれぞれ一つ選びなさい。解答番号は 1 ～ 4 。

ア　1
① 難航
② 賃貸
③ 意持
④ 奔放

イ　2
① 温健
② 陰険
③ 恩情
④ 威厳

ウ　3
① 滑空
② 仮空
③ 後宮
④ 厚顔

エ　4
① 勘忍
② 万人
③ 緩急
④ 珍妙

問二　次の□に当てはまる漢字を後から選び、番号で答えなさい。解答番号は 5 ～ 7 。

ア　大同小□　5
① 移
② 違
③ 以
④ 異

イ　直□径行　6
① 状
② 情
③ 常
④ 定

ウ　内憂外□　7
① 閑
② 観
③ 勧
④ 患

2024年度／山村学園高等学校（第３回）

英語解答

1
問１ ③　問２ ③　問３ ②
問４ ③　問５ ③

2
問１ ③　問２ ④　問３ ④
問４ ②　問５ ④　問６ ①
問７ ④　問８ ④　問９ ③
問10 ③

3
問１ ①　問２ ②　問３ ②
問４ ③　問５ ②

4
問１ 21…④　22…①
問２ 23…⑧　24…④
問３ 25…⑧　26…⑤
問４ 27…⑤　28…①
問５ 29…③　30…⑥

5
問１ ②　問２ ②　問３ ④
問４ ④　問５ ③

6
問１ ④　問２ ②　問３ ③
問４ ①　問５ ②　問６ ③
問７ ③　問８ ①　問９ ③
問10 ②

数学解答

1
問１ ⑦　問２ ①　問３ ⑧
問４ ④　問５ ⑧

2
問６ ⑦　問７ ⑤　問８ ③
問９ ②　問10 ⑥　問11 ③

3
問12，問13　12…④　13…⑧
問14 ⑤

4
問15 ①　問16 ⑥　問17 ⑧

5
問18 ②　問19 ⑦　問20 ④

国語解答

一
問一　ア…③　イ…①　ウ…②　エ…①
問二　ア…④　イ…②　ウ…④
問三　ア…②　イ…③　ウ…②

二
問一　a…②　b…①　c…④　d…③
e…④
問二　①…①　②…③　③…②　④…④
⑤…②
問三　ア…⑥　イ…③　ウ…⑤　エ…①
問四 ④　問五 ②　問六 ①
問七 ③　問八 ⑤　問九 ③
問十　Ⅰ…①　Ⅱ…④　問十一 ②
問十二 ②　問十三 ⑤

三
問一　Ⅰ…①　Ⅱ…②　Ⅲ…③　Ⅳ…②
問二 ①　問三 ①　問四 ④
問五 ③　問六 ④　問七 ⑤
問八　a…⑤　b…②　c…③　d…⑦
問九 ②

2023年度　山村学園高等学校（単願・第1回）

【英　語】（50分）〈満点：100点〉

1　次の対話文の受け答えとして，[1]～[5]に入る最も適当なものをそれぞれ一つずつ選び，その番号をマークしなさい。［マークシート解答番号 [1]～[5]］

問１　A： What time is it now?
　　　B： [1]
　　　A： Oh, OK.　Thanks anyway.
　　　B： I'm sorry.

①　It's Monday.　　②　It's really quick.
③　It's nine o'clock.　　④　I don't know.

問２　A： How many books do you have?
　　　B： I have about three thousand books in my house.
　　　A： Wow！ That's a lot.
　　　B： [2]

①　Me neither.　　②　Your house must be large.
③　Me too.　　④　It took me ten years to collect them.

問３　A： Can I have a cup of coffee, please？
　　　B： [3]　Here you are.
　　　A： Thank you.
　　　B： You're welcome.

①　No way.　　②　Sure.
③　We have more than one size.　　④　So do I.

問４　A： Hello.
　　　B： Oh!! [4]
　　　A： What's wrong？
　　　B： I watched a horror movie last night.

①　You scared me.　　②　I'm too early.
③　I think so, too.　　④　Not at all.

問５　A： Have you finished your homework yet？
　　　B： [5]
　　　A： I can help you if you want.
　　　B： Thank you but I'll do it by myself.

①　Already done.　　②　Not yet.
③　Sounds good.　　④　It cannot be true.

2　次の [6] ～ [15] に当てはまる最も適当なものをそれぞれ一つずつ選び，その番号をマークしなさい。［マークシート解答番号 [6] ～ [15] ］

問１　Can you see a girl [6] on the grass?

① to lie　② lays　③ laying　④ lying

問２　She handed me a letter [7] in Spanish.

① wrote　② written　③ writing　④ to write

問３　Her cat has [8] for five years.

① died　② dead　③ be died　④ been dead

問４　You must wash your hands before [9].

① eats　② eating　③ to eat　④ ate

問５　Would you mind my [10] the door?

① open　② opening　③ to open　④ opened

問６　It's getting rainy.　You [11] better go home now.

① could　② would　③ had　④ should

問７　The chef [12] has studied in Rome will win the competition.

① who　② whom　③ which　④ what

問８　He crossed the Pacific Ocean [13] air.

① on　② with　③ in　④ by

問９　It is very kind [14] you to help carry my bag.

① to　② from　③ of　④ for

問10　Don't forget [15] your homework tonight.

① doing　② to do　③ do　④ did

3　次の各組の英文がほぼ同じ内容を表すように，[16] ～ [20] に当てはまる最も適当なものをそれぞれ一つずつ選び，その番号をマークしなさい。［マークシート解答番号 [16] ～ [20] ］

問１
{ How well they can sing!
{ [16] they are!

① What a good singer　② What good singers
③ How a good singer　④ How good singers

問２
{ If you study hard, you will pass the examination.
{ Study hard, [17] you will pass the examination.

① and　② but　③ or　④ for

問３
{ Junko is fifteen years old.　Satoshi is fifteen years old, too.
{ Satoshi is [18] Junko.

① as old as　② older than　③ as many as　④ more than

問４
{ He came to Japan three years ago.　He is still in Japan.
{ He [19] in Japan for three years.

① is　② was　③ has been　④ will be

問５
{ He is rich, but he isn't happy.
{ [20] he is rich, he isn't happy.

① When　② Though　③ Because　④ Since

4　次の日本文の意味を表すように，それぞれ下の語(句)を並べ替えて空所を補い，英文を完成させなさい。解答は [21] ～ [30] に入れるものの番号のみをマークしなさい。ただし，文頭にくる語(句)も小文字にしてあります。［マークシート解答番号 [21] ～ [30] ］

問１　私の友人はこの学校の他の誰よりも上手にピアノを弾く。

My ＿＿＿ ＿＿＿ ＿＿＿ ＿＿＿ [21] ＿＿＿ ＿＿＿ [22] ＿＿＿ this school.

① plays　② in　③ better　④ anybody　⑤ friend
⑥ the　⑦ than　⑧ else　⑨ piano

問２　彼女は彼が持っている箱に何も入っていないと思っている。

She ＿＿＿ [23] ＿＿＿ ＿＿＿ ＿＿＿ ＿＿＿ ＿＿＿ [24] ＿＿＿ .

① is　② held　③ the box　④ there　⑤ thinks
⑥ nothing　⑦ in　⑧ him　⑨ by

問３　私はできる限り早くあなたにその試験に向けて準備してほしいと思っている。

I ＿＿＿ [25] ＿＿＿ ＿＿＿ [26] ＿＿＿ ＿＿＿ ＿＿＿ ＿＿＿ as you can.

① the　② to　③ for　④ you　⑤ soon
⑥ prepare　⑦ as　⑧ test　⑨ want

問４　彼の妹は私の学校の学園祭を大いに楽しんだ。

His ＿＿＿ ＿＿＿ ＿＿＿ [27] ＿＿＿ [28] ＿＿＿ ＿＿＿ ＿＿＿ much.

① enjoyed　② at　③ my　④ school　⑤ very
⑥ sister　⑦ younger　⑧ herself　⑨ festival

問５　彼がいつこの街に引っ越してくるのか私には分からない。

＿＿＿ ＿＿＿ [29] ＿＿＿ ＿＿＿ ＿＿＿ ＿＿＿ [30] ＿＿＿ ＿＿＿ town.

① move　② this　③ don’t　④ he　⑤ to
⑥ I　⑦ will　⑧ when　⑨ know

5　次の英文を読み，話の流れに合うように [31] ～ [35] に入れるのに最も適当なものをそれぞれ一つずつ選び，その番号をマークしなさい。［マークシート解答番号 [31] ～ [35] ］

Lucas： Good news！ I’ve found a summer job！

David： That’s great！ Anything interesting？

Lucas： Yes, working at an amusement park. [31]

David： Sure, what kind of work will you do？

Lucas： Well, I will work at the ticket office and souvenir shops. I like amusement parks, so I’m happy to work there. So, have you found anything？

David： [32] but I have some plans. One is working as an assistant at an IT company―mostly answering phones. Or I can work as a lifeguard on the beach again.

Lucas： Being an assistant sounds more interesting than a lifeguard. You want to work in the field of IT in the future, right？ It will be a good experience. Moreover, it is probably not so hard！ You said that the lifeguard job was hard and you had to work on hot days last year！

David： [33] but a lifeguard earns more than an assistant. It is also good that the working hours are short.

Lucas： [34]

David： Yeah, but I don’t want to burn. So, I can’t decide which job to do.

Lucas： I see. I’m not sure what you focus on when choosing a part-time job. There are some important points. What do you think about that ?

David : Well, I can't think of it right away.

Lucas : Then I will tell you. First, it is important whether you are interested in the job or not. I decided on my summer job like this. Second, the feeling of the workplace is also important. You should also consider whether it suits you.

David : All right. [35] I will think again and decide what to do. Thank you.

問1 [31]

① How about you ? ② Doesn't that sound fantastic ?

③ What's this ? ④ What do you think ?

問2 [32]

① Nothing yet ② Perfectly

③ I can't believe you ④ I'm OK

問3 [33]

① I didn't say that, ② I can't agree,

③ I think so too, ④ You are kidding,

問4 [34]

① What are you doing ?

② So, an assistant is better !

③ Then a lifeguard is the first choice.

④ That's not true.

問5 [35]

① I've decided to work at the IT company.

② I can't understand what you say.

③ I'm glad to hear your advice.

④ I'll keep working this summer.

6 次の英文を読み，以下の設問に答えなさい。［マークシート解答番号 [36]～[45] ］

To understand colors better, we often check their details with a special tool called an RGB color space. In a color space, [36] we [[1] into [2] the color [3] three areas [4] are [5] divide [6] we [7] using]. One is red, one is green, and the other is blue. With different percentages of these colors, each color is given a tag called a hex code. The hex code for black is #000000. This means that black has zero percent red, zero percent green and zero percent blue. The hex code for white is #FFFFFF. This means it has 100% of all three colors in it.

Yellow, hex code #FFFF00, is made of 100% red, 100% green and 0% blue. The color yellow has RGB values of R : 100, G : 100, B : 0. From sunshine yellow to golden yellow, yellow is positive, playful, and happy. It can also be used to show mental clearness and knowledge. It works well with its opposite color, purple. Bright yellow can be used to highlight or show something we want you to see well. Yellow is between yellow-orange and yellow-green in the color wheel. It is the most visible color from a distance. It is often used as a safety or cautionary color. It often tells us to be careful.

Another exciting color is lime green. Lime green is sometimes just called lime, and lime is another bright, strong shade of green. It often looks very yellow and is sometimes thought to be a mix of green and yellow. Other types of green like olive and kelly green look dark. [37], they are actually closer to yellow on a color chart than lime. To make lime paint, simply mix two or three parts yellow paint to one part blue paint. Lime green was first used as a color name in about 1890. The color was named after the usual color of the citrus fruit.

The color green has long had positive meanings. It was an important color in ancient Egypt and was used as a symbol of youth, strength and good health. In the middle ages, the color of a person's clothing showed their job and level in [38], and green was worn by rich people in upper classes. For this reason, Mona Lisa wears green in her famous picture.

As the color of trees, grass and the natural environment, green also means renew and regrow. It's also a color commonly used with youth. If we say someone is "green", it means they're inexperienced. Green is also thought to be the color of freshness, so many foods, supermarkets and health food brands have green logos.

問1　下線部 [36] の[　]の語(句)を以下の日本文に合うように正しい語順に並べ替えるとき，３番目と６番目に来る語(句)の組み合わせとして最も適当なものを一つ選び，その番号をマークしなさい。

「私たちは自分たちが使っている色を３つの領域に分ける」

①　[2]—[5]　　②　[7]—[3]　　③　[4]—[2]　　④　[6]—[1]

問2　空欄 [37] に入る最も適当なものを一つ選び，その番号をマークしなさい。

①　Similarly　　②　And then　　③　However　　④　Already

問3　空欄 [38] に入る最も適当なものを一つ選び，その番号をマークしなさい。

①　power　　②　society　　③　health　　④　clothes

問4　hex codeにおける青色(blue)の表記として正しいものを一つ選び，その番号をマークしなさい。[39]

①　#FF0000　　②　#0000FF　　③　#FFFF00　　④　#FF00FF

問5　本文の内容に一致しないものを一つ選び，その番号をマークしなさい。[40]

①　黄色は前向きさや幸せを意味する色だが，反対色である紫色とはなじまない。

②　ライムグリーンはライムと呼ばれることがあり，黄色と緑が混ざった色だと考えられている。

③　ライムグリーンは19世紀後半に初めて使用され，かんきつ類の果物にちなんで名づけられた。

④　緑色は新鮮さを表す色だと考えられているので，多くの食品やスーパーマーケットでは緑色のロゴが採用されている。

以下の設問で最も適当なものをそれぞれ一つずつ選び，その番号をマークしなさい。

問6　According to the passage, why is the hex code for black #000000 ? [41]

①　Because it is made 100% of other colors.

②　Because it is a mixture of all colors.

③　Because there is no light in black.

④　Because it has no other colors in it.

問7　According to the passage, why is yellow often used as a "safety" color ? [42]

①　Because we can see it at night.

②　Because it looks big at a distance.

③　Because we can see it clearly from a distance.

④　Because it is cautionary.

問8　According to the passage, how much blue paint is in lime green paint ? [43]

① One part　② Two parts　③ Three parts　④ Four parts

以下の英文に続く語(句)として，最も適当なものをそれぞれ一つずつ選び，その番号をマークしなさい。

問９ According to the passage, Mona Lisa was [44].

① famous　② upper class　③ middle class　④ expensive

問10 According to the passage, "green" people are [45].

① used　② popular　③ new at something　④ good at doing something

【数　学】 （50分）〈満点：100点〉

（注意）　分度器，定規，コンパス等は使用禁止です。

1　次の $\boxed{1}$ から $\boxed{5}$ に適するものをそれぞれの解答群の中から選びなさい。

問１　$(6-2^2)+8\times\dfrac{1}{4}=\boxed{\quad 1 \quad}$

$\boxed{1}$ の解答群

①　-1　　②　1　　③　-4　　④　4　　⑤　-12　　⑥　12　　⑦　-18　　⑧　18

問２　$-2x^2-6x+8$ を因数分解すると $\boxed{\quad 2 \quad}$ である。

$\boxed{2}$ の解答群

①　$-2(x+2)(x+4)$　　②　$-2(x-2)(x+4)$　　③　$-2(x+4)(x+1)$
④　$-2(x-4)(x+1)$　　⑤　$-2(x-2)(x-4)$　　⑥　$-2(x+2)(x-4)$
⑦　$-2(x-4)(x-1)$　　⑧　$-2(x+4)(x-1)$

問３　２次方程式 $\dfrac{1}{3}x^2-x-3=0$ の解は $x=\boxed{\quad 3 \quad}$ である。

$\boxed{3}$ の解答群

①　$\dfrac{3\pm\sqrt{5}}{2}$　　②　$\dfrac{-3\pm\sqrt{5}}{2}$　　③　$\dfrac{-3\pm3\sqrt{5}}{2}$　　④　$\dfrac{3\pm3\sqrt{5}}{2}$
⑤　$\dfrac{1\pm\sqrt{13}}{2}$　　⑥　$\dfrac{-1\pm\sqrt{13}}{2}$　　⑦　$\dfrac{-3\pm3\sqrt{2}}{2}$　　⑧　$\dfrac{3\pm3\sqrt{2}}{2}$

問４　$\dfrac{xz}{y}\div\dfrac{yz^2}{x}\times\dfrac{z}{xy}=\boxed{\quad 4 \quad}$

$\boxed{4}$ の解答群

①　$\dfrac{1}{y^3}$　　②　$\dfrac{x}{y^3}$　　③　$\dfrac{x^2}{y^3}$　　④　$\dfrac{x}{yz}$
⑤　$\dfrac{x^2}{yz}$　　⑥　$\dfrac{x^2}{y^2z}$　　⑦　$\dfrac{x^2}{y^2z^2}$　　⑧　$\dfrac{1}{y^2z^2}$

問５　$\{(5\sqrt{2}-3\sqrt{3})-(2\sqrt{2}+\sqrt{3})\}^2=\boxed{\quad 5 \quad}$

$\boxed{5}$ の解答群

①　$6-6\sqrt{2}$　　②　$1-24\sqrt{3}$　　③　$66-24\sqrt{2}$　　④　$8-3\sqrt{3}$
⑤　$6-6\sqrt{6}$　　⑥　$1-24\sqrt{6}$　　⑦　$66-24\sqrt{6}$　　⑧　$8-3\sqrt{6}$

2　次の $\boxed{6}$ から $\boxed{11}$ に適するものをそれぞれの解答群の中から選びなさい。

問６　右の表は，あるクラス30人の数学のテストの得点の度数分布表である。度数が最大である階級の階級値は $\boxed{\quad 6 \quad}$ 点である。

階級（点）	度数（人）
50以上59以下	5
60～69	8
70～79	9
80～89	8
計	30

$\boxed{6}$ の解答群

①　8　　②　9　　③　64.5　　④　65.5
⑤　74.5　　⑥　75.5　　⑦　84.5　　⑧　85.5

問7　$\sqrt{23}$の整数部分をa，小数部分をbとするとき，$b^2+2ab=$ $\boxed{7}$ である。

$\boxed{7}$ の解答群

①　7　②　16　③　23　④　27　⑤　31　⑥　39　⑦　46　⑧　69

問8　3点$(3,\ 5)$，$(5,\ -4)$，$(a,\ 8)$が同じ直線上にあるとき，$a=$ $\boxed{8}$ である。

$\boxed{8}$ の解答群

①　$-\dfrac{17}{3}$　②　$-\dfrac{11}{3}$　③　$-\dfrac{7}{3}$　④　$\dfrac{7}{3}$

⑤　$\dfrac{29}{9}$　⑥　$\dfrac{11}{3}$　⑦　$\dfrac{17}{3}$　⑧　$\dfrac{37}{2}$

問9　5点A，B，C，D，Eが円Oの周上にあるとき，$x=$ $\boxed{9}$ °である。

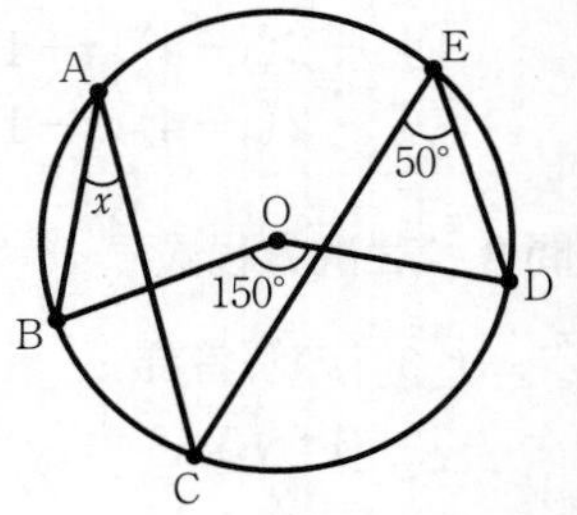

$\boxed{9}$ の解答群

①　45　②　40　③　35　④　30

⑤　25　⑥　20　⑦　15　⑧　10

問10　大小2個のさいころを同時に投げる。このとき，出た目の和が4の倍数になる確率は $\boxed{10}$ である。

$\boxed{10}$ の解答群

①　$\dfrac{1}{2}$　②　$\dfrac{1}{3}$　③　$\dfrac{1}{4}$　④　$\dfrac{1}{6}$　⑤　$\dfrac{1}{9}$　⑥　$\dfrac{1}{12}$　⑦　$\dfrac{1}{18}$　⑧　$\dfrac{1}{36}$

問11　$a\triangle b=\dfrac{a-b}{2}-3b$とするとき，$(4\triangle 2)\triangle(-3)=$ $\boxed{11}$ である。

$\boxed{11}$ の解答群

①　12　②　8　③　4　④　0　⑤　-4　⑥　-8　⑦　-12　⑧　-16

3　右の図において，放物線$y=ax^2$…①，直線$y=-1$…②がある。2点A，Bの座標はそれぞれA$(0,\ 1)$，B$(0,\ -1)$である。放物線①上の点Cから直線②に垂線を下ろし，その交点をHとする。点Cのx座標が正であるとき，次の $\boxed{12}$ から $\boxed{14}$ に適するものをそれぞれの解答群の中から選びなさい。

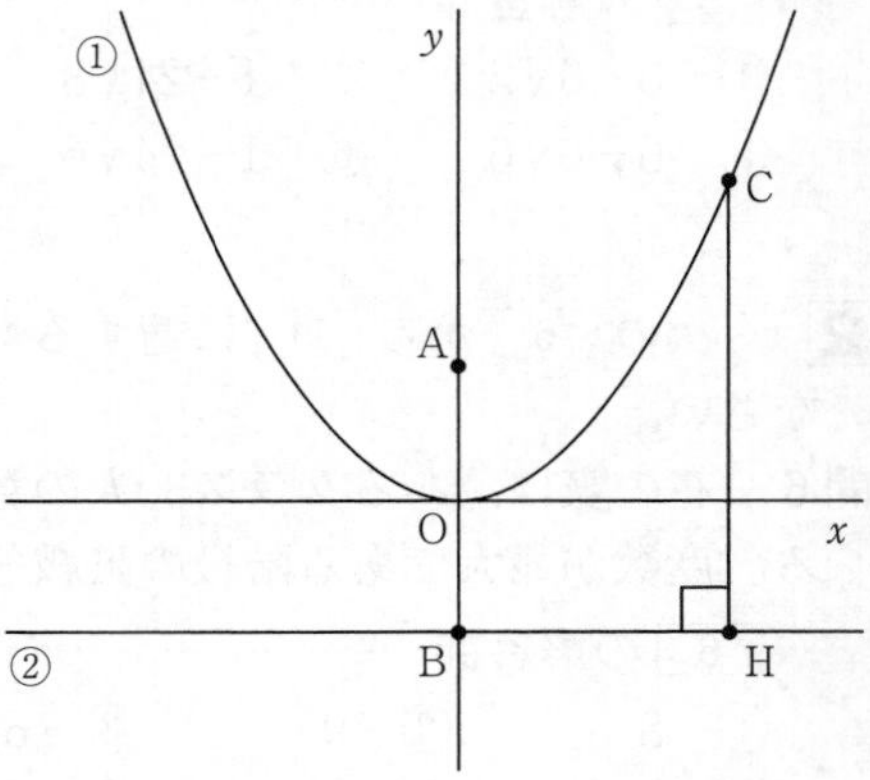

問12　①のグラフ上の点Cの座標が$(\sqrt{3},\ 3\sqrt{3})$であるとき，aの値は $\boxed{12}$ である。

$\boxed{12}$ の解答群

①　$\dfrac{\sqrt{3}}{27}$　②　$\dfrac{\sqrt{3}}{9}$　③　$\dfrac{\sqrt{3}}{3}$　④　$\sqrt{3}$

⑤　3　⑥　$3\sqrt{3}$　⑦　$9\sqrt{3}$　⑧　$27\sqrt{3}$

問13　問14　$a=1$ とする。$\mathrm{AH}=\sqrt{6}$ のとき，点Cの y 座標は $\boxed{13}$ である。また，直線ACの傾きは $\boxed{14}$ である。

$\boxed{13}$ の解答群

① $\frac{1}{4}$　② $\frac{1}{2}$　③ $\frac{3}{4}$　④ 1　⑤ $\frac{5}{4}$　⑥ $\frac{3}{2}$　⑦ $\frac{7}{4}$　⑧ 2

$\boxed{14}$ の解答群

① $\frac{1}{4}$　② $\frac{1}{2}$　③ $\frac{3}{4}$　④ 1　⑤ $\frac{\sqrt{2}}{4}$　⑥ $\frac{\sqrt{2}}{2}$　⑦ $\frac{3\sqrt{2}}{4}$　⑧ $\sqrt{2}$

4　下の図のような，平行四辺形ABCDがある。辺ABを２：１に分ける点，辺ADを３：２に分ける点をそれぞれE，Fとし，ACとBFの交点をGとする。また，ACを２：１に分ける点をHとし，EHとBFの交点をＩとするとき，$\boxed{15}$ から $\boxed{17}$ に適するものをそれぞれの解答群の中から選びなさい。

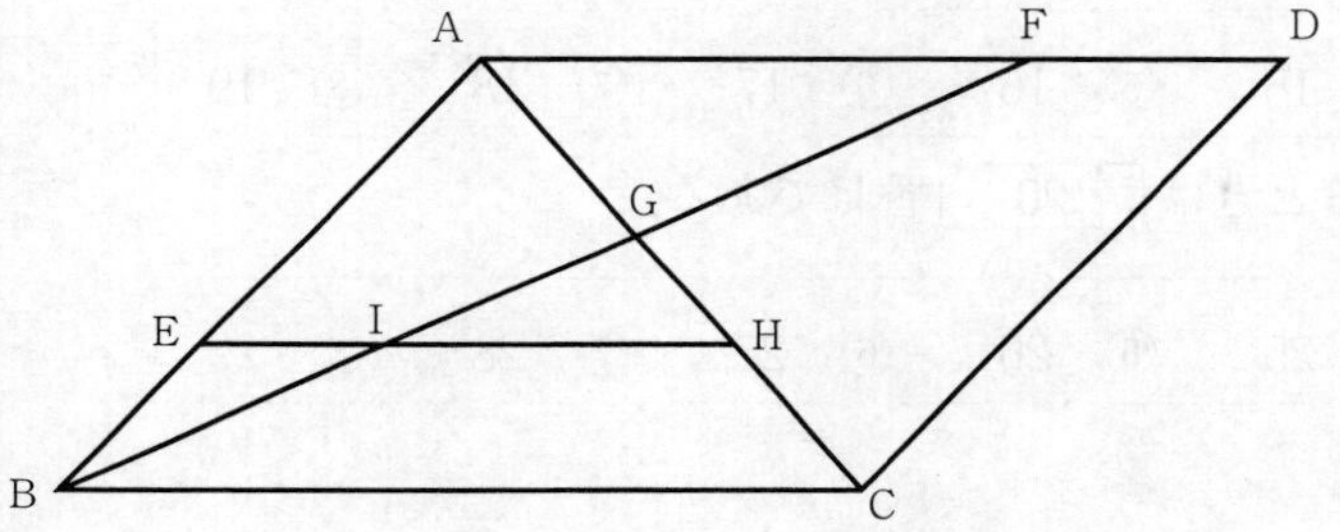

問15　$\dfrac{\mathrm{AD}}{\mathrm{EI}}=\boxed{15}$ である。

$\boxed{15}$ の解答群

① $\frac{5}{3}$　② $\frac{7}{3}$　③ $\frac{16}{3}$　④ $\frac{24}{5}$　⑤ $\frac{27}{5}$　⑥ $\frac{28}{5}$　⑦ 5　⑧ 6

問16　$\dfrac{\mathrm{EI}}{\mathrm{IH}}=\boxed{16}$ である。

$\boxed{16}$ の解答群

① $\frac{3}{7}$　② $\frac{4}{7}$　③ $\frac{5}{12}$　④ $\frac{7}{12}$　⑤ $\frac{4}{15}$　⑥ $\frac{7}{15}$　⑦ $\frac{4}{45}$　⑧ $\frac{7}{45}$

問17　四角形AEIG，四角形CDFGの面積をそれぞれS_1，S_2とする。このとき，$\dfrac{S_2}{S_1}=\boxed{17}$ である。

$\boxed{17}$ の解答群

① $\frac{13}{3}$　② $\frac{14}{3}$　③ $\frac{80}{31}$　④ $\frac{90}{31}$　⑤ $\frac{63}{37}$　⑥ $\frac{93}{37}$　⑦ $\frac{90}{49}$　⑧ $\frac{111}{49}$

5　図のように，半径２の円をある規則に従って並べていく。このとき，次の［18］から［20］に適するものをそれぞれの解答群の中から選びなさい。

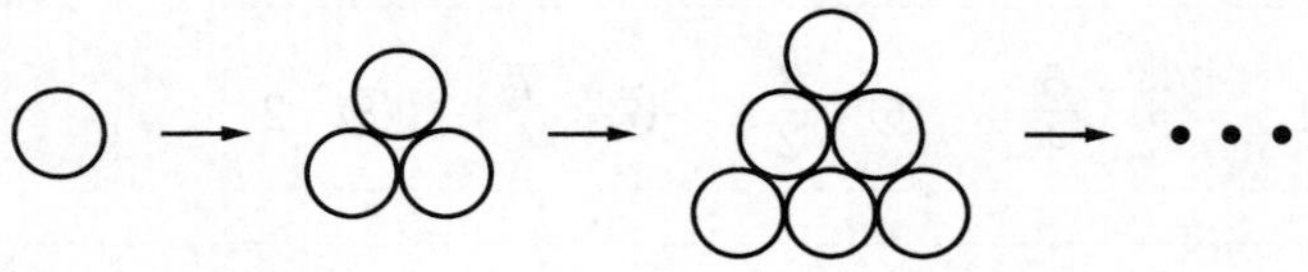

1番目　　2番目　　3番目

問18　10番目まで並べたときの円の面積の和は［18］である。

［18］の解答群

①　106π　　②　108π　　③　110π　　④　112π
⑤　212π　　⑥　216π　　⑦　220π　　⑧　224π

問19　並べるのに必要な円の個数が初めて100個を超えるのは［19］番目である。

［19］の解答群

①　12　②　13　③　14　④　15　⑤　16　⑥　17　⑦　18　⑧　19

問20　並べた円の面積の和が1740πとなるときは［20］番目である。

［20］の解答群

①　22　②　23　③　24　④　25　⑤　26　⑥　27　⑦　28　⑧　29

③ 修行者が地頭に対して報酬を確認する発言である
④ 修行者が地頭に対して退出を願い出る発言である

問四 傍線エ「今申し候はん」とありますが、なぜですか。考えられる理由として最も適当なものを次の中から選びなさい。解答番号は[43]。

① 隠しておくべき本来の術は教えられないので、嘘でごまかそうと開き直ったから
② 引出物の内容があまりに質素なため、これ以上の施しが受けられないと悟ったから
③ 十分なもてなしで命をつなぐことができ、術の説明の出し惜しみも限界だったから
④ 相手の生活の豊かさを確認して、金のかかる術でも実現可能であると判断したから

問五 この文章の結論として最も適当なものを次の中から選びなさい。解答番号は[44]。

① もてなされた修行者は地頭に対して相応の恩返しをしている
② だました修行者は地頭ではなく仏に罰せられるべきである
③ 修行者の巧みな言動にだまされた地頭が愚かなのである
④ 修行者を大いにもてなした地頭の心の広さは素晴らしい

問六 [A] に入る語として最も適当なものを次の中から選びなさい。解答番号は[45]。

① や　② か　③ ば
④ こそ　⑤ のみ

問七 傍線a「なし」・b「ある」・c「きはめて」・d「けり」の品詞名を次の中からそれぞれ選びなさい。解答番号はaが[46]、bが[47]、cが[48]、dが[49]。

① 動詞　② 形容詞
③ 形容動詞　④ 名詞
⑤ 副詞　⑥ 連体詞
⑦ 助動詞　⑧ 助詞

問八 この文章の出典は鎌倉時代の説話『沙石集』ですが、同じ説話に属する作品を次の中から選びなさい。解答番号は[50]。

① 平家物語　② 宇治拾遺物語　③ 源氏物語
④ 竹取物語　⑤ 伊勢物語

営者と労働者が双方に主体的に仕事に参加できるから、社会が発展していけるんだね。

① 生徒A　② 生徒B　③ 生徒C　④ 生徒D

三 次の文章を読んで、後の問いに答えなさい。

伊勢国に修行者有りけり。※飢渇年《けかちとし》にて、宿貸し、食《じき》与ふる者なし。※狂惑《わうわく》してⅠ命助からんとや思ひけん、童部《わらはべ》の中にて、「術を、Ⅱ人の習へかし。馬を人にａなし、人を馬になす事を知りたるものを」とア云《い》ふに、ｂある所の地頭《ぢとう》の若きが、ｃきはめて※物愛するが、此《これ》を聞きて、「その修行者呼べ」とて、呼びて、「実《まこと》にかかる術、知り給へるか」とイ云ふ。「知りて候《さうら》ふ」と云へば、「ウさらば伝へ給へ」と云ふ。「Ⅲ承り候ひぬ」と云ひながら、※けはひけるを、心をとらんとて、種々《しゅじゅ》もてなしｄけり。

四、五日が程、能々《よくよく》もてなされ、引出物までとりて、「エ今申し候はん。馬を人になし候ふ術は、馬を売りて人を買ひ候ふ。人を馬になし候ふは、人を売り候ひて馬を買ひ候ふ」と云へば、「こはいかに。これほどの事は、Ⅳ人ごとに知りたり」と云へば、「これを[A]、身には秘蔵の術と思ひ候へ」と云ひける。

修行者は※魂魄《こんぱく》の者なり。地頭がすかされたる、嗚呼《をこ》がましくこそ。

（『沙石集』より）

※飢渇年…飢饉の起こった年
※狂惑…人をだますこと（「誑惑」とも書く）
※物愛しする…変わったものを好む人
※けはひける…いかにもそれらしいそぶりを見せる
※魂魄…思慮があり性根がしっかりしていること

問一 傍線Ⅰ・Ⅱ・Ⅲ・Ⅳの口語訳として最も適当なものを後の中からそれぞれ選びなさい。解答番号は[36]～[39]。

Ⅰ 命助からん [36]
① 生き延びよう　② 生き延びられない
③ 生き延びていた　④ 生き延びるに違いない

Ⅱ 人の習へかし [37]
① 誰に教わればよいのだろう
② 誰も知らないはずなのだが
③ 誰か学んでくれないものか
④ 誰を弟子にとるのがよいか

Ⅲ 承り候ひぬ [38]
① 承知しました　② 承知しかねます
③ 継承したものです　④ 継承させません

Ⅳ 人ごとに知りたり [39]
① 私以外は知っている　② 誰でも知っている
③ 人づてに知っている　④ 特別な人が知っている

問二 傍線ア「云ふ」・イ「云ふ」の動作主として最も適当なものを次の中からそれぞれ選びなさい。解答番号はアが[40]、イが[41]。
① 修行者　② 食与ふる者　③ 童部
④ 地頭　⑤ 作者

問三 傍線ウ「さらば伝え給へ」の説明として最も適当なものを次の中から選びなさい。解答番号は[42]。
① 地頭が修行者に対して主張の真偽を問う発言である
② 地頭が修行者に対して単刀直入に教えを請う発言である

意味

② しなくてもよい仕事をつくり出す必要がでてくるという意味

③ 激しい労働と怠惰とを交互にくり返すようになるという意味

④ 周期的な仕事の形態をむだが多いと思うようになるという意味

問八 Y に当てはまる言葉として最も適当なものを次の中から選びなさい。解答番号は 31 。

① 時間指向　② タスク指向

③ 現実指向　④ ナチュラル指向

問九 傍線4「『聖月曜日』という習慣」があったのはなぜですか。その理由として最も適当なものを次の中から選びなさい。解答番号は 32 。

① 労働者が社会をより良く変えていくべく行動しようとしたため

② 労働者が労働組合運動によって経営者から休む権利を勝ち取ったため

③ 労働者が政治的な従属に大きな不満を抱えていたため

④ 労働者が労働過程のイニシアチヴを自分で握りたいと考えていたため

問十 傍線5「可能なかぎり文字通りの機械の付属品へと変えようともくろんでいた」とはどういうことですか。最も適当なものを次の中から選びなさい。解答番号は 33 。

① 経営者が職人などの持つ民衆的知に攻撃を加えることで、労働者が自身で科学的な労働過程を導き出すよう仕向けようとしたということ

② 労働者を機械と見立て最適な配置や工程に当てはめることで、熟練の技や労働者間の密な関係性などを切り崩そうとしたということ

③ 経営者の身体や精神に大きなダメージを与えることで、労働者こそ価値の源泉だという発想を常識として植え付けようとしたということ

④ 経営者の考える最も合理的な編成を徹底することで、機械のみで構成される完全自動化された生産過程を目指そうとしたということ

問十一 次の一文は本文中の《A》〜《D》のどこに入りますか。後の中から選びなさい。解答番号は 34 。

> その目標が自由時間の増大から、賃上げへと移行していく推移の文脈にはこうした動きがあったのです。

① 《A》　② 《B》　③ 《C》　④ 《D》

問十二 この文章について議論する生徒A〜Dの発言について、本文の内容と合致するものとして最も適当なものを次の中から選びなさい。解答番号は 35 。

生徒A　筆者は、今の資本主義社会における不要だと思われる仕事の発生過程を解説しているんだよね。たとえすることがなくても労働しなきゃいけないっていう発想は人類の長い歴史の中で普遍的なものだったと知って驚いたよ。

生徒B　ちょっと違うんじゃないかな。より多くの人に当てはまる仕事のしかたは、僕みたいにいつも締め切りが近くなってから頑張るような様子だよ。これが「時間指向」っていう概念なんだって筆者は言っていたよ。

生徒C　仕事の時間について言うと、私の両親は自営業で仕事をしているんだけど、仕事の忙しい時期とひまな時期がはっきり分かれているのを感じるよ。筆者が説明したように、自由に必要な仕事の時間を調節できるのが自然な働き方なのかもしれないって私も思う。

生徒D　現代の日本では会社の中で経営者と労働者に役割分担して仕事をすることのほうが多いよね。生産効率の良い編成で科学的に仕事のしかたを定めるという方法によって、経

※イニシアチヴ…主導権

問一 傍線a・b・c・d・eのカタカナに当たる漢字と同じ漢字を用いているものを、それぞれ一つ選びなさい。解答番号は12～16。

a キュウソク 12
① 心身のジュウソク ② 返事をサイソクする
③ 定期預金のリソク ④ オクソクで言う

b サンショウ 13
① 平和のショウチョウ ② 結果とショウゴウする
③ 経歴をサショウする ④ 年齢フショウの人

c ケイキ 14
① 報道キカンの取材 ② キジツ前投票に行く
③ トウキ五輪の開催 ④ 方法はタキにわたる

d チクセキ 15
① ギョウセキが悪化する ② 課題がサンセキする
③ 資料をカイセキする ④ 外来種をハイセキする

e フカ 16
① カンカできない問題 ② テンカ物が含まれる食品
③ 事件がフウカする ④ 商品をシュッカする

問二 波線①・②・③・④・⑤の語句は本文の中でどのような意味で使われていますか。最も適当なものを、それぞれ選びなさい。解答番号は17～21。

① 名目 17
① 表向きの理由 ② 隠された理由
③ 単純な理由 ④ 最大の理由

② 往々にして 18
① まれに ② いつも ③ しばしば ④ 確実に

③ 普遍的 19
① いい加減なさま ② ありきたりなさま
③ 深く考えるさま ④ 広くいきわたるさま

④ 画一化 20
① 格付けすること ② 個別にすること
③ 強制すること ④ 同じにすること

⑤ エンジニア 21
① 科学者 ② 技術者 ③ 発明家 ④ 起業家

問三 （ア）・（イ）・（ウ）・（エ）・（オ）に当てはまる語を、次の中からそれぞれ選びなさい。（解答は重複しないこと。）解答番号は（ア）が22、（イ）が23、（ウ）が24、（エ）が25、（オ）が26。

① もしくは ② つまり ③ もちろん ④ それとも
⑤ それでは ⑥ もし ⑦ ところが ⑧ たとえば

問四 傍線1「『常識』であり、慣習」とありますが、ここではどのようなことをいいますか。最も適当なものを次の中から選びなさい。解答番号は27。

① いわれた作業に全力をあげて短い時間で終えること
② 仕事の時間以外も仕事をしている様子をみせること
③ 必要でふさわしいときにのみ集中的に仕事をすること
④ 就業時間内はずっと仕事だけをする必要があること

問五 X に当てはまる言葉として最も適当なものを次の中から選びなさい。解答番号は28。

① 「時は金なり」 ② 「光陰矢の如し」
③ 「一攫千金」 ④ 「風が吹けば桶屋が儲かる」

問六 傍線2「むだが多く、緊張に欠けているように映る」とありますが、本文の例の中でその対象として当てはまらないものを次の中から選びなさい。解答番号は29。

① 江戸末期の農民 ② 現代の職人
③ 中世後期以来の商人 ④ 現在の筆者の同業者

問七 傍線3「ブルシット化の圧力が押し寄せてくる」とはどのような意味ですか。最も適当なものを次の中から選びなさい。解答番号は30。

① 全ての労働者が自分で仕事を統制する必要がでてくるという

という願望がひそんでいるのです。つまり「タスク指向」を「時間指向」が制圧するさいの歴史的な葛藤は、ここにもつらぬかれているわけです。少なくとも時間指向の仕事のあり方がどこか人間にムリを生じさせるものだということです。

このようにして資本主義への移行の過程において、直接生産者たちはじぶんの仕事を裁量する余地を奪われていくわけですが、そこで必要だったのは、「民衆的知への攻撃」でした。第六章では、こう述べられています。「桶屋や荷車製造者、女裁縫師たちは、それぞれに独自の秘密の知を有する誇り高い伝統の継承者であると自認していた。ところが、あらたに官僚主義的に組織された株式会社や『科学的管理法』は、労働者をその動作のすべてを上からあらかじめ規定することで、5可能なかぎり文字通りの機械の付属品へと変えようともくろんでいた」。職人には、その職人しかわからない伝承と経験によってチクdセキされた知があります。だから、かんたんに取り替えはききません。ところが、資本家たちは、こうした民衆知とかそれによって労働過程がじぶんの自由にならないことががまんできなかったのです。そこで、「科学的管理法」があみだされます。労働過程がいかに効率的に編成されるかの研究から生まれた応用的知の分野です。フレデリック・テーラーという⑤エンジニアが発案したもので、労働者の身体動作や労働過程を分解し――ストップウォッチで計測しました――、そのうえでもっとも生産に資するような「合理的」編成をみちびきだすといった方法のことです。人間の身体の挙動をあたかも機械のように分析し、それを使用する工具や工程を標準化しながら、最適に配置／配分するのです。これによって熟練は不要になります。その成果が、たとえばチャップリンの『モダン・タイムス』をおもいだしてほしいのですが、あのような完全自動化された工場です。あの工場で、一介の労働者であるチャップリンは、あまりの仕事の単調ぶり、無意味ぶりに精神失調をきたしていました。その「合理性」は、労働者の身体や精神にとっては大きなフeカとなってあらわれました。そしてその「合理化」の目標は、コツとか熟練とか労働者同士の密な関係性といった、経営者／管理者がどうにもふみこむことのできない労働者の自律の基盤となる世界を解体することにありました。《　A　》

この過程はまた、19世紀には強かった労働価値説（労働者による労働こそが価値の源泉である）という発想から、価値は主要には消費過程における消費者の主観によるといった理論への転換と並行していきます。そして、労働者こそ価値の源泉であるという発想が強力だったアメリカでは、それを根絶するために、長期にわたり、経営者こそ創造の源であり価値を生産する主体であるという発想へと常識を転換させることに多大なる努力が投入されてきました。それに20世紀に入っておおよそ成功して、いまにいたるわけです。《　B　》

となれば、労働者はどうなったのでしょう？「消費者」になります。先に述べましたが、労働運動も直接に労働過程を支配することをあきらめ、それとひきかえに賃金や保障の面での向上をえました。生産での従属を、消費領域での「保障」や「自由」であがなうということになったのです。これを「フォーディズム的妥協」といいます。《　C　》

『ブルシット・ジョブ』では、労働価値説の罠をここにみています。19世紀の労働価値説にあっても労働をモノの生産に等しいかのように考えてきたがゆえに（ケアなどの要素を排除してきたがために）、それは機械でも代置できるものであって、だからこそそれを指揮する経営者こそが価値を生むのだ、と反転させるスキを与えてしまった、というわけです。《　D　》

（『ブルシット・ジョブの謎』より抜粋　作問の都合により一部改変　著者　酒井隆史）

※ペンディング…保留

※ＢＳＪ…「ブルシット・ジョブ」の略。アメリカの人類学者デヴィッド・グレーバーが著書『ブルシット・ジョブ』で主張した、社会的に無意味だとされる仕事のこと。

※『ブルシット・ジョブ』…デヴィッド・グレーバー著（２０１８）

喚起してくれる)。言い伝えによれば、月曜日と火曜日には、織機はゆっくりとした速度で「時間はたーっぷり、時間はたーっぷり(Plen-ty of Time)」と声を上げる。だが木曜日と金曜日には「一日中、カタカタ、カタカタ(A day t'lat, A day t'lat)」と声を上げる。

それが「ナチュラル」な人間の労働のリズムではないか、とトムスンはいっていますが、たしかに、人類学の観察はこの推測を裏づけています。人類はたいてい、ほうっておくならば、このように周期的な仕事の形態をとるわけです。しかし『ブルシット・ジョブ』であげられた証言をみればわかるように、実際には、たとえそのほとんどがBSJであっても、たとえば週に一度とか、月に二、三度は必要なときがあるわけです。基本的に待機しておくことが重要である仕事は、そもそも周期的形態をとるはずです。そのような現実的な仕事のパターンに、「時間指向」(タスク指向に対立する近代的仕事を表現する概念です)の仕事の形態を押しつけようとするところに、3ブルシット化の圧力が押し寄せてくるわけです。そして「時間指向」の仕事のパターンの文脈には、時計によって計測された抽象的時間の浸透と、それを媒介とする労働者の身体や生活の規律があったわけです。

われわれの社会は、必要なときにガーッとやってそうじゃないときにはゆるくしているといった労働形態をゆるさない、仕事の性格おかまいなしに時間でいわば抽象的に区切る、そういう強制がはたらいています。先ほどのトムスンの言葉にもあるように、「みずから労働生活を統制している場所であればどこでも、労働のパターンは激しい労働と怠惰とが交互にくり返される」。ということは、逆にいうと、みずから労働生活を統制していない場所に、このような[Y]の労働形態があらわれるのです。これがおそらく賃労働制と呼ばれるものと関係していることは、みなさんもなんとなくおわかりでしょう。

ここは大事なので、少しふれておきたいとおもいます。

みずから労働生活を統制する、ということは、いささかむずかしい専門用語では、「労働過程の※イニシアチヴを直接生産者が握っている」と表現されたりもします。資本主義以前の労働過程は、たいてい直接生産者が握っていました。これは封建制においても変わりません。監視も管理もきつくないですし、④画一化された生産方法が上から指定されていることもない。だから、働く人たちは、政治的にはどれほど従属していても、働く現場においては、みずからの才覚と裁量を発揮できる余地が多かれ少なかれあったのです。だから、日本でもヨーロッパでも、中世末期には、農民の余暇時間が大幅に拡張していたのですし、産業資本主義への移行期にあたる19世紀には、二つの慣習――タスク指向と時間指向――が激しい衝突をみせたのです。ヨーロッパには19世紀前半には労働者のあいだに4「聖月曜日」という習慣もありました。労働者は仕事の終わった土曜から飲みはじめ、月曜も飲みつづけ、勝手に仕事を休んでしまうのです。そればかりか、19世紀後半になってもアメリカにおいてすら、労働者はじぶんの休みたいときに休んで、じぶんの帰りたいときに帰るといった経営者の嘆きがたくさん残されています。少し前にふれましたが、労働組合運動も、20世紀はじめまではこうした感覚の延長で、自由時間の増大をめざしていました。賃労働のくびきから解放されて、じぶんのイニシアチヴのとれる時間を求めていたのです。

たとえば、わたしたちのまわりでもよく耳にしないでしょうか。サラリーマンをやめてラーメン屋をやりたいとか、喫茶店をやりたいとか。まわりはもちろん、止めます。そんなにかんたんなものではない、いまより働く時間も長くなるし、不安定になるし、収入も減る、と。ラーメン屋をやりたいと口にする人の本気度もさまざまでしょうが、そういいたくなる気持ちは多くの人々がもっています。他人にいわれるまでもなく、そのようなリスクもデメリットも、たいていの人はわかっています。しかし、それでも自営でいたいという気持ちのうちには、労働過程のイニシアチヴはじぶんが握りたいから、その時間内は労働をしなければならない——たとえすることがなくても——という発想は、けっして③普遍的なものではありません。それどころか人類の歴史のなかでは、きわめてマイナーな、しかもごく最近生まれた1「常識」であり、慣習でしかありません。(イ)、より普遍的な仕事のあり方はどのようなものか。それは「周期的激発性」といわれるようなものです。

(ウ)、仕事にふさわしいとき、それが必要なときに集中的に仕事をして、それ以外は、ぶらぶらしているとか、好きなことをしているとか、寝ているといったありようです。

狩猟採集民はそうですし、農民も典型的にそうです。繁忙期と農閑期がわけられ、人はそこで繁忙期に集中的に労働をします。あるときには、種まきや収穫に全人員と全精力がつぎこまれますが、そうでないときには、道具の手入れや縫物、こまごまとした作業、あるいはたんにぶらついたりしてすごす、こうした周期的パターンです。技術が向上して生産力も上がった江戸末期には、農村ではキュウaソク日が一年のうちの相当を占めるようになっていたという話はきいたことがあるかもしれません。これはヨーロッパもおなじです。

もう少し身近で考えれば、(エ)職人を考えてもいいかもしれません。あるいは、作家でもいいかもしれません。もっというと、これはグレーバーが好んであげる例ですが、みなさんのほとんどがおもいあたることです。つまり、多くの人は、いま学生であるかどうかはともかく、ふだんから勉強しているわけではなく、試験間際に、それこそしばしば劇的に集中的に勉強したでしょう。(オ)、ふだんからコツコツと勉強して、試験にもあわてないという人もいるとおもいます。ですが、それは希有でしょうし、そういう人物のほうがとかく「変態」扱いされがちですよね。わたしたちの同業者も、原稿を書くにあたって、たぶんよっぽど立派な人でないかぎり、締め切り間際になって、あるいは締め切りがすぎてから(!)、激発的に仕事に集中しているとおもいます。

グレーバーはここで、イギリスの歴史家E・P・トムスンの論文「時間、労働規律、産業資本主義」をサンbショウしています。この論文は、たとえばミシェル・フーコーの『監獄の誕生』を筆頭にそれ以降の研究に多大なる影響を与えました。そこでトムスンは、ヨーロッパにおける時計の発明と浸透、そしてこの技術的変化と並行しながら起きていたモラルの変化——商人たちのなかに起きていた時間を有効に使わなければならないという変化——が、いかに18世紀の産業革命以降の動きのなかに組織化され、産業資本主義や近代国家の形成を可能にしたかを、説得力あるかたちで論じています。より詳細にいうと、中世後期以来の時計の発明と進化、同時期の商人たちの活動の活発化にともなう［　X　］に集約されるモラルの発展、そして産業革命以降の産業資本主義の展開と労働者の規律といったケイcキが絡み合って、ひとつの社会のかたちを形成するその過程を歴史学的に分析してみせました。

かれはこうした資本主義的モラルの浸透以前の仕事のありようを「タスク指向」と表現しています。その特徴は、

(1) 時間労働よりも人間的にわかりやすい。農民や労働者は、必要性をみてとりながら活動する。

(2) タスク指向が一般的な共同体では「仕事」と「生活」のあいだの境界線がほとんどない。社会的交流と労働は混ざり合っており、労働日は仕事に応じて長くなったり短くなったりする。

(3) 時計で計られた労働に慣れている人間にとって、このような労働態度は2むだが多く、緊張に欠けているように映る。

トムスンはこういっています(グレーバーも引用している箇所です)。

人々がみずから労働生活を統制している場所であればどこでも、労働のパターンは激しい労働と怠惰とが交互にくり返されるというものだった(このパターンは現在でも、アーティスト、作家、小規模農家、そしておそらく学生もふくむ、一部の自営業者に残っており、それが「本来的な《ナチュラル》」人間の労働のリズムではないのかという問いを

二〇二三年度 山村学園高等学校（単願・第一回）

【国語】（五〇分）〈満点：一〇〇点〉

一 次の問いに答えなさい。

問一 次の漢字の読みが間違っているものをそれぞれ一つ選びなさい。解答番号は1〜4。

ア 1
① 曖昧（あいまい）　② 挨拶（あいさつ）
③ 哀悼（あいとう）　④ 生憎（あいぞう）

イ 2
① 欠伸（あくび）　② 慰撫（いぶ）
③ 斡旋（かんせん）　④ 軋轢（あつれき）

ウ 3
① 安堵（あんど）　② 威嚇（いかく）
③ 行脚（こうきゃく）　④ 塩梅（あんばい）

エ 4
① 衣鉢（いはち）　② 一瞥（いちべつ）
③ 畏敬（いけい）　④ 委嘱（いしょく）

問二 次の漢字が間違っているものをそれぞれ一つ選びなさい。解答番号は5〜8。

ア 5
① 享楽　② 完璧　③ 伝播　④ 乖離

イ 6
① 安非　② 操作　③ 出廷　④ 充満

ウ 7
① 干渉　② 閣僚　③ 売却　④ 暴頭

エ 8
① 抜本　② 嘱卓　③ 懇切　④ 組織

問三 次のことわざの意味に最も関係の深いものをそれぞれ後から一つ選びなさい。解答番号は9〜11。

ア 朱に交われば赤くなる 9
① 反抗　② 服従　③ 感化　④ 僥倖

イ 牛を馬に乗り換える 10
① 不振　② 損害　③ 距離　④ 有利

ウ 海老で鯛を釣る 11
① 利益　② 損失　③ 悪趣味　④ 度外視

二 次の文章を読んで、後の問いに答えなさい。

前講で、ひとつ※ペンディングにしていた問題があります。そもそも、なにゆえ人は、実質的にやることがないのに仕事をでっちあげてでもさせようとするのか、しなければならないと考えているのか、です。

仕事は、ひとまずなんらかの目的達成を①名目としているはず。だったら目的達成したら、その時点で帰ってもいいとなりそうなものです。「市場原理」からしても、です。（ア）、そうならないから、※BSJが生まれ、数々の証言となって※『ブルシット・ジョブ』に報告されているわけです。

グレーバーはここでじぶんが学生時代にバイトした例をあげています。レストランのバイトです。バイト仲間といっしょに、最初はいわれた作業を最速で仕上げようと、全力をあげて短い時間で与えられた作業を終えます。当然、ボスからはほめられるとおもいますよね。ところが、ほめられるどころか、イヤな顔をされて、怠けるんじゃないよ、と叱られます。それでグレーバーたちは、つぎからはのろのろと仕事をすることにした、とそんなエピソードです。

作業を効率よくすますことよりも、とにかく仕事時間中はずっと仕事をしている様子をみせることや、がんばっているふりをしていることのほうが大事、ということは②往々にしてあるのです。

実は、労働するとは、だれかがじぶんの時間を買ったことだ、だ

2023年度／山村学園高等学校(単願・第１回)

英語解答

1 問１ ④　問２ ④　問３ ②
問４ ①　問５ ②

2 問１ ④　問２ ②　問３ ④
問４ ②　問５ ②　問６ ③
問７ ①　問８ ④　問９ ③
問10 ②

3 問１ ②　問２ ①　問３ ①
問４ ③　問５ ②

4 問１ 21…③　22…⑧
問２ 23…④　24…⑨
問３ 25…④　26…③
問４ 27…⑧　28…③
問５ 29…⑨　30…①

5 問１ ②　問２ ①　問３ ③
問４ ③　問５ ③

6 問１ ④　問２ ③　問３ ②
問４ ②　問５ ①　問６ ④
問７ ③　問８ ①　問９ ②
問10 ③

1〔対話文完成─適文選択〕

問１．Ａ：今，何時ですか？／Ｂ：わかりません。／Ａ：ああ，そうですか。とにかくありがとうございました。／Ｂ：すみません。∥直後のやりとりから，Ｂは時間がわからなかったことがわかる。

問２．Ａ：本を何冊持ってるの？／Ｂ：家には約3000冊あるよ。／Ａ：えっ！　それは多いね。／Ｂ：本を集めるのに，10年かかったんだ。∥'It takes＋人＋時間＋to 〜'「〈人〉が〜するのに〈時間〉がかかる」　*cf.* 'It costs＋人＋金額＋to 〜'「〈人〉が〜するのに〈金額〉がかかる」

問３．Ａ：コーヒーを１杯いただけますか？／Ｂ：もちろんです。どうぞ。／Ａ：ありがとう。／Ｂ：どういたしまして。∥Sure. は「いいとも」と依頼に応じる表現。同様の表現に，Certainly. / Of course. / Why not? などがある。

問４．Ａ：こんにちは。／Ｂ：わあ！　おどかさないでよ。／Ａ：どうしたの？／Ｂ：昨日の夜，ホラー映画を見たのよ。∥You scared me.の直訳は「あなたは私を怖がらせた」。horror movie「ホラー映画」を見たばかりだったから，いきなり声をかけられただけでびっくりしたのである。

問５．Ａ：宿題はもう終わった？／Ｂ：まだだよ。／Ａ：もしお望みなら，手伝うよ。／Ｂ：ありがとう，でも自分でやるよ。∥直後でＡが「手伝うよ」と言っているので，宿題は終わっていないとわかる。このNot yet. は，(I have) not (finished it) yet.のかっこの部分が省略されたもの。not 〜 yet「まだ〜ない」

2〔適語(句)選択・語形変化〕

問１．(　) on the grassで「芝生に横になっている」という意味になればよいので，「〜している」の意味を表す現在分詞(〜ing)が入る。「横になる，横たわる」を表すのはlieで，lie－lay－lain－lyingと活用する。「〜を横にする」の意味のlay(活用はlay－laid－laid－laying)との違いに注意。　「女の子が芝生の上に横になっているのが見えますか」

問２．「スペイン語で書かれた手紙」という意味になればよい。「〜される〔された〕」の意味を表すのは過去分詞。　write－wrote－written　「彼女はスペイン語で書かれた手紙を私に手渡した」

問３．'have/has been dead for＋期間'で「死んでから〈時間〉がたつ」という意味を表せる(現在完了の'継続'用法)。deadは「死んでいる」という意味の形容詞。動詞die「死ぬ」を使う場合はHer cat died five years ago.となる。　「彼女の猫が死んでから５年になる」

問４．前置詞の直後に続く動詞は動名詞(〜ing)になる。　before 〜ing「〜する前に」(⇔after 〜ing「〜した後で」)　「食べる前には，手を洗わなくてはいけません」

問5．Would you mind my〔me〕～ingで「私が～してもかまいませんか」という‘許可’を求める表現。mindは「～を嫌がる」という意味で，直訳すると「私が～するのを嫌がりますか」となるため，許可する場合はNot at all.やOf course not.などの否定形を使って「嫌ではありません(→いいですよ)」と答えることに注意。また，mindは目的語にto不定詞ではなく動名詞(～ing)をとることも押さえておきたい。　「私がドアを開けてもかまいませんか」

問6．had better ～「～した方がいい」　「雨模様になってきたね。今，家に帰る方がいいよ」

問7．適切な関係代名詞を選ぶ。先行詞がchef「シェフ」で，直後に動詞が続いているので，‘人’を先行詞とする主格の関係代名詞を選ぶ。　「ローマで勉強してきたシェフが，コンテストで優勝するだろう」

問8．by air「空路で，飛行機で」　*cf.* by sea「海路で，船で」　by land「陸路で」　「彼は太平洋を飛行機で横断した」

問9．‘It is ～ of … to —’「—するとは…は～だ」の構文。‘～’にkind「親切だ」など‘人の性質’を表す形容詞がくる場合は，‘for …’ではなく，‘of …’となる。　「私のバッグを運ぶのを手伝ってくれるなんて，あなたはとても親切ですね」

問10．forget to ～で「～することを忘れる」という意味。forget ～ing「～したことを忘れる」との違いに注意。remember to ～「～することを覚えている」とremember ～ing「～したことを覚えている」も同様の関係にある。　「今夜，宿題をするのを忘れないで」

3〔書き換え—適語(句)選択〕

問1．「彼女たちはなんて歌がうまいのでしょう！」　感嘆文には‘How＋形容詞〔副詞〕＋主語＋動詞…!’と，‘What (a/an)＋形容詞＋名詞＋主語＋動詞…!’の２つの形がある。

問2．「一生懸命勉強すれば，試験に合格します」→「一生懸命勉強しなさい。そうすれば，試験に合格します」　‘命令文, and ～’「…しなさい，そうすれば～」　*cf.* ‘命令文, or ～’「…しなさい，さもないと～」

問3．「ジュンコは15歳である。サトシも15歳である」→「サトシはジュンコと同じ年齢だ」　‘*A* is as old as *B*.’「*A*は*B*と同じ年齢だ」

問4．「彼は３年前に日本に来た。彼はまだ日本にいる」→「彼は３年間ずっと日本にいる」　‘過去のある時点から現在まで続く状態’は，‘has/have＋過去分詞’の現在完了(‘継続’用法)で表せる。

問5．「彼は金持ちだが，幸せではない」　‘Though＋主語＋動詞…’で「～だけれども」。

4〔整序結合〕

問1．まずMy friend plays the pianoとし，「この学校の他の誰よりも上手に」を‘比較級＋than any other＋単数名詞’「他のどの～より…」の形でbetter than anybody else in this schoolと続ける。このbetterはwell「上手に」の比較級。　My friend plays the piano better than anybody else in this school.

問2．「彼女は～と思っている」はShe thinks (that) ～の形で表せる(thatは省略可能)。「何も入っていない」は「何もない」と読み換え，there is nothingとする。この後，「彼が持っている箱に」を「彼によって持たれている箱に」と読み換え，in the box held by himとまとめて(hold－held－held)，これを最後に置く。　She thinks there is nothing in the box held by him.

問3．「私はあなたに～してほしい(と思っている)」はI want you to ～で表せる。「～に向けて準備する」はprepare for ～，「できる限り早く」はas soon as you canで表せる。　I want you to prepare for the test as soon as you can.

問4．「彼の妹」はhis younger sister。「私の学校の学園祭を大いに楽しんだ」は，enjoy ～self

で「楽しむ」という意味を表せるので，enjoyed herself とし，この後に at my school festival very much と続ける。　His younger sister enjoyed herself at my school festival very much.

問５．まず I don’t know「私には分からない」とまとめ，know の目的語となる「いつこの街に引っ越してくるのか」を‘疑問詞＋主語＋動詞…’の語順の間接疑問で表す。　move to ～「～に引っ越す」　I don’t know when he will move to this town.

5〔対話文完成―適文選択〕

≪全訳≫❶ルーカス（L）：いい知らせだよ！　夏休みのバイトが見つかったんだ！❷デイビッド（D）：それはよかったね！　何かおもしろいやつ？❸L：うん，遊園地で働くんだ。[31]すばらしいと思わない？❹D：そうだね，どんな仕事をするの？❺L：えっとね，チケット売り場やお土産屋さんで働く予定だよ。僕は遊園地が好きだから，そこで働けるのはうれしいんだ。それで，君は何か見つかった？❻D：[32]まだ何も見つかってないけど，いくつか計画があるんだ。１つはIT企業でアシスタントとして働くことで，主に電話対応だね。それか，ビーチでまた監視員の仕事をするか。❼L：アシスタントの方が監視員よりもおもしろそうだね。君は将来，ITの分野で働きたいんだよね？　きっといい経験になるよ。それに，そんなに大変じゃなさそうだし！　監視員の仕事は大変だって言ってたし，去年は暑い日にも働かなければいけなかったんだから！❽D：[33]僕もそう思うんだけど，監視員の方がアシスタントより稼げるんだ。勤務時間が短いのもいいし。❾L：[34]じゃあ，監視員が第一候補なんだ。❿D：うん，でも日焼けしたくないんだ。だから，どっちの仕事をするか決められないんだよ。⓫L：なるほどね。バイトを選ぶとき君が何を重視しているのか，わからないな。いくつか重要な点があるよ。それについてはどう思う？⓬D：うーん，すぐには思いつかないな。⓭L：じゃあ教えてあげるよ。第一に，その仕事に興味があるかどうかが重要だ。僕はこうやって夏のバイトを決めたよ。第二に，職場の感じも重要だ。職場が自分に合うかどうかも考えた方がいいよ。⓮D：わかった。[35]君のアドバイスを聞けてうれしいよ。もう一度考えて，どうするか決めることにする。ありがとう。

＜解説＞問１．直後の Sure「確かに，そのとおり」につながるのは②だけである。　fantastic「すばらしい」　問２．直後にある‘逆接’の but「しかし」に着目。but に続く I have some plans と相反する内容が入る。「まだ見つけていないが，計画はある」という文脈である。この Nothing yet は，（I have found）nothing yet ということ。　問３．ここも直後の but に着目。but の後で監視員の仕事のメリットを挙げていることから，直前でルーカスが挙げた監視員の仕事の大変さに同意しながらも監視員の仕事の良さを挙げたのだとわかる。　問４．監視員の仕事のメリットを挙げるデイビッドに対するルーカスの発言。この後デイビッドが Yeah と肯定したうえで監視員の仕事に伴う日焼けについて話していることから判断できる。③の Then は「それなら，じゃあ」という意味。　the first choice「第一希望」　問５．ルーカスのアドバイスを受けてのデイビッドの発言。ここに入れて会話がつながるのは感謝を伝える内容の③。　be glad to ～「～してうれしい」（to不定詞の副詞的用法）

6〔長文読解総合―説明文〕

≪全訳≫❶色をよりよく理解するために，私たちはしばしば，RGB 色空間と呼ばれる特殊な手段を使って色の詳細を確認する。色空間では，[36]私たちは自分たちが使っている色を３つの領域に分ける。１つは赤，１つは緑，もう１つは青だ。これらの色の割合の違いにより，全ての色には 16 進法コードというタグがつけられている。黒の 16 進法コードは #000000 である。これは，黒が，赤０%，緑０%，青０% であることを意味する。白の 16 進法コードは #FFFFFF である。これは，３色全てが 100% であることを意味する。❷黄色は 16 進法コード #FFFF00 で，赤 100%，緑 100%，青０% でできている。黄色の RGB 値は R（赤）100%，G（緑）100%，B（青）０% だ。太陽のような黄色から黄金のような黄色まで，黄色は前向きで，遊び心があり，幸せな色である。また，頭脳の明せきさや知識を示すのにも使われる。反対色の紫色と相性がよい。明るい黄色は，私たちがよく見てほしいものを強調したり見せたりするために使われることがある。黄色は，色相環では黄橙色と黄緑色の間である。それは遠くから最もよく見える色である。多くの場合，安全や注意の色として使われる。私たちに注意するように伝えることが多い。❸もう１つの刺激的な色はライムグリーンである。ライムグリーンは単にライムと呼ばれることもあり，ライムもまた明るく強い色合いの緑色である。ライムは非常に黄色っぽく見えることも多く，緑と黄色の混合と考えられることもある。オリーブグリーンやケリーグリーンのような他の種類の緑は，暗く見える。しかし，こうした色は色表では実際にはライムよりも黄色に近い。ライム塗料をつくるには，黄色塗料２または３，青色塗料１の割合で混ぜるだけでよい。ライムグリーンは1890年頃に初めて色名として使われた。この色はかんきつ類の果実の一般的な色にちなんで名づけられた。❹緑は昔から前向きな意味を持っている。古代エジプトでは重要な色であり，若さ，強さ，健康の象徴として使われていた。中世では，人の衣服の色はその人の職業や社会における地位を表し，緑は上流階級の金持ちが着ていた。そのため，モナリザは有名な絵の中で緑を着ている。❺木や草や自然環境の色として，緑は更新や再生も意味する。また，若さとともによく使われる色でもある。もし私たちが誰かを「緑」だと言えば，それはその人が未熟であることを意味する。また，緑は新鮮さの色とも考えられているので，多くの食品やスーパーマーケットや健康食品ブランドには緑のロゴがある。

問１＜整序結合＞‘divide *A* into *B*’で「*A*を*B*に分ける」という意味を表すので，「色を３つの領域に分ける」はwe divide the color into three areasとまとめることができる。「自分たちが使っている」はwe are usingとまとめて修飾するthe color「色」の後ろに置く。the color we are usingはcolorとweの間に関係代名詞の目的格が省略された‘名詞＋主語＋動詞’の形。　… we divide the color we are using into three areas.

問２＜適語(句)選択＞空所前のlook dark「暗く見える」と，空所後のare actually closer to yellow「実際には黄色に近い」が‘逆接’の関係になっている。

問３＜適語選択＞この後に続く文後半のgreen was worn by rich people in upper classes「緑は上流階級の金持ちが着ていた」が空所を含む前半部分の具体的な説明になっている。

問４＜要旨把握＞第１段落後半～第２段落前半参照。16進法コードの#XXXXXXという表記では，最初の２けたが赤，次の２けたが緑，最後の２けたが青の比率を表し，比率が100%ならFF，0%なら00となる。青は赤０%，緑０%，青100%なので，#0000FFとなる。

問５＜内容真偽＞①…×　第２段落第５文参照。黄色は紫と相性がよい。　work well with ～「～とうまくいく」　②…○　第３段落第２，３文に一致する。　③…○　第３段落最後の２文に一致する。　④…○　第５段落最終文に一致する。

問６＜英問英答＞「この文章によると，黒の16進法コードが#000000であるのはなぜか」―④「他の色が入っていないから」　第１段落第５，６文参照。

問７＜英問英答＞「この文章によると，黄色が『安全』な色としてよく使われるのはなぜか」―③「遠くからでもはっきり見えるから」　第２段落終わりから３，２文目参照。

問８＜英問英答＞「この文章によると，青色塗料はライムグリーン塗料の中にどれくらい入っているか」―①　第３段落終わりから３文目参照。one part blue paintのpartは「割合」の意味。

問９＜内容一致＞「この文章によると，モナリザは(　　)」―②「上流階級だった」　第４段落第３，４文参照。上流階級のしるしだった緑の服を着ている。

問10＜内容一致＞「この文章によると，『緑』な人たちは(　　)」―③「何かに慣れていない」　第５段落第３文参照。　inexperienced「経験がない，未熟な」

2023年度／山村学園高等学校（単願・第１回）

数学解答

1 問１ ④　問２ ⑧　問３ ④
問４ ②　問５ ⑦

2 問６ ⑤　問７ ①　問８ ④
問９ ⑤　問10 ③　問11 ②

3 問12 ④
問13，問14　13…⑧　14…⑥

4 問15 ⑦　問16 ①　問17 ⑥

5 問18 ⑦　問19 ③　問20 ⑧

1〔独立小問集合題〕

問１＜数の計算＞与式$=(6-4)+2=2+2=4$

問２＜式の計算―因数分解＞与式$=-2(x^2+3x-4)=-2(x+4)(x-1)$

問３＜二次方程式＞両辺に３をかけて，$x^2-3x-9=0$とし，二次方程式の解の公式を用いると，$x=\dfrac{-(-3)\pm\sqrt{(-3)^2-4\times1\times(-9)}}{2\times1}=\dfrac{3\pm\sqrt{45}}{2}=\dfrac{3\pm3\sqrt{5}}{2}$となる。

問４＜式の計算＞与式$=\dfrac{xz}{y}\times\dfrac{x}{yz^2}\times\dfrac{z}{xy}=\dfrac{xz\times x\times z}{y\times yz^2\times xy}=\dfrac{x}{y^3}$

問５＜数の計算＞与式$=(5\sqrt{2}-3\sqrt{3}-2\sqrt{2}-\sqrt{3})^2=(3\sqrt{2}-4\sqrt{3})^2=(3\sqrt{2})^2-2\times3\sqrt{2}\times4\sqrt{3}+(4\sqrt{3})^2=9\times2-24\sqrt{6}+16\times3=18-24\sqrt{6}+48=66-24\sqrt{6}$

2〔独立小問集合題〕

問６＜データの活用―階級値＞度数が最大である階級は，９人の70点以上79点以下の階級だから，求める階級値は$(70+79)\div2=74.5$（点）である。

問７＜数の計算＞$\sqrt{16}<\sqrt{23}<\sqrt{25}$より，$4<\sqrt{23}<5$だから，$\sqrt{23}$の整数部分$a$は$a=4$である。小数部分$b$は，$\sqrt{23}=4+b$より，$b=\sqrt{23}-4$である。よって，$b^2+2ab=b(b+2a)=(\sqrt{23}-4)(\sqrt{23}-4+2\times4)=(\sqrt{23}-4)(\sqrt{23}+4)=23-16=7$となる。

問８＜関数―x座標＞３点$(3,\ 5)$，$(5,\ -4)$，$(a,\ 8)$が同じ直線上にあるとき，点$(a,\ 8)$は２点$(3,\ 5)$，$(5,\ -4)$を通る直線上にある。２点$(3,\ 5)$，$(5,\ -4)$を通る直線の傾きは$\dfrac{-4-5}{5-3}=-\dfrac{9}{2}$だから，その式は$y=-\dfrac{9}{2}x+b$とおける。点$(3,\ 5)$を通るから，$5=-\dfrac{9}{2}\times3+b$より，$b=\dfrac{37}{2}$となり，直線の式は$y=-\dfrac{9}{2}x+\dfrac{37}{2}$である。点$(a,\ 8)$はこの直線上にあるから，$8=-\dfrac{9}{2}a+\dfrac{37}{2}$が成り立ち，$16=-9a+37$，$9a=21$，$a=\dfrac{7}{3}$となる。

≪別解≫２点$(3,\ 5)$，$(5,\ -4)$を通る直線の傾きと，２点$(3,\ 5)$，$(a,\ 8)$を通る直線の傾きが等しいから，$\dfrac{-4-5}{5-3}=\dfrac{8-5}{a-3}$が成り立つ。これを解くと，$-\dfrac{9}{2}=\dfrac{3}{a-3}$，$-9(a-3)=6$，$-9a+27=6$，$-9a=-21$，$a=\dfrac{7}{3}$となる。

問９＜平面図形―角度＞右図で，点Ｏと点Ｃを結ぶ。$\overset{\frown}{\mathrm{CD}}$に対する円周角と中心角の関係より，$\angle\mathrm{COD}=2\angle\mathrm{CED}=2\times50^\circ=100^\circ$となるから，$\angle\mathrm{BOC}=\angle\mathrm{BOD}-\angle\mathrm{COD}=150^\circ-100^\circ=50^\circ$となる。よって，$\overset{\frown}{\mathrm{BC}}$に対する円周角と中心角の関係より，$x=\dfrac{1}{2}\angle\mathrm{BOC}=\dfrac{1}{2}\times50^\circ=25^\circ$である。

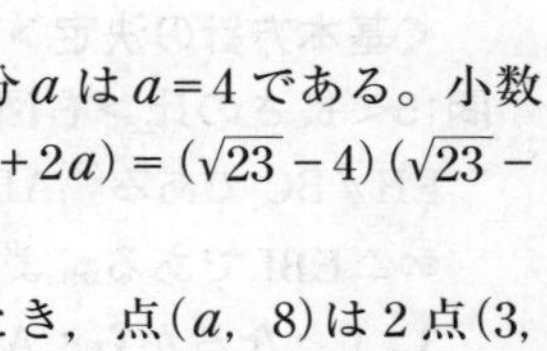

問10＜確率―さいころ＞大小２個のさいころを同時に投げるとき，それぞれ６通りの目の出方があるから，目の出方は全部で$6\times6=36$（通り）ある。このうち，出た目の和が４の倍数となるのは，出た目の和の最小が$1+1=2$，最大が$6+6=12$よ

り，和が4，8，12になるときである。和が4になるとき，(大，小)$=(1,\ 3)$，$(2,\ 2)$，$(3,\ 1)$の3通りある。和が8になるとき，(大，小)$=(2,\ 6)$，$(3,\ 5)$，$(4,\ 4)$，$(5,\ 3)$，$(6,\ 2)$の5通りある。和が12になるとき，(大，小)$=(6,\ 6)$の1通りある。よって，出た目の和が4の倍数になるのは$3+5+1=9$(通り)あるから，求める確率は$\dfrac{9}{36}=\dfrac{1}{4}$である。

問11＜数の計算＞$\dfrac{a-b}{2}-3b=\dfrac{a-b-6b}{2}=\dfrac{a-7b}{2}$となるので，$a\triangle b=\dfrac{a-7b}{2}$である。これより，$4\triangle 2=\dfrac{4-7\times 2}{2}=\dfrac{-10}{2}=-5$となるから，$(4\triangle 2)\triangle(-3)=(-5)\triangle(-3)=\dfrac{-5-7\times(-3)}{2}=\dfrac{16}{2}=8$である。

3 〔関数―関数$y=ax^2$と一次関数のグラフ〕

問12＜比例定数＞点Cは放物線$y=ax^2$上の点だから，$\mathrm{C}(\sqrt{3},\ 3\sqrt{3})$のとき，$3\sqrt{3}=a\times(\sqrt{3})^2$が成り立ち，$a=\sqrt{3}$である。

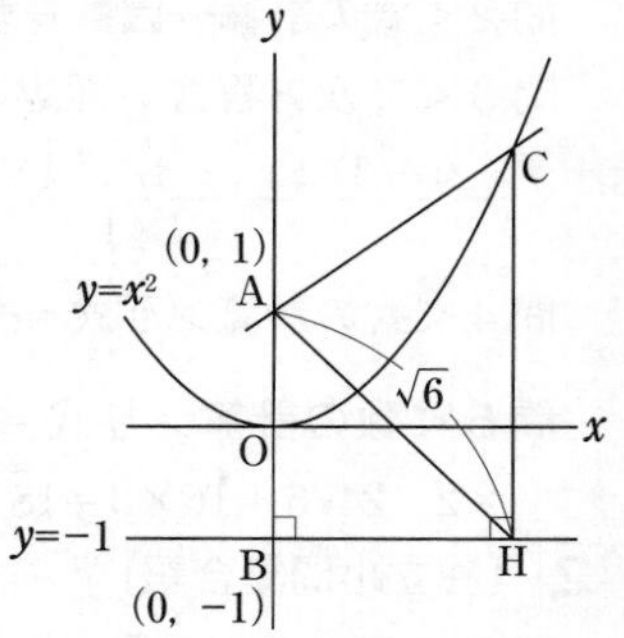

問13，問14＜y座標，傾き＞右図で，$a=1$のとき，放物線の式は$y=x^2$である。$\mathrm{A}(0,\ 1)$，$\mathrm{B}(0,\ -1)$より，$\mathrm{AB}=1-(-1)=2$である。$\mathrm{AH}=\sqrt{6}$だから，△ABHで三平方の定理より，$\mathrm{BH}=\sqrt{\mathrm{AH}^2-\mathrm{AB}^2}=\sqrt{(\sqrt{6})^2-2^2}=\sqrt{2}$となる。よって，点Cの$x$座標は$\sqrt{2}$だから，点Cの$y$座標は，$y=(\sqrt{2})^2=2$である。$\mathrm{C}(\sqrt{2},\ 2)$だから，2点A，Cの座標より，直線ACの傾きは$\dfrac{2-1}{\sqrt{2}-0}=\dfrac{1}{\sqrt{2}}=\dfrac{\sqrt{2}}{2}$である。

4 〔平面図形―平行四辺形〕

≪基本方針の決定≫問17　$S_1=$△ABG－△EBI，$S_2=$△CDA－△AGFと考えるとよい。

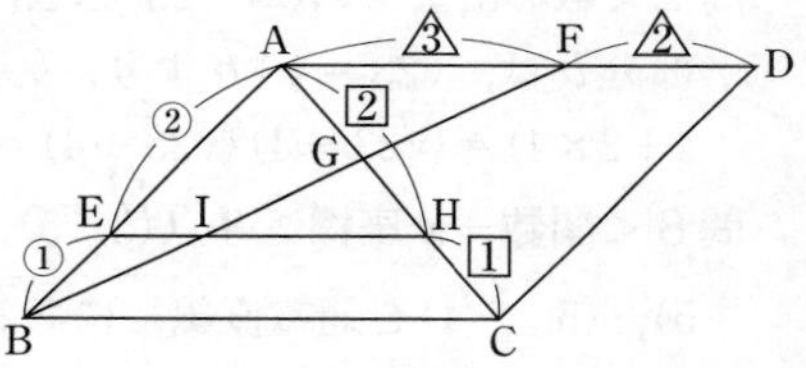

問15＜長さの比＞右図で，AE：EB＝AH：HC＝2：1だから，EH∥BCである。AD∥BCだから，AD∥EHとなり，△ABF∽△EBIである。よって，AF：EI＝AB：EB＝(2＋1)：1＝3：1となるから，AF＝3EIと表せる。また，AF：FD＝3：2より，AF：AD＝3：(3＋2)＝3：5だから，$\mathrm{AD}=\dfrac{5}{3}\mathrm{AF}=\dfrac{5}{3}\times 3\mathrm{EI}=5\mathrm{EI}$である。したがって，$\dfrac{\mathrm{AD}}{\mathrm{EI}}=\dfrac{5\mathrm{EI}}{\mathrm{EI}}=5$となる。

問16＜長さの比＞右上図で，EH∥BCより，△AEH∽△ABCとなる。よって，EH：BC＝AE：AB＝2：(2＋1)＝2：3だから，$\mathrm{EH}=\dfrac{2}{3}\mathrm{BC}$となる。BC＝AD＝5EIだから，$\mathrm{EH}=\dfrac{2}{3}\times 5\mathrm{EI}=\dfrac{10}{3}\mathrm{EI}$となり，$\mathrm{IH}=\mathrm{EH}-\mathrm{EI}=\dfrac{10}{3}\mathrm{EI}-\mathrm{EI}=\dfrac{7}{3}\mathrm{EI}$と表せる。したがって，$\dfrac{\mathrm{EI}}{\mathrm{IH}}=\mathrm{EI}\div\mathrm{IH}=\mathrm{EI}\div\dfrac{7}{3}\mathrm{EI}=\dfrac{3}{7}$である。

問17＜面積比＞右上図で，▱ABCDの面積をSとすると，△ABC＝△CDA$=\dfrac{1}{2}$▱ABCD$=\dfrac{1}{2}S$となる。AD∥BCより，△AGF∽△CGBとなり，AG：CG＝FA：BC＝AF：AD＝3：5だから，△ABG：△CGB＝3：5である。これより，△ABG$=\dfrac{3}{3+5}$△ABC$=\dfrac{3}{8}\times\dfrac{1}{2}S=\dfrac{3}{16}S$，△CGB＝△ABC－△ABG$=\dfrac{1}{2}S-\dfrac{3}{16}S=\dfrac{5}{16}S$となる。△AGFと△CGBの相似比は3：5だから，△AGF：△CGB$=3^2:5^2=9:25$となり，△AGF$=\dfrac{9}{25}$△CGB$=\dfrac{9}{25}\times\dfrac{5}{16}S=\dfrac{9}{80}S$となる。よって，$S_2=$〔四角形CDFG〕＝△CDA－△AGF$=\dfrac{1}{2}S-\dfrac{9}{80}S=\dfrac{31}{80}S$と表せる。また，△ABF＝△ABG＋△AGF$=\dfrac{3}{16}S+\dfrac{9}{80}S$

$=\dfrac{3}{10}S$ となる。問15より，△ABF∽△EBIであり，相似比はAB：EB＝3：1だから，△ABF：△EBI＝$3^2:1^2=9:1$ である。$\triangle\mathrm{EBI}=\dfrac{1}{9}\triangle\mathrm{ABF}=\dfrac{1}{9}\times\dfrac{3}{10}S=\dfrac{1}{30}S$ となるので，S_1＝〔四角形AEIG〕$=\triangle\mathrm{ABG}-\triangle\mathrm{EBI}=\dfrac{3}{16}S-\dfrac{1}{30}S=\dfrac{37}{240}S$ と表せる。以上より，$\dfrac{S_2}{S_1}=S_2\div S_1=\dfrac{31}{80}S\div\dfrac{37}{240}S=\dfrac{93}{37}$ である。

5 〔特殊・新傾向問題―規則性〕

問18＜面積＞並べる円の個数は，1番目が1個，2番目が1＋2個，3番目が1＋2＋3個のようになるので，10番目の円の個数は1＋2＋3＋4＋5＋6＋7＋8＋9＋10＝55(個)である。円の面積は $\pi\times2^2=4\pi$ だから，10番目の円の面積の和は $4\pi\times55=220\pi$ となる。

問19＜順番＞問18より，10番目の円の個数は55個だから，11番目は55＋11＝66(個)，12番目は66＋12＝78(個)，13番目は78＋13＝91(個)，14番目は91＋14＝105(個)となる。よって，円の個数が初めて100個を超えるのは14番目である。

問20＜順番＞並べた円の面積の和が 1740π となるとき，円の個数は，$1740\pi\div4\pi=435$(個)である。円の個数が435個になるのが n 番目とすると，$1+2+3+\cdots\cdots+(n-2)+(n-1)+n=435$ となる。$1+2+3+\cdots\cdots+(n-2)+(n-1)+n$ と，項の順番を逆にした $n+(n-1)+(n-2)+\cdots\cdots+3+2+1$ を，同じ順番にある項どうしをたすと，$n+1$，$2+(n-1)=n+1$，$3+(n-2)=n+1$，……のように，全て $n+1$ となり，$n+1$ が n 個現れる。よって，この2つの式の和が $n(n+1)$ と表せることより，$1+2+3+\cdots\cdots+(n-2)+(n-1)+n=\dfrac{1}{2}n(n+1)$ となる。したがって，$\dfrac{1}{2}n(n+1)=435$ が成り立ち，$n^2+n-870=0$，$(n-29)(n+30)=0$ より，$n=29$，-30 となる。n は自然数だから，$n=29$ であり，並べた円の面積の和が 1740π となるのは29番目である。

＝読者へのメッセージ＝

関数の問題では座標を使うことが多いですが，この座標を発明したのは，フランスの哲学者，数学者のルネ・デカルト(1596～1650)です。彼は，部屋にいるハエの位置を表すのに座標を思いついたといわれています。

2023年度／山村学園高等学校（単願・第１回）

国語解答

一 問一 ア…④ イ…③ ウ…③ エ…①
問二 ア…② イ…① ウ…④ エ…②
問三 ア…③ イ…④ ウ…①
問四 ④ 問五 ① 問六 ③
問七 ② 問八 ① 問九 ④
問十 ② 問十一 ③ 問十二 ③

二 問一 a…③ b…② c…① d…②
e…④
問二 ①…① ②…③ ③…④ ④…④
⑤…②
問三 ア…⑦ イ…⑤ ウ…② エ…⑧
オ…③

三 問一 Ⅰ…① Ⅱ…③ Ⅲ…① Ⅳ…②
問二 ア…① イ…④ 問三 ②
問四 ③ 問五 ③ 問六 ④
問七 a…① b…⑥ c…⑤ d…⑦
問八 ②

一〔国語の知識〕

問一＜漢字＞ア．「生憎」は「あいにく」と読む。　イ．「斡旋」は「あっせん」と読む。　ウ．「行脚」は「あんぎゃ」と読む。　エ．「衣鉢」は「いはつ」と読む。

問二＜漢字＞ア．「かんぺき」は「完璧」と書く。　イ．「あんぴ」は「安否」と書く。　ウ．「ぼうとう」は「暴騰」「暴投」「冒頭」と書く。　エ．「しょくたく」は「嘱託」または「食卓」と書く。

問三＜ことわざ＞ア．「朱に交われば赤くなる」は，人は交際する友人によって善悪いずれにも感化される，という意味。　イ．「牛を馬に乗り換える」は，好都合な方に切り替える，という意味。　ウ．「海老《えび》で鯛《たい》を釣る」は，わずかな労力でより多くの利益を得る，という意味。

二〔論説文の読解―政治・経済学的分野―産業〕出典；酒井隆史『ブルシット・ジョブの謎　クソどうでもいい仕事はなぜ増えるか』。

≪本文の概要≫労働するとは誰かが自分の時間を買ったことであるので，仕事時間内は仕事をし続けなければならないというのは，ごく最近生まれた常識であり，ブルシット・ジョブを生むもとにもなっている。人間の普遍的な仕事のあり方は，周期的激発性といわれる，必要なときは集中して労働し，それ以外は自由に過ごすというものである。イギリスの歴史家トムスンによると，ヨーロッパにおける時計の発明と浸透以来，時間を有効に使わなければならないというモラルが生まれ，それが産業資本主義の展開と労働者の規律ということとからみ合って，労働も変化した。つまり，それまでのタスク指向から，時間指向へと変わったということである。自分が自分の労働生活を統制するなら，労働パターンは激しい労働と怠惰が繰り返されるが，自分で労働生活を統制できない場所では，賃金労働になる。資本主義以前の社会では，働く現場においては，自分の才覚と裁量を発揮して仕事に向かうことが可能であった。誰でも労働過程のイニシアチヴは自分が握りたいと願うが，資本主義への移行の過程で，労働者は，自分の仕事を裁量する余地を奪われていく。そして，合理化によって，熟練の職人たちが持つ民衆的な知を解体し，労働者どうしの密な関係を壊すことで，経営者が価値を生産する主体となり，労働者は「消費者」となった。労働過程を支配することを諦めるかわりに，労働者は，賃金や保障の向上を求めることになっていった。

問一＜漢字＞a．「休息」と書く。①は「充足」，②は「催促」，③は「利息」，④は「憶測」。　b．「参照」と書く。①は「象徴」，②は「照合」，③は「詐称」，④は「不詳」。　c．「契機」と書く。①は「機関」，②は「期日」，③は「冬季」，④は「多岐」。　d．「蓄積」と書く。①は「業績」，②は「山積」，③は「解析」，④は「排斥」。　e．「負荷」と書く。①は「看過」，②は「添加」，

③は「風化」，④は「出荷」。

問二＜語句＞①「名目」は，何かをするときの表向きの理由のこと。　②「往々にして」は，物事がわりと高い頻度で繰り返し起こる様子。　③「普遍的」は，広い範囲の全ての物事に起こる様子。④「画一化」は，全てをある基準で同じにすること。　⑤「エンジニア」は，技術者のこと。

問三＜接続語＞ア．仕事は何らかの目的を達成するために行われるもので，その目的が達成できたら「帰ってもいい」はずであるが，「そうならないから，BSJ が生まれ」ている。　イ．労働時間内は仕事を続けていなければならないというのは，「普遍的なものでは」なく，最近の「常識」である。それでは，「より普遍的な仕事のあり方」はどんなものか。　ウ．「周期的激発性」といわれる仕事のあり方は，言い換えれば「仕事にふさわしいとき，それが必要なときに集中的に仕事をして，それ以外は，ぶらぶらしているとか，好きなことをしているとか，寝ている」といったものである。　エ．「周期的激発性」といわれる仕事のあり方をしているのは，「身近」に例を挙げてみると，職人や作家のあり方や学生の勉強の仕方がある。　オ．多くの人は，ふだんから勉強せず，試験の直前に「集中的に勉強した」と思われるが，言うまでもなく，「ふだんからコツコツと勉強して」いる人もいるだろう。

問四＜文章内容＞「労働するとは，だれかがじぶんの時間を買ったこと」だから，その労働の時間内は，「労働をしなければならない」というのは，普遍的なものではなく，「ごく最近生まれた『常識』であり，慣習」なのである。

問五＜ことわざ＞「時は金なり」は，時間は貴重なものだから無駄に費やしてはいけない，という意味。「中世後期以来の時計の発明と進化，同時期の商人たちの活動の活発化」に伴って，「時間を有効に使わなければならない」というモラルが生まれたのである。「光陰矢の如《ごと》し」は，月日がたつのが早いことを表す。「一攫千金《いっかくせんきん》」は，ちょっとした仕事で一時に大金を得ること。「風が吹けば桶《おけ》屋《や》が儲《もう》かる」は，思わぬところに影響が出ることを表す。

問六＜文章内容＞「むだが多く，緊張に欠けているように映る」労働態度とは，「時間を有効に使わなければならない」とする時間に縛られた労働ではなく，「タスク指向」といえる「周期的激発性」の仕事のあり方である。「身近で」例を考えれば「職人」や「作家」が挙げられる(②・④…○)。また「農民」も典型例で，「江戸末期」では「休息日が一年のうちの相当」を占めていた(①…○)。

問七＜文章内容＞人間の本来の仕事のあり方は，激しい労働と怠惰な時間を繰り返すものであるのに，労働時間を無駄にするなという考えが浸透してくると，人は，「実質的にやることがないのに」ブルシット・ジョブを無理につくり出して，仕事をしているかのように見せかけることになる。

問八＜文章内容＞「みずから労働生活を統制している場所」であれば，「タスク指向」になり，労働パターンは「激しい労働と怠惰とが交互にくり返される」ものになるが，そうではない場所では，仕事の性格とは関係なく時間で区切る「時間指向」の労働形態になる。

問九＜文章内容＞19 世紀では「タスク指向と時間指向」が「激しい衝突」を見せていた。19 世紀前半の労働者は，「タスク指向」で労働したい，つまり「労働過程のイニシアチヴはじぶんが握りたい」と思って，月曜日は休む習慣をつくったのだと考えられる。

問十＜文章内容＞職人が伝承し，経験を通して独自に持っていた「民衆的知」というものを切り崩すために，経営者は，人間の挙動を機械のように分析して合理的編成を導き出す「科学的管理法」によって，労働者を「最適に」配置し，熟練の技術がなくても生産できるようにした。そして，労働者どうしの密な関係性を解体して，経営者の管理下に労働者を置こうとしたのである。

問十一＜文脈＞アメリカでは長い間「労働者こそ価値の源泉である」という発想が強力だったが，20 世紀に入って「経営者こそ創造の源であり価値を生産する主体である」という発想が力を持ち，労働者は「消費者」となって，労働過程を支配するのを諦め，「賃金や保障の面での向上」を得た。労働者の目標が「自由時間の増大から，賃上げへと移行していく」流れには，「こうした動き」があった。

問十二＜要旨＞人類の普遍的な仕事のあり方は「周期的激発性」と呼ばれるもので，必要なときに仕事に集中し，それ以外はゆるくしているというものである。これは「タスク指向」ともいわれ，自分で自分の労働のイニシアチヴを取れるものでもある。

三〔古文の読解―説話〕出典；『沙石集』巻第八ノ二。

≪現代語訳≫伊勢の国に修行者がいた。飢饉《ききん》の起こった年で，(修行者に)宿を貸し，食べ物を与える者がいない。(修行者は)人をだまして生き延びようと思ったのだろうか，子どもたちの中で，「術を，誰か学んでくれないものか。馬を人にして，人を馬にすることを知っているのに」と言うと，ある所の地頭で若い地頭が，非常に変わったものを好む人で，これを聞いて，「その修行者を呼べ」と(言って)，呼んで，(地頭が)「本当にこのような術を，知っていらっしゃるのか」と言う。(修行者が)「知っております」と言うと，(地頭が)「それならば伝えてください」と言う。(修行者は)「承知しました」と言いながら，いかにもそれらしいそぶりを見せるので，(地頭は)機嫌をとろうと思って，いろいろともてなした。／(修行者は)四，五日の間，非常にもてなされて，引出物までもらって，「今すぐ申しましょう。馬を人にします術は，馬を売って人を買います。人を馬にしますのは，人を売りまして馬を買います」と言ったので，(地頭が)「これはどうしたことだ。これほどのことは，誰でも知っている」と言うと，(修行者は)「これをこそ，自分では秘蔵の術と思っています」と言った。／修行者は思慮があり性根がしっかりしている者である。地頭がだまされたのは，愚かである。

問一＜現代語訳＞Ⅰ.「助からん」の「ん」は，意志の助動詞。全体で「命が助かろう」となる。
Ⅱ.「人の」の「の」は，主語を表す格助詞。「習ふ」は，学ぶ，という意味の動詞。「かし」は，念を押す終助詞。全体で「人が学んでよ」となる。　Ⅲ.「承る」は，「受く」の謙譲語。「ぬ」は，完了の助動詞。全体で「お受けしました」となる。　Ⅳ.「人ごとに」の「ごと」は，どの～も，という意味を表す接尾語。全体で「どの人も知っている」となる。

問二＜古文の内容理解＞ア.「術」を誰か学んでくれないものかと言ったのは，修行者である。
イ. 修行者に「術」を本当に知っているのかときいたのは，地頭である。

問三＜古文の内容理解＞地頭が，本当に「術」を知っているのか修行者に尋ねたところ，「知りて候ふ」と答えたので，それならば「術」を教えてほしいと，地頭は言った。

問四＜古文の内容理解＞修行者は，四，五日間，「術」を知っているそぶりを見せて，地頭のもてなしを受けて生き延びることができたし，これ以上引き延ばすのは無理だと思ったのである。

問五＜古文の内容理解＞作者は，「修行者は魂魄の者なり。地頭がすかされたる，嗚呼がましくこそ」といっており，だまされた地頭が愚かであるとしている。

問六＜古典文法＞文末の「思ひ候へ」の「候へ」は，「候ふ」の已然形。係助詞「こそ」があると，係り結びの法則により，文末は已然形になる。

問七＜古典文法＞a.「なし」は，サ行四段活用動詞「なす」の連用形。　b.「ある」は，「所」という名詞を修飾する連体詞。　c.「きはめて」は，「物愛しする」という動詞を修飾し，状態を説明している副詞。　d.「けり」は，過去の助動詞「けり」の終止形。

問八＜文学史＞『宇治拾遺物語』は，鎌倉時代成立の説話。『平家物語』は，鎌倉時代成立の軍記物語。『源氏物語』は，平安時代成立の物語で，作者は紫式部。『竹取物語』は，平安時代成立の物語。『伊勢物語』は，平安時代成立の歌物語。

2023年度 山村学園高等学校（第２回）

【英　語】（50分）〈満点：100点〉

1　次の対話文の受け答えとして，[1]～[5]に入る最も適当なものをそれぞれ一つずつ選び，その番号をマークしなさい。[マークシート解答番号 [1]～[5]]

問１　A： Hello.　May I speak to Tom ?
　　B： [1]
　　A： It's Mike, his classmate.
　　B： Just a moment please.

① Why do you call me ?　② How do you do ?
③ Who is calling ?　④ Whose phone is this ?

問２　A： Where would you like to visit ?
　　B： I would like to visit Okinawa.
　　A： I have never been there.　How about you ?
　　B： [2]

① Me neither.　② Take your time.
③ After you.　④ It's not my day.

問３　A： I couldn't do my best on the test yesterday.
　　B： You are going to be alright.
　　A： No.　It's really bad for sure.
　　B： [3]

① Can you help me ?　② How do you like it ?
③ Don't be hard on yourself.　④ Make yourself at home.

問４　A： What are you doing ?
　　B： I'm making curry with this special sauce.
　　A： Are you sure ?　I don't think it's going well.
　　B： [4]

① Sounds good.　② I'm going to eat curry.
③ You'll see.　④ Go for it.

問５　A： Hey Dad, do you have time to talk ?
　　B： Sure.　What's up ?
　　A： I want to go shopping with my friends tomorrow.　Is it OK ?
　　B： [5]　You have been good at school recently.

① Why not ?　② Sorry.
③ How can you say that ?　④ Who is that ?

2 次の [6] ～ [15] に当てはまる最も適当なものをそれぞれ一つずつ選び，その番号をマークしなさい。［マークシート解答番号 [6] ～ [15]］

問１ "How [6] have you been to London ?"
"I've been there three times."
① many ② often ③ long ④ far

問２ I sometimes enjoy [7] alone.
① been ② to be ③ being ④ be

問３ Give me a call when you [8] your homework.
① will finish ② finish ③ finishing ④ are finished

問４ The tie [9] is pretty nice.
① he wears ② wearing him ③ his wearing ④ he is worn

問５ He is [10] help his mother carry her bag.
① kind enough to ② enough kind to ③ to enough kind ④ to kind enough

問６ When do you think [11] ?
① he will come ② he come ③ will he come ④ does he come

問７ There [12] in the park.
① was a few people ② were a few people
③ was a little people ④ were a little people

問８ He went to [13] London or New York.
① every ② each ③ either ④ ever

問９ I heard she got [14] last year.
① marry ② marrying ③ marries ④ married

問10 Taro kept in [15] with his parents by email.
① foot ② check ③ hand ④ touch

3 次の各組の英文がほぼ同じ内容を表すように，[16] ～ [20] に当てはまる最も適当なものをそれぞれ一つずつ選び，その番号をマークしなさい。［マークシート解答番号 [16] ～ [20]］

問１
Do you want me to help you with your work ?
[16] help you with your work ?
① Do you need to ② Do I want to
③ Shall I ④ Why do I

問２
Her father was happy to hear the news.
The news [17] .
① made her father happy
② made happy her father
③ happy made her father
④ happy her father made

問３
What language do they speak in Australia ?
What language [18] in Australia ?
① is speaking ② are speaking
③ is spoken ④ are spoken

問4 { How many schools does your city have ?
How many schools [19] in your city ?

① there is　② there are　③ is there　④ are there

問5 { They live in a house with a red roof.
They live in a house [20] a red roof.

① which is　② which are　③ which has　④ which have

4

次の日本文の意味を表すように，それぞれ下の語(句)を並べ替えて空所を補い，英文を完成させなさい。解答は [21] ～ [30] に入れるものの番号のみをマークしなさい。ただし，文頭にくる語(句)も小文字にしてあります。[マークシート解答番号 [21] ～ [30]]

問1　この青いＴシャツはその赤いＴシャツよりはるかに高い。

This ＿＿ ＿＿ ＿＿ [21] ＿＿ ＿＿ ＿＿ ＿＿ [22].

① much　② red　③ than　④ expensive　⑤ blue T-shirt
⑥ the　⑦ one　⑧ more　⑨ is

問2　彼らは公園でポチという名の犬と一緒に遊んでいる。

＿＿ [23] ＿＿ ＿＿ ＿＿ ＿＿ ＿＿ [24] ＿＿ the park.

① with　② playing　③ the　④ named　⑤ Pochi
⑥ they　⑦ in　⑧ are　⑨ dog

問3　プロジェクトを終えるまで私が手伝ったことにトムは感謝した。

Tom ＿＿ ＿＿ [25] ＿＿ ＿＿ [26] ＿＿ ＿＿ ＿＿.

① for　② until　③ thanked　④ him　⑤ of
⑥ helping　⑦ me　⑧ the end　⑨ the project

問4　私の父は帰り道で外国人に話しかけられた。

＿＿ ＿＿ [27] ＿＿ [28] ＿＿ ＿＿ ＿＿ ＿＿ his way home.

① spoken　② foreigner　③ a　④ father　⑤ on
⑥ my　⑦ was　⑧ by　⑨ to

問5　ジョンは和食を食べるとき，フォークよりも箸を好む。

John ＿＿ ＿＿ [29] ＿＿ ＿＿ ＿＿ ＿＿ [30] ＿＿ food.

① a　② eats　③ fork　④ prefers　⑤ Japanese
⑥ he　⑦ when　⑧ to　⑨ chopsticks

5

次の英文を読み，話の流れに合うように [31] ～ [35] に入れるのに最も適当なものをそれぞれ一つずつ選び，その番号をマークしなさい。[マークシート解答番号 [31] ～ [35]]

Matt and Kenji are talking at school.

Matt：The Tokyo Olympics took place in 2021, right ?

Kenji：Yes. It was amazing. Did you go to any events, Matt ?

Matt：[31] I was in Hokkaido during summer vacation. I'd hoped to go to see the shooting competition though. Did you know the shooting competition took place in Saitama ?

Kenji：I didn't know that. I wanted to go to see it, too.

Matt：By the way, what is the next international event to be held in Japan ?

Kenji：[32] We call it Osaka Banpaku or Osaka Expo. You should know that !

Matt：I see. But I don't really know what an expo is.

Kenji : An expo is an international fair to introduce new theories and technologies to the world.

Matt : New technologies ?

Kenji : Yes. For example at the last Osaka Expo held in 1970, electric vehicles were used to carry visitors in the park.

Matt : Electric cars !? [33] They are common these days !!

Kenji : Yeah. In addition, many other technologies used these days were actually introduced at Osaka Expo in 1970.

Matt : I see. That's interesting. You talked about the previous one, so you mean [34] right ?

Kenji : That's right. Do you know when the next Osaka Expo will be held ?

Matt : I don't know. I'll google it. Oh, I found it ! It will be held in 2025 !! It is in two years. According to this article, each Expo has its own theme. The theme of Osaka Expo in 1970 was "Progress and Harmony for Mankind." That of Osaka Expo in 2025 is "Designing Future Society for Our Lives."

Kenji : The next Expo focuses on our future. I'm looking forward to visiting the Expo.

Matt : Me too. I'm really interested in Osaka Expo in 2025 now. [35] We can make a report about it.

Kenji : That's a good idea ! I want to know more about Osaka Expo. We can hand it in as our research project.

問 1 [31]

① Sure. ② Maybe later.

③ Unfortunately not. ④ So do I.

問 2 [32]

① It must be the Osaka-Kansai Japan Expo !

② I think it's Setsubun.

③ It can't be the Osaka-Kansai Japan Expo !

④ I want to visit Osaka for the Olympics !

問 3 [33]

① It's too small to carry people.

② I'm not good at driving.

③ It is an old technology !?

④ It's too expensive !

問 4 [34]

① Japan has never held an expo,

② it was the final Expo in Japan,

③ the next expo will be held in Tokyo,

④ the next one is the second Expo held in Osaka,

問 5 [35]

① Let's visit Osaka Expo next year !

② Why don't we look up more about Osaka Expo in 2025 ?

③ Shall we go to Saitama together ?

④ I learned the previous Osaka Expo was held twenty years ago.

6　次の英文を読み，以下の設問に答えなさい。［マークシート解答番号 [36]～[45]］

China has so many people. If all the people in China shopped at the same store, the owner of that store would become very rich. The owner of the company that owns many of those stores would become even richer. Over many years, many American companies have tried to become popular in the Chinese market. Many have tried, most have failed, and very few have succeeded.

China's middle class is very big. It has grown from about 3% to almost 51% of the country's total population between 2000 and 2018. Some experts believe there are now at least [36] 700 million people in China's middle class. A middle class person might work in a higher paying office job than a factory, but might not be as rich or elite as a company owner. Recently, [37] this middle class group has [[1] before [2] goods and services [3] to [4] they [5] money [6] than [7] spend [8] more [9] on [10] had].

Even though China is a growing market with many possibilities, it is not an easy place for foreign businesses to enter. Many of America's biggest companies could not succeed. The reasons why these companies did not succeed are surprisingly similar. The companies and their stores failed to adapt to the Chinese market. The Chinese way of life is different to the American way of life, and that is very important to understand. Failing to adapt to the cultural differences of Chinese customers is a common mistake made by American companies.

The Home Depot is a successful "home center" type of store in America, but it made cultural mistakes in China. The Home Depot failed to understand that DIY "do it yourself" repairs are not as popular in China as they are in America. Labor costs are low, so rather than do the work themselves, many homeowners prefer to hire someone else to repair their house. [38] In addition, the company also failed to become popular [39] the craftsmen doing the repairs and renovations. There was no way they could succeed.

Best Buy is a home electronics company with many stores in America. It sells computers, TVs and air conditioners. Best Buy had trouble because Chinese consumers did not want to pay higher prices for more famous, brand-name electronics. Local shops would often sell similar quality goods for much lower prices than Best Buy. Stores were also too far away for most consumers. Heavy traffic jams and no public transport made it difficult for locals without cars to visit the stores.

問１　下線部 [36] の日本語の意味として最も適当なものを一つ選び，その番号をマークしなさい。

①　700万人　　②　7000万人　　③　７億人　　④　70億人

問２　下線部 [37] の［　］の語(句)を以下の日本文に合うように正しい語順に並べ替えるとき，３番目と８番目に来る語(句)の組み合わせとして最も適当なものを一つ選び，その番号をマークしなさい。

「この中流階級は以前よりも商品やサービスにたくさんお金を使える」

①　[7]―[4]　　②　[5]―[10]　　③　[4]―[6]　　④　[3]―[4]

問３　下線部 [38] の日本語の意味として最も適当なものを一つ選び，その番号をマークしなさい。

①　一方　　②　さらに　　③　したがって　　④　反対に

問４　空欄 [39] に入る最も適当なものを一つ選び，その番号をマークしなさい。

①　with　　②　between　　③　to　　④　in

問５　本文の内容に一致するものを一つ選び，その番号をマークしなさい。[40]

①　中国ではコストが安いので，多くの家主が自分で家の修理をする。

②　中国の消費者は有名なブランド製品はあまり好きではない。

③　中国の人たちは同じ店で買う傾向があるので，その店主はお金持ちになる。

④　中国の中流階級者の割合は近年大幅に増え，以前の10倍以上となっている。

以下の設問で最も適当なものをそれぞれ一つずつ選び，その番号をマークしなさい。

問６　According to the passage, why would ‘the owner of the company that owns many of those stores’ be even richer ? 41

①　Because everyone would be shopping at the same store.

②　Because many stores make more money than just one store.

③　Because China has many more people.

④　Because many Chinese stores are more popular.

問７　According to the passage, what is a ‘middle class’ worker ? 42

①　Higher than a factory worker, but lower than a company owner.

②　Better than elite, but lower than a factory worker.

③　An elite factory worker.

④　700 million of China’s population.

問８　According to the passage, why couldn’t American companies succeed in China ? 43

①　Because there were too many possibilities.

②　Because the Chinese market was always changing.

③　Because the companies didn’t change to fit China.

④　Because the companies were too similar.

問９　According to the passage, why is DIY not popular in China ? 44

①　Because DIY costs too much.

②　Because Chinese customers do the repairs themselves.

③　Because Chinese customers ask someone else to do the repairs.

④　Because Chinese people just buy new things.

問10　According to the passage, what is the main reason Best Buy failed in China ? 45

①　Products were of bad quality.

②　Local products were more famous.

③　Products were not made in China.

④　Products were too expensive.

【数　学】（50分）〈満点：100点〉

（注意）　分度器，定規，コンパス等は使用禁止です。

1　次の $\boxed{1}$ から $\boxed{5}$ に適するものをそれぞれの解答群の中から選びなさい。

問１　$5-(+9)\times\left(-\dfrac{1}{3}\right)^2=\boxed{\quad 1\quad}$

$\boxed{1}$ の解答群

①　$\dfrac{4}{9}$　②　$\dfrac{7}{2}$　③　$\dfrac{13}{2}$　④　4

⑤　6　⑥　$-\dfrac{4}{9}$　⑦　$-\dfrac{7}{2}$　⑧　$-\dfrac{13}{2}$

問２　$\dfrac{6}{\sqrt{2}}-(\sqrt{6}-\sqrt{3})^2=\boxed{\quad 2\quad}$

$\boxed{2}$ の解答群

①　-9　②　9　③　$3\sqrt{2}-9$　④　$3\sqrt{2}+9$

⑤　$6\sqrt{2}-9$　⑥　$6\sqrt{2}+9$　⑦　$9\sqrt{2}-9$　⑧　$9\sqrt{2}+9$

問３　$\dfrac{3x+2y}{4}-\dfrac{2x-3y}{2}=\boxed{\quad 3\quad}$

$\boxed{3}$ の解答群

①　$-x-4y$　②　$-x+2y$　③　$-x+8y$　④　$x+5y$

⑤　$\dfrac{-x-4y}{4}$　⑥　$\dfrac{-x+2y}{4}$　⑦　$\dfrac{-x+8y}{4}$　⑧　$\dfrac{x+5y}{4}$

問４　$a=-\dfrac{1}{3}$，$b=2$ のとき，$\dfrac{b^3}{2a}\times\dfrac{a^4}{3b^2}\div\left(-\dfrac{a}{3}\right)^2=\boxed{\quad 4\quad}$ である。

$\boxed{4}$ の解答群

①　$-\dfrac{2}{3}$　②　$-\dfrac{1}{2}$　③　-1　④　-2

⑤　$\dfrac{2}{3}$　⑥　$\dfrac{1}{2}$　⑦　1　⑧　2

問５　$x:3=(x+1):2x$ のとき，$x=\boxed{\quad 5\quad}$ である。（ただし，$x>0$ とする。）

$\boxed{5}$ の解答群

①　$\dfrac{3+\sqrt{33}}{4}$　②　$\dfrac{3-\sqrt{33}}{4}$　③　$\dfrac{-3+\sqrt{33}}{4}$　④　$\dfrac{-3+3\sqrt{11}}{4}$

⑤　$\dfrac{3+\sqrt{33}}{2}$　⑥　$\dfrac{3-\sqrt{33}}{2}$　⑦　$\dfrac{-3+\sqrt{33}}{2}$　⑧　$\dfrac{-3+3\sqrt{11}}{2}$

2　次の [6] から [11] に適するものをそれぞれの解答群の中から選びなさい。

問6　等式 $\frac{3}{4}(a-2b-c)=\frac{4a-b-2c}{2}$ を a について解くと，$a=$ [6] である。

[6] の解答群

① $\frac{4b-c}{5}$	② $\frac{c-4b}{5}$	③ $\frac{b-c}{5}$	④ $\frac{c-b}{5}$
⑤ $4b-c$	⑥ $c-4b$	⑦ $b-c$	⑧ $c-b$

問7　次のグラフＡ～Ｃの中で y が x の関数となるのは，[7] である。

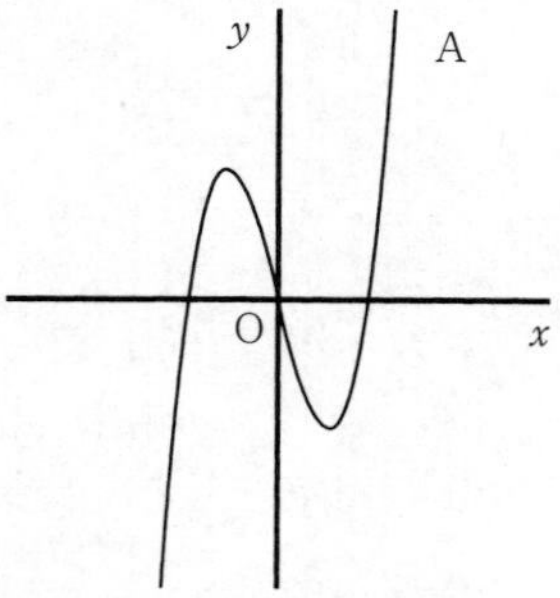

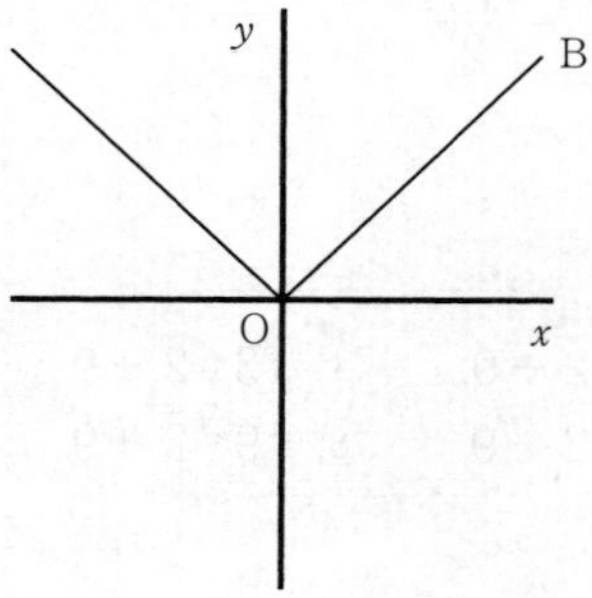

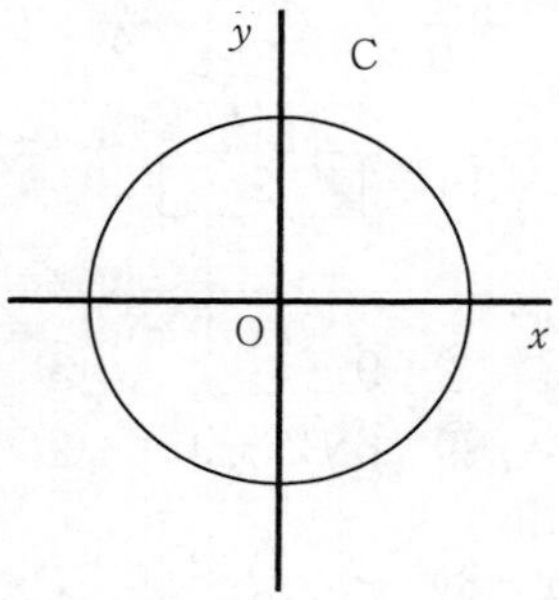

[7] の解答群

① Ａ	② Ｂ	③ Ｃ	④ ＡとＢ
⑤ ＡとＣ	⑥ ＢとＣ	⑦ ＡとＢとＣ	⑧ 該当なし

問8　$a◎b=\frac{a-b}{2}-3$ とするとき，$(-9◎3)◎(-2)=$ [8] である。

[8] の解答群

① $-\frac{3}{2}$	② $-\frac{9}{2}$	③ $-\frac{13}{2}$	④ $-\frac{15}{2}$
⑤ $\frac{3}{2}$	⑥ $\frac{9}{2}$	⑦ $\frac{13}{2}$	⑧ $\frac{15}{2}$

問9　次のＡ～Ｃにおいて，正しいものには○，誤っているものには×をつけたとき，正しい組み合わせは [9] である。

Ａ：関数 $y=-2x^2\ (-1\leqq x\leqq 2)$ について，y の変域は，$-8\leqq y\leqq -2$ である。

Ｂ：２つの直角三角形について「斜辺と１つの鋭角がそれぞれ等しい」とき，その２つの直角三角形は合同である。

Ｃ：半径３，中心角120°のおうぎ形の面積は６である。

[9] の解答群

① Ａ－○，Ｂ－○，Ｃ－○	② Ａ－×，Ｂ－×，Ｃ－×
③ Ａ－○，Ｂ－○，Ｃ－×	④ Ａ－×，Ｂ－×，Ｃ－○
⑤ Ａ－○，Ｂ－×，Ｃ－○	⑥ Ａ－×，Ｂ－○，Ｃ－×
⑦ Ａ－○，Ｂ－×，Ｃ－×	⑧ Ａ－×，Ｂ－○，Ｃ－○

問10　ＡさんとＢさんは次のようなゲームを行う。このときＡさんの点数がＢさんの点数よりも高くなる確率は [10] である。

＜ゲームのルール＞

Ａさんは硬貨２枚を同時に投げる。表が１枚出ると３点，２枚出ると６点が点数となる。

Bさんは１個のさいころを１回投げて，出た目を点数とする。

[10] の解答群

① $\frac{1}{3}$　② $\frac{2}{3}$　③ $\frac{1}{6}$　④ $\frac{5}{6}$

⑤ $\frac{3}{8}$　⑥ $\frac{5}{8}$　⑦ $\frac{7}{18}$　⑧ $\frac{11}{18}$

問11　５点A，B，C，D，Eが円Oの周上にあるとき，
$x=$ [11] °である。

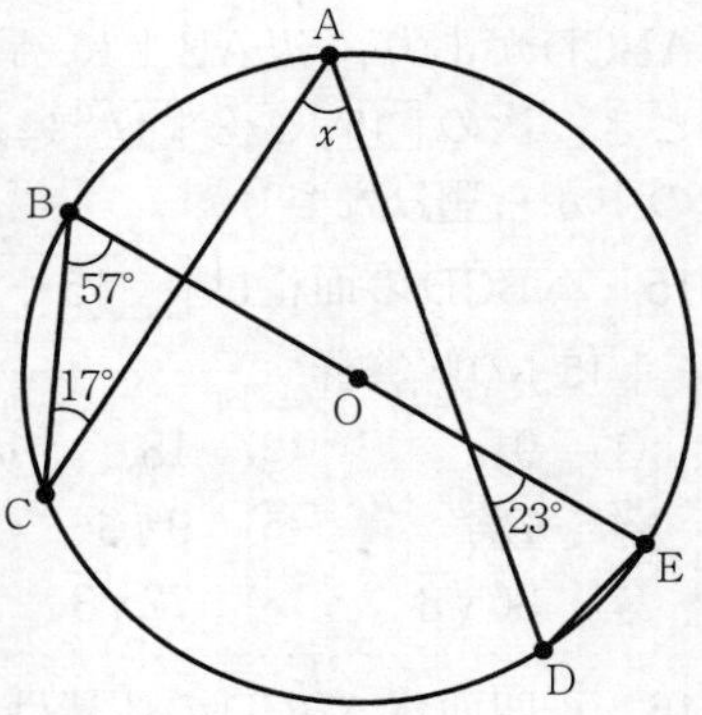

[11] の解答群

① 51　② 55　③ 59　④ 63

⑤ 68　⑥ 73　⑦ 78　⑧ 83

3

右の図のような４つの直線Ⅰ～Ⅳがある。このうち２つの直線は $y=ax+b-3$ …(ｱ)，$y=(a-2)x+b$…(ｲ)で表される。このとき，次の [12] から [14] に適するものをそれぞれの解答群の中から選びなさい。

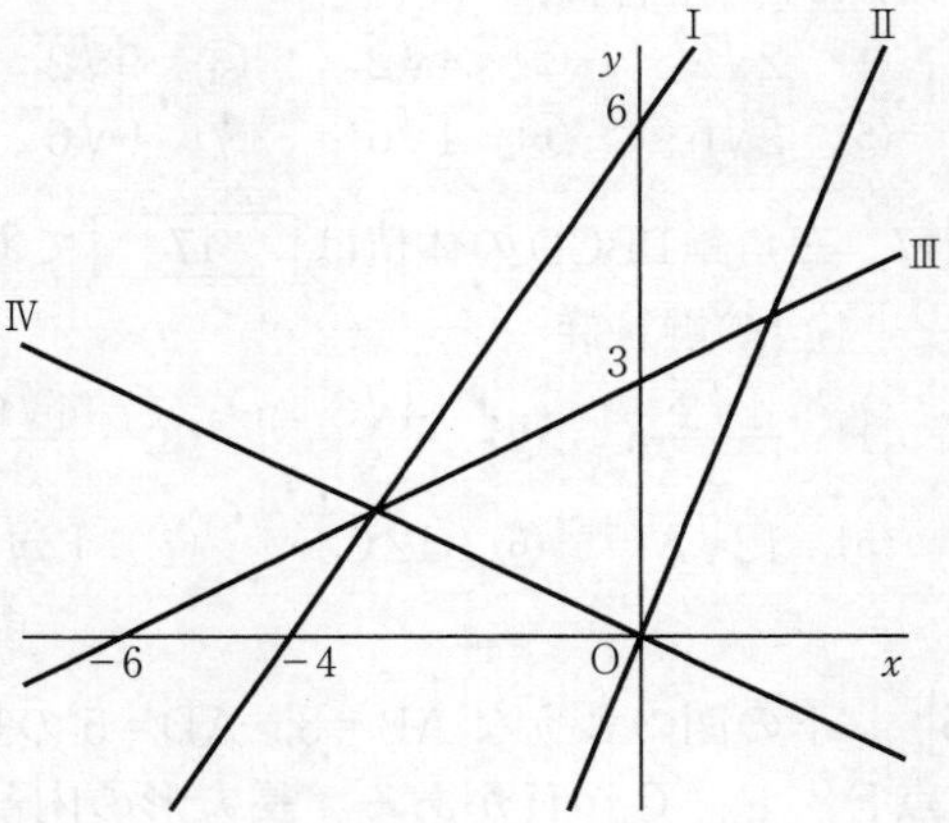

問12　直線Ⅰ～Ⅳのうち，(ｱ)，(ｲ)で表される直線として正しい組み合わせは [12] である。

[12] の解答群

選択肢	(ｱ)	(ｲ)
①	Ⅰ	Ⅱ
②	Ⅰ	Ⅲ
③	Ⅱ	Ⅲ
④	Ⅱ	Ⅳ
⑤	Ⅲ	Ⅰ
⑥	Ⅲ	Ⅱ
⑦	Ⅳ	Ⅱ
⑧	Ⅳ	Ⅲ

問13　$a=$ [13] である。

[13] の解答群

① $\frac{1}{2}$　② $\frac{3}{2}$　③ $\frac{5}{2}$　④ $\frac{4}{3}$

⑤ $\frac{5}{3}$　⑥ $-\frac{3}{2}$　⑦ $-\frac{5}{2}$　⑧ $-\frac{4}{5}$

問14　３つの直線Ⅱ，Ⅲ，Ⅳで囲まれた部分の面積は [14] である。

[14] の解答群

① $\dfrac{15}{2}$　② $\dfrac{19}{2}$　③ $\dfrac{25}{2}$　④ $\dfrac{16}{3}$　⑤ $\dfrac{20}{3}$　⑥ $\dfrac{22}{3}$　⑦ $\dfrac{21}{4}$　⑧ $\dfrac{27}{4}$

4　右の図のように，すべての辺の長さが6の正四面体ABCDがあり，辺AB上にAP＝2となる点Pをとる。このとき，次の [15] から [17] に適するものをそれぞれの解答群の中から選びなさい。

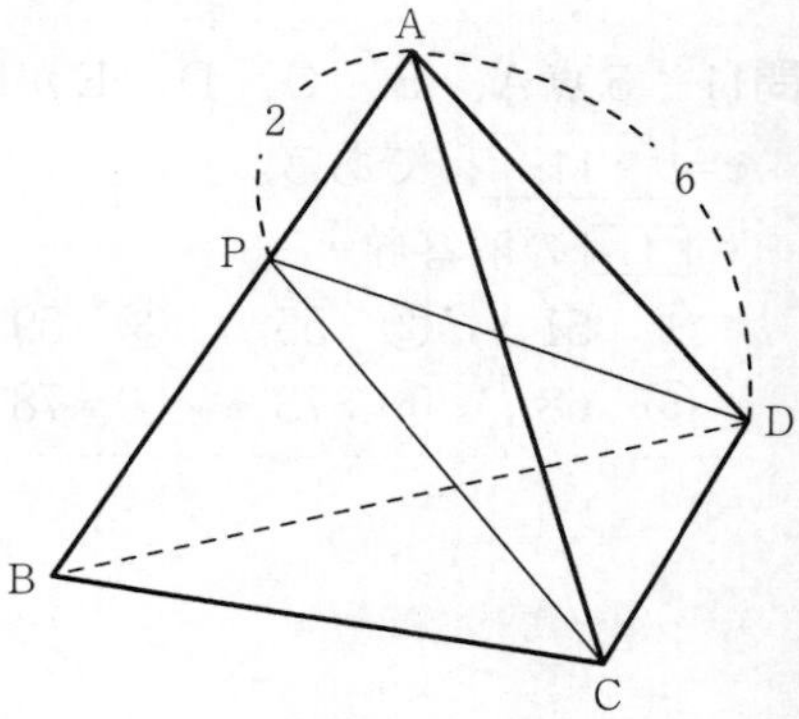

問15　△BCDの面積は [15] である。

[15] の解答群

① 9　② 18　③ 36
④ 72　⑤ $9\sqrt{3}$　⑥ $18\sqrt{3}$
⑦ $36\sqrt{3}$　⑧ $72\sqrt{3}$

問16　正四面体ABCDの体積は [16] である。

[16] の解答群

① $2\sqrt{2}$　② $4\sqrt{2}$　③ $9\sqrt{2}$　④ $18\sqrt{2}$
⑤ $2\sqrt{6}$　⑥ $4\sqrt{6}$　⑦ $9\sqrt{6}$　⑧ $18\sqrt{6}$

問17　三角錐PBCDの体積は [17] である。

[17] の解答群

① $\dfrac{4\sqrt{2}}{3}$　② $\dfrac{4\sqrt{3}}{3}$　③ $\dfrac{4\sqrt{6}}{3}$　④ $\dfrac{4\sqrt{11}}{3}$
⑤ $12\sqrt{2}$　⑥ $12\sqrt{3}$　⑦ $12\sqrt{6}$　⑧ $12\sqrt{11}$

5　下の図のようなAB＝3，AD＝5の長方形ABCDがあり，辺AB，DA，CD，BC上にそれぞれ点E，F，G，Hがある。長方形の内部に点Ｉがあり，Ｉから辺AB，BCに垂線を下ろしそれぞれ点Ｊ，Ｋとする。このとき，IJ＝2，IK＝1とする。点Ｐは矢印の向きに点Ｉから出発し，∠AEF＝∠JEIとなるように辺AB上の点Ｅへ進み，以下同様に点Ｆ，Ｇ，Ｈまで進む。このとき，下の [18] から [20] に適するものをそれぞれの解答群の中から選びなさい。

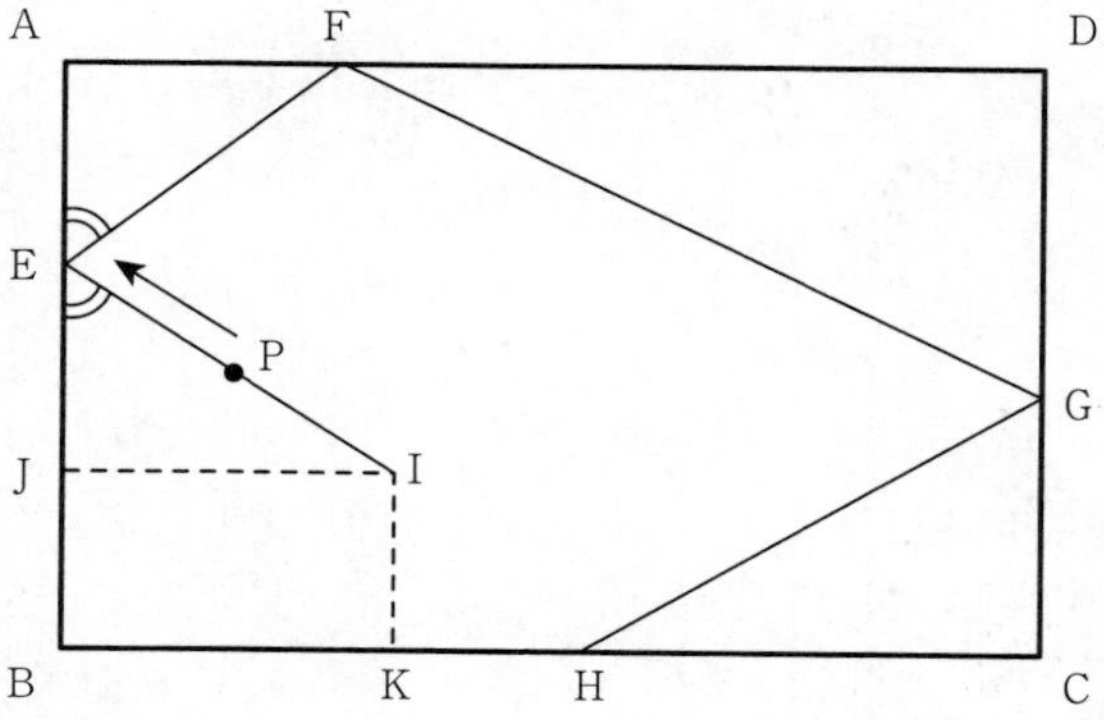

問18　AE＝1のとき，HC＝ 18 である。

18 の解答群

① 2　② 3　③ 4　④ $\frac{5}{2}$　⑤ $\frac{7}{2}$　⑥ $\frac{5}{3}$　⑦ $\frac{7}{3}$　⑧ $\frac{10}{3}$

問19　点Hが頂点Bと一致するとき，AE＝ 19 である。

19 の解答群

① $\frac{4}{3}$　② $\frac{5}{3}$　③ $\frac{4}{5}$　④ $\frac{6}{5}$　⑤ $\frac{5}{6}$　⑥ $\frac{7}{6}$　⑦ $\frac{5}{7}$　⑧ $\frac{6}{7}$

問20　点Pが点Ｉを出発して再びＩを通るとき，AE＝ 20 である。

20 の解答群

① $\frac{5}{4}$　② $\frac{4}{5}$　③ $\frac{6}{5}$　④ $\frac{9}{5}$　⑤ $\frac{5}{6}$　⑥ $\frac{8}{7}$　⑦ $\frac{10}{7}$　⑧ $\frac{5}{9}$

当なものを次の中から選びなさい。解答番号は 42 。

① A＝(1)・B＝(1)・C＝(2)　② A＝(1)・B＝(2)・C＝(1)

③ A＝(2)・B＝(1)・C＝(2)　④ A＝(2)・B＝(2)・C＝(1)

問四 D に当てはまる語として最も適当なものを次の中から選びなさい。解答番号は 43 。

① 好む　② 止むる　③ 嫌ふ　④ つとむる

問五 本文の内容として最も適当なものを次の中から選びなさい。解答番号は 44 。

① 努力を怠らなければ、才能の有無に関わらず学問の成果が期待できる

② 学問の方向や種類を見きわめることは、良質の研究成果へとつながる

③ 最終的には、時間に余裕がある方が学問を追究する上では都合がよい

④ 学問を志す人は、現在の自分の年齢を考慮した上で取り組むのがよい

問六 傍線a「ただ」・b「べく」・c「よく」・d「なす」・e「されば」の品詞名を次の中からそれぞれ選びなさい。解答番号はaが 45 、bが 46 、cが 47 、dが 48 、eが 49 。

① 動詞　② 形容詞　③ 形容動詞　④ 副詞

⑤ 連体詞　⑥ 接続詞　⑦ 助動詞　⑧ 助詞

問七 問題文の作者は本居宣長ですが、その他にも作品を残しています。問題文以外の本居宣長の作品を次の中から選びなさい。解答番号は 50 。

① おらが春　② 奥の細道

③ 古事記伝　④ 日本永代蔵

中に存在しているよね。でも科学の発展で今では再現性の高い因果関係の解明が進んでいるのに、どうして現代でも大きな力を持つ存在は広くヒトや都市に影響力を持っているんだろう？

生徒Ｄ　それこそ脳の構造が原因なんじゃないかな。ヒトの脳は狩猟採集時代から変わっていないから、大きな力を持つ存在をまつりあげることで、生存に関わる出来事の因果関係を操作しようとする意識が根付いているんだと思うよ。

①　生徒Ａ　②　生徒Ｂ　③　生徒Ｃ　④　生徒Ｄ

三　次の文章を読んで、後の問いに答えなさい。

学問は、ａただ年月長く※倦《う》まずおこたらずして、励みつとむるぞⅠ肝要にて、学びやうは、いかやうにてもよかるｂべく、※さのみアかかはるまじきことなり。Ⅱいかほど学びかたｃよくても、怠りてつとめざれば、功はなし。また人々の才と不才とによりて、其の功Ⅲいたく異なれども、才不才は、生まれつきたることなれば、力に及びがたし。されど大抵は、不才なる人といへども、おこたらずつとめだにすれば、それだけの功はある物なり。また※晩学の人も、つとめ励めば、思ひの外、功をなすことあり。また暇《いとま》の［Ａ］人も、思ひの外、暇［Ｂ］人よりも、功をｄなすものなり。ｅされば、才のⅣともしきや、学ぶことの晩《おそ》きや、暇の［Ｃ］やによりて、Ⅴ思ひくづをれて、止むることなかれ。とてもかくても、つとめだにすれば、出で来るものと心得べし。すべて思ひくづをるるは、学問に大きに［Ｄ］事ぞかし。

（『うひ山ぶみ』より）

※倦まず…飽きないで
※さのみ…そんなに
※晩学…年をとってから学問を始めること

問一　傍線Ⅰ・Ⅱ・Ⅲ・Ⅳ・Ⅴの口語訳として最も適当なものを後の中からそれぞれ選びなさい。解答番号は［36］～［40］。

Ⅰ　肝要［36］
①　勉励　②　概要　③　大事　④　成長

Ⅱ　いかほど［37］
①　いずれにも　②　どうしても
③　それほど　④　どんなに

Ⅲ　いたく異なれども［38］
①　たいそう差が生じるが　②　いっそう変化するが
③　ますますひどくなるが　④　わずかに違っているが

Ⅳ　ともしき［39］
①　似かよっていること　②　不足していること
③　富んでいること　④　妬ましく思うこと

Ⅴ　思ひくづをれて［40］
①　気持ちがくじかれて　②　予想がはずれて
③　思いに逆らって　④　感情がたかぶって

問二　傍線ア「かかはるまじきことなり」は何について述べたものですか。最も適当なものを次の中から選びなさい。解答番号は［41］。
①　学びの種類　②　学びの進度
③　学びの成果　④　学びの方法

問三　［Ａ］・［Ｂ］・［Ｃ］には、(1)「なき」、(2)「多き」のどちらが入りますか。それぞれに入るべき語句の組み合わせとして最も適

① 文化を洗練させ、宗教的な存在を中心に据えた高次の社会を形成するために必要な性質だから
② 出来事の原因である神や精霊の正体を、因果関係の中から正しく見定めなければならないから
③ 因果関係を正しく把握しなければ、不幸や病気の原因となる存在を鎮めることができないから
④ 事物や事象の正しい因果関係を把握していくことは、生存、繁殖に有利に働く場合があるから

問十　傍線6「それらの出来事」とありますが、どのような出来事を指していますか。最も適当なものを次の中から選びなさい。解答番号は 31 。

① 因果関係の内容を正確に把握しきれるような出来事
② 因果関係の構造が正しく理解できないような出来事
③ 因果関係に架空の存在が関わっているような出来事
④ 因果関係の把握がヒトの役に立たないような出来事

問十一　傍線7「その場では人々は緊張し、畏敬の念をもち、謙虚で服従の気持ちになる」とありますがそれはなぜですか。理由として最も適当なものを次の中から選びなさい。解答番号は 32 。

① その場所にまつられている大きな力を持つ存在を感じさせるから
② 血の色を示す赤と、その場所にいる肉食動物の存在に恐怖するから
③ 世界中に存在する宗教的建築物こそが神霊の存在を裏付けているから
④ 人間の脳が本能的に恐怖することを意図して設計された場だから

問十二　傍線8「現代人の心は今でも狩猟採集時代の世界をさまよっている」とありますが、これはどういうことですか。最も適当なものを次の中から選びなさい。解答番号は 33 。

① 現代でもヒトは「神社」にあたる場を世界中に作り、大きな力を持つ存在と常に交信しているということ
② 現代でもヒトは因果関係の解明を求め続け、それが科学を進展させる原動力となっているということ
③ 現代でもヒトの脳内には、大きな力を持つ存在を想定する心理構造が保持されているということ
④ 現代でもヒトは脳の深層で、外界の変化はすべて大きな力を持つ存在によると感じているということ

問十三　次の一文は本文中の《A》～《D》のどこに入りますか。後の中から選びなさい。解答番号は 34 。

> この草食動物は春になると、そこに開花する植物の花を求めて湿地に移動してくる。この石は硬くて層状に割れやすいので、岩にぶつけて破片を細工すると、植物の根を掘り出す良い道具になる。あの種類の雲が広がったら、そのあとは激しい雨と風がやってくる……。

① 《A》　② 《B》　③ 《C》　④ 《D》

問十四　この文章の内容を踏まえて会話する生徒A～Dの発言について、本文の内容と合致しないものを、次の中から一つ選びなさい。解答番号は 35 。

生徒A　筆者が子供のころ体験した「夜ぶり」を鮮明に覚えていることには、狩猟採集時代から続く私たちの人間の脳の構造が関係しているみたい。「何が記憶に残りやすいか」って人間の脳の特性が関わっていたんだね。

生徒B　世界中に残る多くの「言い伝え」も、因果関係を明らかにしたがる脳が、複雑な出来事の原因についてなんとか解釈を試みた結果生まれたものだったんだね。人知を超えた大きな力を持つ存在なのに、ヒトの脳が考え出したって何だか面白い！

生徒C　大きな力を持つ存在をまつった建物や土地は今でも世界

① 恐れおののく　② 考えあぐねる
③ 呆然とする　④ 気が張り詰める

② 分は悪い 17
① 不得意である　② 見込みは少ない
③ 気分は乗らない　④ 時間がない

③ かろうじて 18
① おそらく　② なんとか
③ 思いがけず　④ あっけなく

④ そぐわない 19
① ふさわしくない　② ありきたりな
③ 役に立たない　④ 見た目が悪い

⑤ バリエーション 20
① 多義　② 事象　③ 変種　④ 格差

問三 （ア）・（イ）・（ウ）・（エ）に当てはまる語を、次の中からそれぞれ選びなさい。（解答は重複しないこと。）解答番号は（ア）が 21、（イ）が 22、（ウ）が 23、（エ）が 24。
① もし　② おそらく　③ しかし　④ なぜ
⑤ そして　⑥ かりに　⑦ とうぜん　⑧ では

問四 傍線1「鍛えられてきた」とありますが、「鍛えられてきた」内容について適当でないものを、次の中から一つ選びなさい。解答番号は 25。
① 臆せず大物をねらう自信
② 魚に対する知識や漁具の扱い方
③ 魚の種類を見定める視力
④ 暗闇の中獲物を捕捉する感覚

問五 傍線2「不意打ちの攻撃にかけるしかないと判断した」とありますがそれはなぜですか。その理由として最も適当なものを次の中から選びなさい。解答番号は 26。
① 網では波で獲物に感知され、かわされると感じたから
② 真っ向から危険な獲物を獲ることは恐ろしく思ったから
③ 網ではぬるぬるした獲物を捕えきれないと感じたから
④ 水底がコンクリートなので網で獲るべきだと思ったから

問六 傍線3「狩猟採集生活時代の脳内回路」とありますが、これが影響した事例として適当でないものを、次の中から一つ選びなさい。解答番号は 27。
① 「モンスターハンター」や「お庭造り」といったゲームに人気が出たこと
② 暗闇の中、姿の見えない兄たちと声のみでやりとりができたこと
③ 頭に「シギ」という名前とその特徴が深く刻みつけられたこと
④ 様々な擬似生物をターゲットにした収集、分類にひかれたこと

問七 Ⅰ に当てはまる言葉として最も適当なものを次の中から選びなさい。解答番号は 28。
① 調査　② 生物　③ 生態　④ 獲物

問八 傍線4「そんなところにどうして神社が残されているのだろうか」とありますがそれはなぜですか。その理由として最も適当なものを次の中から選びなさい。解答番号は 29。
① 都市の中に神社を残すことで街の景観に緊張感が沸き立つから
② 日本各地で見られる文化財なので保護しなければならないから
③ 取り壊しによって不幸な影響が出るのではないかと怖れるから
④ ビルの中に神社がないと場にそぐわない違和感が生まれるから

問九 傍線5「因果関係という情報処理に強くこだわる性質」とありますが、なぜヒトはこのような性質を持つのですか。理由として最も適当なものを次の中から選びなさい。解答番号は 30。

ただし、月と太陽とが重なって起こるカイeキ日食といった、対象とする事物・事象の構造が複雑な場合は、少なくとも狩猟採集時代の人々は、再現性が高い因果関係に思い至ることはできない。でも脳は因果関係を求めて作動し、「天を支配する大いなる力を備えた神」や「森の主としての精霊」や「風とともに移動する強大で邪悪な魂」を、6それらの出来事の原因としてまつりあげ、その場の疑問への答えとする。

また、さらに因果関係の推察は伸びていき、「大きな力をもつ神とか精霊とか魂に、庇護を求めたり怒りを収めてもらえば、それらの災いは去るかもしれない」と考える。そう考えることは充分ありうることだ。そして、その心理が宗教的な「大きな力をもつ存在の意思が外界の変化を決める」という認識や「大きな力をもつ存在の求めに応じ、庇護を求めよう」という認識を生み出すことも充分にありうることだ。

やっと「神社」に到達した。

日本では「神社」であるが、世界中のたいていの国や地方に「神社」に当たるものがあり(タイやインドの寺院や欧米の教会など)、狩猟採集を行う部族にも、精霊が宿る巨木や巨石がある(北米大陸のトーテムポールなどもその一例だろう)。7その場では人々は緊張し、畏敬の念をもち、謙虚で服従の気持ちになる。頭を下げたり、供え物をする場合もある。

「神社」に、そういった気持ちに沿うような、緊張の赤、怖い存在である肉食動物が置かれたのもよく理解できる。

そう、現代でもわれわれホモサピエンスの脳内には、どんなに科学が進展しても説明できない現象を、〝大きな力〟をもつ存在の所為にする心理が維持されているのだ。

そんな脳には、ビルを建てるからといって、それまでそこにあった神社を取り壊してしまうような行為はできない。脳の深い場所の回路が、〝大きな力〟をもつ存在を怖れるからである。不幸がもたらされ、幸運が踏みつぶされる不安に駆られるからである。

ここでもまた、「8現代人の心は今でも狩猟採集時代の世界をさまよっている」のだ。

（『ヒトの脳にはクセがある　動物行動学的人間論』より抜粋
作問の都合により一部改変　著者　小林朋道）

※コンセプト…何らかの意図を込めてものを制作する際に基調となる考え方や観点

※夜ぶり…夏の夜、たいまつをともして行う漁

※アニミズム…あらゆるものに霊が宿るとする考え方

問一　傍線a・b・c・d・eのカタカナに当たる漢字と同じ漢字を用いているものを、それぞれ一つ選びなさい。解答番号は 11 ～ 15 。

a　カンキ　11
① 舞台をカンゲキする　② 運動部にカンユウされる
③ 新人をカンゲイする　④ 名作にカンメイをうける

b　カクトウ　12
① カクギ決定する　② 相手をイカクする
③ カクシン的な政策　④ ゲンカクな規則

c　キョウレツ　13
① ツウレツに批判する　② 画面のキレツ
③ 式典にサンレツする　④ ヒレツな行為

d　カイヒ　14
① ヒキンな例を出す　② 事象をルイヒする
③ ヒショ地に向かう　④ 資源をロウヒする

e　カイキ　15
① ニンキを満了する　② キセイ事実を作る
③ 原点フッキする　④ 生活キバンを整える

問二　波線①・②・③・④・⑤の語句は本文の中でどのような意味で使われていますか。最も適当なものを、それぞれ選びなさい。解答番号は 16 ～ 20 。

① 息を飲む　16

場面変わって、やはり夜だったが、私は東京・赤坂のあるビルの前にいた。ＴＢＳラジオのある番組に主演したあと、収録が終わって局のビルを出たのだ。そしてそのビルのすぐそばに、なんとも場に④そぐわないものを見つけた。

赤い鳥居でその場所の存在を緊張感を沸き立たせて宣言し、そこを入ると、肉食動物であるキツネが、決してにこやかではない顔をして両側に静かに座っている。

小さいながら立派な神社である。周りはビルが立ち並ぶ（おそらく地価も半端ではなく高い）一画である。4そんなところにどうして神社が残されているのだろうか。

このような〝都市のど真ん中や近代的なビルの屋上に大事に残される神社〟は、日本各地の人間社会のなかでしばしば見られるものである。

キツネはコマイヌに変わったり、肉食のシャチが屋根に載っていたり、と多少の⑤バリエーションはあるものの、※コンセプトは普遍である。小さな神社では鳥居はたいてい赤だ。脳が「血の色」と認知して緊張感を高めると考えられている「赤」である。

私は思うのである。ホモサピエンスがもつ他の動物にはない特性の1つは、5因果関係という情報処理に強くこだわる性質である。

一方でわれわれホモサピエンスは、地球上に新種として誕生してからの20万年、その99％を草原や林、水辺で狩猟採集生活者として生きてきた。

大自然の中での狩猟採集生活には、外界の事物・事象の因果関係を追究することは重要なことであった。《　A　》

そして、これらの因果関係の推察の中には、再現性が高く、その後の生活に実質的に大いに役立ったものもあれば、単なる事後の解釈以上にはなりえないものもあっただろう。たとえば雨の日に雷が落ちたり、夜、居住地が正体不明の動物に襲われたり、伝染性の病気によって部族の人間が死んだとしよう。人々は、その出来事の背後にある因果関係を考えただろう。ある人は天を支配する大いなる力を備えた神を、ある人は森の主としての精霊を、ある人は風とともに移動する強大で邪悪な魂を、それらの出来事の原因として想像したかもしれない。いわゆる※アニミズムである。《　B　》

実際、人類学者が長年のフィールドワークによって蓄積した知見では、世界中の狩猟採集民の社会で、これらの想像によく似た言い伝えがたくさん存在している。

極北の民イヌイット族の言い伝えでは、「村で起こる不幸の原因は、海の神々の怒りであり、努力を重ねたシャーマンこそが瞑想の中で海の底に達し、不幸の原因になっている海の神々の怒りを鎮めることができる」と考えられている。

アフリカのアカ・ピグミーでは、村人に危害を加える存在として、暴力性と攻撃性を有した〝ジェンギ〟と呼ばれる森の精霊が語られている。《　C　》

日本のアイヌの言い伝えの中には、沼や湿地の中にはさまざまな種類の悪魔が潜んでいて、人間を悪人にしたり病気にしたりするという話がある。例をあげれば切りがない。

このような想像、そしてそれが言葉として形になった部族の「言い伝え」の一部は、部族の人々に、危険の可能性がある状況では慎重に振る舞おうとする思いを維持させ、生存や繁殖に有利に働いた場合があったに違いない。たとえば（今では、科学の発達とともにより洗練された因果関係的知見としての）空気感染するウイルスによる病気の場合、「風とともに移動する強大で邪悪な魂」と認識して住居から外に出ないでいることは、結果的に感染のカイ d ヒにつながっただろう。《　D　》

さて「神社」にもどろう。

ヒトの脳に、外界の事物・事象について因果関係を求める特性があることは、生存・繁殖に有利である。考えて到達した因果関係が高い再現性を持つときは（つまり、その因果関係がかなり正しいときは）、危険からうまく逃れることができ、食物を得る確率が高くなる。

ない。ウナギだ！」
　水底がコンクリートであることを考えると、漁具は網だ。でもとっさに少年はヤスを選んだ。網が水中でつくる波をそのウナギは敏感に感じ取り、簡単に避けてしまうに違いないと思った。おそらくその予想は全く正しかった。②分は悪いが、2不意打ちの攻撃にかけるしかないと判断したのだ。見る見るその動物は近づいてくる。チャンスは一瞬しかなかった。波間に切れ切れに見えるその体の頭部めがけて、ヤスを振り下ろした。ヤスの先から、激しくあばれるウナギの振動が伝わってきた。その振動から、ヤスは頭の中心ではなく、皮1枚のところで③かろうじて刺さっていることがわかった。すぐに首のタオルをとって（ウナギの体はぬるぬるしていて、素手ではつかめないことを少年は知っていたのだ）、タオルでウナギの首を押さえつけ、その上から手でつかんだ。見事な対処である。ヤスを抜いて、再度頭部にとどめを放った。

　鳥を網でキャッチしたのは、魚たちと一戦を交えて次の狩場へと移動する途中だった。夜ぶりは淵（川が深くなっているよどみ）では無理だ。そんな場所にくると陸に上がり、岸伝いに浅くなる場所まで歩くのだ。

　岸を歩いているときだった。魚とのbカクトウで少年の目と心は日常より数段研ぎ澄まされていた。突然、岸に生えている低い木から何かが飛び立った。少年の体はとっさに動いた。動いて、その動物めがけて網が振られた。次の瞬間、網の一点に何かが勢いよく突き刺さる感覚が腕に伝わった。すかさず網を地面に伏せると、脚が網の目に絡まってもがいている鳥がそこにいた。すぐそばにいた兄が驚いて何か言ったのを覚えている（そりゃ、驚くわなー）。

　結構大きな鳥だった。でも私にはその種類が分からなかった。背後で父が、シギの仲間だろうと言った。そのとき私の頭には、「シギ」という名前とその特徴が深く刻み付けられた。

（イ）私は夜ぶりのなかで体験した出来事を、ことさら鮮明に覚えているのだろうか。川の場所も、川のなかの魚がたくさん取れたスポットも、魚ごとの動き方も、ガス灯や網やヤスなどの道具の使い方も、川のなかの歩き方も。（ウ）私は今でも、時に夜ぶりの感触が不意に浮かんできて、それを体全体で感じ、脳のなかだけで夜ぶりをすることがある。渓流の女王アマゴが、水底を白い背中を揺らめかせながらただよい、脳のなかではその動きに合わせてリズムが回りはじめる。腕を振るタイミングに集中する。

　私は今、生物学を仕事にしているので、「狩り」という行為が「調査」という行為に形を変えて、動物（最近はニホンモモンガやアカハライモリ、ナガレホトケドジョウ）を追う。そのなかの一場面で体験するのは、子どもの頃の夜ぶりの感覚と似ている。子どもの頃の夜ぶりの体験ほどにはキョウcレツではないが。

（エ）私の脳のなかには、いや、ヒトの脳の中には、「生物の形態や習性に特に強い興味をもったり、新しい種類をそれまでの自分の分類体系のなかに位置づけて覚えたり、生物の特性に基づいて捕獲や育種、採集をしたりする」欲求の回路が備わっているのだ。それが狩猟採集時代には、生存・繁殖にとってなくてはならない行動や心理、知識の蓄積を生み出したのだ。

　現代において、「モンスターハンター」や「お庭造り」といったゲームが人気になっている理由はよくわかる。それは生物の習性を理解し、その知識を基に捕獲や育種をする内容だからである。北海道の旭山動物園が人気を回復した主要な理由が、動物の生態展示であったことも、現在でも保持されている3狩猟採集生活時代の脳内回路と無関係ではないだろう。

　そんな直接的な行動ではなくても、瓶の蓋からディズニーキャラクターまで、さまざまな擬似生物をターゲットにした収集・分類にひかれる気持ちや、得点（ゴール）の獲得を目指して競い合うスポーツに熱狂する性質もよくわかる。

　現代の多くの職種に見られる、情報や契約などの獲得を目指して、さまざまな手がかりを読みとりながら〝 I 〟に近づいていく感覚は、現代版の狩猟採集なのかもしれない。

二〇二三年度 山村学園高等学校（第二回）

【国　語】（五〇分）〈満点：一〇〇点〉

一　次の問いに答えなさい。

問一　次の漢字の読みが間違っているものをそれぞれ一つ選びなさい。解答番号は 1 ～ 4 。

ア 1 ①慇懃（いんぎん）　②回向（かいこう）　③隠蔽（いんぺい）　④迂回（うかい）

イ 2 ①会得（かいとく）　②団扇（うちわ）　③円滑（えんかつ）　④云々（うんぬん）

ウ 3 ①鬱憤（うっぷん）　②永劫（えいごう）　③悪寒（あくかん）　④冤罪（えんざい）

エ 4 ①演繹（えんたく）　②厭世（えんせい）　③押韻（おういん）　④往生（おうじょう）

問二　次の漢字が間違っているものをそれぞれ一つ選びなさい。解答番号は 5 ～ 7 。

ア 5 ①舞踏　②遍歴　③散逸　④敗棄

イ 6 ①剛直　②順業　③傑出　④清涼

ウ 7 ①琴線　②偵察　③貨弊　④分析

問三　次の□に当てはまる漢字をそれぞれ後から選び、番号で答えなさい。解答番号はアが 8 、イが 9 、ウが 10 。

ア　□ずるより産むが易い

イ　雨降って□固まる

ウ　□、髪を入れず

①闇　②安　③冠　④字　⑤地

⑥間　⑦時　⑧案　⑨完

二　次の文章を読んで、後の問いに答えなさい。

少年は、幼いころから父や兄たちに混じって1鍛えられてきた。もう小物は狙わない。どんなところにどんな種類の大物がいるかも大体知っていた。そういった場所に出合うと、予想する魚を思い描いて集中する。魚が見つかると大きく①息を飲む。それぞれの魚がもつ動きのパターンにリズムを合わせ漁具を放つと、あばれる魚の動きが腕に伝わり、緊張がaカンキに変わる。

静寂と暗闇の中――。燃えるアセチレンのニオイ、火に飛び込んだ虫がジュッと燃える音、魚を貫いて川底の砂に突き刺さるヤスの感触、魚が網の底で跳ねる振動、姿の見えない兄たちとの声のやり取り。そんな濃厚な時間は、朝の2時、3時ごろまで続き、終了を告げる父の声が闇に響く。

そんな※夜ぶりのなかで、私の五感が特に鮮明に覚えている場面が幾つかある。

幅の狭いコンクリートの水路で、ウナギをヤスで突いた瞬間とか、（水中の魚ではなく）岸から突然飛び立った鳥を網でキャッチした瞬間である。

ウナギとの遭遇は、本流を離れ、幅数メートルの3面がコンクリートで固められた水路に入ったときであった。前方の水底を、かなり大きくて長いものが体をくねらせながらこちらに近づいてくるではないか。

少年は全身に緊張が走るのを感じた。恐怖を感じて水から上がろうとした。そう、私の脳はその姿を見て、〝ヘビ〟を感じたのである。（ア）その直後に別の考えが浮かんできた。「あれはヘビでは

2023年度／山村学園高等学校（第２回）

英語解答

1 問１ ③　問２ ①　問３ ③
問４ ③　問５ ①

2 問１ ②　問２ ③　問３ ②
問４ ①　問５ ①　問６ ①
問７ ②　問８ ③　問９ ④
問10 ④

3 問１ ③　問２ ①　問３ ③
問４ ④　問５ ③

4 問１ 21…⑧　22…⑦
問２ 23…⑧　24…⑤
問３ 25…①　26…②
問４ 27…⑦　28…⑨
問５ 29…⑧　30…②

5 問１ ③　問２ ①　問３ ③
問４ ④　問５ ②

6 問１ ③　問２ ④　問３ ②
問４ ①　問５ ④　問６ ②
問７ ①　問８ ③　問９ ③
問10 ④

1〔対話文完成―適文選択〕

問１．Ａ：もしもし。トムとお話しできますか？／Ｂ：どちら様ですか？／Ａ：彼のクラスメートのマイクです。／Ｂ：ちょっとお待ちください。 //Who is calling? は電話をかけてきた相手の名前を尋ねるときの定型表現。

問２．Ａ：どこに行きたい？／Ｂ：沖縄に行きたいな。／Ａ：僕は一度も行ったことがないな。君は？／Ｂ：僕もないよ。 //neither は「～もない」（＝not ～ either）という意味。

問３．Ａ：昨日のテストはベストを出せなかったな。／Ｂ：大丈夫だよ。／Ａ：いや，間違いなく相当ひどいよ。／Ｂ：自分に厳しく当たるなよ。 //be hard on ～「～に厳しく当たる」

問４．Ａ：何してるの？／Ｂ：この特製ソースでカレーをつくってるんだ。／Ａ：本当？　うまくいくとは思わないな。／Ｂ：まあ見てなって。 //You'll see. は「今にわかるよ，まあ見てなさい」という意味の定型表現。

問５．Ａ：ねえ，お父さん，話す時間ある？／Ｂ：もちろん。どうしたんだい？／Ａ：明日，友達と買い物に行きたいの。いい？／Ｂ：もちろん。最近，学校の成績がいいもんな。 //Why not? は「（どうしてだめではないのか）→だめではない，もちろんいい」という反語的表現で，相手の提案などに対して同意するときの定型表現。

2〔適語（句）選択・語形変化〕

問１．相手が three times「３回」という回数を答えている。‘回数’を尋ねる疑問詞となるのは How often「何回，どれだけ頻繁に」。many を使う場合は How many times となるので①は不適。　「あなたは何回ロンドンに行ったことがありますか？」―「３回行ったことがあります」

問２．enjoy は，「～すること」という意味の目的語に to不定詞ではなく動名詞（～ing）をとる。「私はときどき１人でいることを楽しんでいる」

問３．‘時’や‘条件’を表す副詞節（if, when, before, as soon as などで始まる，副詞のはたらきをする節）では，未来のことでも現在形で表す。受け身にする必要はないので④は不適。　「宿題が終わったら，私に電話をください」

問４．The tie he wearsで目的格の関係代名詞が省略された‘名詞＋主語＋動詞…’の形になる。wearは「着る」だけにかぎらず「身につける」こと全般を表す。（例）wear shoes「靴を履く」「彼のつけているネクタイはとてもすてきだ」

問５．‘形容詞＋enough to ～’で「～するほど十分…」という意味を表す。「彼は母親がバッグを持つのを手伝うほど親切だ」→「彼は親切にも母親がバッグを持つのを手伝っている」

問６．「いつ～だと思いますか」のようなYes / Noで答えられない疑問文は疑問詞から始め，‘疑問詞＋do you think＋(主語＋)動詞’という語順になる。「あなたは彼がいつ来ると思いますか」

問７．peopleのような複数扱いの名詞につくのは(a) few。‘There＋be動詞＋主語…’の文では，‘主語’が単数か複数かに応じてbe動詞は決まる。a few people「数人」は複数なので，wasではなくwereになる。「公園には数人がいた」

問８．‘either *A* or *B*’「*A*か*B*のどちらか」「彼はロンドンかニューヨークのどちらかに行った」

問９．get married「結婚する」（≒marry） *cf.* be married「結婚している」「彼女は昨年結婚したそうです」

問10．keep in touch with ～「～と連絡を取り続ける」「タロウは両親とメールで連絡を取り続けた」

3〔書き換え―適語(句)選択〕

問１．「あなたの仕事を手伝いましょうか」 Do you want me to ～？は「(私に～してほしいですか)→～しましょうか」と申し出るときの表現。これは，Shall I ～？「～しましょうか」で書き換えられる。

問２．「彼女の父親はその知らせを聞いて喜んだ」→「その知らせは彼女の父親を幸せにした」 上のwas happy to hear …は‘感情の原因’を表すto不定詞の副詞的用法。下は‘make＋目的語＋形容詞’「～を…(の状態)にさせる」の形にする。

問３．「オーストラリアでは人々は何語を話していますか」→「オーストラリアでは何語が話されていますか」 下の文では‘be動詞＋過去分詞’の受け身形で表す。主語のWhat languageは単数なので，be動詞はareではなくisとなる。

問４．「あなたの市にはいくつ学校がありますか」 ‘場所＋have/has ～’「(〈場所〉は～を持っている)→〈場所〉には～がある」の文を，‘There＋is/are ～ in＋場所’「〈場所〉には～がある〔いる〕」の構文に書き換える。

問５．「彼女たちは赤い屋根の家に住んでいる」 上の文のwithは「～のある，～を持った」という意味で‘所有’を表す。下は主格の関係代名詞を用いた文。関係代名詞節の動詞は「赤い屋根を持つ」と考えてhaveを使うが先行詞のa houseが単数なのでhasとなる。

4〔整序結合〕

問１．‘比較級＋than ～’「～より…」の形をつくる。expensiveの比較級はmore expensive。比較級を強調する「はるかに」はmuchで表すことができ，これは比較級の直前に置く。oneはT-shirtの代わりとなる代名詞として使いthe red oneとする。 This blue T-shirt is much more expensive than the red one.

問２．They are playing with ～「彼らは～と一緒に遊んでいる」で文を始める。「ポチという名の犬」は，「ポチと名付けられた犬」と読み換えて the dog named Pochi とする。これは過去分詞 named で始まる語句が名詞 the dog を後ろから修飾する‘名詞＋過去分詞＋その他の語句’の形。最後に in the park「公園で」を置く。　They are playing with the dog named Pochi in the park.

問３．‘thank＋人＋for＋物事’「〈人〉に〈物事〉のことで感謝する」の形を使い，‘物事’の部分を helping him「彼を手伝ったこと」とする。「～を終えるまで」は，until the end of ～「～の終わりまで」で表せる。　Tom thanked me for helping him until the end of the project.

問４．「私の父は外国人に話しかけられた」は，A foreigner spoke to my father「外国人が私の父に話しかけた」の受け身形で My father was spoken to by a foreigner となる。このように，speak to ～「～に話しかける」のような動詞句の受け身形は，過去分詞の後ろにその動詞句を構成する語(句)をそのままの順で置き，その後に「～によって」の by を置く。「帰り道で」は on ～'s way home で表せる。　My father was spoken to by a foreigner on his way home.

問５．「*B* よりも *A* を好む」は‘prefer *A* to *B*’で表せる(≒‘like *A* better than *B*’)ので，「フォークよりも箸を好む」は prefer chopsticks to a fork となる(箸は２本で使うので複数形の chopsticks になる)。残りは‘when＋主語＋動詞’「～するとき」の形にまとめて fork の後に続ける。　John prefers chopsticks to a fork when he eats Japanese food.

5〔対話文完成─適文選択〕

≪全訳≫❶マットとケンジが学校で話している。❷マット(M)：東京オリンピックは2021年に開催されたよね？❸ケンジ(K)：うん。すごかったね。何かの競技に行った，マット？❹M：31残念ながら，行ってないよ。夏休みに北海道にいたんだ。射撃競技を見に行きたかったんだけどね。射撃競技が埼玉で行われたって知ってた？❺K：それは知らなかったな。僕も見に行きたかったな。❻M：ところで，日本で開催される次の国際的イベントは何かな？❼K：32それは大阪・関西万博に違いないね！　大阪万博とか大阪エクスポとも呼ばれているんだ。知っておいた方がいいよ！❽M：わかった。でも，万博って何なのかよく知らないんだ。❾K：万博は，新しい理論や技術を世界に紹介するための国際的な展示会だよ。❿M：新しい技術？⓫K：そう。例えば，1970年に開催された前回の大阪万博では，お客さんを園内で移動させるために電気自動車が使われたんだ。⓬M：電気自動車⁉　33それって昔からある技術なの⁉　最近はよく見るよね‼⓭K：うん。それに，最近使われている他の多くの技術も，実は1970年の大阪万博で紹介されていたんだ。⓮M：なるほど。それはおもしろいね。前回の万博について話してくれたけど，ということは，34次回のは大阪で開催される２回目の万博ってことだね？⓯K：そのとおり。次回の大阪万博がいつ開催されるか知ってる？⓰M：知らないよ。ググってみるね。あっ，見つけた！　2025年に開催されるんだ‼　２年後だね。この記事によると，万博には毎回，独自のテーマがあるんだね。1970年大阪万博のテーマは「人類の進歩と調和」だったんだ。2025年大阪万博のテーマは「いのち輝く未来社会のデザイン」だ。⓱K：次の万博は僕たちの未来に焦点を当てているんだよ。僕は万博を楽しみにしているんだ。⓲M：僕もだよ。今，2025年大阪万博にとても興味があるな。352025年大阪万博についてもっと調べてみない？　それについてレポートを書けるよ。⓳K：それは名案だね！　僕は大阪万博についてもっと知りたいんだ。研究課題として提出できるね。

＜解説＞問１．東京オリンピックの競技に行ったかときかれたケンジの返答。この後，北海道にいたと答えていることから，行けなかったことがわかる。この Unfortunately not. は，Unfortunately (I did) not (go to any events).のかっこの部分が省略されたもの。 unfortunately「残念ながら，不幸にも」　問２．must be ～「～に違いない」(⇔can't be ～「～のはずがない」)　問３．1970 年の万博で電気自動車が使われていたとケンジから聞いてマットは驚いている。電気自動車が 1970 年当時からあったことが驚きの理由である。　問４．直前の the previous one は「前回のもの(＝万博)」という意味。直前でケンジが前回大阪で開かれた万博について話したのを聞いて，マットは今度の万博が大阪で開かれる２回目の万博だということを確認したのである。　問５．直後で「レポートを書ける」と言っているので，マットは万博についてもっと調べることを提案したのだとわかる。 look up ～「～を調べる」

6〔長文読解総合―説明文〕

≪全訳≫❶中国にはとても多くの人々がいる。もし，中国の全員が同じ店で買い物をすれば，その店主はとてもお金持ちになるだろう。そうした店をたくさん持つ企業の経営者は，さらにお金持ちになるだろう。長年にわたり，多くのアメリカ企業が中国市場で人気になろうと試みてきた。多くの企業が挑戦し，大半の企業が失敗し，成功したのはごくわずかだ。❷中国の中流階級はとても大きい。それは 2000 年から 2018 年の間に，国の総人口の約３％から 51％近くまで増加した。現在，中国の中流階級は少なくとも７億人いると考える専門家もいる。中流階級の人は，工場よりも高給の事務職についているかもしれないが，企業経営者ほど金持ちでもエリートでもないだろう。最近，[37]この中流階級は以前よりも商品やサービスにたくさんお金を使える。❸中国は多くの可能性を持つ成長市場だとはいえ，外国企業が入り込むのに簡単な場所ではない。アメリカの大企業の多くが成功できなかった。これらの企業が成功しなかった理由は，驚くほど似ている。企業も店舗も中国市場に適応できなかったのだ。中国の生活様式はアメリカの生活様式とは違い，それを理解することがとても重要だ。中国の顧客の文化的違いに適応できないことは，アメリカの企業が犯す一般的な失敗だ。❹ホーム・デポはアメリカで成功している「ホームセンター」型店舗だが，中国では文化的な失敗を犯した。ホーム・デポは，DIY(日曜大工)型の修理が中国ではアメリカほど普及していないことを理解できなかった。人件費が安いので，多くの家主は自分で作業をするよりも，誰かを雇って家の修理をすることを好む。さらに，同社は修理や改装を行う職人の間でも人気が出なかった。同社が成功できる方法はなかった。❺ベスト・バイは，アメリカに多くの店舗を持つ家庭用電化製品の企業である。同社はパソコンやテレビ，エアコンを販売している。ベスト・バイが苦戦した理由は，中国の消費者が，より有名なブランドの家電に高い金額を払いたがらなかったからだ。地元の店は多くの場合，似た品質の商品をベスト・バイよりはるかに安価で販売していた。また，店舗が大半の消費者にとって遠すぎた。激しい交通渋滞と，公共交通機関の欠如によって，車を持たない地元の人々が店に行くのが難しかったのだ。

問１＜単語の意味＞million は「100 万」なので，100 million で「１億」となる。 *cf.* billion「10 億」

問２＜整序結合＞this middle class group has に続ける形なので，「この中流階級は以前よりも商品やサービスに使えるたくさんのお金を持っている」と読み換える。has の目的語に more money を置き，これを to不定詞の形容詞的用法で to spend on goods and services とまとめて後ろから修飾する。残りは比較の対象として than they had before とまとめる。　... this middle class group has more money to spend on goods and services than they had before.

問３＜熟語＞in addition は「さらに，また」という意味で‘追加’を表す。２文前の The Home Depot failed to ...を受けて，the company also failed to ...と続いていることから判断できる。fail to ～「～できない，～しそこなう」

問４＜適語選択＞be popular with〔among〕～で「～の間で人気である」。本問では be動詞の代わりに become が使われている。

問５＜内容真偽＞①…×　第４段落第３文参照。 rather than ～「～よりむしろ」　②…×　第５段落第３文参照。「あまり好きではない」という記述はない。　③…×　第１段落第２文参照。これは仮定法過去の文なので，現在の事実ではない。　④…○　第２段落第２文に一致する。

問６＜英問英答＞「この文章によると，『そうした店をたくさん持つ企業の経営者』がさらに豊かになるのはなぜか」—②「多くの店の方が１店だけより稼げるから」　第１段落第２，３文参照。多くの客が買い物をする店を多く持っていれば，その分売り上げは増える。

問７＜英問英答＞「この文章によると，『中流階級』とはどのような労働者か」—①「工場労働者よりは上位だが，会社経営者よりは下位」　第２段落第４文参照。‘not as ～ as …’「…ほど～ない」

問８＜英問英答＞「この文章によると，アメリカ企業が中国で成功できなかったのはなぜか」—③「企業が中国に適応するために変わらなかったから」　第３段落第４文参照。 adapt to ～「～に適応する」≒fit「～に合わせる」

問９＜英問英答＞「この文章によると，DIY が中国で不人気なのはなぜか」—③「中国の顧客は誰かに修理を頼むから」　第４段落第２，３文参照。

問10＜英問英答＞「この文章によると，ベスト・バイが中国で失敗した主な理由は何か」—④「商品が高すぎたから」　第５段落第３，４文参照。

2023年度／山村学園高等学校（第２回）

数学解答

1	問１ ④	問２ ⑦	問３ ⑦	**3**	問12 ③	問13 ③	問14 ⑧
	問４ ③	問５ ①		**4**	問15 ⑤	問16 ④	問17 ⑤
2	問６ ②	問７ ④	問８ ③	**5**	問18 ②	問19 ⑥	問20 ③
	問９ ⑥	問10 ⑤	問11 ①				

1 〔独立小問集合題〕

問１＜数の計算＞与式$=5-9\times\frac{1}{9}=5-1=4$

問２＜数の計算＞与式$=\frac{6\times\sqrt{2}}{\sqrt{2}\times\sqrt{2}}-\{(\sqrt{6})^2-2\times\sqrt{6}\times\sqrt{3}+(\sqrt{3})^2\}=\frac{6\sqrt{2}}{2}-(6-2\sqrt{6\times3}+3)=3\sqrt{2}-(9-2\sqrt{3^2\times2})=3\sqrt{2}-(9-2\times3\sqrt{2})=3\sqrt{2}-9+6\sqrt{2}=9\sqrt{2}-9$

問３＜式の計算＞与式$=\frac{3x+2y-2(2x-3y)}{4}=\frac{3x+2y-4x+6y}{4}=\frac{-x+8y}{4}$

問４＜数の計算＞与式$=\frac{b^3}{2a}\times\frac{a^4}{3b^2}\div\frac{a^2}{9}=\frac{b^3}{2a}\times\frac{a^4}{3b^2}\times\frac{9}{a^2}=\frac{b^3\times a^4\times9}{2a\times3b^2\times a^2}=\frac{3}{2}ab=\frac{3}{2}\times\left(-\frac{1}{3}\right)\times2=-1$

問５＜二次方程式＞$x\times2x=3(x+1)$より，$2x^2=3x+3$，$2x^2-3x-3=0$となるので，解の公式より，$x=\frac{-(-3)\pm\sqrt{(-3)^2-4\times2\times(-3)}}{2\times2}=\frac{3\pm\sqrt{33}}{4}$である。$x>0$なので，$x=\frac{3+\sqrt{33}}{4}$である。

2 〔独立小問集合題〕

問６＜等式変形＞両辺に4をかけて，$3(a-2b-c)=2(4a-b-2c)$，$3a-6b-3c=8a-2b-4c$，$-6b$，$-3c$を右辺に，$8a$を左辺に移項して，$-5a=4b-c$，両辺を-5でわって，$a=\frac{-4b+c}{5}$，$a=\frac{c-4b}{5}$となる。

問７＜関数＞yがxの関数であるとき，xの値を決めると，yの値が１つに決まる。A，Bは，xのどの値においても，yの値は１つに決まるので，yはxの関数である。Cは，例えば，$x=0$のとき，yの値が２つあるので，yはxの関数ではない。

問８＜数の計算＞$a◎b=\frac{a-b}{2}-3$だから，$-9◎3=\frac{-9-3}{2}-3=\frac{-12}{2}-3=-6-3=-9$となる。よって，$(-9◎3)◎(-2)=-9◎(-2)=\frac{-9-(-2)}{2}-3=-\frac{7}{2}-3=-\frac{13}{2}$である。

問９＜正誤問題＞A…誤。関数$y=-2x^2$は，比例定数が負なので，xの変域$-1\leqq x\leqq2$においては，絶対値が最小の$x=0$のときyは最大で$y=0$，絶対値が最大の$x=2$のときyは最小で$y=-2\times2^2=-8$となる。よって，yの変域は，$-8\leqq y\leqq0$である。　B…正。　C…誤。半径が3，中心角が120°のおうぎ形の面積は，$\pi\times3^2\times\frac{120^\circ}{360^\circ}=3\pi$である。

問10＜確率—硬貨，さいころ＞２枚の硬貨をX，Yとすると，Aさんが２枚の硬貨X，Yを同時に投げるときの表裏の出方は，(X，Y)＝(表，表)，(表，裏)，(裏，表)，(裏，裏)の４通りある。Bさんが１個のさいころを１回投げるときの目の出方は６通りあるので，２枚の硬貨X，Yとさいころの目の出方は全部で$4\times6=24$(通り)ある。このうち，Aさんの点数がBさんの点数より高くなるのは，(X，Y)＝(表，表)のとき，Aさんの点数が６点より，さいころの目は１，２，３，４，５の５通りある。(X，Y)＝(表，裏)のとき，Aさんの点数が３点より，さいころの目は１，２の２通りある。(X，Y)＝(裏，表)のときも同様に２通りある。(X，Y)＝(裏，裏)のとき，Aさんの点数が０点より，Aさんの点数がBさんの点数より高くなることはない。よって，Aさんの点数がB

さんの点数より高くなるのは$5+2+2=9$(通り)あるから，求める確率は$\frac{9}{24}=\frac{3}{8}$である。

問11＜平面図形—角度＞右図1のように，2点F，Gを定める。△BCFで内角と外角の関係より，$\angle AFB=\angle FBC+\angle BCF=57°+17°=74°$である。また，対頂角より，$\angle AGF=\angle DGE=23°$である。よって，△AFGで内角と外角の関係より，$x=\angle AFB-\angle AGF=74°-23°=51°$となる。

図1

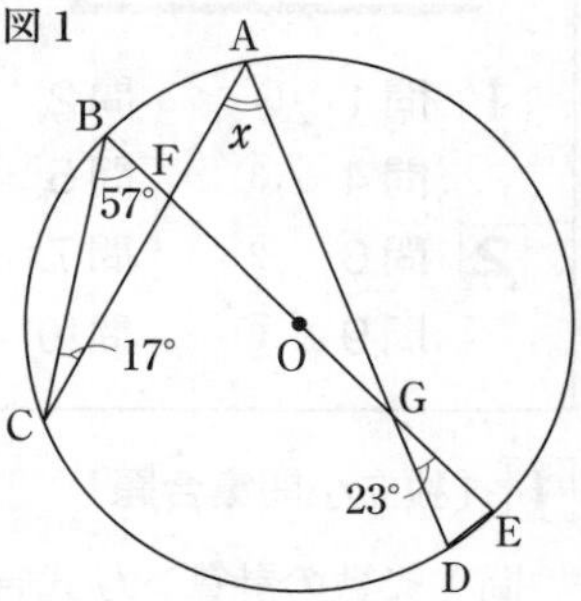

3〔関数—一次関数のグラフ〕

問12＜直線の組＞直線$y=ax+b-3$は，直線$y=(a-2)x+b$と比べると，傾きが大きく，切片が小さい。右下図2の直線Ⅰ〜Ⅳで，このようになっている2直線の組は，ⅡとⅠ，ⅡとⅢである。切片の差は3だから，ⅡとⅢが適する。よって，直線$y=ax+b-3$が直線Ⅱ，直線$y=(a-2)x+b$が直線Ⅲである。

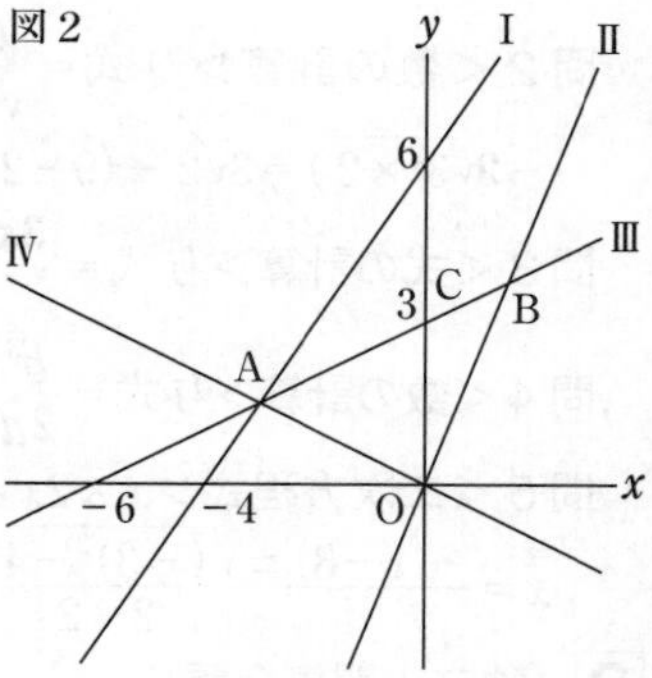

問13＜aの値＞右図2で，問12より，直線Ⅲの式は$y=(a-2)x+b$である。2点$(-6,\ 0)$，$(0,\ 3)$を通るので，直線Ⅲの傾きは$\frac{3-0}{0-(-6)}=\frac{1}{2}$である。よって，$a-2=\frac{1}{2}$が成り立ち，$a=\frac{5}{2}$である。

問14＜面積＞右図2のように，3点A，B，Cを定める。直線Ⅱ，Ⅲ，Ⅳで囲まれた部分は△OABであり，$OC=3$となる。直線Ⅰは2点$(-4,\ 0)$，$(0,\ 6)$を通るので，傾きが$\frac{6-0}{0-(-4)}=\frac{3}{2}$，切片が6であり，直線Ⅰの式は$y=\frac{3}{2}x+6$である。また，問13より，直線Ⅲの式は，$y=\frac{1}{2}x+3$である。点Aは，2直線$y=\frac{3}{2}x+6$，$y=\frac{1}{2}x+3$の交点だから，$\frac{3}{2}x+6=\frac{1}{2}x+3$より，$x=-3$となり，点Aの$x$座標は$-3$である。よって，△OACの底辺を$OC=3$と見たときの高さは3である。次に，問13より，$a=\frac{5}{2}$だから，直線Ⅱの式は$y=\frac{5}{2}x$である。点Bは，2直線$y=\frac{1}{2}x+3$，$y=\frac{5}{2}x$の交点だから，$\frac{1}{2}x+3=\frac{5}{2}x$より，$x=\frac{3}{2}$となり，点Bの$x$座標は$\frac{3}{2}$である。よって，△OBCの底辺を$OC=3$と見たときの高さは$\frac{3}{2}$である。以上より，求める面積は，$\triangle OAB=\triangle OAC+\triangle OBC=\frac{1}{2}\times3\times3+\frac{1}{2}\times3\times\frac{3}{2}=\frac{27}{4}$である。

4〔空間図形—正四面体〕

問15＜面積＞右図で，△BCDは正三角形だから，点Bから辺CDに垂線BEを引くと，△BCEは3辺の比が$1:2:\sqrt{3}$の直角三角形となり，$BE=\frac{\sqrt{3}}{2}BC=\frac{\sqrt{3}}{2}\times6=3\sqrt{3}$となる。よって，$\triangle BCD=\frac{1}{2}\times CD\times BE=\frac{1}{2}\times6\times3\sqrt{3}=9\sqrt{3}$である。

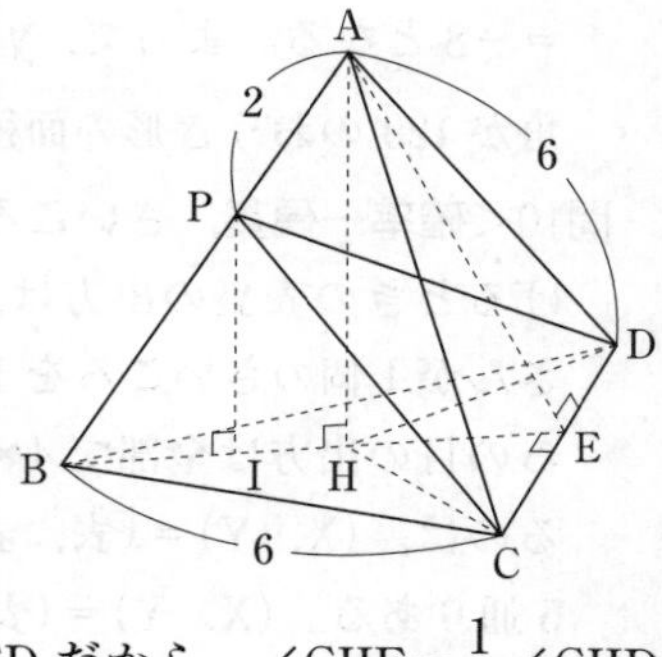

問16＜体積＞右図で，点Aから面BCDに垂線AHを引くと，図形の対称性より，点Hは線分BE上の点となり，$BH=CH=DH$となる。$BC=CD=DB$より，△HBC，△HCD，△HDBは合同な二等辺三角形だから，$\angle CHD=\frac{1}{3}\times360°=120°$である。さらに，$HE\perp CD$だから，$\angle CHE=\frac{1}{2}\angle CHD=\frac{1}{2}\times120°=60°$となる。これより，△HCEは3辺の比が$1:2:\sqrt{3}$の直角三角形となる。よっ

て，HE：BH＝HE：CH＝1：2である。BE＝$3\sqrt{3}$だから，BH＝$\frac{2}{1+2}$BE＝$\frac{2}{3}\times3\sqrt{3}=2\sqrt{3}$となる。△ABHで三平方の定理より，AH＝$\sqrt{AB^2-BH^2}=\sqrt{6^2-(2\sqrt{3})^2}=\sqrt{24}=2\sqrt{6}$となるから，〔正四面体ABCD〕＝$\frac{1}{3}$×△BCD×AH＝$\frac{1}{3}\times9\sqrt{3}\times2\sqrt{6}=18\sqrt{2}$である。

問17＜体積＞前ページの図で，点Pから面BCDに垂線PIを引くと，点Iは線分BE上の点となり，PI∥AHとなるので，△PBI∽△ABHである。よって，PI：AH＝PB：ABである。PB＝AB－AP＝6－2＝4より，PB：AB＝4：6＝2：3となるから，PI：AH＝2：3となり，PI＝$\frac{2}{3}$AH＝$\frac{2}{3}\times2\sqrt{6}$＝$\frac{4\sqrt{6}}{3}$となる。したがって，〔三角錐PBCD〕＝$\frac{1}{3}$×△BCD×PI＝$\frac{1}{3}\times9\sqrt{3}\times\frac{4\sqrt{6}}{3}=12\sqrt{2}$である。

5〔平面図形―長方形〕

問18＜長さ＞右図1で，JB＝IK＝1だから，AE＝1のとき，JE＝AB－AE－JB＝3－1－1＝1である。JE＝AE，∠EJI＝∠EAF＝90°，∠JEI＝∠AEFより，△JEI≡△AEFとなるから，FA＝IJ＝2となり，FD＝AD－FA＝5－2＝3である。∠EAF＝∠GDF＝90°，∠AFE＝∠DFGより，△AEF∽△DGFだから，AE：DG＝FA：FD＝2：3となり，DG＝$\frac{3}{2}$AE＝$\frac{3}{2}\times1=\frac{3}{2}$となる。これより，CG＝DC－DG＝$3-\frac{3}{2}=\frac{3}{2}$となり，CG＝DGである。同様に考えて，△CGH≡△DGFだから，HC＝FD＝3である。

図1

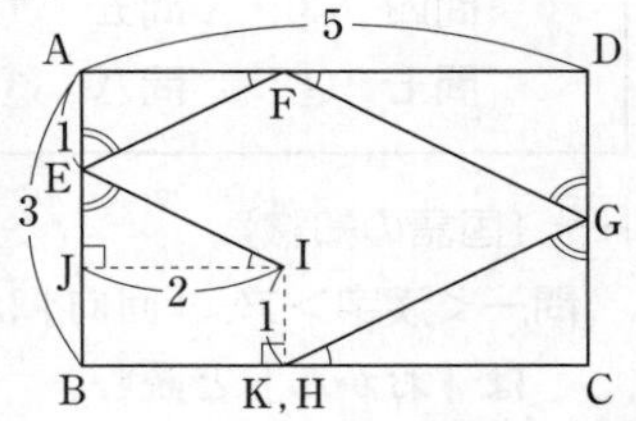

問19＜長さ＞右図2で，直線ADについて点Eと対称な点をE′とする。∠AFE′＝∠AFE，∠AFE＝∠DFGより，∠AFE′＝∠DFGだから，3点E′，F，Gは一直線上にある。E′B∥DCより，∠BE′G＝∠DGF，∠E′BG＝∠CGBであり，∠DGF＝∠CGBだから，∠BE′G＝∠E′BGとなり，△GE′BはGE′＝GBの二等辺三角形である。AE＝AE′＝xとすると，EJ＝AB－AE－JB＝3－x－1＝2－x，E′B＝AE′＋AB＝x＋3と表せる。点GからE′Bに垂線GLを引くと，点Lは線分E′Bの中点となるから，GC＝LB＝$\frac{1}{2}$E′B＝$\frac{1}{2}(x+3)$＝$\frac{1}{2}x+\frac{3}{2}$となる。また，△JEI∽△CGBだから，EJ：GC＝IJ：BCより，$(2-x):\left(\frac{1}{2}x+\frac{3}{2}\right)=2:5$が成り立ち，$(2-x)\times5=\left(\frac{1}{2}x+\frac{3}{2}\right)\times2$，$10-5x=x+3$，$-6x=-7$，$x=\frac{7}{6}$となる。よって，AE＝$\frac{7}{6}$である。

図2

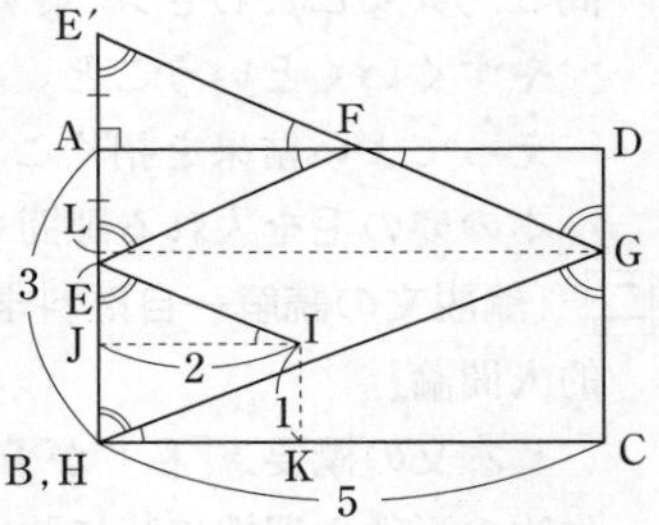

問20＜長さ＞右図3で，点Iから辺CDに垂線IMを引くと，△JEI，△AEF，△DGF，△MGIは相似な直角三角形だから，∠JEI＝∠AEF＝∠DGF＝∠MGI，∠JIE＝∠AFE＝∠DFG＝∠MIGとなる。よって，∠FEI＝180°－(∠JEI＋∠AEF)，∠FGI＝180°－(∠DGF＋∠MGI)より，∠FEI＝∠FGIとなり，同様に，∠EFG＝∠EIGとなる。これより，四角形EFGIは平行四辺形だから，EI＝GF，EF＝GIであり，△JEI≡△DGF，△AEF≡△MGIとなる。したがって，FD＝IJ＝2，FA＝AD－FD＝5－2＝3である。△AEF∽△JEIだから，AE：JE＝FA：IJ＝3：2となり，AE＝$\frac{3}{3+2}$AJ＝$\frac{3}{5}\times2=\frac{6}{5}$である。

図3

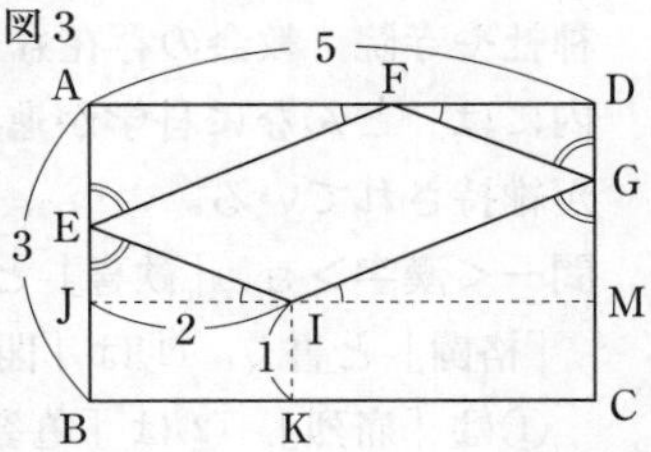

国語解答

一 問一　ア…②　イ…①　ウ…③　エ…①
問二　ア…④　イ…②　ウ…③
問三　ア…⑧　イ…⑤　ウ…⑥

二 問一　a…③　b…④　c…①　d…③
e…②
問二　①…④　②…②　③…②　④…①
⑤…③
問三　ア…③　イ…④　ウ…⑤　エ…②
問四　③　　問五　①　　問六　②
問七　④　　問八　③　　問九　④
問十　②　　問十一　①　　問十二　③
問十三　①　　問十四　④

三 問一　Ⅰ…③　Ⅱ…④　Ⅲ…①　Ⅳ…②
Ⅴ…①
問二　④　　問三　②　　問四　③
問五　①
問六　a…④　b…⑦　c…②　d…①
e…⑥
問七　③

一〔国語の知識〕

問一＜漢字＞ア．「回向」は「えこう」と読む。　イ．「会得」は「えとく」と読む。　ウ．「悪寒」は「おかん」と読む。　エ．「演繹」は「えんえき」と読む。

問二＜漢字＞ア．「はいき」は「廃棄」または「排棄」と書く。　イ．「じゅんぎょう」は「巡業」と書く。　ウ．「かへい」は「貨幣」と書く。

問三．ア＜ことわざ＞「案ずるより産むが易い」は，物事はやってみると心配していたよりも案外たやすくいくということ。　イ＜ことわざ＞「雨降って地固まる」は，もめごとがあった後は，かえってよい結果を招くことがあるということ。　ウ＜故事成語＞「間，髪を入れず」は，間に一本の髪の毛を入れる隙間もないということから，即座に，という意味。

二〔論説文の読解―自然科学的分野―人類〕出典；小林朋道『ヒトの脳にはクセがある　動物行動学的人間論』。

≪本文の概要≫「私」が子どもの頃の「夜ぶり」の体験を鮮明に覚えているのは，「私」の脳の中に，生物の形態や習性に特に強い興味を持ったり，新しい種類をそれまでの自分の分類体系の中に位置づけて覚えたり，生物の特性に基づいて捕獲や育種，採集をしたりする欲求の回路が備わっているからである。この脳の回路は，狩猟採集時代には，生存や繁殖になくてはならないものであった。人間は，因果関係の追究にこだわる。因果関係の推察には再現性の高いものがあり，生存に役立ったはずである。しかし，因果関係がよくわからないものについては，人の力の及ばない大きな力の存在を感じ取ることで，出来事を解釈しようとした。アニミズムや部族の「言い伝え」が，その例に挙げられる。神社や寺院，教会の存在も，大きな力を感じさせるものである。現代でも，我々ホモサピエンスの脳内には，どんなに科学が進展しても説明できない現象を，「大きな力」を持つ存在のせいにする心理が維持されている。

問一＜漢字＞a．「歓喜」と書く。①は「観劇」，②は「勧誘」，③は「歓迎」，④は「感銘」。　b．「格闘」と書く。①は「閣議」，②は「威嚇」，③は「核心」，④は「厳格」。　c．「強烈」と書く。①は「痛烈」，②は「亀裂」，③は「参列」，④は「卑劣」。　d．「回避」と書く。①は「卑近」，②は「類比」，③は「避暑」，④は「浪費」。　e．「皆既」と書く。①は「任期」，②は「既成」，③は「復帰」，④は「基盤」。

問二＜語句＞①「息を飲む」は，はっと驚いて息を止める，という意味。　②「分が悪い」は，形勢が悪く不利であるさま。　③「かろうじて」は，ようやく，やっとのことで，という意味。

④「そぐわない」は，「そぐう」の否定形。「そぐう」は，似合う，つり合う，という意味。　⑤「バリエーション」は，変化，変種のこと。

問三．ア＜接続語＞水路にかなり大きくて長いものを見つけたとき，「私」の脳はヘビを感じたが，その直後ウナギではないかと思った。　イ＜表現＞子どもの頃に体験した「夜ぶり」のことを，どうして今も鮮明に覚えているのだろうかと「私」は疑問に思っている。　ウ＜接続語＞「私」は「夜ぶり」で体験した出来事を鮮明に覚えており，また，大人になった今でも脳の中で「夜ぶり」をすることがある。　エ＜表現＞たぶん，ヒトの脳の中には生物の形態や習性を知りたいという欲求や，生物を自分の分類体系に位置づけたいという欲求や，捕獲や育種，採集をしたいという欲求の回路が存在し，その回路が生存や繁殖にとってなくてはならない行動や心理，知識の蓄積を生み出したのだろう。

問四＜文章内容＞夏の夜に漁をするとき，「私」は，「小物を狙わない」こと(①…○)，「どんなところにどんな種類の大物がいるか」ということ(②…○)，そして暗闇の中で「それぞれの魚がもつ動きのパターンにリズムを合わせ漁具を放つ」ことを(②・④…○)，父や兄に教えられていた。

問五＜文章内容＞水底がコンクリートであれば網を使ってウナギを捕まえるべきかもしれないが，「私」は，網が水中でつくる波をウナギに感じ取られて逃げられるかもしれないと思い，ヤスで不意打ちを試みるしかないと思ったのである。

問六＜文章内容＞子どものときに網で捕まえた鳥の「シギ」という名前とその特徴が深く頭に刻みつけられたのは，「私」に「狩猟採集生活時代の脳内回路」があるからである(③…○)。現代も，人間は「狩猟採集生活時代の脳内回路」を保持しているので，「モンスターハンター」や「お庭造り」といったゲームが人気であるし(①…○)，さまざまな擬似生物をターゲットにした収集・分類にひかれる気持ちがある(④…○)。

問七＜文章内容＞狩猟採集時代と変わらず，現代も，情報や契約などの獲得を目指して，さまざまな手がかりを読み取りながら，「獲物」に近づいていくという感覚が生き残っている。

問八＜文章内容＞ヒトには，外界の事物や事象について因果関係を求める特性があり，説明のつきにくい事象には「大きな力」を持つ存在を感じ取るのであり，どんなに科学が進展しても，説明できない現象には大きな力がはたらいていると考える。ヒトは，神社は大きな力の宿る場所であるので，ビルを建てるために神社を取り壊すと悪いことが起こるのではないかと，考えてしまうのである。

問九＜文章内容＞「ヒトの脳に，外界の事物・事象について因果関係を求める特性があることは，生存・繁殖に有利」である。因果関係が高い再現性を持つものならば，危険からうまく逃れることができるし，食べ物なども得やすくなるからである。

問十＜文章内容＞例えば，皆既日食のような，事物や事象の構造が複雑な場合，狩猟採集時代の人々は，因果関係を正しく認識できない。しかし，脳は因果関係を求めるので，人々は神や精霊や邪悪な魂などの存在を原因と考えるようになったのである。

問十一＜文章内容＞日本の神社，インドやタイの寺院，欧米の教会，精霊の宿る巨木や巨石などには，人の力の及ばない「大きな力」を持つ存在を感じさせるものがあり，そこでは，人はその偉大なものの「求めに応じ，庇護《ひご》を求めよう」という気持ちになるのである。

問十二＜文章内容＞人間の脳の深いところには，現代でも人の力の及ばない「大きな力」を持つ存在を感じ取る部分があり，人はその存在によって幸福にも不幸にもなると感じてしまうのである。

問十三＜文脈＞狩猟採集生活では，外界の事物や事象の因果関係を追究するのは生存に関わる大事なことであった。例えばヒトは，「この草食動物は春になると，そこに開花する植物の花を求めて湿地に移動してくる」ということや「あの種類の雲が広がったら，そのあとは激しい雨と風がやってくる」ということのような因果関係を推察し，再現性の高いものは生活に役立てていた。

問十四＜要旨＞「私」が子どもの頃に体験した「夜ぶり」を鮮明に覚えているのは，狩猟採集時代のヒトの脳と同じ，獲物を求める脳内回路があるからだと思われる(①…○)。ヒトの脳は物事の因果関係を追究しようとし，その能力はヒトの生存に有利にはたらいた。また，ヒトは，因果関係がよくわからないものに関しては，人知を超えた「大きな力」の存在を感じ取り，それで物事を解釈しようとした(②…○)。「大きな力」を持つ存在をまつった建物や土地は世界中にあり，科学の発展で解明できることが増えたとしても，ヒトには大きな力を畏怖する心理は残されている(③…○，④…×)。

三 〔古文の読解―随筆〕出典；本居宣長『うひ山ぶみ』。

≪現代語訳≫学問は，ひたすら長い年月を飽きないで怠けないで，励み努力することが大事であって，学び方は，どのようであってもよいはずで，(学びの方法は)そんなに関わるべきことではない。どんなに学びの方法がよいとしても，怠けて努力しないと，成果はない。また人々の才能の有無によって，その成果はたいそう差が生じるが，才能の有無は，生まれつきのことであるので，力には及びがたい。けれどもだいたいは，才能がない人といっても，怠けず努力さえすれば，それだけの成果はあるものである。また，年をとってから学問を始める人も，努力し励むならば，思いのほかに，成果をあげることがある。また暇が〈ない〉人も，思いのほかに，暇が〈多い〉人よりも，成果をあげるものである。だから，才能が不足していることや，年をとってから学ぶことや，暇の〈ない〉ことによって，気持ちがくじかれて，(学びを)やめることがあってはいけない。／いずれにしても，努力さえすれば，(学問の成果は)出てくるものと心得るべきである。全て気持ちがくじかれるのは，学問で大いに〈嫌う〉ことであるよ。

問一. Ⅰ＜古語＞「肝要」は，非常に大切であること。　Ⅱ＜古語＞「いかほど」は，どんなに，どれほど，という意味。　Ⅲ＜現代語訳＞「いたく」は，非常に，という意味。「異なり」は，他とは違っている，という意味。　Ⅳ＜古語＞「ともし」は，ここでは，とぼしい，不十分である，という意味。　Ⅴ＜古語＞「くづをる」は，意志がくじける，という意味。

問二＜古文の内容理解＞学問は，怠けず励み努力することが大切で，「学びやう」はどのようでもよいというのだから，「学びの方法」が学問に深く関わることはないのである。

問三＜古文の内容理解＞A・B．暇や時間が多くあればよいというものではなく，暇がない人でも，予想外に暇のある人よりも成果をあげるものである。　C．大切なのは，暇がないからといって学問を諦めることなく，努力し続けることである。

問四＜古文の内容理解＞学問で大切なことは努力し続けることであり，学問で嫌うべきことは気持ちがくじかれることである。

問五＜古文の内容理解＞「とてもかくても，つとめだにすれば，出で来るものと心得べし」とあるように，どのような場合でも，努力さえすれば学問の成果は出てくるものである。

問六＜古典文法＞a．「ただ」は，活用のない自立語で，「励みつとむる」を修飾し，様子を説明している，副詞。　b．「べく」は，推量の助動詞「べし」の連用形。　c．「よく」は，形容詞「よし」の連用形。　d．「なす」は，サ行四段活用動詞「なす」の連体形。　e．「されば」は，だから，という意味の接続詞。

問七＜文学史＞『古事記伝』は，江戸時代の本居宣長による『古事記』の注釈書。『おらが春』は，江戸時代の小林一茶の俳文集。『おくのほそ道』は，江戸時代の松尾芭蕉の俳諧紀行文。『日本永代蔵』は，江戸時代の井原西鶴の浮世草子。

2023年度　山村学園高等学校（第３回）

【英　語】（50分）〈満点：100点〉

1　次の対話文の受け答えとして，[1] ～ [5] に入る最も適当なものをそれぞれ一つずつ選び，その番号をマークしなさい。

［マークシート解答番号 [1] ～ [5] ］

問１　A：Shall we go shopping tomorrow?

B：Sure. Where will we go?

A：How about going to Kawagoe? I want to buy a kimono.

B：[1]

① I am lost.

② I don't like shopping.

③ I miss you.

④ Sounds great.

問２　A：Did you eat lunch?

B：Yes, I did. I went to a restaurant near the park.

A：How was your meal?

B：[2]

① I didn't eat lunch.

② You should try the fish and chips.

③ I was late.

④ It took ten minutes by bus.

問３　A ： Can I borrow your pencil?

B ： 3

A ： Thank you.

B ： You’re welcome.

① I have already told you.

② Here you are.

③ No, not at all.

④ It cannot be.

問４　A ： How long will it take to finish your homework?

B ： 4

A ： You should study more seriously.

B ： I know but I cannot stop watching TV.

① I like my homework.

② I took English lesson yesterday.

③ I guess I cannot finish it today.

④ Do it by yourself.

問５　A ： Which cup would you like to use, red or blue?

B ： 5

A ： Me neither.

B ： Let’s go to another store.

① I like the red one.

② I cannot decide.

③ How about the blue one?

④ Both look good.

2 次の 6 ～ 15 に当てはまる最も適当なものをそれぞれ一つずつ選び，その番号をマークしなさい。

［マークシート解答番号 6 ～ 15 ］

問1　Can anyone [6] this word into English?

① push　② put

③ pick　④ pass

問2　If you are in a car and you [7] across an accident, first park safely and turn off the engine.

① come　② go

③ give　④ get

問3　[8] afraid of making mistakes.

① Not　② Don't

③ Not be　④ Don't be

問4　They threw a rock [9] the window and broke the TV.

① over　② across

③ through　④ on

問5　A box cutter knife is [10] boxes.

① to open　② to opening

③ for open　④ for opening

問６　Mike [11] to the party but he came anyway.

① did not invite　　② was not invited

③ has not invited　　④ was not inviting

問７　When Simon [12] back tonight, he'll cook dinner.

① comes　　② will come

③ come　　④ came

問８　I went to the shop [13] some chocolate.

① for buying　　② for buy

③ to buy　　④ to buying

問９　The concert [14] because of the bad weather.

① was canceled　　② canceled

③ did cancel　　④ have canceled

問10　Tom and Bob [15] never seen such a picture before.

① did　　② was

③ have　　④ has

3 次の各組の英文がほぼ同じ内容を表すように，[16] ～ [20] に当てはまる最も適当なものをそれぞれ一つずつ選び，その番号をマークしなさい。

［マークシート解答番号 [16] ～ [20] ］

問1
Tom likes dogs very much.
Tom is very [16] dogs.

① good at
② fond of
③ kind to
④ ready for

問2
They are so rich that they can buy a nice house with a pool.
They are [17] buy a nice house with a pool.

① enough rich to
② enough to rich
③ rich enough to
④ rich to enough

問3
The rocket left for Mars a month ago.
It [18] a month since the rocket left for Mars.

① was
② has been
③ will be
④ be

問4 This horse is better trained than yours.
Your horse is not [19] this one.

① as well trained as
② as good trained as
③ well trained than
④ good trained than

問5 David is the fastest runner in the school.
[20] in the school is as fast as David.

① No other runner
② Any other runner
③ All the runners
④ No runners

4 次の日本文の意味を表すように，それぞれ下の語(句)を並べ替えて空所を補い，英文を完成させなさい。解答は [21] ～ [30] に入れるものの番号のみをマークしなさい。ただし，文頭にくる語(句)も小文字にしてあります。
［マークシート解答番号 [21] ～ [30] ］

問1 私が必要なものはお金ではなく時間だ。

____ ____ [21] ____ ____ ____ ____ ____ [22] time.

① which ② need ③ thing ④ I ⑤ not
⑥ money ⑦ the ⑧ but ⑨ is

問２　私の友人たちは夢を実現させるためにスペイン語を勉強しています。

My ____ ____ ____ [23] ____ ____ ____ [24] ____ .

① dreams　② come　③ study　④ friends　⑤ their

⑥ Spanish　⑦ true　⑧ make　⑨ to

問３　一生懸命勉強することは良い結果につながると信じている。

____ ____ [25] ____ ____ [26] ____ ____ ____ result.

① a　② to　③ hard　④ leads　⑤ I

⑥ good　⑦ that　⑧ studying　⑨ believe

問４　強くなりたいのならば，そんな結果に満足してはいけない。

You ____ ____ [27] ____ [28] ____ ____ ____ ____ to be strong.

① a result　② want　③ if　④ be　⑤ satisfied

⑥ shouldn't　⑦ with　⑧ you　⑨ such

問５　私は青い屋根の家が売りに出されると聞きました。

____ ____ ____ [29] ____ ____ ____ [30] ____ on sale.

① blue　② the house　③ roof　④ heard　⑤ I

⑥ go　⑦ a　⑧ would　⑨ with

5 次の英文を読み，話の流れに合うように 31 〜 35 に入れるのに最も適当なものをそれぞれ一つずつ選び，その番号をマークしなさい。

［マークシート解答番号 31 〜 35 ］

Emma：We've done at last!

Misha：Yes. We have worked so hard this week.

Emma： 31

Misha：Me too. So now we can enjoy our free time. Do you have any plans for the weekend?

Emma：I'm going to the mountains with my family.

Misha：That sounds nice! 32

Emma：I've planned a little hike in the woods. After that, we're going to take a canoe down the river. I hope it doesn't rain.

Misha：Don't worry. 33 I'm sure you will have a great time. What will you do for lunch?

Emma：We are planning a BBQ.

Misha：So you have to prepare some meat and vegetables!

Emma： 34 My sister is a good cook, so lunch will be great!

Misha：It's always fun to get ready for an upcoming event, isn't it?

Emma：I totally agree. How about you? What will you do this weekend?

Misha：I'm looking forward to going to the cinema. The second "The Nightmare Before Halloween" movie is on!

Emma： 35 I'm sure you will enjoy it a lot.

Misha：Do you think so? I'm a big fan of the first film, so I'm so excited to see it!

Emma：Let's talk about it on Monday.

問 1 　31

① I'm worried about the coming test.

② I wish the test would be over soon!

③ I have to study for tomorrow's test.

④ I'm so happy the midterm exam has finished!

問 2 　32

① What will you do there?

② Where will you go?

③ When will you go?

④ How long will you stay there?

問 3 　33

① I want to be able to cook well.

② I'm afraid it will rain a lot.

③ I heard the weather will be great.

④ I think canoeing is too dangerous for you.

問 4 　34

① I hope the restaurant will be nice.

② I'm going to the supermarket this evening.

③ I'm not hungry now.

④ I enjoyed it a lot.

問 5 　35

① I'm looking forward to seeing it.

② I've already seen it.

③ You've already seen it, haven't you?

④ You don't look happy.

6 次の英文を読み，以下の設問に答えなさい。

［マークシート解答番号 36 ～ 45 ］

Many tools used in science are usually made of glass. Glass is safe, easy to make, and can be used again and again. There is a brand of plastic products called Nalgene, originally developed for scientists to use. It does not break like glass and it is lighter than glass. It has been used for many items such as jars, bottles, and test tubes. 36 These are suitable for work with many different chemicals at many various heats.

In the 1970s, *conservationists said that burning cans and glass bottles and putting them deep in the ground and in national park areas was bad for the environment and the Earth. For this reason, reusable Nalgene products became popular among backpackers for carrying light things like cookies and water. The light, wide-mouthed hard plastic bottles were stronger than plastic bags and were used for both drinks and foods. People began keeping the bottles instead of thinking they are garbage. 37

Originally, campers and hikers bought Nalgene products from laboratory stores, or perhaps took them from their workplaces. There is a famous story; one day, one of the staff at Nalgene found that his son and some of his friends were using Nalgene bottles when they went camping. Since then, the company has re-packaged and sold bottles to the public as Nalgene Outdoor Products.

By the second half of the 1990s, the "Nalgene" trademark was known to many hikers, and many people bought the clear plastic wide-mouthed bottles with a *screw-on plastic top. Its laboratory roots can still be seen by the markings on the bottle, such as 100 ml, 200 ml and so on. The plastic stops damage and smells, and can be filled [38] icy cold water or hot boiling water.

Now, Nalgene sells over ten different kinds of bottles, including the classic Wide Mouth and Narrow Mouth. A variety of products from other makers are designed to be used with the Nalgene bottles. These include water filters, cups for drinking or cooking, cases and even LED lights.

Understanding the importance of hydration during the day means that people drink more water, therefore more Nalgene bottles are used in city settings like gyms, offices, and college campuses. Many colleges even give or sell Nalgene water bottles to their students, and the bottles are also often printed on and sold as promotions.

*conservationist 環境保護主義者　*screw-on ねじって締める

問１　下線部 [36] が指すものとして最も適当なものを一つ選び，その番号をマークしなさい。

① many various heats

② a brand of glass products

③ jars, bottles and test tubes

④ many different chemicals

問２　空欄 [37] に入る最も適当なものを一つ選び，その番号をマークしなさい。

① People started reusing them.

② Garbage increased more and more.

③ Plastic bottles were thrown away everywhere.

④ Backpackers preferred using plastic bags.

問３　空欄 [38] に入る最も適当なものを一つ選び，その番号をマークしなさい。

① to

② for

③ as

④ with

問４　<u>本文の内容に一致しないもの</u>を一つ選び，その番号をマークしなさい。

[39]

① 学校名が印字されている Nalgene の容器が，多くの大学で販売されている。

② キャンプで Nalgene 研究所の容器が使われたことがきっかけで販売されるようになった。

③ Nalgene は熱には強いが，傷や臭いがつきやすい。

④ 他のメーカーが Nalgene のボトルに対応した製品を作っている。

問５　本文のタイトルとして最も適当なものを一つ選び，その番号をマークしなさい。

[40]

① Nalgene の利便性とその活用

② 科学研究所における Nalgene の重要性

③ Nalgene のアウトドア製品の歴史

④ Nalgene の使用上の注意点について

以下の設問で最も適当なものをそれぞれ一つずつ選び，その番号をマークしなさい。

問 6　According to the passage, how is Nalgene different to glass?
41

① It is not as light.

② It is stronger.

③ It is heavier.

④ It is good for high heats.

問 7　According to the passage, why did Nalgene products become popular with campers?　42

① Because they needed to be burned and put in the ground.

② Because they were better for the environment.

③ Because it was 1970s.

④ Because they were easy to drink from.

問 8　According to the passage, where did people first buy Nalgene bottles?
43

① Science stores

② Colleges

③ Camping stores

④ Nalgene Outdoor Products stores

問 9　According to the passage, when did the brand become popular with hikers?

44

① 1900

② 1990

③ 1990 to 1994

④ 1995 to 1999

問 10　According to the passage, what does 'understanding the importance of hydration' mean?　45

① People should drink more water.

② People should exercise more.

③ People must use bottles at school.

④ More colleges have to sell water bottles.

【数　学】（50分）〈満点：100点〉

〈注意〉 分度器，定規，コンパス等は使用禁止です。

1 次の $\boxed{1}$ から $\boxed{5}$ に適するものをそれぞれの解答群の中から選びなさい。

問１　$-2^2+5\times(-3)^3=\boxed{1}$

$\boxed{1}$ の解答群

① 139　② 49　③ 41　④ 27　⑤ −139　⑥ −49　⑦ −41　⑧ −27

問２　$\sqrt{3}\,(\sqrt{27}-2\sqrt{6}-\sqrt{48})=\boxed{2}$

$\boxed{2}$ の解答群

① $6+3\sqrt{6}$　② $6-3\sqrt{6}$　③ $3+6\sqrt{2}$　④ $3-6\sqrt{2}$

⑤ $-6-3\sqrt{6}$　⑥ $-6+3\sqrt{6}$　⑦ $-3-6\sqrt{2}$　⑧ $-3+6\sqrt{2}$

問３　$4:5=(2x-3):(3x-5)$ のとき，$x=\boxed{3}$ である。

$\boxed{3}$ の解答群

① $\frac{5}{2}$　② $\frac{7}{2}$　③ $\frac{9}{2}$　④ $\frac{11}{2}$　⑤ $\frac{13}{2}$　⑥ $\frac{9}{7}$　⑦ $\frac{11}{7}$　⑧ $\frac{13}{7}$

問４　$(x+4)^2+(x+4)-12$ を因数分解すると $\boxed{4}$ である。

$\boxed{4}$ の解答群

① $(x+1)(x+8)$　② $(x+10)(x+2)$　③ $x(x+7)$　④ $(x-2)(x+6)$

⑤ $(x-1)(x-8)$　⑥ $(x-10)(x-2)$　⑦ $x(x-7)$　⑧ $(x+2)(x-6)$

問５　2次方程式 $5x^2+7x+2=0$ の解は $x=\boxed{5}$ である。

$\boxed{5}$ の解答群

① $\frac{7\pm\sqrt{89}}{2}$　② $\frac{7\pm\sqrt{89}}{10}$　③ $1,\ \frac{2}{5}$　④ $2,\ \frac{1}{5}$

⑤ $\frac{-7\pm\sqrt{89}}{2}$　⑥ $\frac{-7\pm\sqrt{89}}{10}$　⑦ $-1,\ -\frac{2}{5}$　⑧ $-2,\ -\frac{1}{5}$

2 次の $\boxed{6}$ から $\boxed{11}$ に適するものをそれぞれの解答群の中から選びなさい。

問６　x, y が連立方程式 $\begin{cases} \dfrac{x}{6}-\dfrac{y}{4}=-2 \\ 3x+2y=3 \end{cases}$ を満たすとき，$x-y=$ $\boxed{6}$ である。

$\boxed{6}$ の解答群

① -12　② -9　③ -6　④ -3　⑤ 3　⑥ 6　⑦ 9　⑧ 12

問７　$x=\dfrac{1}{5}$，$y=-3$ のとき，$3(x-5y)-2(4x-7y)=$ $\boxed{7}$ である。

$\boxed{7}$ の解答群

① -88　② -4　③ -2　④ $-\dfrac{4}{5}$　⑤ 2　⑥ 4　⑦ $\dfrac{26}{5}$　⑧ 86

問８　右の図のように円Ｏの円周上に５点 A, B, C, D, E があるとき，$x=$ $\boxed{8}$ °である。

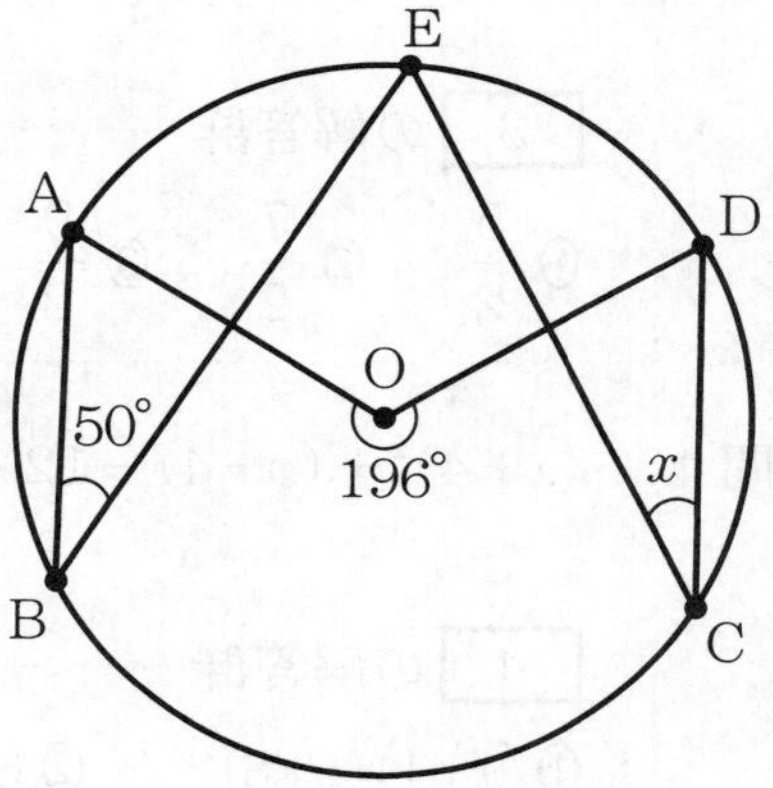

$\boxed{8}$ の解答群

① 29　② 30　③ 31　④ 32

⑤ 33　⑥ 34　⑦ 35　⑧ 36

問９　10 円，50 円，100 円，500 円の硬貨が１枚ずつある。この４枚を同時に投げるとき，表が出た硬貨の合計金額が 150 円以上 560 円以下になる確率は $\boxed{9}$ である。

$\boxed{9}$ の解答群

① $\dfrac{1}{2}$　② $\dfrac{1}{4}$　③ $\dfrac{3}{4}$　④ $\dfrac{3}{8}$　⑤ $\dfrac{5}{8}$　⑥ $\dfrac{3}{16}$　⑦ $\dfrac{5}{16}$　⑧ $\dfrac{7}{16}$

問10　次のA～Cの文において，正しいものには○，誤っているものには×をつけたとき，正しい組み合わせは [10] である。

A：$-\sqrt{(-0.3)^2}=-0.9$ である。

B：1桁の素数は全部で5個ある。

C：面積が12㎠の三角形の底辺の長さを x ㎝，高さを y ㎝とするとき，y は x に反比例する。

[10] の解答群

① A－○，B－○，C－○　② A－×，B－×，C－×

③ A－×，B－○，C－○　④ A－○，B－×，C－×

⑤ A－○，B－×，C－○　⑥ A－×，B－○，C－×

⑦ A－○，B－○，C－×　⑧ A－×，B－×，C－○

問11　ある高校の今年度の入学者数は279人であり，昨年度の入学者より4人増加した。これを男女別にみると，昨年度より男子の人数は6％増加し，女子の人数は4％減少した。このとき，今年度の入学者の男子の人数は [11] 人である。

[11] の解答群

① 116　② 120　③ 125　④ 129　⑤ 150　⑥ 154　⑦ 159　⑧ 160

3 下の図のように放物線 $y=\dfrac{1}{4}x^2$ のグラフで，２点 A，C はその放物線上の点であり，点 B は y 軸上の点である。BC の中点を M とし，四角形 OABC が正方形であるとき，次の [12] から [14] に適するものをそれぞれの解答群の中から選びなさい。

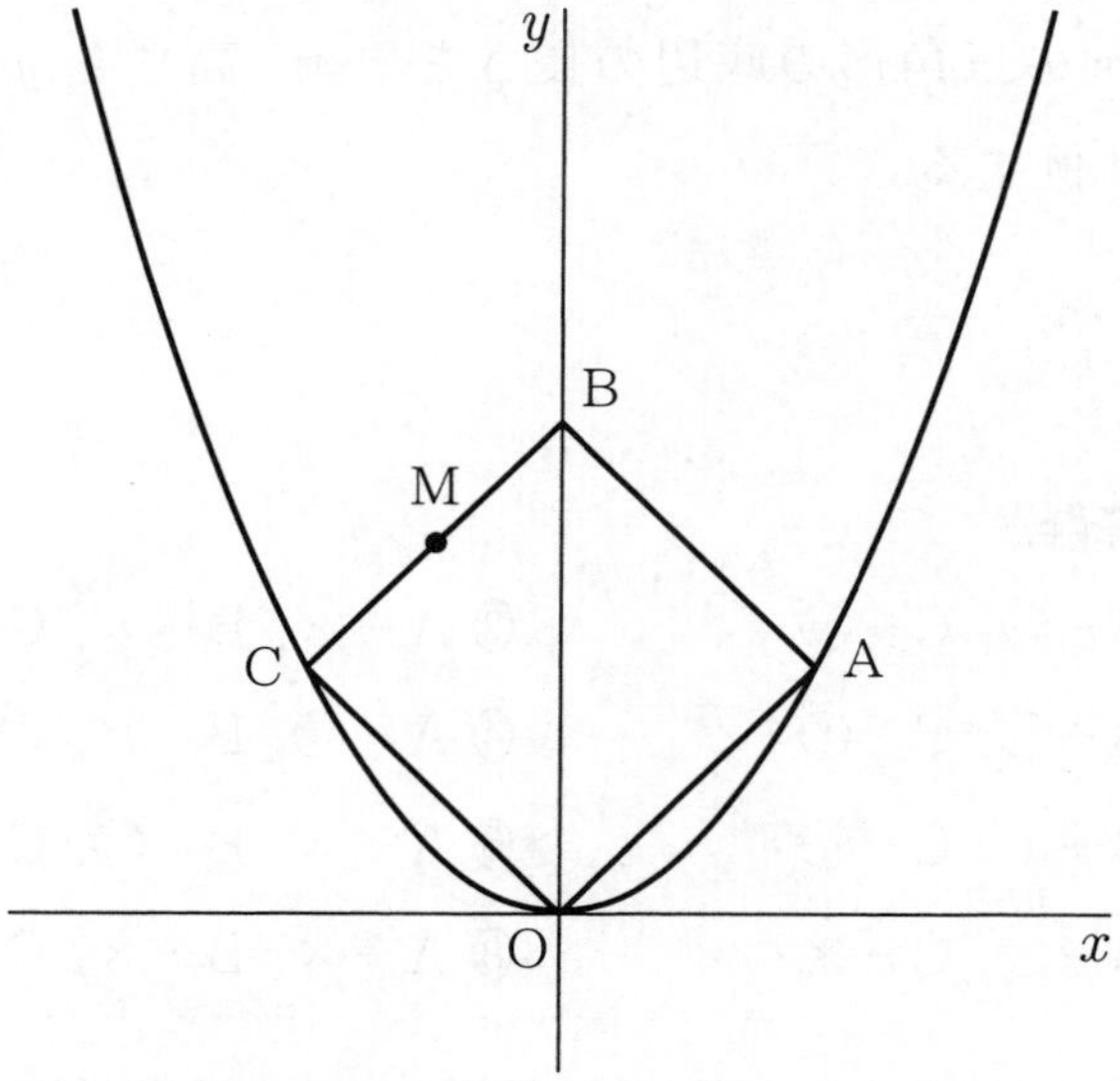

問12　点 B の y 座標は [12] である。

[12] の解答群

①２　②４　③６　④８　⑤10　⑥12　⑦14　⑧16

問 13　直線 AM の傾きは [13] である。

[13] の解答群

① $-\dfrac{1}{8}$　② $-\dfrac{1}{4}$　③ $-\dfrac{1}{3}$　④ $-\dfrac{1}{2}$　⑤ $-\dfrac{2}{3}$　⑥ $-\dfrac{3}{4}$　⑦ $-\dfrac{5}{8}$　⑧ $-\dfrac{7}{8}$

問 14　直線 AM が放物線と交わる点で A 以外の点を D，直線 AM と y 軸の交点を E とする。△OAE，△OED の面積をそれぞれ S_1，S_2 とするとき，$\dfrac{S_1}{S_2}=$ [14] である。

[14] の解答群

① $\dfrac{4}{3}$　② $\dfrac{4}{9}$　③ $\dfrac{4}{27}$　④ $\dfrac{8}{9}$　⑤ $\dfrac{3}{4}$　⑥ $\dfrac{9}{4}$　⑦ $\dfrac{27}{4}$　⑧ $\dfrac{9}{8}$

4 下の図のように，1辺が6の正四面体ABCDがある。辺CD，辺ADの中点をそれぞれE，Fとし，辺AC上にBG＋GFの長さが最も小さくなるように点Gをとり，AEとGFの交点をHとするとき，次の $\boxed{15}$ から $\boxed{17}$ に適するものをそれぞれの解答群の中から選びなさい。

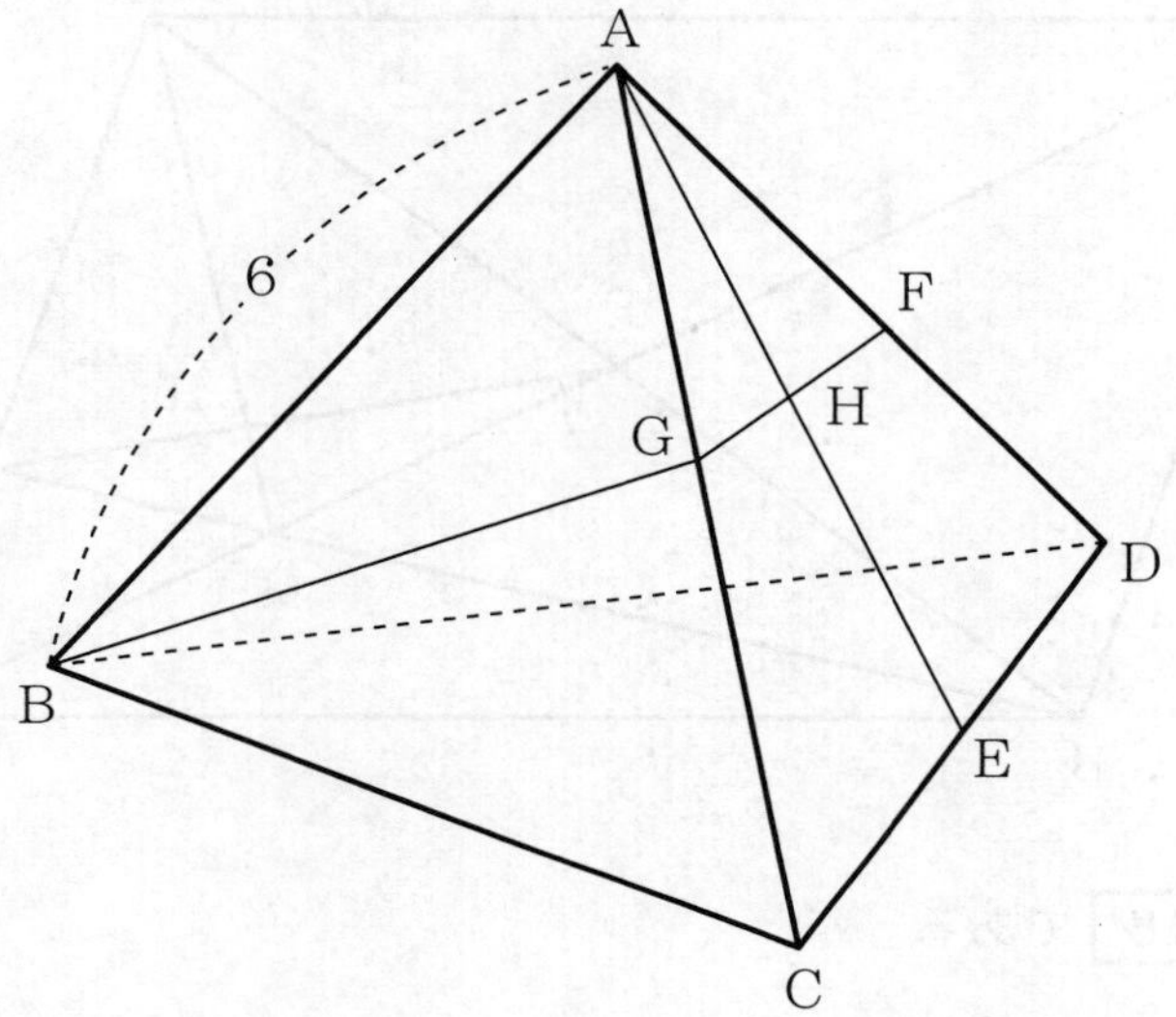

問15　AG＝ $\boxed{15}$ である。

$\boxed{15}$ の解答群

① $\dfrac{5}{2}$　② $\dfrac{5}{3}$　③ $\dfrac{5}{4}$　④ $\dfrac{7}{3}$　⑤ $\dfrac{7}{4}$　⑥ $\dfrac{7}{5}$　⑦ 2　⑧ 3

問16　BG＋GF＝ $\boxed{16}$ である。

$\boxed{16}$ の解答群

① $3\sqrt{2}$　② $3\sqrt{3}$　③ $3\sqrt{7}$　④ $6\sqrt{2}$　⑤ $6\sqrt{3}$　⑥ $6\sqrt{7}$　⑦ $\dfrac{9\sqrt{2}}{2}$　⑧ $\dfrac{9\sqrt{3}}{2}$

問17　AH＝ $\boxed{17}$ である。

$\boxed{17}$ の解答群

① $\dfrac{6\sqrt{2}}{5}$　② $\dfrac{6\sqrt{3}}{5}$　③ $\dfrac{6\sqrt{5}}{5}$　④ $\dfrac{6\sqrt{7}}{5}$

⑤ $\dfrac{6\sqrt{2}}{7}$　⑥ $\dfrac{6\sqrt{3}}{7}$　⑦ $\dfrac{6\sqrt{5}}{7}$　⑧ $\dfrac{6\sqrt{7}}{7}$

5 下の図のように平行四辺形 ABCD において，AC と BD の交点を E，DF : FC ＝ 2 : 1 とする。また，BF と AC の交点を G とし，EF と DG の交点を H とする。このとき，次の [18] から [20] に適するものをそれぞれの解答群の中から選びなさい。

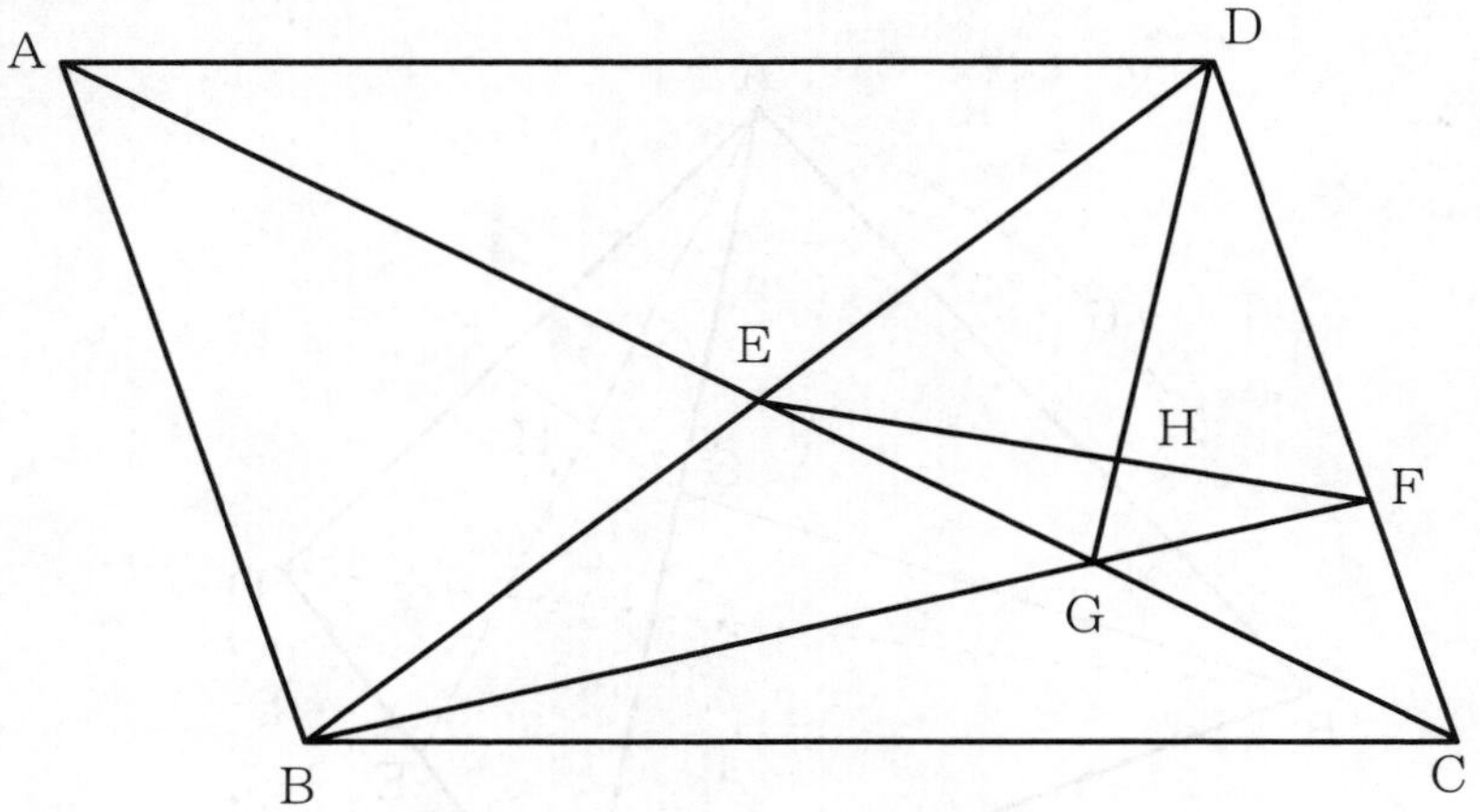

問18　$\dfrac{BG}{GF}$ ＝ [18] である。

[18] の解答群

① $\dfrac{5}{3}$　② 2　③ $\dfrac{8}{3}$　④ $\dfrac{11}{4}$　⑤ $\dfrac{14}{5}$　⑥ 3　⑦ $\dfrac{7}{2}$　⑧ $\dfrac{10}{3}$

問 19　△DBG, △DBC の面積をそれぞれ S_1, S_2 とするとき，$\dfrac{S_1}{S_2}$ ＝ [19] である。

[19] の解答群

① $\dfrac{1}{3}$　② $\dfrac{4}{3}$　③ $\dfrac{1}{2}$　④ $\dfrac{3}{2}$　⑤ $\dfrac{3}{5}$　⑥ $\dfrac{4}{5}$　⑦ $\dfrac{3}{7}$　⑧ $\dfrac{4}{9}$

問 20　平行四辺形の面積を 20 とするとき，△EHG の面積は [20] である。

[20] の解答群

① $\dfrac{3}{10}$　② $\dfrac{4}{9}$　③ $\dfrac{5}{9}$　④ $\dfrac{3}{8}$　⑤ $\dfrac{4}{7}$　⑥ $\dfrac{3}{5}$　⑦ $\dfrac{3}{4}$　⑧ $\dfrac{1}{2}$

問八　本文が伝える徳蔵の人物像として最も適当なものを次の中から選びなさい。解答番号は 46 。

①　古い考え方に囚われて、新たな見識を取り入れられない頑固な人物
②　その時々の状況に応じて、柔軟に意見を変化させる臨機応変な人物
③　困難に遭っても動じることなく、自分の務めを全うする勇敢な人物
④　船が難破した際に、神仏に祈って命を助けてもらった信心深い人物

問九　傍線ａ「はげしく」・ｂ「に」・ｃ「し」の品詞名を次の中からそれぞれ選びなさい。解答番号はａが 47 、ｂが 48 、ｃが 49 。

①　名詞　②　動詞　③　形容詞　④　形容動詞
⑤　副詞　⑥　連体詞　⑦　助動詞　⑧　助詞

問十　問題文の出典である『雨窓閑話』は江戸時代の随筆です。次の中から江戸時代に活躍した人物を一人選びなさい。解答番号は 50 。

①　紀貫之　②　鴨長明　③　世阿弥　④　小林一茶

問六　傍線オ「人力に及びがたし」の本文中における意味として最も適当なものを次の中から選びなさい。

解答番号は 44 。

① 人間の能力に及ばない

② 人間の力を超えている

③ 人間の力で変えられる

④ 他力をあてにはしない

問七　傍線カ「などや仏神の喜びたまはんや」の解釈として最も適当なものを次の中から選びなさい。

解答番号は 45 。

① 仏や神がお喜びになることはない

② 仏や神がお喜びになるのは当然だ

③ 仏や神がお喜びになるとは驚きだ

④ 仏や神がお喜びにならないのはなぜか

問三　傍線イ「そのこといやなり」とありますが、徳蔵が「いやなり」と言う理由として最も適当なものを次の中から選びなさい。解答番号は 41 。

① 船長として、自分ができる仕事をやりきることが重要であるから

② 船には不要な道具である帆柱を切っても、状況は変わらないから

③ 生き延びるために努力することは、天命に逆らうことになるから

④ 仏様にお願いして自分だけ助かっても、笑い者になるだけだから

問四　傍線ウ「ほかの心」を説明したものとして最も適当なものを次の中から選びなさい。解答番号は 42 。

① 同船した人の助言を聞き入れる気持ち

② 根拠のない俗信や神仏にすがる気持ち

③ 船乗り以外の職業にあこがれる気持ち

④ 乗客の命よりも船を大切にする気持ち

問五　傍線エ「腰の物」とは何のことだと考えられますか。最も適当なものを次の中から選びなさい。
解答番号は 43 。

①　命　　②　志　　③　刀　　④　金

問一　傍線Ⅰ・Ⅱ・Ⅲ・Ⅳの口語訳として最も適当なものを次の中からそれぞれ選びなさい。
解答番号は 36 ～ 39 。

Ⅰ　名ある　36
①　能力が高い
②　評判が良い
③　信頼が厚い
④　意志が固い

Ⅱ　やうやく　37
①　ただちに
②　しだいに
③　たまたま
④　かろうじて

Ⅲ　さらになし　38
①　まったくない
②　言うまでもない
③　仕方がない
④　並々でない

Ⅳ　気色　39
①　風景
②　天気
③　情趣
④　様子

問二　傍線ア「髻を放ち」とは、「頭上に束ねた髪を切り落とし」という意味ですが、同船の者は、何のためにそのような行為をしようと言うのですか。最も適当なものを次の中から選びなさい。
解答番号は 40 。
①　難破した船を、少しでも軽くするため
②　生け贄《にえ》を捧げて、海の神を鎮めるため
③　姿形を整えて、臨終の準備をするため
④　仏門に入って、仏様に助けを請うため

三　次の文章を読んで、後の問いに答えなさい。

ある者の物語に、桑名屋徳蔵といふ者、Ⅰ名ある船乗りの名人にて、所々難海《なんかい》どもを乗りし事あり。（中略）

ある時、徳蔵北海乗りける時、風aはげしく方角も分かたず吹きつけしに、b船中食物《しょくもつ》きれて飢渇《きかつ》に及べり。Ⅱやうやく新米の藁《わら》四五束有りしを、潮《うしほ》にひたしかみしめて、口腹《こうふく》を潤《うるほ》し命をつなぐ。同船の者三四人有りしが、いづれも声をあげて泣き叫び、徳蔵に言ふは、かやうなる大風にて船を覆《くつがへ》し、あるいは破船《はせん》などせんとする時は、ア髻《もとどり》を放ち※帆柱《ほばしら》を切る事と申すなれば、いざやそのとほりにせんといふ。徳蔵いはく、我はイそのこといやなり。船主と生まれしうへは、ただその職分を大切にして、cウほかの心の動くことⅢさらになし。また帆柱は船中かんじんの道具にして、武士のエ腰の物のごとし。およそ侍《さむらひ》たる者命が惜しきとて、腰の物をうち捨つるといふやある。命は天命なり。風は天変なり。オ人力に及びがたし。また髻を払ひ出家になりたりとも、などやカ仏神《ぶつじん》の喜びたまはんや。命惜しくての仕方なし坊主と結句笑はせたまはんか。我は戦場にて討死《うちじに》の覚悟なり。天の助けあらば助かるべし。さなくばここにて死するとも本望《ほんまう》なりとて、あへてたぢろぐⅣ気色《けしき》なし。そのうちに風静まり波をさまりて、難なかりしとぞ。

（『雨窓閑話《うそうかんわ》』より）

※帆柱《ほばしら》を切る……「帆柱」は船の帆をかかげるための柱。マスト。江戸時代には、帆柱を切ると大風がおさまるという俗信があった。

問十二　傍線6「赤ん坊のときに持っていたような活力、能力」とありますが、これは具体的にはどういうものですか。適当でないものを次の中から一つ選びなさい。解答番号は[34]。

①　どんなことにでも対応できる軽やかで柔軟な思考力のこと

②　知識の豊かさの中に人間的な価値を見出そうとすること

③　未知なるものに向ける確かな考察力と行動力のこと

④　逆境をものともしない飽くなきチャレンジ精神のこと

問十三　本文の内容としてふさわしくないものを、次の中から一つ選びなさい。解答番号は[35]。

①　過度な勉強で無駄に溜まってしまった不要な知識を忘却することがおろそかになってしまうと、心身の健康に悪影響が生じる恐れがある

②　元々コンピューターを作ったのは人間なのに、コンピューターの記憶能力が優秀であるゆえ人間との立場の逆転が生じつつある

③　かつての日本の教育は、ひたすら暗記を繰り返しどれだけ知識を蓄えるかが高評価の基準であったが、それは今でも継続している

④　若い人が素晴らしい人間となり素晴らしい人生を歩むためにも、自ら茨の道を選択するような生き方はしてほしくない

問十　傍線４「人間はずっと『忘れる』ということをおそれてきた」とありますがそれはなぜですか。その理由として最も適当なものを次の中から選びなさい。解答番号は 32 。

① 知識を忘れるということは、新しいことを考える力や判断力がなくなるということだから

② 「忘れる」とは、限られた人生の中で人間力を身につけるチャンスを失うことだから

③ 長い歴史の中で、知識の豊かさが人間の価値を高めるものだと考えられてきたから

④ 人間は弱い存在であり、せっかく得た知識を失うことは自信喪失につながるから

問十一　傍線５「学校はうまいことをしてきた」とありますが、これは具体的にはどういうことですか。最も適当なものを次の中から選びなさい。解答番号は 33 。

① 異なる授業によって知識を定着させたこと

② 集団行動で他人の知識に触れさせたこと

③ 試験で高得点を取る技術を伝授したこと

④ 自然と知識を忘れられるようにしたこと

問七　Ⅱ・Ⅲ・Ⅳに当てはまる語として最も適当なものを次の中からそれぞれ選びなさい。
解答番号は 27 ～ 29 。

Ⅱ 27
① 不可分
② 未知数
③ 反比例
④ 依存

Ⅲ 28
① 保守
② 革新
③ 進歩
④ 管理

Ⅳ 29
① 完璧
② 万能
③ 利己
④ 利他

問八　次の一文は本文中の《 A 》～《 D 》のどこに入りますか。後の中から選びなさい。
解答番号は 30 。

よく、プロの棋士と碁を打ってコンピューターが勝ったなんていうニュースを耳にする。

① 《 A 》　② 《 B 》　③ 《 C 》　④ 《 D 》

問九　傍線３「よけいな知識はほどよく忘れなければならない」とありますがそれはなぜですか。その理由として最も適当なものを次の中から選びなさい。解答番号は 31 。

① 知識があまり増えすぎると、人間は自分の頭で考えることをしなくなってしまうから
② いくら知識量を蓄積しても、人間がコンピューターに勝てないのは自明のことだから
③ 知識を詰め込み過ぎると人間の脳は許容量を越えてしまい、心身の健康に害を及ぼすから
④ 困難な社会情勢の中では、知識を増やすことよりも安定した生活を追い求めるべきだから

問四　傍線1「社会は活力を失ってしまった」とありますがそれはなぜですか。その理由として最も適当なものを次の中から選びなさい。解答番号は 24 。

① 進学率増加に伴い総合的学力が低下したから

② 思考力、判断力、理解力を持った人が減少したから

③ コンピューターの台頭により人間の存在価値が喪失したから

④ 震災で計り知れないほどの大きな犠牲がもたらされたから

問五 [I] に当てはまる語として最も適当なものを次の中から選びなさい。解答番号は 25 。

① 社会　② 相対　③ 機械　④ 歴史

問六　傍線2「本当の人間の力」の例として最も適当なものを次の中から選びなさい。解答番号は 26 。

① 豊富な知識と情報を膨大な時間をかけて取り込むこと

② 有名な大学を卒業し実社会でエリートとして生きること

③ しっかりとした睡眠を心がけて心身ともに健康であること

④ 自己責任のもと自分の力でしっかり考えて行動できること

問二　波線①・②・③・④の語句は本文の中でどのような意味で使われていますか。最も適当なものをそれぞれ選びなさい。解答番号は 16 ～ 19 。

① おっくう 16
- ① 煩雑
- ② 恐怖
- ③ 面倒
- ④ 楽しみ

② 無比 17
- ① 無用
- ② 無類
- ③ 無益
- ④ 無理

③ 無為 18
- ① 怠けること
- ② 妥協すること
- ③ 呆れること
- ④ 何もしないこと

④ ありきたりの 19
- ① もとからある
- ② かけがえのない
- ③ 目新しい
- ④ 古ぼけた

問三　（ア）・（イ）・（ウ）・（エ）に当てはまる語を、次の中からそれぞれ選びなさい。（解答は重複しないこと。）
解答番号は（ア）が 20 、（イ）が 21 、（ウ）が 22 、（エ）が 23 。

① あるいは　② いわば　③ それとも　④ しかし
⑤ いったい　⑥ もし　⑦ もちろん

くなくとも、素晴らしい人間になれる道がたくさんある。それによって、もしそういう災害がなければ成し遂げることのできなかったような大きな仕事、世界のためになるような仕事をするチャンスが出てくる。一般の若い人たちはそうした悪い境遇におかれていないが、それをよろこぶのはdケンメイではない。苦しい目に遭ってこそ、それまで眠っている、6赤ん坊のときに持っていたような活力、能力が蘇ってくる。

若い人の人生はこれから始まる。この先、どこで待ち受けているかわからない荒々しい困難に負けないで、むしろ困難をチャンスととらえることで、新しい人間力を身につけ、素晴らしい人生を切り開いていってほしい。そう考えることのできる人を、未来は待っている。

（『何のために「学ぶ」のか』より抜粋　作問の都合により一部改変　著者　外山滋比古）

問一　傍線a・b・c・dのカタカナに当たる漢字と同じ漢字を用いているものを、それぞれ一つ選びなさい。解答番号は12～15。

a　ナンカン　12
① カンゼイをかける
② カンジン要な時
③ カンヨウ植物
④ カンジョウ八号線

b　トウテイ　13
① 会社のトウサン
② 株式トウシ
③ トウギの資料
④ トウチャク駅

c　ヒサイ　14
① ヒコク人の証言
② ヒロウ宴に出席する
③ ヒガンの入り
④ ヒヤクした論理

d　ケンメイ　15
① ケンチョな例
② ケンジツな商売
③ ケンジャの石
④ ケンマ加工

その点、5学校はうまいことをしてきた。それは、異なる授業を立て続けにやるということ。英語の次に国語、その次は社会、音楽。一見、支離滅裂のようだけれど、実はこれは非常に理にかなっていたのだ。なぜなら、前の授業で詰め込まれた知識を、まったく異なる次の授業によって、レム睡眠と同じほどではないが、忘れることができるからだ。

人のつくった知識をありがたがって丸覚えするというのは、子どもの時はしかたないことだが、いつまでも自分自身の力で考えられなければ、人間としてこの世に生まれてきた意味は小さい。

では、人間が自分の頭で考えるようになるためには何が必要か。

まず体を動かすということ。そしてもうひとつは、不幸とか、貧困とか、失敗とか、そういう辛い境遇から逃げないことだ。

困難な状況の中にいないと、頭は必死になって考えることをしない。美味しいものを食べ、快適な生活をして、いい学校に通って、いい成績を上げているうちは、ものを考えるチャンスが少ない。例えば、家が貧しくて、どうもこのままでは大学に行けないかもしれないという状況に直面したとする。そこで本当に力がある人は、どうすればいいかということを本気で考える。金持ちのお坊ちゃんがヘラヘラしている間に、ものすごい苦労をして人間力もつける。

苦労や失敗が少ないというのは幸せなことではある。（　エ　）、幸せは、人間を育てるのにプラスにはたらくことはすくない。不幸や災難がやってきた時にこそ、人間は自分の中の眠っている力が目を覚まし、大きなことをするようになる。

東日本大震災の時に大きな犠牲が出たことは甚だいたましいことであった。しかし、幸いにして生き残った人、ことに若い人たちには、最大の試練を受けることによって、素晴らしいチャンスを与えられたことになる。恵まれた境遇にいる人たちと比べ、東北のCヒサイ地にいる若い人たちは、たいへんな苦しい思いをしながら勉強をしている。環境が充分でない。しかし、それをのり越えれば素晴らしい人間に育っていくだろう。すところが、である。ふり廻されないためには、3よけいな知識はほどよく忘れなければならない。しかし、この「忘れる」ことが意外に難しい。

しかし実は、「覚える」のと同じくらいに、「忘れる」ことが大事で、しかも難しい。この「忘れる」ことによって、人間がコンピューターに勝っているのである。《　D　》コンピューターは「覚える」のが得意な反面、「忘れる」のはたいへん苦手。人間のように、うまく忘れるということができない。

そもそも未知なものに対しては、借り物の知識などでは役に立たないのが当たり前だ。それまでの知識から外れた、わけのわからないモノゴトを処理、解決するには、④ありきたりの知識では役に立たない。いったん捨てて、新しい考えをしぼり出す力が必要となる。そういう思考力を身につけられれば、コンピューターがどんなに発達しようと、人間が存在価値を見失うことはないだろう。

4人間はずっと「忘れる」ということをおそれてきた。とにかく忘れてはいけないと思い込んでいる。急に「忘れよ」などと言われたらひどくとまどう。たいていの人は、覚え方は上手でも忘れ方は下手である。なにもそれほど難しく考える必要はない。自然に忘れる。一番簡単なのは「夜よく眠る」ことである。

この自然忘却作用は本当に大事にしなければならない。夜よく眠れない人は、大至急、眠れるようにしないと頭が悪くなってしまう。昼、詰め込むよりも、夜、不要なものをすてる方が大事である。心身の健康のためにも忘却作用を大切にしたい。

けれど、勉強しすぎて知識をたくさんとり入れると、一日一回の睡眠だけでは足りない。ゴミがいっぱい溜まる。レム睡眠でゴミ出しをしてもなお、有害なゴミが頭の中に残る恐れがある。そんな場合、どうしても目が覚めている間に、よけいなことを忘れる努力をしなくてはならなくなる。有害なものは、なんとしても忘れないといけない。

そうかと言って、一日じゅう寝ているわけにはいかない。では、起きている間はどうしたらいいか、これはなかなか工夫が必要である。

校を出れば、社会の中でエリートとして生きてゆかれた。《 B 》しかしそんなのんきな時代は、コンピューターの登場で終わってしまったはずである。

人間は非常に［Ⅲ］的な生き物だ。いったん始めたことはなかなか変えない。コンピューターが現れて六〇年。最近になってみんなやっと、人間というものの本当の力がいったい何なのか、少しずつだけど気づき始めた。すくなくとも、ものを記憶して、それを再生するという機能だけでは、充分ではない。記憶と再生に関しては、人間はコンピューターにとてもかなわない。長い目で見れば、そのうちに、多くの場面で人間の代わりにコンピューターが仕事をするという時代がやってくる。その時すべての人間が失職するというのであれば、実に哀れなことだ。元々、コンピューターは人間がこしらえたものなのに、そのコンピューターによって人間が仕事を失い、生きがいまで失う――そんなことにならないためにも、知識［Ⅳ］主義から脱却しなくてはならない。

人間がコンピューターに勝つためにはどうしたらよいか。

その方法は「考える」こと。コンピューターは「記憶する」ことにかけては敵なしだが、「考える」ことを知らない。《 C 》コンピューターが考えているわけじゃない。知識として大量のデータを記憶しているのである。

本当の意味で「考える」ということは、日本人だけでなく、現代を生きる人間にとっても極めて難しい。なぜなら、われわれは「知識」をもっているからだ。

知識がある程度まで増えると、自分の頭で考えるまでもなくなる。知識を利用して、問題を処理できるようになる。借り物の知識でなんとか問題を解決してしまう。

（ ウ ）知識は必要である。何も知らなければただの無為③で終わってしまう。ただ、知識は多ければ多いほどいいと喜ぶのがいけない。良い知識を適量、しっかり頭の中に入れて、それを基にしながら自分の頭でひとが考えないことを考える力を身につける。

知識が増えると、どうしてもその知識をそのまま使用して物事を処理しようとしがちになる。自分自身で考えることが、ついつい①おっくうになりがちだ。本に書いてあることをそのまま頭の中に入れ、それによっていれば自分で考える必要はなくなる。

知識をありがたがるのは歴史的なもので、どうにもならないことでもある。ヨーロッパでは一六世紀の終わり頃には、知識というものは社会的価値を持っているという考え方が確立した。以来、教育機関はとにかく知識を身につけることを教えた。それが大体今も続いている。

詰め込んでいけば、頭の中はいずれ知識でいっぱいになるが、それは良いこと、素晴らしいことだとみなされる。だが本当にそうだろうか？　自分の頭の中が、他人が考えた知識、本に書いてある知識で満杯になることが、そんなにいいことだろうか？　トンデモないことでむしろ逆だ。そんな知識だけの頭では身動きが取れなくなってしまう。（イ）、知識メタボリック症候群。知識のぜい肉で太ってしまうと、軽やかで柔軟な思考など<u>ｂトウテイ</u>望めなくなる。

知識メタボリック症候群の人は、一〇〇点満点の答案を書けるかもしれないけれど、この先三〇年もすれば、結局はつまらん人間にしかなりえないということがわかってくるだろう。心ある人は自分の責任で、自分の力でものを考えて行動できる人間でなければいけないと気づくことになる。例外はもちろんあるけれど、だいたいにおいて知識が増えると、ものを考える力が減っていく。知識と思考の間では［Ⅱ］の関係が成り立つのである。

ところが、今からおよそ六〇年前に、二〇世紀中ごろ、かのコンピューターというものが登場した。《Ａ》これは人類にとって大事件だった。いくら優秀な人間でも知識を詰め込むには限界がある。それに対して、コンピューターの記憶は正確②無比だ。記憶、知識に関して人間はコンピューターに勝てるわけがない。実際、さまざまな場面において人間はコンピューターに負け、仕事を奪われてきた。

これまでの人間は、のんびり知識だけ溜《た》め込《こ》んでいれば、試験に合格することができた。試験に合格して学生になるのはいいけれども、一方で、ただ試験の点数さえ良ければ大学に合格できてしまうという現状になってしまっている。みなさん、大学に受かるのが優秀な人間なんだと勘違いしている人もいるかもしれないが、考えを改める必要がある。

（ア）、「満点をとる」とはどういうことだろう？　――私に言わせれば、それは「頭が機械的に優秀である」ということだ。

丸暗記をしたり、わけもわからず全部覚えてしまっていると、たいていの場合は満点になりやすい。それに対し、多少なりとも自分の頭を働かせて理解しようとする頭は、なかなか一〇〇点満点をとることができない。よくても九〇点、だいたいは七〇点から八〇点ぐらいのところである。そういう人たちは、有名な大学や[a]ナンカンの高等学校に入れなかったりする。しかし、その人たちが悪いわけじゃない。今までの社会が、考える頭よりも、［ I ］的な知識をありがたがってきたからにすぎない。

これからの時代、これまでとは少し違った勉強をする必要がある。

これまで考えられてきた勉強というものは、大体において「知識」、ないし情報を取り込むことであった。小学校からひたすらに知識を頭に入れ、試験の時にはその知識を使って答案を書いて、点をとるのである。この知識というものは、大変有用であると考えられている。したがって知識をたくさん持つことは、その人間の価値を高めると思われるのである。しかし、満点の答案を書こうとしている人たちが持っているような知識がたくさんあっても、それは[2]本当の人間の力ではない。

問題は、それが本当に人間として大事な能力であるのかどうかだ。ただ知識ばかり集めて喜んでいると、だんだん馬鹿になる。もっとも、学校でこんなことを考えたら授業を行うことができなくなってしまう。それで、そういうことは言わないことになっている。

小学校からだんだん知識が増えていき、それと引き換えにどんどん頭がはたらかなくなってしまう。ここで言う「頭が悪い」というのは、「新しいことが考えられない」「判断をする力がない」ということ。

問二　次の漢字が間違っているものをそれぞれ一つ選びなさい。解答番号は 5 ～ 8 。

ア 5
① 影況
② 尾根
③ 泰平
④ 冷酷

イ 6
① 摩擦
② 妥当
③ 粘着
④ 面疫

ウ 7
① 透明
② 機納
③ 季節
④ 遠慮

エ 8
① 変換
② 締結
③ 操査
④ 阻止

問三　次の作者による作品をそれぞれ後から一つ選びなさい。解答番号は 9 ～ 11 。

ア　永井荷風 9 　イ　尾崎紅葉 10 　ウ　武者小路実篤 11

① 城の崎にて　② 金色夜叉　③ 機械　④ 高瀬舟　⑤ 坊っちゃん
⑥ 友情　⑦ 細雪　⑧ 破戒　⑨ あめりか物語

二　次の文章を読んで、後の問いに答えなさい。

学校の生徒の中には、試験では一〇〇点満点をとれば万々歳、という人がたくさんいる。一〇〇点がとれる人が一番すごくて、七〇点とか六〇点ぐらいではダメだと考える。しかし、それは旧式な考えだ。

日本では一九世紀からつい最近まで、満点のほうが七〇点や六〇点よりいいと、学校も世の中も考えていた。その結果、いつしか[1]社会は活力を失ってしまった。満点至上主義に陥ったことで、本当に優れた、ものを考える力、判断し、理解する力を持った人がどんどん減ってしまった。

今では大学に行く人の数は昔の何十倍、ひょっとすると百倍を超すかもしれない。毎年たくさんの人が大学

二〇二三年度 山村学園高等学校（第三回）

【国語】（五〇分）〈満点：一〇〇点〉

□一 後の問いに答えなさい。

問一 次の漢字の読みが間違っているものをそれぞれ一つ選びなさい。解答番号は 1 ～ 4 。

ア 1
① 快哉（かいさい）
② 鷹揚（おうよう）
③ 婉曲（わんきょく）
④ 固唾（かたず）

イ 2
① 瓦解（ごかい）
② 嗚咽（おえつ）
③ 壊滅（かいめつ）
④ 陽炎（かげろう）

ウ 3
① 完遂（かんすい）
② 押収（おうしゅう）
③ 開眼（かいげん）
④ 隠密（いんみつ）

エ 4
① 億劫（おっくう）
② 角逐（かくつい）
③ 界隈（かいわい）
④ 過酷（かこく）

2023年度／山村学園高等学校（第３回）

英語解答

1 問１ ④　問２ ②　問３ ②
問４ ③　問５ ②

2 問１ ②　問２ ①　問３ ④
問４ ③　問５ ④　問６ ②
問７ ①　問８ ③　問９ ①
問10 ③

3 問１ ②　問２ ③　問３ ②
問４ ①　問５ ①

4 問１ 21…① 22…⑧
問２ 23…⑨ 24…②
問３ 25…⑦ 26…④
問４ 27…⑤ 28…⑨
問５ 29…⑨ 30…⑧

5 問１ ④　問２ ①　問３ ③
問４ ②　問５ ②

6 問１ ③　問２ ①　問３ ④
問４ ③　問５ ①　問６ ②
問７ ②　問８ ①　問９ ④
問10 ①

数学解答

1 問１ ⑤　問２ ⑦　問３ ①
問４ ①　問５ ⑦

2 問６ ②　問７ ⑤　問８ ④
問９ ④　問10 ⑧　問11 ⑦

3 問12 ④　問13 ③　問14 ⑤

4 問15 ⑦　問16 ③　問17 ②

5 問18 ⑥　問19 ③　問20 ⑧

国語解答

一 問一 ア…③ イ…① ウ…④ エ…②
問二 ア…① イ…④ ウ…② エ…③
問三 ア…⑨ イ…② ウ…⑥

二 問一 a…① b…④ c…① d…③
問二 ①…③ ②…② ③…④ ④…①
問三 ア…⑤ イ…② ウ…⑦ エ…④
問四 ②　問五 ③　問六 ④
問七 Ⅱ…③ Ⅲ…① Ⅳ…②
問八 ③　問九 ①　問十 ③
問十一 ④　問十二 ②
問十三 ④

三 問一 Ⅰ…② Ⅱ…④ Ⅲ…① Ⅳ…④
問二 ④　問三 ①　問四 ②
問五 ③　問六 ②　問七 ①
問八 ③
問九 a…③ b…⑧ c…②
問十 ④

2022年度 山村学園高等学校(単願・第1回)

【英　語】 (50分) 〈満点：100点〉

1 　次の対話文の受け答えとして，[1]～[5]に入る最も適当なものをそれぞれ一つずつ選び，その番号をマークしなさい。［マークシート解答番号[1]～[5]］

問1　A : How did you do on the test?

B : I did great on the test.

A : [1] Now, you can relax and enjoy yourself.

① That's not good.　② You have to study more.

③ I'm glad I did very well.　④ I'm happy to hear that.

問2　A : There is a classical music concert in the community center. Do you want to see the performance?

B : [2] Now I can go.

① I've just done my homework.

② I'm afraid I'm not familiar with classical music.

③ I have to do my homework.

④ I feel like listening to rock music.

問3　A : What are your plans for this weekend?

B : How about going to see a movie tomorrow?

A : [3] Maybe we should go out to eat beforehand.

① That sounds like a good idea.　② It must be boring.

③ I'm hungry.　④ Is the movie fun?

問4　A : How are you doing?

B : I'm doing this math problem. [4]

A : I can help you if you want.

① Now I got it!　② I have an idea.

③ I have no idea.　④ It's a piece of cake.

問5　A : What time is it? We're going to be late!

B : It's ten past seven. [5] We don't have to hurry. We will leave soon.

① It's a waste of time.　② You have to run.

③ We're on time.　④ We don't have time to prepare.

2 　次の[6]～[15]に当てはまる最も適当なものをそれぞれ一つずつ選び，その番号をマークしなさい。［マークシート解答番号[6]～[15]］

問1　I [6] reading this book by tomorrow.

① finish　② have finished　③ will finish　④ finished

問2　Would you like [7] cup of coffee?

① another　② other　③ an other　④ others

問3　Mr. Brown has [8] on his farm.

① many sheeps　② many sheep　③ much sheep　④ much sheeps

問４　My camera is [9] these three.

① expensive than　② the most expensive of
③ the most expensive for　④ expensiver than

問５　[10] is it from here to the station?

① What time　② How about　③ How many　④ How far

問６　English and Chinese [11] in Singapore.

① speaking　② speaks　③ are spoken　④ is spoken

問７　Have you ever [12] to Taiwan?

① been　② gone　③ visited　④ left

問８　I don't know [13] first.

① what do　② what to do
③ what to doing　④ what doing

問９　The mountain [14] snow is very beautiful.

① covering with　② is covered with
③ covered with　④ is covering with

問10　This is the cake [15] my sister made this morning.

① who　② which　③ whose　④ what

3　次の各組の英文がほぼ同じ内容を表すように，[16]～[20]に当てはまる最も適当なものをそれぞれ一つずつ選び，その番号をマークしなさい。［マークシート解答番号[16]～[20]］

問１
Please open the window.
[16] open the window?

① Will you　② May I　③ Shall we　④ Must you

問２
It is not necessary for you to wait for him.
You [17] wait for him.

① need　② must　③ don't have to　④ cannot

問３
Why were you sad?
[18] sad?

① What you made　② What made you
③ What did you make　④ What you did make

問４
There wasn't any food in the refrigerator.
There was [19] in the refrigerator.

① nothing to eat　② anything to eat
③ to eat nothing　④ to eat anything

問５
If you study hard, you will pass the entrance exam.
[20] you will not pass the entrance exam.

① Study hard, and　② Study hard, or
③ Please study hard,　④ You must study hard,

4 次の日本文の意味を表すように，それぞれ下の語(句)を並べ替えて空所を補い，英文を完成させなさい。解答は [21] ～ [30] に入れるものの番号のみをマークしなさい。ただし，文頭に来る語(句)も小文字にしてあります。［マークシート解答番号 [21] ～ [30] ］

問１ 私は来週カフェで友人に会えるのを楽しみにしている。

I ____ ____ [21] ____ [22] ____ ____ ____ ____ week.

① next ② to ③ forward ④ the café ⑤ my friend
⑥ at ⑦ am ⑧ seeing ⑨ looking

問２ 暑い日のアイスクリームほどおいしいものはない。

[23] ____ ____ [24] ____ ____ ____ ____ ____ day.

① as ② as ③ ice cream ④ hot ⑤ is
⑥ on ⑦ nothing ⑧ a ⑨ nice

問３ ニュージーランドの気候は日本の気候に似ている。

____ ____ ____ ____ [25] ____ ____ [26] ____ Japan.

① of ② that ③ New Zealand ④ the ⑤ is
⑥ to ⑦ climate ⑧ similar ⑨ of

問４ 今週末は母の家事を手伝わなければならないだろう。

____ ____ [27] ____ ____ ____ [28] ____ ____ this weekend.

① with ② housework ③ help ④ will ⑤ to
⑥ her ⑦ I ⑧ have ⑨ my mother

問５ 料理をするときは，指を切らないように注意してください。

Please ____ ____ [29] ____ ____ ____ [30] ____ ____ cook.

① not ② be ③ cut ④ careful ⑤ finger
⑥ to ⑦ you ⑧ when ⑨ your

5 次の英文を読み，話の流れに合うように [31] ～ [35] に入れるのに最も適当なものをそれぞれ一つずつ選び，その番号をマークしなさい。［マークシート解答番号 [31] ～ [35] ］

Nina : What kind of work do you want to do in the future, Ryan?

Ryan : Well, I haven't decided yet. You work for a movie company right? [31]

Nina : Oh, yeah, certainly it is a very exciting job, but it's also very hard work. For example, a one-minute scene in a film can take days to shoot.

Ryan : Really? I heard that you sometimes have to work until midnight, but why is that?

Nina : Well, each scene isn't filmed just once. Lots of different shots have to be done. [32]

Ryan : So, how many shots are taken?

Nina : [33] but sometimes as many as 20. One scene may be shot from five or six different angles.

Ryan : Wow! I didn't realize that. The final film I see on the screen is created by the director and editor out of thousands of different shots. It's amazing!

Nina : [34] Are you interested in being a director or an editor?

Ryan : Well, what kind of work is there other than them?

Nina : We have various jobs. For example, the screen writer has to prepare the outline of the film script. Next, we have to choose the actors, locations, and costumes. Then, music is composed and sound effects may be added. Of course the director has to select only the best "takes." There are many other jobs.

Ryan : Wow. I became more and more interested in film work.

Nina : [35] You can see how the special effects are done.

Ryan : Great! I'd love to.

問１ [31]

① Working on movies must be really exciting.
② I don't know my father's job.
③ I don't like it.
④ I know.

問２ [32]

① It is a very easy task for us.
② We can't do it.
③ Only the best ones are used in the film.
④ It is impossible for us to take them.

問３ [33]

① That's true,　② I see,
③ It's always different,　④ That's a good idea,

問４ [34]

① I don't think so.　② That's right.
③ Sorry, I can't decide.　④ You are wrong.

問５ [35]

① Why don't you come and visit our studio?
② Have you ever seen cartoons?
③ What is it called?
④ Did you enjoy them?

6 次の英文を読み，以下の設問に答えなさい。［マークシート解答番号 [36] ～ [45] ］

There is a very famous cycling race in Europe. It is actually famous all over the world. It is an event that was held first in 1903 and is still held every year. The Tour de France is an *annual men's *multiple-stage bicycle race held in France. It has 21 stages, each a day long, over 23 days. There are two holidays, each held after about one week of racing. Over 20 teams with eight riders race every day. [36] [[1] 170 athletes [2] there [3] racing [4] about [5] means [6] are [7] that] at the same time. It has become "the world's biggest annual sporting event."

The race was first organized in 1903 as a promotion to increase sales for a small French newspaper. At that time, the newspaper used yellow paper. This yellow color later became a symbol of the fastest runner of the race. The rider with the lowest finishing times of all the stages so far wears a yellow shirt called a jersey every day. Some riders are better at different styles of racing. There are different types of jerseys for different athletes [37] do different things in the race. Some athletes are sprinters and will wear green, some are climbers and will wear a jersey with dots, and the top racer under the age of 26 will wear white.

The race is held annually since it began. It was stopped for the two World Wars. As the race became more popular over the years, it became long and its name became known around the world. More riders from all over the world began to join the race each year. [38], the race is held in July, but in 2020, for the first time ever, it was stopped until the end of August because of COVID-19.

The route changes a little each year, so the racers go through different cities and towns and climb different mountains, but the events of the race generally stay the same. The modern Tour de France is 21 day-long stages over a 23-day period and covers around 3,500 kilometers. The race travels left around France one year and right the next year. There are very fast sprint days, very slow mountain days, and even some days each rider races on his own to finish faster than everyone else. The final day is always the same though, and finishes on the Champs-Élysées in Paris.

＊annual　年に一度の　　＊multiple-stage　様々なコースのある

問１　[36]の[　]の語(句)を正しい語順に並べ替えるとき，２番目と７番目に来る語(句)の組み合わせとして最も適当なものを選び，その番号をマークしなさい。ただし，文頭に来る語(句)も小文字にしてあります。

①　[6]—[1]　　②　[3]—[2]　　③　[6]—[4]　　④　[5]—[3]

問２　[37]に入る最も適当なものを一つ選び，その番号をマークしなさい。

①　who　　②　whose　　③　why　　④　what

問３　[38]に入る最も適当なものを一つ選び，その番号をマークしなさい。

①　Possibly　　②　Fortunately　　③　Especially　　④　Traditionally

問４　第２段落の内容と<u>一致しないもの</u>を一つ選び，その番号をマークしなさい。[39]

①　フランスの新聞の売り上げを伸ばすために，1900年代前半にレースは開催された。
②　黄色はレースの中で最も速い選手のシンボルであるが，この色は新聞に使われていた色だった。
③　すべてのステージのタイムが計測され，前日のタイムが最も優秀だった人がジャージと呼ばれる黄色いシャツを着る。
④　様々な形式のレースが得意な人がいるため，様々なジャージが用意されている。

問５　本文の内容と一致するものを一つ選び，その番号をマークしなさい。[40]

①　20以上のチームがレースに参加し，期間中に休日は１日もない。
②　年を追うごとにレースは人気になり，世界中でその名が知られるようになった。
③　2020年はCOVID-19のため，レースは行われなかった。
④　最終日はいつも同じ場所で行われるため，毎年同じ町や山がコースとして使われる。

以下の設問の答えとして，最も適当なものをそれぞれ一つずつ選び，その番号をマークしなさい。

問６　According to the passage, how long is the race?　[41]

①　120 years.
②　About 3 weeks.
③　Every day.
④　Between 160 and 180 racers.

問７　According to the passage, who wears the jersey with dots?　[42]

①　The rider who gets to the top of the mountain first.
②　The rider who wins the flat sprint.
③　The rider who has the best riding style.

④ The rider who is the youngest and fastest.

問 8　What season of the year is the Tour de France held? [43]

① Winter.　② Spring.　③ Summer.　④ Fall.

問 9　According to the passage, which direction does the race travel each year? [44]

① In a different direction.

② To the right around France.

③ To the left around France.

④ From Paris.

問10　Choose the BEST title for this passage. [45]

① The Tour History : When and Why.

② The Tour Winners : Who They Are.

③ The Tour Course : Where It Goes.

④ The Tour : What It Was. What It Is.

【数　学】（50分）〈満点：100点〉

（注意）　分度器，定規，コンパス等は使用禁止です。

1　次の [1] から [5] に適するものをそれぞれの解答群の中から選びなさい。

問1　$(5-3\div 2)\times(-3)^2=$ [1]

[1] の解答群

① $\dfrac{63}{2}$　② $-\dfrac{63}{2}$　③ $\dfrac{17}{2}$　④ $-\dfrac{17}{2}$

⑤ 9　⑥ -9　⑦ 39　⑧ -39

問2　$(\sqrt{3}-\sqrt{2})^2+4\sqrt{6}=$ [2]

[2] の解答群

① $1+4\sqrt{6}$　② $5+4\sqrt{6}$　③ $5+6\sqrt{6}$　④ $6+6\sqrt{6}$

⑤ $1+2\sqrt{6}$　⑥ $5+2\sqrt{6}$　⑦ $5-2\sqrt{6}$　⑧ $5-4\sqrt{6}$

問3　2次方程式 $3x^2-7x+2=0$ の2つの解を a，$b\,(a<b)$ とすると，$b-a=$ [3] である。

[3] の解答群

① $\dfrac{\sqrt{43}}{3}$　② $-\dfrac{\sqrt{43}}{3}$　③ $\dfrac{\sqrt{43}}{6}$　④ $-\dfrac{\sqrt{43}}{6}$

⑤ $\dfrac{5}{3}$　⑥ $-\dfrac{5}{3}$　⑦ $\dfrac{7}{3}$　⑧ $-\dfrac{7}{3}$

問4　$x=-3$，$y=2$ のとき，$(x^2y^3-6x^3y)\div 3xy^2=$ [4] である。

[4] の解答群

① $\dfrac{19}{2}$　② $-\dfrac{19}{2}$　③ $\dfrac{17}{2}$　④ $-\dfrac{17}{2}$

⑤ 8　⑥ -8　⑦ 11　⑧ -11

問5　$2(x-3)^2-(x-1)(x-3)$ を因数分解すると [5] である。

[5] の解答群

① $(x+3)(x-7)$　② $(x+3)(x-5)$　③ $(x+3)(x-4)$

④ $(x+2)(x-3)$　⑤ $(x-3)(x-7)$　⑥ $(x-3)(x-5)$

⑦ $(x-3)(x-4)$　⑧ $(x-2)(x-3)$

2　次の [6] から [11] に適するものをそれぞれの解答群の中から選びなさい。

問6　右の図において，$x=$ [6] °である。

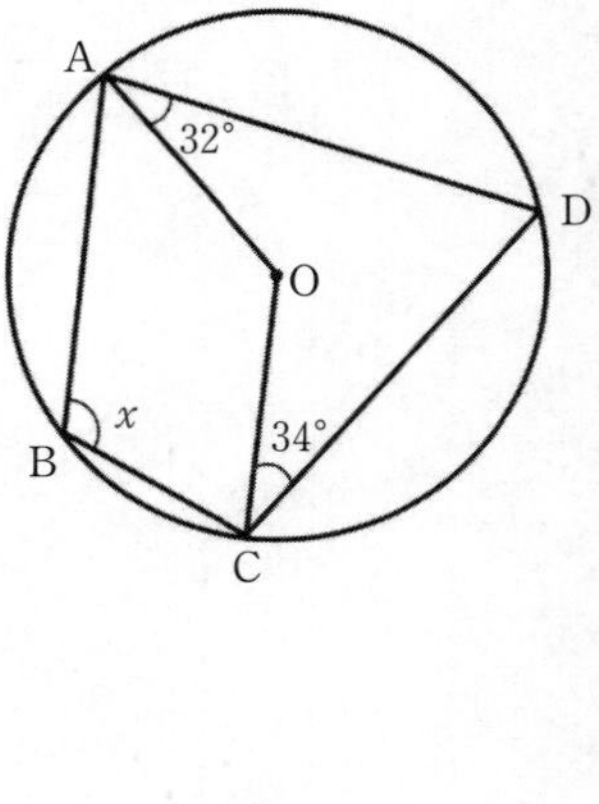

[6] の解答群

① 108　② 109　③ 110　④ 111

⑤ 112　⑥ 113　⑦ 114　⑧ 115

問7　右の表は，自然数を1，2，3，4，……と小さい方から順に記入したものである。例えば $\begin{array}{|c|c|c|}\hline & 9 & \\ \hline 14 & 15 & 16 \\ \hline\end{array}$ のように，$\begin{array}{|c|c|c|}\hline & a & \\ \hline b & c & d \\ \hline\end{array}$ に位置している4つの自然数 a，b，c，d の和が2022になるとき，a の値は ［7］ である。

1	2	3	4	5	6
7	8	9	10	11	12
13	14	15	16	17	18
19	20	21	22	23	24
25	26	27	28	29	30
31	32	33	34	35	36
		⋮			

［7］の解答群

① 487　② 489　③ 491　④ 493
⑤ 495　⑥ 497　⑦ 499　⑧ 501

問8　下の図の斜線部分の面積は ［8］ である。

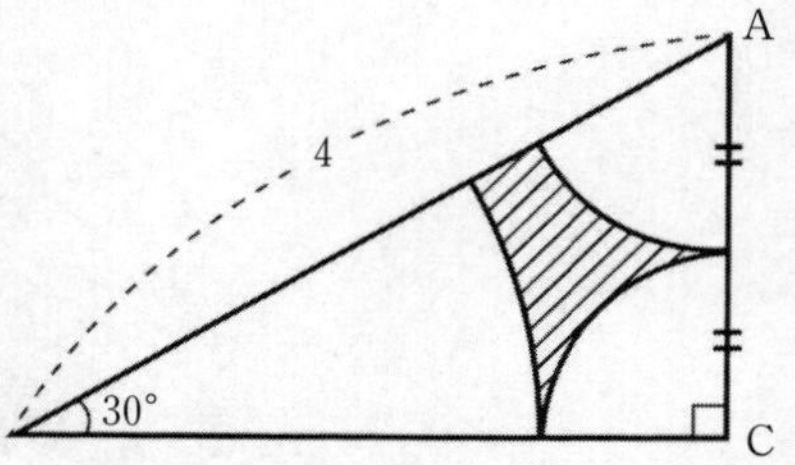

［8］の解答群

① $2-\frac{9-\sqrt{3}}{6}\pi$　② $2+\frac{9-\sqrt{3}}{6}\pi$　③ $2\sqrt{3}-\frac{9-\sqrt{3}}{6}\pi$
④ $2\sqrt{3}+\frac{9-\sqrt{3}}{6}\pi$　⑤ $2-\frac{9-2\sqrt{3}}{6}\pi$　⑥ $2+\frac{9-2\sqrt{3}}{6}\pi$
⑦ $2\sqrt{3}-\frac{9-2\sqrt{3}}{6}\pi$　⑧ $2\sqrt{3}+\frac{9-2\sqrt{3}}{6}\pi$

問9　右の図のように，$y=\frac{a}{x}$ のグラフと2点(0, 4)，(−4, 0)を通る直線が2点A，Bで交わっている。点Aの x 座標が2のとき，点Bの x 座標は ［9］ である。

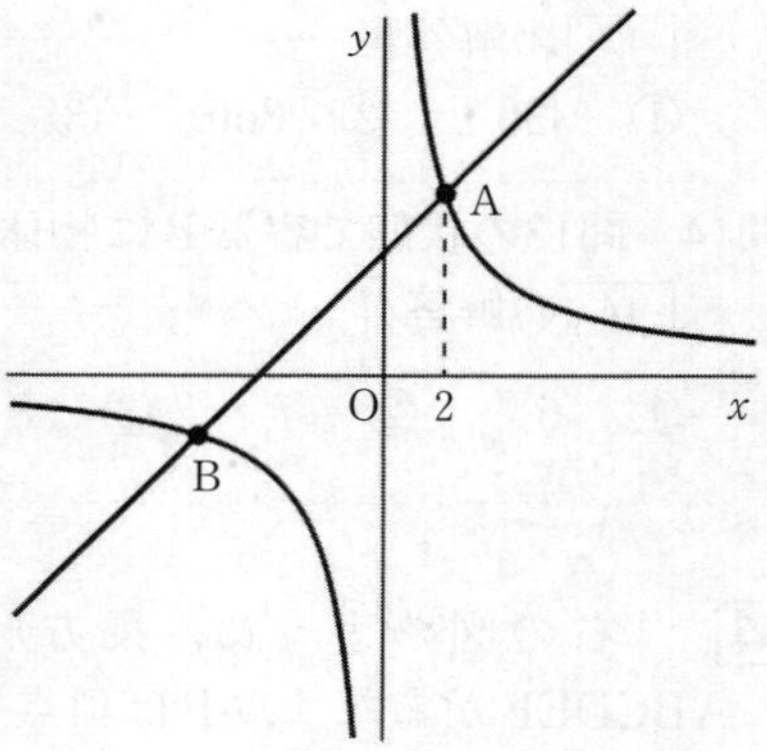

［9］の解答群

① -7　② -6　③ -5　④ $-\frac{5}{2}$
⑤ $-\frac{7}{2}$　⑥ $-\frac{5}{3}$　⑦ $-\frac{7}{3}$　⑧ $-\frac{10}{3}$

問10　1から9までの整数が記入されている9枚のカードから同時に2枚を取り出すとき，この2枚のカードに記入されている数の積が奇数である確率は ［10］ である。

［10］の解答群

① $\frac{1}{3}$　② $\frac{2}{9}$　③ $\frac{5}{9}$　④ $\frac{5}{18}$
⑤ $\frac{7}{18}$　⑥ $\frac{5}{27}$　⑦ $\frac{8}{27}$　⑧ $\frac{11}{27}$

問11　濃度が８％の食塩水70ｇと，濃度が12％の食塩水30ｇを混ぜた食塩水に，100ｇの水を入れてよくかき混ぜた。この食塩水の濃度は [11] ％である。

[11] の解答群

① 4.6	② 9.2	③ 9.4	④ 10.2
⑤ 10.4	⑥ 12.2	⑦ 12.4	⑧ 18.4

3

次の図のような直方体の容器A，容器Bがある。容器Aには底から11cmのところまで水が入っている。容器A，容器Bに十分な高さがあるとき，下の [12] から [14] に適するものをそれぞれの解答群の中から選びなさい。

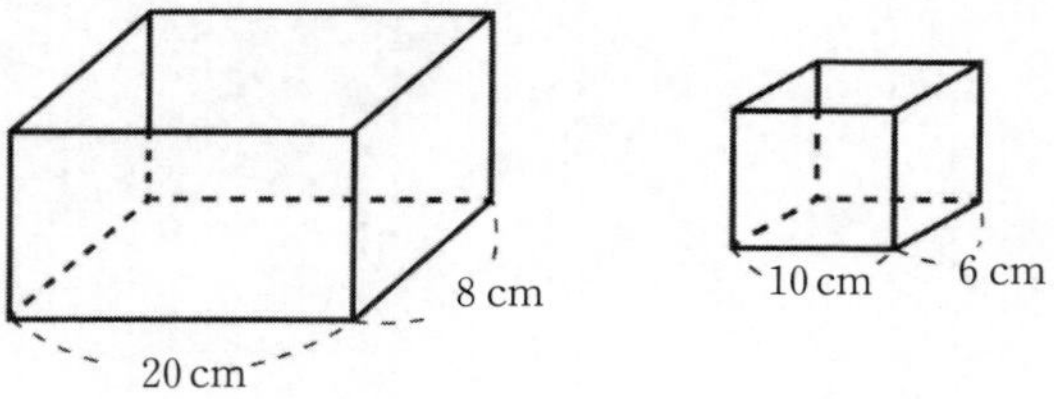

容器A　　　　容器B

問12　容器Aに物体Cを入れたところ，物体Cは完全に沈み水面の高さが２cm上がった。このとき，物体Cの体積は [12] cm^3 である。

[12] の解答群

① 40　② 80　③ 120　④ 160　⑤ 200　⑥ 240　⑦ 280　⑧ 320

問13　容器Aから水を容器Bに移す。このとき，２つの容器の水面の高さを同じにするためには，水を [13] cm^3 移せばよい。ただし，物体Cは容器Aに入っていない状態とする。

[13] の解答群

① 320　② 360　③ 400　④ 480　⑤ 540　⑥ 600　⑦ 660　⑧ 720

問14　問13の状態で容器Bに物体Cを入れると水面の高さは [14] cmになる。

[14] の解答群

① 6　② 7　③ 8　④ 9　⑤ $\frac{34}{3}$　⑥ $\frac{37}{3}$　⑦ $\frac{40}{3}$　⑧ $\frac{43}{3}$

4

右の図のように，長方形の一部を取り除いた図形ABCDEFがあり，点Pは頂点Bから頂点Fまで，辺上をC，D，E，Fの順に毎秒１cmの速さで移動する。２点A，Pを結び図形を２つに分けるとき，頂点Bを含む図形の面積をS，頂点Fを含む図形の面積をTとする。点Pが頂点Bを出発してx秒後のとき，次の [15] から [17] に適するものをそれぞれの解答群の中から選びなさい。

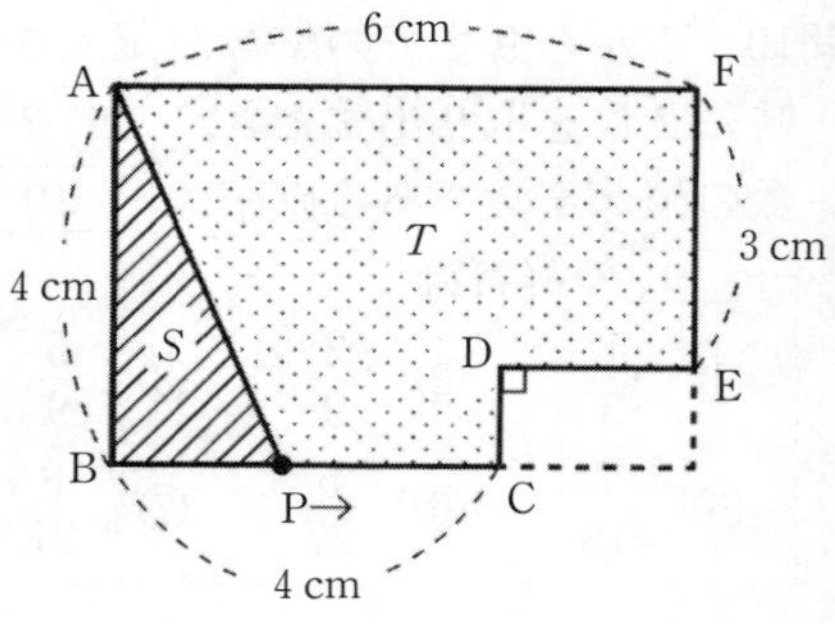

問15　$x=3$ のとき，$T-S=$ [15] である。

[15] の解答群

① 8	② 9	③ 10	④ 11	⑤ 12
⑥ 13	⑦ 14	⑧ 15		

問16　$T=S$ となるのは，$x=$ [16] のときである。

[16] の解答群

① $\frac{11}{2}$　② $\frac{13}{2}$　③ $\frac{17}{3}$　④ $\frac{19}{3}$　⑤ 4　⑥ 5　⑦ 6　⑧ 7

問17　$T=2S$ となるのは，$x=$ [17] のときである。

[17] の解答群

① 3　② $\frac{10}{3}$　③ $\frac{11}{3}$　④ $\frac{13}{3}$　⑤ $\frac{25}{9}$　⑥ $\frac{26}{9}$　⑦ $\frac{28}{9}$　⑧ $\frac{29}{9}$

5　図のように，AD＝12，DC＝18 である長方形ABCDの内側に QP＝QR の直角二等辺三角形PQRがある。図1のように頂点PとAが重なっている位置から，△PQRは長方形の周に接しながら，すべらないように長方形の内側を転がっていく。△PQRが転がり始めてから最初に図2のように頂点QとCが重なったとき，下の [18] から [20] に適するものをそれぞれの解答群の中から選びなさい。

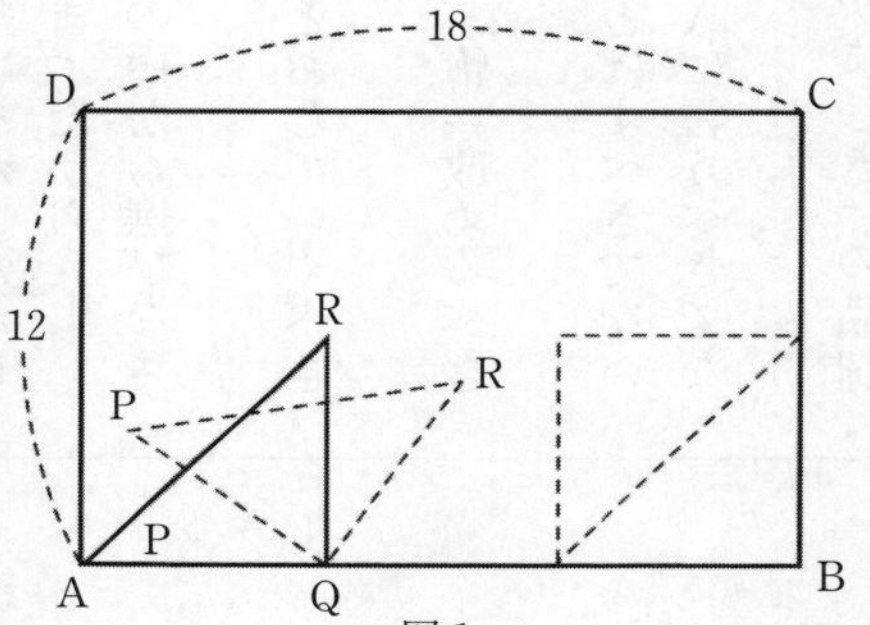

図1

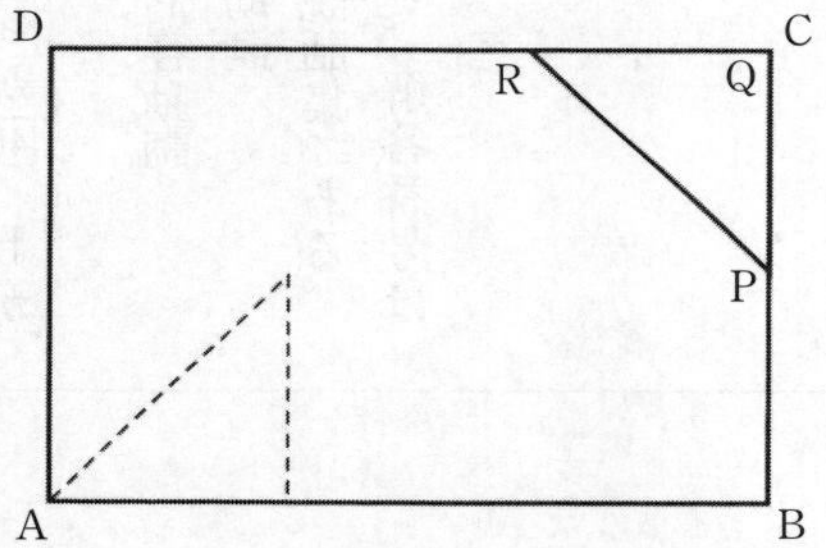

図2

問18　PQ＝ [18] である。

[18] の解答群

① 4　② 5　③ 6　④ 7

⑤ $4\sqrt{2}$　⑥ $5\sqrt{2}$　⑦ $6\sqrt{2}$　⑧ $7\sqrt{2}$

問19　図1から図2の位置にくるまでに，頂点Pが動いてできる線の長さは [19] である。

[19] の解答群

① $(2+3\sqrt{2})\pi$　② $(3+3\sqrt{2})\pi$　③ $\frac{5+5\sqrt{2}}{2}\pi$　④ $\frac{5+5\sqrt{2}}{3}\pi$

⑤ $(2+2\sqrt{3})\pi$　⑥ $(3+2\sqrt{3})\pi$　⑦ $\frac{5+2\sqrt{5}}{2}\pi$　⑧ $\frac{5+2\sqrt{5}}{3}\pi$

問20　辺PRの中点をMとする。図1から図2の位置にくるまでに，中点Mが動いてできる線の長さは [20] である。

[20] の解答群

① $\frac{9\sqrt{2}}{2}\pi$　② $9\sqrt{2}\pi$　③ $\frac{3\sqrt{2}}{2}\pi$　④ $3\sqrt{2}\pi$

⑤ $\frac{3+9\sqrt{2}}{2}\pi$　⑥ $(3+9\sqrt{2})\pi$　⑦ $\frac{3+3\sqrt{2}}{2}\pi$　⑧ $(3+3\sqrt{2})\pi$

③ 大変な病だと思って大騒ぎしたが、大した病でなかったから

④ 妻への仕返しのつもりが、やり返されてしまったから

問六 この文章の主題として最も適当なものを次の中から選びなさい。解答番号は45。

① 罪があれば他人にばれないよう、賢く隠しとおしていくべきだ

② 罪があれば生きているうちに罪を打ち明け、悔い改めるべきだ

③ 罪があれば生きているうちに悔い改めることはすべきでない

④ 罪があれば死後に仏が許してくれるので、人に言うべきでない

問七 傍線a「で」・b「む」・c「せ」・d「恥がましき」の品詞名を次の中からそれぞれ選びなさい。解答番号はaが46、bが47、cが48、dが49。

① 名詞　② 動詞　③ 形容詞　④ 形容動詞

⑤ 副詞　⑥ 連体詞　⑦ 助動詞　⑧ 助詞

問八 問題文の出典である『沙石集』は鎌倉時代の説話集である。同時代の作品でないものを次の中から選びなさい。解答番号は50。

① 古今和歌集　② 新古今和歌集

③ 十訓抄　④ 方丈記

三　次の文章を読んで、後の問いに答えなさい。

百喩経《ひゃくゆぎょう》に云《い》はく、「昔、愚かなる俗あつて、人の婿になりて行きぬ。さまざまにもてなされけれども、Iなまこざかしくよしばみて、いと物も食はaで飢ゑて覚えけるままに、妻がIIあからさまに出でたるひまに、米をひと頬打ちくくみて食はbむとする所に、妻帰りたりければ、恥かしさに面アうち赤めてゐたり。『頬の腫《は》れ給ふと見え給ふをばいかにや』と問へば音もcせず、いよいよ顔赤みければ、腫物の大事にて、ものも言はぬにやと、イ驚き、父母にウかくと云へば、父母来りて、『いかにいかに』と云ふ。いよいよ色赤くなるを見て、隣りの物の集まりて、『婿殿の腫物の大事におはすなる、IIIあさまし』とて訪ふ。さるほどに、『医師呼べ』とて、藪医師の近々にありけるを呼びて見すれば、『IVゆゆしき御大事の物なり。とくとく療治し参らせん』とて、エ大きなる火針を赤く焼きて、頬を通したれば、米ほろほろとこぼれてけり。オ頬は破られ恥がましかりけり」。

世間の人の隠して罪を作り置きて、仏にも人にも発露懺悔せずして、※炎魔王界にして、※冥官《みょうかん》※冥道《みょうどう》の前に縄つき、ひきすゑられて、※阿防羅刹《あぼうらせつ》に打ちはられ、d恥がましき事にあひ、地獄に入りて苦を受くべきに喩へたり。

（『沙石集』より　作問の都合により一部改変）

※炎魔王界…閻魔王の支配する世界
※冥官…閻魔王庁に属する冥界の役人
※冥道…冥界の悪鬼・獄卒の類
※阿防羅刹…地獄で罪人を責める獄卒

問一　傍線I・II・III・IVの意味として最も適当なものをそれぞれ選びなさい。解答番号は36〜39。

I　なまこざかしく　36
①　得意げに　②　偉そうに
③　ずる賢く　④　利口ぶって

II　あからさまに出でたるひまに　37
①　私用で遠出した隙に
②　少し席をはずした隙に
③　他の男の家に行った隙に
④　長い時間席をはずした隙に

III　あさまし　38
①　驚いたことだ　②　品がないことだ
③　情けないことだ　④　嘆かわしいことだ

IV　ゆゆしき御大事の物なり　39
①　これは大切なことだ　②　これは忌まわしいことだ
③　これは重症であることだ　④　これは気味が悪いことだ

問二　傍線ア「うち赤めてゐたり」・イ「驚き」の主語は誰ですか。最も適当なものを次の中からそれぞれ選びなさい。解答番号はアが40、イが41。
①　妻　②　婿　③　父母　④　隣りの物

問三　傍線ウ「かく」はどのようなことを指していますか。最も適当なものを次の中から選びなさい。解答番号は42。
①　妻の外出が増えたこと　②　婿の頬が腫れていること
③　妻の頬が腫れていること　④　婿が飢え苦しんでいること

問四　傍線エ「大きなる火針を赤く焼きて、頬を通したれ」の理由として最も適当なものを次の中から選びなさい。解答番号は43。
①　医者が医学につたなかったから
②　妻が婿を改心させようとしたから
③　婿が周りを驚かせようとしたから
④　父母が婿を懲らしめようとしたから

問五　傍線オ「頬は破られ恥がましかりけり」とありますが、なぜですか。最も適当なものを次の中から選びなさい。解答番号は44。
①　嘘をつきとおした結果痛い目にあったうえ嘘がばれたから
②　医師や周りの人々が自分をからかっていたことに気づいたから

決まるのであり、自己責任を問われたり差別されたりするから

④ 災害と異なり感染症の苦しみは目に見えない分、私たちの感覚に強く影響を与えるため、人々がそれを受け止めきれないから

問十一 傍線8「災害」、傍線9「感染症」に対する江戸時代の人々の考え方として最も適当なものを後の中からそれぞれ選びなさい。解答番号は 31 、 32 。

8 災害 31

① 利害関係を考えるもの
② 目に見えるもの
③ 打算的なもの
④ その人自身のせいであるもの

9 感染症 32

① 協力して戦うもの
② 共存するもの
③ 感染者を責めるもの
④ 恐れるべきでないもの

問十二 傍線10「それでいいのだろうか」とありますが、ここでの筆者の意見はどのようなものだと考えられますか。最も適当なものを次の中から選びなさい。解答番号は 33 。

① 現代人は多くの情報の中から真実とフェイクを見分ける力を養う必要がある
② 社会の中に存在する人々の多様性を積極的に認めなければならない
③ 日本の災害や疫病の記録と経験をふまえて我々も次の世代へと受け継ぐことが肝要だ
④ 自然災害でも感染症でも変わらず人々が協働して対応にあたるべきだ

問十三 次の一文は本文中の《A》〜《D》のどこに入りますか。後の中から選びなさい。解答番号は 34 。

だからこそ、あえて互いに声を掛け合い、対処法を共有しておくことは、防災や防疫に役立つはずです。

① 《A》 ② 《B》 ③ 《C》 ④ 《D》

問十四 この文章の内容について話し合っているA〜Dの発言について、筆者の意見に沿ったものとして最も適当なものを後の中から一つ選びなさい。解答番号は 35 。

A 江戸時代の人々が当時の祭りや民俗行事、神社のお守りに対して感じていたものは全て現代にも続いてきたものだよね。それらは現代の災害や疫病にも有用な知恵として生かせるものだから、膨大な記録の中からより詳細に読み取ることが重要だと思うな。

B 確かに『夢の浮橋』や『豊年教種』、『安政午秋／頃痢流行記』といった実存する前近代の文学作品には災害と疫病に関する人々の実際の様子や考え方が描かれていたね。僕たちは現代の視点でそれらの功罪を判別して、現代社会に生かせるものを生かさなければいけないね。

C やっぱり、実際に文献を通して現代と江戸時代の人々が災害と疫病をどう捉えていたか比較すると、それぞれの災害と疫病に対する捉え方の違いや対応策の違いが見えてくるんだね。そうしたら私たちは今と違う視点で現代を見つめ直すことができそうだね。

D その通りだと思う。僕はとくに、現代と江戸時代の感染症のありようを比較することで現代社会の欠陥が浮き彫りになった印象があるな。その欠陥を乗り越え、社会をより良く再生するには、利害関係や特定の集団の範囲を超えた人々同士でつながりをつくることが手がかりだということがわかったよ。

① A ② B ③ C ④ D

ぞれ選びなさい。（解答は重複しない。）解答番号は（ア）が[20]、（イ）が[21]、（ウ）が[22]、（エ）が[23]。

①もしかしたら　②さらにいえば
③だからこそ　④あるいは
⑤そうではなく　⑥そうすることで

問四　傍線1「村の人々が疎開する」とありますが、それはなぜですか。最も適当なものを次の中から選びなさい。解答番号は[24]。

①流行周期が早い疫病の痛ましい記憶が強く残っていたから
②行商人や避難者などの訪問者の間で噂になることを恐れたから
③疫病から遠ざかることが最も良い感染予防だと考えたから
④日本人は人との距離や物の扱い方に神経質な性格だったから

問五　傍線2「『疫病と戦う』という発想はありません」とありますが、それはなぜですか。最も適当なものを次の中から選びなさい。解答番号は[25]。

①未知の感染症には抗う力がないと考えられていたから
②感染症と共存する必要があると考えられていたから
③疫学が信頼に値しないものだと考えていたから
④疫病は神霊の類であり畏怖する対象だと考えていたから

問六　傍線3「大田南畝」は狂歌師としても活躍しましたが、狂歌と同様に江戸時代の町人階級に受け入れられた俳諧の名手として最も適当なものを次の中から一つ選びなさい。解答番号は[26]。

①小林一茶　②上田秋成
③近松門左衛門　④本居宣長

問七　傍線4「人々の覚悟」の説明として最も適当なものを次の中から選びなさい。解答番号は[27]。

①人間の力を超えた災害の前では人々の協力が不可欠であるから、後世に災害の歴史を詳細に語り継ごうとする覚悟
②江戸時代は災害が日常茶飯事であるから、災害が起こってからどう行動するかではなく事前に備えなければならないとする覚悟
③災害は誰もが自らの生活と常に隣り合わせであるから、有事の際は人々が協力し合って乗り越えようとする覚悟
④災害が起こることはどうにも仕方がないことであるから、なんとしても自分だけは助かろうと意識して生きる覚悟

問八　傍線5「強調されるのは助ける側の姿勢です」とありますが、それはなぜですか。最も適当なものを次の中から選びなさい。解答番号は[28]。

①江戸時代の人々には数多の災害の経験から得た医学的水準の高い見識を共有しようとする意識があったから
②江戸時代の人々には同じ社会に属する者同士で協力し合って災害を乗り越えようとする博愛の心があったから
③江戸時代の人々には災難のときはお互いさまだから意図が相手に伝わるよう人助けをすべきだとする考えがあったから
④江戸時代の人々には自らの行いによって自分の未来が良くも悪くも影響を受けると考える現実的な動機があったから

問九　傍線6「陰徳あれば陽報あり」とありますが、このことばの意味と似たものとして最も適当なものを次の中から選びなさい。解答番号は[29]。

①隠忍自重　②風が吹けば桶屋が儲かる
③因果応報　④禍を転じて福と為す

問十　傍線7「共有されにくい」とありますが、感染症に関する苦しみが共有されにくいのはなぜですか。最も適当なものを次の中から選びなさい。解答番号は[30]。

①感染症が目に見えないため人々の間で苦しみを共感しにくく、感染症に罹患することが各自の責任だと捉えられるから
②目に見えない感染症の特質により全ての人々が必要以上の恐れをいだき、風評被害が起こったり人々の連帯が弱まったりするから
③感染症の苦しみも日ごろの行いによって引き起こされるかが

見かねた町内の人々がお金を出し合い、葬式を出してあげるが、妻は残した夫が心配だと夜な夜な亡霊となって現れます。一種の奇談ですが、ここでは周囲の人々が、苦しむ人に支援の手を差し伸べています。そこにあるのは、「極限状態の中では、人は一人では生きていけない」という視線です。《　B　》

社会の中には多様な資質、立場、職業の人がいる。お金のある人も、ない人も。けれど江戸時代の人々には、そういうことを踏まえた上で、「疫病は直接利害関係にはない他者と共に乗り越えなければいけない」という認識がありました。

当時の社会には、できるだけ多くの人が助かる行動を取ることが、正しく、美しいことだという考え方もありました。そのため、いざというときの行動を、家族、店の構成員、農作業の仲間、寺の檀家など、さまざまな集団の中で普段から話し合っていた。そして実際、事が起きた後の情報共有は迅速で、④リカバリーも早かった。

隣に誰が住んでいるかもわからない現代の都市で、周囲の人と力を合わせることは簡単ではないでしょう。情報は多くても、そこから真実とフェイクを見分けることすら難しい。《　C　》

日本には災害や疫病とともに歩んだ長い歴史があります。何より、千年以上前から生きた人々の経験がある。幸いそれらは膨大な記録として残されています。近いところでは一〇〇年、二〇〇年前の日本にどんな過酷な状況があったのか。その中で何が人々を勇気付け、支え、あるいはその協働と救済を阻んだのか。そこには、私たちが直面する災厄が⑤ピークを越えた後、どのように社会を再生させるかについての知恵も見つかるはずです。《　D　》

（『日本古典と感染症』より抜粋　作問の都合により一部改変　著者　ロバート キャンベル）

※麻疹戯言…江戸時代の式亭三馬の著書

※安政午秋／頃痢流行記…江戸時代の仮名垣魯文の著書

問一　傍線a・b・c・dのカタカナに当たる漢字と同じ漢字を用いているものを、それぞれ一つ選びなさい。解答番号は11～14。

a　シワザ　11
①　派手なエンギ　②　店のエイギョウ
③　新しいブンゲイ　④　健康のジョウタイ

b　キョウリ　12
①　センリ品を得る　②　有能なカンリ
③　品質のカンリ　④　センリ眼をもつ

c　モンコ　13
①　ショウコを残す　②　コヨウを創出する
③　キンコに鍵をかける　④　コセキを登録する

d　コウヨウ　14
①　校旗のケイヨウ　②　ドウヨウする
③　タイヨウが輝く　④　古代のモンヨウ

問二　波線①・②・③・④・⑤の語句は、本文の中でどのような意味で使われていますか。最も適当なものをそれぞれ選びなさい。解答番号は15～19。

①　盲点　15
①　軽んじている点　②　見落としている点
③　予想している点　④　あきらめている点

②　うやうやしく　16
①　落ち着いて　②　疑うことなく
③　堂々として　④　礼儀正しく

③　余儀なく　17
①　無理なく　②　異論なく
③　慎みなく　④　やむなく

④　リカバリー　18
①　復旧すること　②　補塡すること
③　逆転すること　④　救助すること

⑤　ピーク　19
①　谷　②　山　③　海　④　時

問三　（ア）・（イ）・（ウ）・（エ）に当てはまる語を、次の中からそれ前抱えていた問題を清算しようとする者もいる。

その中に越後の歌人が江戸からbキョウリに宛てた手紙があります。そこに登場する若者は橋が落ちる瞬間、着物を脱ぎ、連れの女性たちを自分の股引につかまらせ、「ご覚悟を！」といって川に落ちるのです。そうして水をくぐり、女性たちを救います。災害は「必ず起こるもの」であり、問題はそれにどう対処するかでした。この書物からは、そんな4人々の覚悟も心の①盲点もうかがえて興味深い。

災害への心構えという意味でもう一つ、『豊年教種《ほうねんおしえぐさ》』という書物を挙げましょう。こちらは、天保の大飢饉に際して本草《ほんぞう》学者が著したサバイバルマニュアル。三日も物を食べていない人がcモンコに現れたときは熱い物を与えてはいけない、そういう物は飢餓状態の人を苦しませるから、などと、困窮する人を助けるときの注意点が具体的に述べられます。

と同時に、5強調されるのは助ける側の姿勢です。

「飢えた人におかゆを与えるときは、最大限②うやうやしく謹んで与えなさい。決してぞんざいに扱って、相手を辱めてはいけない」米を持っている人たちが、食べ物に窮する人のために炊き出しをする。そこで大事なのは、普段より丁寧に手渡しをすることだというのです。

このおかゆの条《くだり》に、次の一文があります。

「その人の窮するも、全く天時の変によりて然らしむるなり」

その人が困っているのは、気候や天災のせいであって、その人自身のせいではない。災難に遭うかどうかの分け目は天によって定められていて、明日困窮するのはあなたかもしれないというわけです。

（エ）、いま余裕のある人は他人に分け与えなければいけない。ただし、そうした善行は目立たないようにやるべきだと考えられていました。「6陰徳あれば陽報あり」というように、前近代日本においては、自分のしたことは回り回って自らに戻ってくる、いま困窮している人を悪く扱えば、それも自分に跳ね返ってくると考えられていたのです。人助けの後ろにあるのは博愛精神ではなく、極めて現実的な動機でした。

個人的な話をすると、私には妹がいて、米国ニュージャージー州にあるCOVID－19治療の拠点病院で医療カウンセラーとして働いています。窓の外にPCR検査のテントがあり、遺体を運ぶトラックがあり、実際に彼女の大切な同僚も亡くなっている。彼女にとって疫病は「目に見えるもの」ですが、それは渦中にいるごく一部の人に限られます。

疫病は性別、人種、職業に拘《かかわ》らず、誰もがかかり得るものです。『※麻疹戯言《ましんぎげん》』にも書かれているように、「その状況はえらくないという区別もな」いものである。人間は感染症に対して平等な弱さをもっている。けれど目に見えないことから、罹患した当事者も大切な家族を亡くした人々、あるいは失業や倒産などを③余儀なくされたいわば二次被害者たちが体験する苦しみには7共有されにくいものがあります。

自然災害では発生直後から、人々の間に協力関係が生まれ、dコウヨウした気分が社会に流れます。たとえ遠くにいても、地震や水害の圧倒的な映像は私たちの感覚に直接訴え掛けてくる。一方、感染症では、自分の身近な家族などを除いて、罹患した人に対する共感が薄い。それどころか、差別さえ生まれます。

二〇二〇年夏、ある温泉地の自治体が、宿泊施設の従業員に毎月PCR検査を受けさせる方針を打ち出しました。これに対し、二つの温泉組合が割れてしまった。反対する側は、風評被害を恐れたのです。確かにいまの日本には、感染した人が共感されないどころか、周囲から責められる現実があります。8災害と違って、9感染症には自己責任を問われるのです。《　A　》

しかし、10それでいいのだろうか。最初に触れた『※安政午《あんせいうまの》秋《あき》／頃痢流行記《ころりりゅうこうき》』に、こんな話があります。

江戸の湯島に貧しい夫婦がいました。しかし夫が体を壊して働けなくなり、無理をした妻が先に亡くなってしまう。困窮するさまを財道具や食料を持って、山の中の小屋へ避難します。そういう小屋が建てられる人は建てるし、間に合わない場合は隣の村などに逃げていきます。二〇日なら二〇日そこで生活し、流行が過ぎたころ、再び村へ戻ってくる。

　感染者を隔離するのではなく、疫病がたどり着く前に、共同体が時限つきの離散をするわけです。他の宿場の情報などから、どのくらい村を離れていれば済むのかといったことも見当がついていました。とにかく「逃げること」が一番の予防対策でした。

　これまでの研究から、江戸後期には麻疹が二四、二五年の間隔ではやったことがわかっています。当時の寿命を考えると、一生に二度ほど流行を経験する計算です。疫病の体験者が多かったことで、記憶が共有されやすかったともいえるでしょう。

　（ア）、「三密回避」は元々、日本人の暮らしの中にありました。「密閉していないこと」自体が、日本建築の基本です。土間と座敷を分け、座敷では土足を禁じ、便所を母屋から離して設ける。食事に一人用のお膳を使ったり、箸を分けたりする習慣も、「密接」を避ける知恵といえます。気候が多湿で菌が繁殖しやすく、時に命を脅かすことを考えれば、人との距離や物の扱い方に神経質にならざるを得ない。これは日本の中に深く根差した感覚です。

　最初に述べたように、江戸時代には、病気は「邪気（鬼）」のようなものと考えられていました。それは決して撲滅する対象ではなく、むしろ「もてなす」べきものでした。

　もてなしは待つことから始まります。来るぞ、来るぞと待ち構え、神楽《かぐら》を催したり、囃子《はやし》を奏でたりする。そうして気持ちよくもてなして、隣村との境の川筋などに落として追い出すのです。その名残は、いまもさまざまな祭りや民俗行事に見られます。

　（イ）、疫病を除《よ》けるお守りを盛んに使う。コレラは狐のシ a ワザと考えられたことから、狐の天敵である狼を祀る秩父の三峯《みつみね》神社にお札をもらいに行く人が殺到し、疫病を司る須佐之男命《すさのおのみこと》を祀る神社にも人が押し寄せました。そこにも 2「疫病と戦う」という発想はありません。

　東京のすみだ北斎美術館には、関東大震災で失われた北斎の肉筆画を写したモノクロ写真から推定復元した『須佐之男命《すさのおのみこと》厄神退治《やくじんたいじ》之図《のず》』という絵が展示されています。中には十数人の疫鬼が描かれていますが、須佐之男命はそれらに武器を向けているわけでも、消毒液をかけようとしているわけでもありません。

　（ウ）、「もう暴れません」という連判状に手形を押させているのです。言いかえれば、相手の存在を認めているということです。

　私たち現代人が向き合う新型コロナウイルス感染症の流行は、その最中にあってはいつ収まるかはわかりません。現代の疫学はウイルスの撲滅を目指しますが、全てを抑え込むことは困難であり、必然的に「ウィズ」を生きなければならない。江戸時代以前の日本にはそのヒントがたくさんあるし、それはいまも一部において生きています。目には見えないが共有すべき文化資源は、日本社会の歴史に多々あって、見直されてよいように思います。

　再び、「災害」に目を向けましょう。

　日本文学の中では災害も盛んに書き残されましたが、「震災で街が壊れた」といったことから物語が生まれたような例はあまりありません。

　そんな中、江戸で起きた橋の崩落事故が、幕臣で戯作者だった 3大田南畝《おおたなんぽ》によって『夢《ゆめ》の浮橋《うきはし》』という作品にまとめられています。

　文化四年（一八〇七）、深川富岡八幡宮《とみがおかはちまんぐう》の祭礼を見ようと詰め掛けた群衆の重みで、隅田川に架かっていた永代《えいたい》橋が崩落します。数日前から降り続いた雨で川が増水、橋の躯体《くたい》も弱まっていたのでしょう。一〇〇〇人近くが川に流され、四〇〇人余りが命を落とす惨事となりました。

　落下の瞬間からそれに続く修羅場。その中で誰がどう生き延び、あるいは亡くなったか。『夢の浮橋』には、南畝と文人仲間が集めた関係者のエピソードが美しい擬古文でつづられます。川に流された人の中には、後からひょっこり現れた人もいれば、霊となって生

二〇二二年度 山村学園高等学校（単願・第一回）

【国語】（五〇分）〈満点：一〇〇点〉

一 次の問いに答えなさい。

問一 次の漢字の読みが間違っているものをそれぞれ一つ選びなさい。解答番号は1～4。

ア 1 ①年俸（ねんぼう） ②依存（いそん） ③早急（さっきゅう） ④発足（ほっそく）

イ 2 ①添付（てんぷ） ②訃報（ふほう） ③遊行（ゆうぎょう） ④塗布（とふ）

ウ 3 ①律令（りつりょう） ②私怨（しえん） ③更迭（こうしつ） ④呆然（ぼうぜん）

エ 4 ①義兄（ぎけい） ②養蚕（ようさん） ③昔日（せきじつ） ④割愛（わりあい）

問二 次の□に当てはまる漢字を後から選び、番号で答えなさい。解答番号はアが5、イが6、ウが7。

ア □蜂取らず

イ □の面に水

ウ 泣きっ面に□

①蟬《せみ》 ②蝶《ちょう》 ③蠅《はえ》 ④蟻《あり》 ⑤蛙《かえる》
⑥蜂《はち》 ⑦蚕《かいこ》 ⑧虻《あぶ》 ⑨蚊《か》

問三 次の□に当てはまる漢字を後から選び、番号で答えなさい。解答番号はアが8、イが9、ウが10。

ア 油断□敵

イ 晴□雨読

ウ 才色兼□

①対 ②退 ③大 ④耕 ⑤好
⑥降 ⑦尾 ⑧美 ⑨備

二 次の文章を読んで、後の問いに答えなさい。

江戸時代には、街道と水路（水運）を使って経済をフル回転させていました。そんな中、コレラは文政期（一八一八～三一）に海外から船で入り、幕末に横浜や神戸が開港してから本格的に流行します。一方、街道の盛んな人の往来が、さまざまな疫病を広げる要因になりました。

それに対し、江戸時代にも「三密回避」の対策があったのです。尾張藩の山守だった人が残した村の記録によれば、まず「噂」が街道を通して伝わってくる。どこかの宿場で人が不審な病に倒れた、死んだ人がいる……。疫病が噂として姿を現し、数日後に「隣の宿場で誰々の息子が亡くなった」といった話が届くあたりで、人々が俊敏に動き出します。

どうするかというと、[1]村の人々が疎開するのです。

普段から防災訓練のようなことをしているわけではないが、いったん疱瘡《ほうそう》が流行すると、「疱瘡遠慮」を発動する。「遠慮」、つまり互いに訪ね合わないことを申し合わせるのです。行商人など外部からの訪問者も締め出して、できるだけ人と交わらない。そうして家

2022年度／山村学園高等学校(単願・第１回)

英語解答

1 問１ ④　問２ ①　問３ ①
問４ ③　問５ ③

2 問１ ③　問２ ①　問３ ②
問４ ②　問５ ④　問６ ③
問７ ①　問８ ②　問９ ③
問10 ②

3 問１ ①　問２ ③　問３ ②
問４ ①　問５ ②

4 問１ 21…③　22…⑧
問２ 23…⑦　24…⑨
問３ 25…⑤　26…②
問４ 27…⑧　28…①
問５ 29…①　30…⑤

5 問１ ①　問２ ③　問３ ③
問４ ②　問５ ①

6 問１ ④　問２ ①　問３ ④
問４ ③　問５ ②　問６ ②
問７ ①　問８ ③　問９ ①
問10 ④

1〔対話文完成─適文選択〕

問１．Ａ：テストはどうだった？／Ｂ：とてもよくできたよ。／Ａ：それを聞いてうれしいよ。じゃあもう，リラックスして楽しめるね。∥Ｂがテストでよくできたことを聞いての返答である。

問２．Ａ：コミュニティセンターでクラシック音楽のコンサートがあるよ。公演を見てみない？／Ｂ：今，宿題を終えたところだよ。今なら行けるよ。∥この後に続く Now I can go. から，Ｂはクラシック音楽のコンサートに行くつもりだとわかるので，その状況に合うものを選ぶ。‘have/has＋just＋過去分詞’「ちょうど～したところだ」は現在完了形(‘完了’用法)。

問３．Ａ：あなたの今週末の予定は何？／Ｂ：明日，映画を見に行くのはどう？／Ａ：それはいい考えだね。その前に食事に行くのはどうかな。∥beforehand「前もって，事前に」とあるので，ＡはＢの映画を見に行くという案に賛成し，その前に食事に行こうと話していると判断できる。

問４．Ａ：調子はどう？／Ｂ：この数学の問題を解いてるところだよ。全然わからないんだ。／Ａ：もしよかったら，手伝ってあげるよ。∥ＡはＢに手伝うことを申し出ているので，Ｂは数学の問題に苦戦しているとわかる。　I have no idea.「全然わからない」

問５．Ａ：何時？　遅刻しちゃう！／Ｂ：７時10分だよ。時間どおりだよ。急ぐ必要はないさ。もうすぐ出発しよう。∥Ｂが急がなくてもいいと話している状況から判断する。　on time「時間どおりに」

2〔適語(句)選択・語形変化〕

問１．by tomorrow「明日までに」とあるので，will を用いた未来形にする。　「私は明日までにこの本を読み終えるだろう」

問２．another cup of ～で「もう１杯の～」となる。　Would you like ～?「～はいかがですか」「コーヒーのおかわりはいかがですか」

問３．sheep「羊」は‘数えられる名詞’だが，単数形でも複数形でも形が変化せず，常に sheep という形で表す(単複同形)。‘数えられる名詞’に用いて「たくさんの～」を表すのは many。　「ブラウンさんは農場でたくさんの羊を飼っている」

問４．「(３つ以上のもの)の中で最も…」は‘the＋最上級＋of ～’で表せる。　「私のカメラはこの３つの中で一番高価だ」

問５．「ここから駅まで」の‘距離’を尋ねているとわかる。　how far「どれくらい離れて」　「ここから駅までどのくらい距離がありますか」

問6.「シンガポールで話されている」の意味になればよいので，受け身形(‘be動詞＋過去分詞’)にする。主語が複数なのでbe動詞はareとなる。　「シンガポールでは英語と中国語が話されている」

問7. have been to ～で「～に行ったことがある」という意味になる(現在完了形の‘経験’用法)。「今まで～に行ったことがあるか」はHave you ever been to ～？で表せる。　「あなたは今までに台湾に行ったことがありますか」

問8. ‘what to＋動詞の原形’で「何を～するべきか」の意味。　「私は最初に何をしたらいいかわからない」

問9. 文の主語が「雪に覆われた山」という意味になればよい。The mountain covered with snowで，過去分詞coveredで始まる語句が前の名詞The mountainを後ろから修飾する‘名詞＋過去分詞＋語句’の形(過去分詞の形容詞的用法)になる。　「雪に覆われたその山はとても美しい」

問10. the cakeがmadeの目的語になっているので目的格の関係代名詞が入る。先行詞が‘人以外’なのでwhichが適切。　「これは私の妹〔姉〕が今朝つくったケーキだ」

3〔書き換え―適語(句)選択〕

問1.「窓を開けてください」→「窓を開けてくれませんか」　「～してくれませんか」と依頼するときはWill you ～？で表せる。

問2.「あなたにとって彼を待つことは必要ではない」→「あなたは彼を待たなくてもよい」　上の文は‘It is ～ for … to ―’「…が〔…にとって〕―することは～だ」の形式主語構文の否定形。これを，don’t have to ～「～しなくてもいい，～する必要はない」を用いて書き換える。

問3.「あなたはなぜ悲しかったのですか」→「何があなたを悲しくさせましたか」　‘make＋目的語＋形容詞’「～を…(の状態)にする」の構文を用いて書き換える。

問4.「冷蔵庫には何も食べ物がなかった」　上は‘not any＋名詞’「何も～ない」の形。これを，否定語のnothingを用いて「食べるためのものが何もない」と書き換える。‘-thing＋to不定詞’の形(to不定詞の形容詞的用法)。

問5.「一生懸命勉強すれば入学試験に合格するだろう」→「一生懸命勉強しなさい，さもないと入学試験に合格しないだろう」　‘命令文，or ～’「…しなさい，さもないと～」の構文を用いて書き換える。

4〔整序結合〕

問1.「～することを楽しみにしている」はbe looking forward to ～ingで表せる。「カフェで」はat the café。　I am looking forward to seeing my friend at the café next week.

問2. 語群にas，asがあるので，‘as ～ as …’という比較表現を用いる。主語をNothingにして‘Nothing is as ～ as …’「…ほど～なものはない」の形にする。　Nothing is as nice as ice cream on a hot day.

問3.「ニュージーランドの気候」はThe climate of New Zealand。「～に似ている」はbe similar to ～で表せる。「日本の気候」はthat of Japan「日本のそれ(＝気候)」とする。このthatはthe climateの繰り返しを避けたもの。　The climate of New Zealand is similar to that of Japan.

問4.「～しなければならないだろう」は，未来形を表すwillに「～しなければならない」を表すhave to ～をつなげたwill have to ～で，「〈人〉の～を手伝う」は‘help＋人＋with ～’で表せる。　I will have to help my mother with her housework this weekend.

問5.「～しないように注意する」はbe careful not to ～とまとめる。notをto不定詞の前に置くことに注意する。「～するとき」は when を接続詞として用いて‘when＋主語＋動詞’の形にまとめる。 Please be careful not to cut your finger when you cook.

5〔対話文完成―適文選択〕

≪全訳≫❶ニーナ(N)：ライアン，あなたは将来どんな仕事をしたいの？❷ライアン(R)：うーん，まだ決めていないよ。君は映画会社に勤めているよね？ 31映画に関わる仕事は本当にわくわくするだろうね。❸N：ええ，そうね。確かにとてもわくわくする仕事だけど，とても大変な仕事でもあるわ。例えば，映画の１分間のシーンは撮影に数日かかることもあるの。❹R：本当？ 深夜まで働かなきゃいけないこともあるって聞いたけど，それはなぜ？❺N：ええと，１つのシーンは１回だけの撮影というわけじゃないの。いろんなショットをたくさん撮る必要があるのよ。 32一番いいものだけが映画で使われるの。❻R：じゃあ，何ショットくらい撮るの？❼N： 33いつも同じじゃないけど，20回も撮ることもあるわ。１つのシーンを５つや６つの違う角度から撮影することもあるのよ。❽R：わあ！ それは知らなかった。僕がスクリーンで見る最終的な映画は，何千もの異なるショットの中から，監督と編集者がつくるものなんだね。驚きだな！❾N： 34そのとおりよ。監督か編集者になるのに興味がある？❿R：そうだな，それ以外にはどんな仕事があるの？⓫N：いろんな仕事があるわよ。例えば，脚本家は映画の脚本のあらましを用意しなければならない。次に，俳優，ロケ地，衣装を選ばなければならないの。それから音楽がつくられ，音響効果が追加されることもある。もちろん，監督は最高の「テイク」だけを選ばなければいけないの。他にもたくさんの仕事があるわよ。⓬R：わあ。ますます映画の仕事に興味がわいてきたよ。⓭N： 35うちのスタジオに遊びに来てみない？ どんなふうに特殊効果が行われているか見られるわよ。⓮R：すごい！ ぜひ行きたいよ。

＜解説＞問１．直後のニーナの Oh, yeah, certainly it is a very exciting job, …という発言は，①の，… must be really exciting を受けた内容になっている。 must be ～「～であるに違いない」 certainly「確かに」 問２．いろんなショットをたくさん撮って，その中の the best ones「一番いいショット」だけが使われる，という前文からの流れを読み取る。 問３．何回撮るのかというライアンの質問に対するニーナの返答。different は，撮るショット数が「異なる，同じではない」ということ。 問４．直前までの２人の会話の流れを読み取る。直前のライアンの発言は，ニーナから聞いた説明によってわかったことをまとめた内容になっている。ニーナはライアンの気づきに対し，That’s right.「そのとおり」と肯定したのである。 問５．ライアンは I’d love to.「ぜひそうしたい」と答えているので，ニーナはライアンに何か提案したのである。 Why don’t you ～？「～してはどうですか」

6〔長文読解総合―説明文〕

≪全訳≫❶ヨーロッパには，とても有名な自転車レースがある。実際，それは世界的に有名だ。1903年に初めて開催され，現在も毎年開催されているイベントである。ツール・ド・フランスは，さまざまなコースのある男性による自転車レースで，年に一度，フランスで開催されている。23日間で21ステージあり，各ステージは１日がかりだ。２日間の休日があり，それぞれ約１週間のレース後に設けられている。毎日，８人編成の20以上のチームが競い合う。つまり，約170人の選手が同時にレースをしていることになる。これは「年に一度の世界最大のスポーツイベント」となっている。❷このレースは，1903年に初めて，フランスの小さな新聞の売り上げを伸ばす宣伝として開催された。当時，その新聞は黄色の紙を使っていた。この黄色は後に，レースで最も速い選手のシンボルとなった。それまでの全ステージの完走タイムが最も少ない選手は，ジャージと呼ばれる黄色いシャツを毎日着ることになる。選手により，得意とするレースの形式は異なる。レースで異なることをするタイプの異なる選手のために，ジャージにもさまざまな種類がある。選手の中にはスプリンターがいて彼らは緑色を，また山岳を走るのが得意な選手もいて彼らは水玉を，そして25歳以下のトップ選手は白色を着る。❸このレースは始まって以来，年に一度開催されている。二度の世界大戦のために中止されたこともある。年々人気が高まるにつれてレースは長くなり，その名は世界中で知られるようになった。毎年さらに多くの選手が世界中からレースに参加するようになった。レースは伝統的には７月に開催されているが，2020年はCOVID-19(新型コロナウイルス感染症)のため初めて８月末まで延期された。❹ルートは毎年少しずつ変わるので，選手たちはさまざまな町を通り，さまざまな山を登るが，レースの種目はおおむね同じである。近年のツール・ド・フランスは１日がかりの21ステージが23日間あり，約3500キロメートルの距離に及ぶ。レースは，ある年はフランスを左回りに，翌年は右回りにめぐる。とても速いスプリントの日もあれば，とても遅い山岳(コース)の日もあり，各選手が他の皆より速くゴールするために１人で競い合う日もある。しかし，最終日はいつも同じで，ゴールはパリのシャンゼリゼ通りである。

問１＜整序結合＞語群の170 athletesと，前文の「８人編成の20以上のチーム」という内容から，選手が約170人いる，という文になると推測できる。まず，there is/are ～「～がいる」の構文でthere are about 170 athletesとまとめ，その後にracingを置き文末のat the same timeにつなげる(現在分詞の形容詞的用法)。残りはThat meansとして一番前に置けば，前文の内容をThatで受けた，That means ～「それはつまり～ということだ」という，前文を言い換えた文になる。　That means there are about 170 athletes racing at the same time.

問２＜適語選択＞直前のdifferent athletesが直後のdoの主語になっているので主格の関係代名詞が入る。先行詞が‘人’なのでwhoが適切。

問３＜適語選択＞直後の文から，2020年だけ例外的に開催時期が変わったことがわかる。従来は７月に行われているのである。　traditionally「伝統的には，従来は」

問４＜内容真偽＞①…○　第１文に一致する。　②…○　第２，３文に一致する。　③…×　第４文参照。前日のタイムでなく，それまでの全ステージの合計所要タイムで決まる。　④…○　最後の３文に一致する。

問５＜内容真偽＞①…×　第１段落終わりから４文目参照。休日は２日ある。　②…○　第３段落第３文に一致する。　③…×　第３段落最終文参照。時期をずらして開催した。　④…×　第４段落第１文および最終文参照。最終日のゴールの場所は同じだが，コースは毎年変わる。

問６＜英問英答＞「この文章によると，レースはどのくらいの期間か」―②「約３週間」　第１段落第５文参照。ここでのoverは「(期間)～の間，～にわたって」という意味。

問７＜英問英答＞「この文章によると，誰が水玉ジャージを着るか」―①「山頂に最初に着く選手」　第２段落最終文参照。ここでのclimbersは「山岳コースが得意な選手」といった意味。

問８＜英問英答＞「ツール・ド・フランスは１年のどの時期に開催されるか」―③「夏」　第３段落最終文参照。

問９＜英問英答＞「この文章によると，毎年レースはどの方向に走るか」―①「異なる方向に走る」　第４段落第３文参照。travel left〔right〕 around France「フランスを左〔右〕に回って移動する→フランスを左〔右〕回りにめぐる」

問10＜英問英答―表題選択＞「この文章に最も適切なタイトルを選べ」―④「ザ・ツール：昔と今」　The Tourとは「ツール・ド・フランス」のこと。文章を読むと，近年の大会の内容や様子について広く理解することができる。また，大会の歴史や変遷についても触れているので，「昔と今」を説明していると言える。　what it was「昔はどうであったか」　what it is「今はどうであるか」

数学解答

1	問１ ①	問２ ⑥	問３ ⑤	**3**	問12 ⑧	問13 ④	問14 ⑦
	問４ ⑧	問５ ⑥		**4**	問15 ③	問16 ③	問17 ③
2	問６ ⑦	問７ ⑧	問８ ⑦	**5**	問18 ③	問19 ②	問20 ①
	問９ ②	問10 ④	問11 ①				

1〔独立小問集合題〕

問１＜数の計算＞与式$=\left(5-\dfrac{3}{2}\right)\times9=\left(\dfrac{10}{2}-\dfrac{3}{2}\right)\times9=\dfrac{7}{2}\times9=\dfrac{63}{2}$

問２＜数の計算＞与式$=(\sqrt{3})^2-2\times\sqrt{3}\times\sqrt{2}+(\sqrt{2})^2+4\sqrt{6}=3-2\sqrt{6}+2+4\sqrt{6}=5+2\sqrt{6}$

問３＜二次方程式―解の利用＞二次方程式$3x^2-7x+2=0$を解の公式を用いて解くと，$x=\dfrac{-(-7)\pm\sqrt{(-7)^2-4\times3\times2}}{2\times3}=\dfrac{7\pm\sqrt{25}}{6}=\dfrac{7\pm5}{6}$となり，$x=\dfrac{7+5}{6}=2$，$x=\dfrac{7-5}{6}=\dfrac{1}{3}$である。$a<b$であるから，$a=\dfrac{1}{3}$，$b=2$より，$b-a=2-\dfrac{1}{3}=\dfrac{6}{3}-\dfrac{1}{3}=\dfrac{5}{3}$である。

問４＜数の計算＞与式$=(x^2y^3-6x^3y)\times\dfrac{1}{3xy^2}=x^2y^3\times\dfrac{1}{3xy^2}-6x^3y\times\dfrac{1}{3xy^2}=\dfrac{xy}{3}-\dfrac{2x^2}{y}$として，$x=-3$，$y=2$を代入すると，与式$=\dfrac{-3\times2}{3}-\dfrac{2\times(-3)^2}{2}=-2-9=-11$となる。

問５＜式の計算―因数分解＞与式$=2(x^2-6x+9)-(x^2-4x+3)=2x^2-12x+18-x^2+4x-3=x^2-8x+15=(x-3)(x-5)$

2〔独立小問集合題〕

問６＜平面図形―角度＞右図１で，点Ｏと点Ｄを結ぶ。OA＝OC＝ODより，△OAD，△OCDは二等辺三角形だから，∠ODA＝∠OAD＝32°，∠ODC＝∠OCD＝34°となり，∠ADC＝∠ODA＋∠ODC＝32°＋34°＝66°である。$\overset{\frown}{\mathrm{AC}}$に対する円周角と中心角の関係より，∠AOC＝2∠ADC＝2×66°＝132°となるので，点Ｄを含む$\overset{\frown}{\mathrm{AC}}$に対する中心角は360°−∠AOC＝360°−132°＝228°である。よって，点Ｄを含む$\overset{\frown}{\mathrm{AC}}$に対する円周角と中心角の関係より，$\angle x=\dfrac{1}{2}\times228°=114°$である。

図１

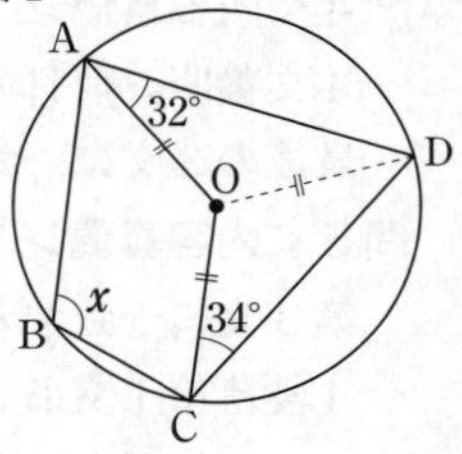

問７＜一次方程式の応用＞自然数が小さい順に上の段から６個ずつ並んでいるから，$c=a+6$と表せ，$b=c-1=a+6-1=a+5$，$d=c+1=a+6+1=a+7$と表せる。よって，$a+b+c+d=2022$より，$a+(a+5)+(a+6)+(a+7)=2022$が成り立つ。これより，$4a=2004$，$a=501$である。

問８＜平面図形―面積＞右図２のように，４点Ｐ，Ｑ，Ｒ，Ｓを定める。∠ABC＝30°，∠ACB＝90°より，△ABCは３辺の比が$1:2:\sqrt{3}$の直角三角形となるから，∠BAC＝60°であり，$\mathrm{AC}=\dfrac{1}{2}\mathrm{AB}=\dfrac{1}{2}\times4=2$，$\mathrm{BC}=\sqrt{3}\mathrm{AC}=\sqrt{3}\times2=2\sqrt{3}$となる。これより，$\mathrm{CP}=\mathrm{CQ}=\mathrm{AQ}=\dfrac{1}{2}\mathrm{AC}=\dfrac{1}{2}\times2=1$，$\mathrm{BP}=\mathrm{BC}-\mathrm{CP}=2\sqrt{3}-1$となる。よって，斜線部分の面積は，△ABC−〔おうぎ形 AQR〕−〔おうぎ形 CPQ〕−〔おうぎ形 BPS〕$=\dfrac{1}{2}\times\mathrm{BC}\times\mathrm{AC}-\pi\times\mathrm{AQ}^2\times\dfrac{60°}{360°}-\pi\times\mathrm{CQ}^2\times\dfrac{90°}{360°}-\pi\times\mathrm{BP}^2\times\dfrac{30°}{360°}=\dfrac{1}{2}\times2\sqrt{3}\times2-\pi\times1^2\times\dfrac{1}{6}-\pi\times1^2\times\dfrac{1}{4}-\pi\times(2\sqrt{3}-1)^2\times$

図２

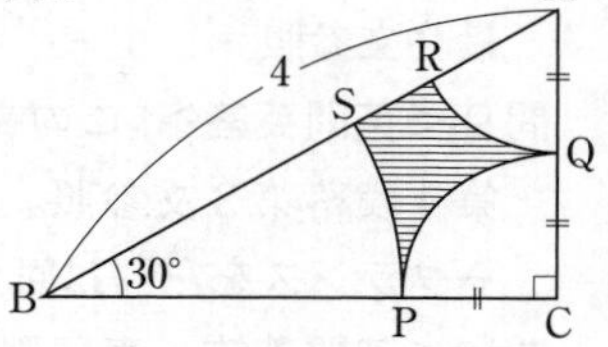

$\frac{1}{12}=2\sqrt{3}-\frac{1}{6}\pi-\frac{1}{4}\pi-\frac{1}{12}(13-4\sqrt{3})\pi=2\sqrt{3}-\frac{2+3+(13-4\sqrt{3})}{12}\pi=2\sqrt{3}-\frac{18-4\sqrt{3}}{12}\pi=2\sqrt{3}-\frac{9-2\sqrt{3}}{6}\pi$ となる。

問９＜関数―x 座標＞右図３で，直線 AB は２点(0，4)，(−4，0)を通るので，傾きが $\frac{4-0}{0-(-4)}=1$，切片が４より，直線 AB の式は $y=x+4$ である。点Ａは直線 $y=x+4$ 上の点で，x 座標が２だから，$y=2+4=6$ より，A(2，6)となる。点Ａは関数 $y=\frac{a}{x}$ のグラフ上の点でもあるので，$6=\frac{a}{2}$ より，$a=12$ となる。これより，点Ｂは，直線 $y=x+4$ と関数 $y=\frac{12}{x}$ のグラフとの交点である。この２式より，$x+4=\frac{12}{x}$，$x^2+4x-12=0$，$(x+6)(x-2)=0$ となり，$x=-6$，２となるから，点Ｂの x 座標は −6 である。

図３

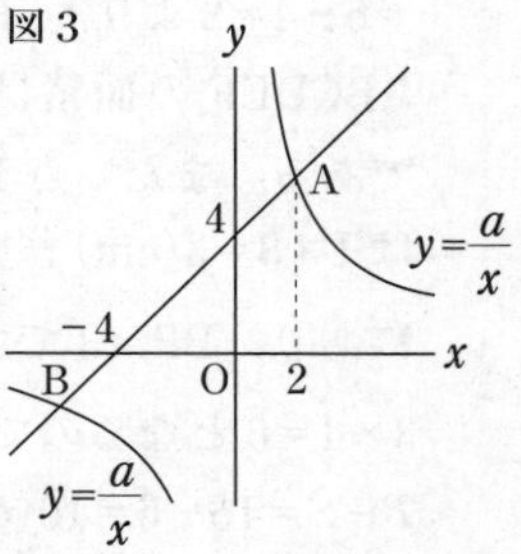

問10＜確率―カード＞９枚のカードから２枚のカードを取り出すとき，順番に取り出すとすると，１枚目が９通り，２枚目が８通りより，取り出し方は 9×8＝72(通り)となるが，同時に取り出すときは，(１枚目，２枚目)＝(1，2)，(2，1)のように順番が逆のものも同じ取り出し方とするので，72 通りの中には同じ取り出し方が２通りずつあることになり，２枚のカードを同時に取り出すときの取り出し方は 72÷2＝36(通り)となる。このうち，２枚のカードの数の積が奇数であるのは，２枚とも奇数のときである。奇数のカードは 1，3，5，7，9 の５枚あるから，同様に考えて，この中から２枚のカードを順番に取り出すとすると，取り出し方は 5×4＝20(通り)となり，同時に取り出すときの取り出し方は 20÷2＝10(通り)である。よって，求める確率は $\frac{10}{36}=\frac{5}{18}$ である。

問11＜数量の計算＞8％の食塩水 70g には $70\times\frac{8}{100}=\frac{28}{5}$(g)，12％の食塩水 30g には $30\times\frac{12}{100}=\frac{18}{5}$(g)の食塩が含まれている。よって，8％の食塩水 70g と 12％の食塩水 30g を混ぜた食塩水に，100g の水を入れてできる食塩水は，食塩水の量が 70＋30＋100＝200(g)，含まれる食塩の量が $\frac{28}{5}+\frac{18}{5}=\frac{46}{5}$(g)となる。これより，求める食塩水の濃度は，$\frac{46}{5}\div200\times100=4.6$(％)である。

3〔空間図形―直方体〕

問12＜体積＞水が入っている容器Ａに物体Ｃを入れると，物体Ｃは完全に沈み，水面の高さが 2cm 上がったので，物体Ｃの体積は，水面が上がった分の体積と等しくなる。容器Ａの底面積は 20×8＝160(cm^2)だから，水面が上がった分の体積は 160×2＝320(cm^3)であり，物体Ｃの体積は 320cm^3 となる。

問13＜体積＞容器Ａに入っている水の体積は，160×11＝1760(cm^3)である。この水を容器Ａから容器Ｂに移すので，２つの容器に入っている水の体積の和は 1760cm^3 である。また，２つの容器の水面の高さを同じにするので，その高さを $x$cm とすると，$160\times x+10\times6\times x=1760$ が成り立つ。これを解くと，$220x=1760$，$x=8$ となるから，容器Ａ，Ｂの水面の高さが同じになるとき，水面の高さは 8cm である。このとき，容器Ｂに 10×6×8＝480(cm^3)の水が入っているので，容器Ａから容器Ｂに移す水の体積は 480cm^3 である。

問14＜高さ＞容器Ｂには 480cm^3 の水が入っていて，ここに体積が 320cm^3 の物体Ｃを入れるので，容器Ｂに入っている水と物体Ｃの体積の和は 480＋320＝800(cm^3)である。このときの水面の高さを $y$cm とすると，$10\times6\times y=800$ が成り立ち，$y=\frac{40}{3}$(cm)となる。

4 〔平面図形―長方形〕

問15＜面積＞右図1のように，点Gを定める。〔長方形ABGF〕$=\mathrm{AB}\times\mathrm{AF}=4\times6=24$ であり，$\mathrm{EG}=\mathrm{FG}-\mathrm{FE}=4-3=1$，$\mathrm{CG}=\mathrm{BG}-\mathrm{BC}=6-4=2$ より，〔長方形DCGE〕$=\mathrm{EG}\times\mathrm{CG}=1\times2=2$ だから，図形ABCDEFの面積は〔長方形ABGF〕－〔長方形DCGE〕$=24-2=22$ である。また，点Pの速さは毎秒1cmだから，$x=3$ のとき，点Pは $1\times3=3$(cm)移動している。$\mathrm{BC}=4$ なので，点Pは線分BC上にあり，$\mathrm{BP}=3$ である。よって，$S=\triangle\mathrm{ABP}=\frac{1}{2}\times\mathrm{BP}\times\mathrm{AB}=\frac{1}{2}\times3\times4=6$ となるので，$T=$〔図形ABCDEF〕$-S=22-6=16$ となり，$T-S=16-6=10(\mathrm{cm}^2)$ である。

図1

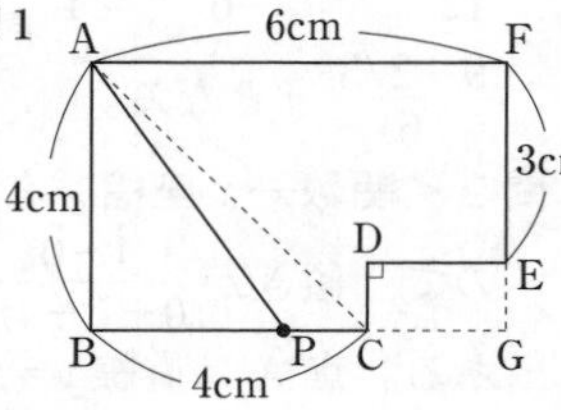

図2

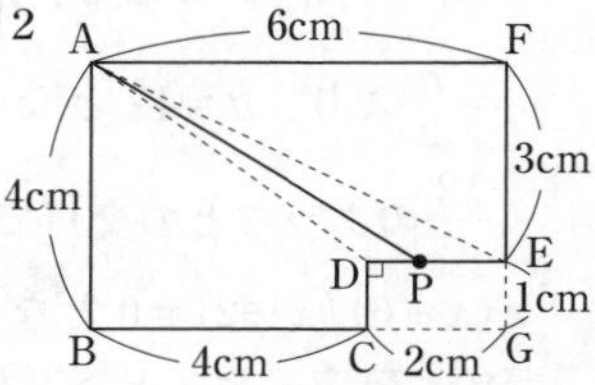

問16＜xの値＞右図2で，問15より，図形ABCDEFの面積は $22\mathrm{cm}^2$ だから，$T=S$ となるとき，$S=T=\frac{1}{2}$〔図形ABCDEF〕$=\frac{1}{2}\times22=11$ である。〔台形ABCD〕$=\frac{1}{2}\times(\mathrm{AB}+\mathrm{DC})\times\mathrm{BC}=\frac{1}{2}\times(4+1)\times4=10$ であり，$\triangle\mathrm{ADE}=\frac{1}{2}\times\mathrm{DE}\times\mathrm{FE}=\frac{1}{2}\times2\times3=3$ より，〔図形ABCDE〕＝〔台形ABCD〕$+\triangle\mathrm{ADE}=10+3=13$ であるから，$S=11$ となるときの点Pは線分DE上にある。このとき，〔図形ABCDP〕$=11$ より，〔台形ABCD〕$+\triangle\mathrm{ADP}=11$ である。$\mathrm{BC}+\mathrm{CD}+\mathrm{DP}=1\times x=x$ より，$\mathrm{DP}=(\mathrm{BC}+\mathrm{CD}+\mathrm{DP})-(\mathrm{BC}+\mathrm{CD})=x-(4+1)=x-5$ だから，$\triangle\mathrm{ADP}=\frac{1}{2}\times\mathrm{DP}\times\mathrm{FE}=\frac{1}{2}\times(x-5)\times3=\frac{3}{2}x-\frac{15}{2}$ である。よって，$10+\left(\frac{3}{2}x-\frac{15}{2}\right)=11$ が成り立ち，これを解くと，$\frac{3}{2}x=\frac{17}{2}$，$x=\frac{17}{3}$(秒)後となる。

問17＜xの値＞$S+T=22$ だから，$T=2S$ のとき，$S+2S=22$ より，$S=\frac{22}{3}$ である。上図1で，$\triangle\mathrm{ABC}=\frac{1}{2}\times\mathrm{BC}\times\mathrm{AB}=\frac{1}{2}\times4\times4=8$ だから，$\frac{22}{3}<8$ より，$S<\triangle\mathrm{ABC}$ であり，点Pは線分BC上にある。$\mathrm{BP}=x$ だから，$S=\triangle\mathrm{ABP}=\frac{1}{2}\times\mathrm{BP}\times\mathrm{AB}=\frac{1}{2}\times x\times4=2x$ と表せ，$2x=\frac{22}{3}$ が成り立つ。これより，$x=\frac{11}{3}$(秒)後となる。

5 〔平面図形―長方形，直角二等辺三角形〕

問18＜長さ＞直角二等辺三角形PQRは，右図1のように，点Qを中心として$\triangle\mathrm{P_1QR_1}$の位置まで転がり，点$\mathrm{R_1}$を中心として$\triangle\mathrm{P_2Q_1R_1}$の位置まで転がり，点$\mathrm{P_2}$を中心として$\triangle\mathrm{P_2Q_2R_2}$の位置まで転がる。$\mathrm{PQ}=\mathrm{QR}=x$ とおくと，$\mathrm{QR_1}=x$，$\mathrm{P_2C}=\mathrm{P_2Q_2}=x$ だから，$\mathrm{R_1B}=\mathrm{AB}-\mathrm{PQ}-\mathrm{QR_1}=18-x-x=18-2x$，$\mathrm{P_2B}=\mathrm{CB}-\mathrm{P_2C}=12-x$ と表せる。また，$\triangle\mathrm{PQR}$ は直角二等辺三角形だから，$\mathrm{P_2R_1}=\sqrt{2}\,\mathrm{P_2Q_1}=\sqrt{2}x$ となる。$\triangle\mathrm{BP_2R_1}$ で三平方の定理より，$\mathrm{R_1B}^2+\mathrm{P_2B}^2=\mathrm{P_2R_1}^2$ だから，$(18-2x)^2+(12-x)^2=(\sqrt{2}x)^2$ が成り立つ。これを解くと，$324-72x+4x^2+144-24x+x^2=2x^2$，$3x^2-96x+468=0$，$x^2-32x+156=0$，$(x-6)(x-26)=0$ より，$x=6,\ 26$ となり，$0<x<12$ だから，$x=6$ である。よって，$\mathrm{PQ}=6$ である。

図1

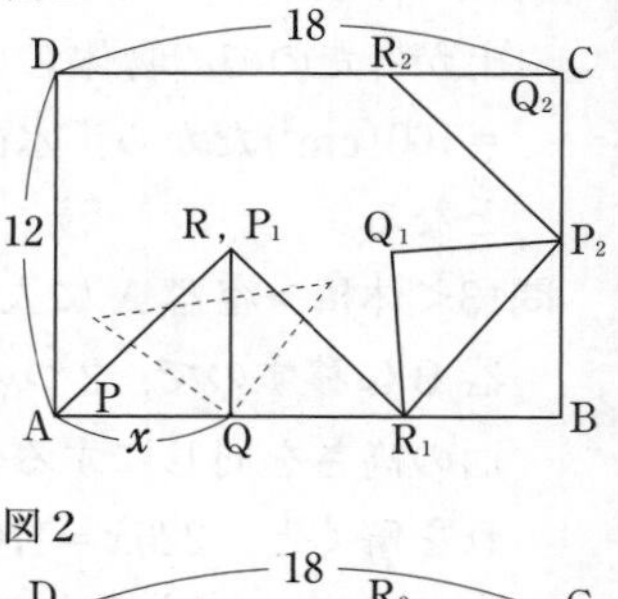

図2

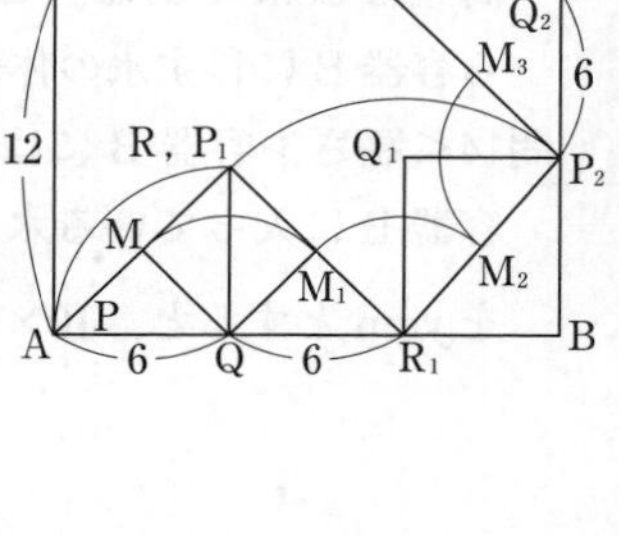

問19＜長さ＞右図2で，点Pが動いてできる線は，おうぎ形$\mathrm{QPP_1}$の

$\overset{\frown}{PP_1}$とおうぎ形$R_1P_1P_2$の$\overset{\frown}{P_1P_2}$である。問18より，$PQ=QR_1=P_2C=6$だから，$R_1B=18-2\times6=6$，$P_2B=12-6=6$となり，$R_1B=P_2B$である。これより，$\triangle BP_2R_1$は直角二等辺三角形である。$\triangle P_2Q_1R_1$も直角二等辺三角形だから，四角形$Q_1R_1BP_2$は正方形であり，$Q_1R_1\perp AB$となる。$\angle PQP_1=\angle PQR=90^\circ$だから，$\overset{\frown}{PP_1}=2\pi\times6\times\dfrac{90^\circ}{360^\circ}=3\pi$である。また，$R_1P_1=\sqrt{2}QR_1=\sqrt{2}\times6=6\sqrt{2}$であり，$\angle QR_1Q_1=90^\circ$より，$\triangle P_1QR_1$は点$R_1$を中心として$90^\circ$回転するので，$\angle P_1R_1P_2=90^\circ$となる。よって，$\overset{\frown}{P_1P_2}=2\pi\times6\sqrt{2}\times\dfrac{90^\circ}{360^\circ}=3\sqrt{2}\pi$である。以上より，求める線の長さは，$\overset{\frown}{PP_1}+\overset{\frown}{P_1P_2}=3\pi+3\sqrt{2}\pi=(3+3\sqrt{2})\pi$である。

問20＜長さ＞前ページの図2で，点Mが動いてできる線は，おうぎ形QMM_1の$\overset{\frown}{MM_1}$，おうぎ形$R_1M_1M_2$の$\overset{\frown}{M_1M_2}$，おうぎ形$P_2M_2M_3$の$\overset{\frown}{M_2M_3}$である。$\triangle PQR$が直角二等辺三角形だから，点Mが辺PRの中点より，$\triangle PQM$，$\triangle RQM$は合同な直角二等辺三角形となり，$QM=PM=RM=\dfrac{1}{2}PR=\dfrac{1}{2}\times6\sqrt{2}=3\sqrt{2}$である。$\triangle PQR$は点Qを中心として$90^\circ$，$\triangle P_1QR_1$は点$R_1$を中心として$90^\circ$回転するので，$\angle MQM_1=\angle M_1R_1M_2=90^\circ$である。また，$Q_1P_2\perp CB$より，$\triangle P_2Q_1R_1$は点$P_2$を中心として$90^\circ$回転するので，$\angle M_2P_2M_3=90^\circ$である。よって，求める線の長さは，$\overset{\frown}{MM_1}+\overset{\frown}{M_1M_2}+\overset{\frown}{M_2M_3}=2\pi\times3\sqrt{2}\times\dfrac{90^\circ}{360^\circ}+2\pi\times3\sqrt{2}\times\dfrac{90^\circ}{360^\circ}+2\pi\times3\sqrt{2}\times\dfrac{90^\circ}{360^\circ}=\dfrac{9\sqrt{2}}{2}\pi$である。

国語解答

一　問一　ア…①　イ…③　ウ…③　エ…④
問二　ア…⑧　イ…⑤　ウ…⑥
問三　ア…③　イ…④　ウ…⑨
問十　①　問十一　8…②　9…②
問十二　④　問十三　③
問十四　③

二　問一　a…②　b…④　c…④　d…①
問二　①…②　②…④　③…④　④…①
⑤…②
問三　ア…②　イ…④　ウ…⑤　エ…③
問四　③　問五　②　問六　①
問七　③　問八　④　問九　③

三　問一　Ⅰ…④　Ⅱ…②　Ⅲ…①　Ⅳ…③
問二　ア…②　イ…①　問三　②
問四　①　問五　①　問六　②
問七　a…⑧　b…⑦　c…②　d…③
問八　①

一〔国語の知識〕

問一＜漢字＞ア．「年俸」は「ねんぽう」と読む。一年分の給与のこと。　イ．「遊行」は「ゆぎょう」と読む。歩き回ること。僧などが諸国を巡り歩くこと。　ウ．「更迭」は「こうてつ」と読む。ある地位・役目の人を他の人と代えること。　エ．「割愛」は「かつあい」と読む。惜しみながら捨てたり手放したりすること。

問二＜慣用句＞ア．「虻蜂取らず」は，二つとも手に入れようとして結局何も得られない，という意味。　イ．「蛙の面に水」は，ひどい目にあわされても気にしないで平気でいること。　ウ．「泣きっ面に蜂」は，不運や不幸が重なること。

問三＜四字熟語＞ア．「油断大敵」は，気を緩めることは失敗のもとであるということ。　イ．「晴耕雨読」は，煩わしいことから離れてゆったりと日々を過ごすこと。　ウ．「才色兼備」は，優れた才能と美しい容姿の両方を持っていること。

二〔論説文の読解―文化人類学的分野―日本文化〕出典；ロバート・キャンベル「感染症で繋《つな》げる日本文学の歴史」（ロバート・キャンベル編著『日本古典と感染症』所収）。

≪本文の概要≫江戸時代では，街道の盛んな人の往来が，疫病を広げる要因になった。人々は，死に至る疫病の噂《うわさ》を聞くと，できるだけ人と交わらず，山小屋や隣の村に避難して，流行が過ぎた頃に村に戻る，という時限つきの離散を行っていた。これは江戸時代の「三密回避」である。そもそも日本は，多湿の気候に対応して，暮らしの中で「三密回避」をしていたのである。江戸時代の人々は，病気を撲滅する対象とは見ていなかった。だからこそ，「ウィズ」コロナを生きるヒントが，江戸時代以前の日本にはたくさんある。江戸時代では，災害は「必ず起こるもの」であり，自分が災害に遭い困窮する可能性があるのだから，今余裕がある人は，困窮している人を助けるし，ていねいに対応するという思想があった。疫病に対しても，直接利害関係にはない他者とともに乗り越えなければいけないという認識があった。日本には災害や疫病による過酷な状況を乗り越えてきた歴史があり，災厄を乗り越えた後の社会の再生についても，歴史に学ぶことができるはずである。

問一＜漢字＞a．「仕業」と書く。①は「演技」，②は「営業」，③は「文芸」，④は「状態」。　b．「郷里」と書く。①は「戦利」，②は「官吏」，③は「管理」，④は「千里」。　c．「門戸」と書く。①は「証拠」，②は「雇用」，③は「金庫」，④は「戸籍」。　d．「高揚」と書く。①は「掲揚」，②は「動揺」，③は「太陽」，④は「文様」または「紋様」。

問二＜語句＞①「盲点」は，気がつかずに見落としていること。　②「うやうやしい」は，礼儀正しくていねいなさま。　③「余儀ない」は，他に方法がなくやむをえないさま。　④「リカバリー」

は，回復，復旧すること。　⑤「ピーク」は，山の頂上，頂点のこと。

問三＜接続語＞ア．江戸時代でも，疎開という「三密回避」の疫病対策があり，もっというと，「『三密回避』は元々，日本人の暮らしの中に」あった。　イ．江戸時代では，病気は「邪気(鬼)」のようなものと考えられており，もてなしたうえで追い出すもの，または，お守りを使って「除ける」ものであった。　ウ．須佐之男命は，疫鬼に武器を向けたり消毒液をかけたりするのではなく，「連判状に手形を押させ」るのである。　エ．災難に遭うかどうかは天の定めによるもので，「明日困窮するのはあなたかもしれない」という発想があるから一層，「いま余裕のある人は他人に分け与えなければいけない」と考えられていた。

問四＜文章内容＞不審な病の噂が村に伝わると，村の人々は，互いに訪ね合わないことを申し合わせて，山の中の小屋へ避難したり，隣の村などに逃げたりして，疫病を予防していた。疫病から「逃げること」が，一番の予防対策だったのである。

問五＜文章内容＞江戸時代では，病気は「『邪気(鬼)』のようなもの」と考えられており，撲滅する対象ではなく，「もてなす」，あるいは「除ける」対象であり，存在が認められていた。

問六＜文学史＞小林一茶は，江戸時代の俳人で，代表作は『おらが春』。上田秋成は，江戸時代の国学者で，『雨月物語』などの作者。近松門左衛門は，江戸時代の作家で，『曾根崎心中』などの作者。本居宣長は，江戸時代の国学者で，『玉勝間』などの作者。

問七＜文章内容＞江戸時代では，人々は，災害は「必ず起こるもの」であり，災害に「どう対処するか」が問題であると覚悟していた。そして，当時の社会には，「できるだけ多くの人が助かる行動を取ることが，正しく，美しいことだという考え方」があり，人々は助け合ったのである。

問八＜文章内容＞江戸時代では，「自分のしたことは回り回って自らに戻ってくる」と考えられていた。だから，困窮している人に対してていねいな行動をとるのは，未来の自分のためなのであった。

問九＜ことわざ＞「陰徳あれば陽報あり」は，人に知られずによいことを行えば，必ずよい報いを受ける，という意味。「因果応報」は，よい行いにはよい報いがあり，悪い行いには悪い報いがあるということ。「隠忍自重」は，怒りや苦しみをこらえて，軽々しい行動をしないこと。「風が吹けば桶《おけ》屋が儲《もう》かる」は，あることによって全く無関係と思われるところにも影響が出る，という意味。「禍《わざわい》を転じて福と為《な》す」は，災難や不幸をうまく変えて，よい結果に結びつける，という意味。

問十＜文章内容＞自然災害は被害が目に見えるが，疫病は「目に見えない」ので，感染した人の苦しみは共感されず，感染した人は，「自己責任」と周囲から責められるのである。

問十一＜文章内容＞８．疫病は「目に見えない」が，災害は目に見えるものである。　９．江戸時代の人々には，「疫病と戦う」という発想はなく，必然的に「ウィズ」を生きていた。

問十二＜文章内容＞江戸時代では，「極限状態の中では，人は一人では生きていけない」という視線があり，「疫病は直接利害関係にはない他者と共に乗り越えなければいけない」という認識があった。現代においても，自然災害に共感するだけではなく，感染症に対しても，自己責任で片づけることなく過去の知恵に学び，力を合わせるべきであると「私」は考えている。

問十三＜文脈＞現代の都市では，「隣に誰が住んでいるかもわからない」状況であり，周囲の人と力を合わせることは簡単ではない。だからこそ，日頃から「声を掛け合い，対処法を共有しておくこと」が，防災や防疫に役立つのである。

問十四＜要旨＞江戸時代の書物には，人々が疫病を「他者と共に乗り越え」るものと認識していたことや，「できるだけ多くの人が助かる行動を取る」という考え方が書かれており，私たちが直面している新型コロナウイルス感染症の災厄がピークを越えた後に，どのように社会を再生させるかについての知恵も，歴史に学ぶことができるはずである。

三〔古文の読解―説話〕出典；無住法師『沙石集』巻第三ノ二。

≪現代語訳≫百喩経にある話で，「昔，愚かな人がいて，ある人の婿になって(妻の家へ)行った。(妻の家で)さまざまなもてなしを受けたけれども，利口ぶって気取って，大して食べ物も食べないで飢えを感じたままで(いて)，妻が少し席を外した隙に，米を口いっぱいに頬張って食べようとするところへ，妻が帰ってきたので，(婿は)恥ずかしさに顔を赤くしていた。(妻が)『頬が腫れておられると見えなさるがどうしましたか』と尋ねると声も出さず，ますます顔が赤くなったので，腫れものがひどいので，ものも言わないのかと驚いて，(妻の)父母にこれこれと(事情を)言うと，父母が来て，『どうしたのか』と言う。ますます(婿の)顔が赤くなるのを見て，隣の人も集まって，『婿殿の腫れものが大変なことでおありになる，驚いたことだ』と見舞う。そうするうちに，『医師を呼べ』となり，やぶ医者が近所にいるのを呼んで(婿を)みせれば，(やぶ医者は)『これは重症であることだ。早く治療いたしましょう』と言って，大きな火針を熱して赤く焼いて，(婿の)頬に通したところ，米がぽろぽろとこぼれた。(婿は)頬に穴を開けられ恥ずかしいことだった」と。／世俗の人が隠して罪をつくってそのままにして，仏にも人にも罪を明らかにして許しを請わずにいると，閻魔《えんま》王の世界で冥界の役人や悪鬼の前に縄で縛られて，つかまえて座らされて，阿防羅刹に殴られるという，恥ずかしいことに遭い，地獄で苦役を受けなければならないことにたとえている。

問一．Ⅰ＜古語＞「なまこざかしく」の「なま」は接頭語で，なんとなく，少し，という意味。「こざかし」は，利口ぶる，という意味。　Ⅱ＜現代語訳＞「あからさまなり」は，ほんのちょっとである，という意味。「たる」は，助動詞「たり」の連体形で，ここでは完了の意味。「ひま」は名詞で，ここでは，ものとものの間，という意味。全体で，ちょっと(妻が席を外して部屋を)出た隙に，という意味。　Ⅲ＜古語＞「あさまし」は，驚くばかりだ，という意味。　Ⅳ＜現代語訳＞「ゆゆし」は，ひどい，という意味。「大事」は，病気が重い，という意味。「物」は，ここでは，こと，という意味。「なり」は，助動詞「なり」の終止形で，ここでは断定の意味。全体で，ひどい病気のことである，という意味。

問二＜古文の内容理解＞ア．妻のいない間に食べようとして米を頬張ったところに，妻が帰ってきて，恥ずかしくて顔を赤くしているのは，婿である。　イ．婿が顔を赤くして口もきかずにいるのを，頬が腫れて話すこともできないのだ，と思って驚いたのは，妻である。

問三＜古文の内容理解＞「かく」は，このように，という意味。妻は，父母に，婿の頬が腫れて話すこともできずにいる，という状況を説明したのである。

問四＜古文の内容理解＞婿は，米を頬張っているから話せないだけなのだが，医者は，頬の腫れを治療するために焼いた針を婿の頬に刺したのであり，医者の診断も治療方法も間違っていたのである。

問五＜古文の内容理解＞婿は，利口ぶって，食べ物を食べないようにしたために，おなかがすいて，妻のいない間に米を頬張った。医者を呼ばれても，婿は，本当のことを言い出せず，結局，針を頬に刺されて米がこぼれて，米を頬張っていただけであることがばれてしまったのである。

問六＜古文の内容理解＞「隠して罪を作り置きて，仏にも人にも発露懺悔《ざんげ》せず」にいると，ひどい目に遭う，とまとめており，作者は，罪を隠さずに悔い改めることが大事である，と述べている。

問七＜古典文法＞a．「で」は，助詞で，～ないで，という打ち消しの接続を表す。「食はで」で，食べないで，という意味である。　b．「む」は，助動詞「む」の終止形で，ここでは，～しよう，という意志を表す。　c．「せ」は，動詞「す」の未然形で，～する，という意味。　d．「恥がましき」は，形容詞「恥がまし」の連体形で，恥ずかしい，という意味。

問八＜文学史＞『古今和歌集』は，平安時代成立の和歌集。『新古今和歌集』は，鎌倉時代成立の和歌集。『十訓抄』は，鎌倉時代成立の説話集。『方丈記』は，鎌倉時代成立の鴨長明による随筆。

2022年度 山村学園高等学校（第２回）

【英　語】（50分）〈満点：100点〉

1　次の対話文の受け答えとして，[1]～[5]に入る最も適当なものをそれぞれ一つずつ選び，その番号をマークしなさい。［マークシート解答番号[1]～[5]］

問１　A : Who is the girl next to Sarah?
　　B : That's Karen.　Didn't you meet her at John's party?
　　A : [1] I wasn't at the party.
① Yes.　② Why not?
③ No.　④ Yeah, I met her.

問２　A : Are you ready to order?
　　B : [2] I'll have a cheese salad to start, and grilled chicken with lemon and rosemary.
① We're not ready yet.
② I don't like it.
③ I think we're ready.
④ I cannot eat anything.

問３　A : Well, hello there, Anne!　[3]
　　B : Kate!　Hi!　I haven't seen you in ages!
① Nice to meet you!
② I enjoyed talking with you this afternoon.
③ Thank you for helping me with my homework today.
④ Long time no see.

問４　A : You look pale today.　Are you OK?
　　B : Well, I have a sore throat.　I also have a headache.
　　A : [4]
① I hope you'll get better soon.
② I think I'm alright.
③ I don't think you feel bad.
④ So you are OK.

問５　A : May I help you?
　　B : I'm looking for a sweater in a size large.
　　A : Let's see . . . here is a nice blue one.
　　B : Perfect!　[5]
① I don't like blue.
② I'll take it.
③ It's too large for me.
④ It doesn't fit me.

2　次の[6]～[15]に当てはまる最も適当なものをそれぞれ一つずつ選び，その番号をマークしなさい。［マークシート解答番号[6]～[15]］

問１　He [6] to school yesterday.

①　must walk　②　have to walk　③　had to walk　④　must walked

問２　The sun rises [7] the east.

①　at　②　on　③　in　④　from

問３　I don't like this T-shirt. Please show me [8].

①　another　②　other　③　one　④　it

問４　Leave now, [9] you cannot catch the last train.

①　and　②　or　③　so　④　that

問５　Both Jack and Jane [10] playing tennis.

①　like　②　likes　③　are liked　④　has liked

問６　Butter is made [11] milk.

①　of　②　from　③　into　④　by

問７　Sorry, but I don't remember [12] your friend Tom.

①　meeting　②　to meet　③　to meeting　④　meet

問８　He has a [13] watch.

①　break　②　breaking　③　broke　④　broken

問９　The man [14] is standing by the window is my uncle.

①　which　②　whose　③　who　④　what

問10　My mother made a cup of coffee [15] me.

①　to　②　for　③　at　④　on

3　次の各組の英文がほぼ同じ内容を表すように，[16]～[20]に当てはまる最も適当なものをそれぞれ一つずつ選び，その番号をマークしなさい。［マークシート解答番号[16]～[20]］

問１
I had almost no money with me.
I had [16] money with me.

①　many　②　few　③　much　④　little

問２
Mt. Fuji is the highest mountain in Japan.
Mt. Fuji is [17] in Japan.

①　higher mountain
②　higher than any other
③　higher than any other mountain
④　the mountain higher than

問３
When was that building built?
[18] is that building?

①　How long　②　How many years
③　How before　④　How old

問４
I have lived in Kawagoe for ten years.
[19] since I moved to Kawagoe.

①　Ten years have passed　②　It was ten years
③　It is ten years ago　④　Ten years are passed

問５ { My brother isn’t old enough to drive a car.
My brother is [20] drive a car. }

① too young to
② too old to
③ so old that he cannot
④ so young that he can

４ 次の日本文の意味を表すように，それぞれ下の語（句）を並べ替えて空所を補い，英文を完成させなさい。解答は [21] ～ [30] に入れるものの番号のみをマークしなさい。ただし，文頭に来る語（句）も小文字にしてあります。［マークシート解答番号 [21] ～ [30] ］

問１ 彼女があの新しいドレスにいくらお金を使ったか知っていますか。

Do you ＿＿ ＿＿ ＿＿ [21] ＿＿ ＿＿ [22] ＿＿ ＿＿ dress？

① new ② much ③ on ④ she ⑤ that
⑥ how ⑦ money ⑧ know ⑨ spent

問２ 君が昨日トムの家に行ったとき，彼は何をしていましたか。

What ＿＿ ＿＿ [23] ＿＿ ＿＿ [24] ＿＿ ＿＿ ＿＿ yesterday？

① you ② his ③ was ④ when ⑤ to
⑥ doing ⑦ went ⑧ house ⑨ Tom

問３ そのニュースを聞いたら彼女はとてもショックを受けるに違いない。

I’m ＿＿ ＿＿ ＿＿ [25] ＿＿ ＿＿ [26] ＿＿ ＿＿ news.

① the ② be ③ hear ④ sure ⑤ shocked
⑥ will ⑦ to ⑧ she ⑨ really

問４ 明日の朝あなたと話せますか。

[27] ＿＿ ＿＿ ＿＿ [28] ＿＿ ＿＿ ＿＿ ＿＿ morning？

① I ② you ③ with ④ tomorrow ⑤ to
⑥ able ⑦ talk ⑧ be ⑨ will

問５ 私は妹に英語を教えてくれる人を探している。

＿＿ ＿＿ ＿＿ ＿＿ [29] ＿＿ ＿＿ ＿＿ [30].

① looking ② English ③ teach ④ someone ⑤ sister
⑥ my ⑦ to ⑧ for ⑨ I’m

５ 次の英文を読み，話の流れに合うように [31] ～ [35] に入れるのに最も適当なものをそれぞれ一つずつ選び，その番号をマークしなさい。［マークシート解答番号 [31] ～ [35] ］

Kelly： I hear you are going to open your own restaurant.
Helen： Yeah. I’ve always wanted my own place since I was a student.
Kelly： But isn’t it a little risky？
Helen： [31] However, in order to succeed in business, we need to take a few risks. I learned that at business school.
Kelly： So what do you have to do in order for a restaurant to succeed in this town？ [32]
Helen： Well, I’ve come up with a concept that will work well. I need a talented chef, great music and lighting. I need to have a good idea to offer not only meals but also desserts,

and keep up with the latest styles. Of course advertising everyone sees is also important.

Kelly : I see. You are thinking a lot about your new business. [33]

Helen : Yeah, I read a book about success stories, and I became interested in them. For example, Levi Strauss made the first jeans for men looking for gold in California. Now the company is famous all over the world as Levi's.

Kelly : You learned that work that helps people is more important.

Helen : [34] Another example is American Express, a credit card company. That company had a very different beginning. It began as a delivery service when it was founded. When I read it, I was surprised and I learned that it is important to change from time to time.

Kelly : It is important to know the various success stories. By the way, when your new shop opens, I will go there to eat.

Helen : Thank you very much. I am looking forward to you coming.

Kelly : [35]

問1 [31]

① That's not true.　② Sure.

③ Successfully.　④ Pardon?

問2 [32]

① I mean do you have any plans?

② Why do you think so?

③ Have you ever been to the restaurant?

④ When did you go there?

問3 [33]

① When are you going to open your own restaurant?

② What's your plan?

③ Why did you want to start a new business?

④ Are you kidding?

問4 [34]

① Exactly!　② Not true.　③ That's interesting!　④ Really?

問5 [35]

① I can't wait.　② You can't make it.

③ How come?　④ What's the problem?

6 次の英文を読み，以下の設問に答えなさい。［マークシート解答番号 [36] ～ [45] ］

The world of e-sports has changed forever. In June 2021, the first Olympic Virtual Series [36] all over the world. For the first time ever, the International Olympic Committee (IOC) partnered with online game companies and five real-life international sports federations to produce the Olympic Virtual Series. This series, called the OVS for short, is an Olympic-licensed event for real battles of physical and non-physical sports in a virtual, online setting. Sports in this series are baseball, cycling, rowing, sailing and motor sports.

These virtual games took place before the Olympic Games Tokyo 2020. They began in May and finished in late June 2021. The OVS will excite virtual athletes, e-sports gamers and other gaming fans all around the world. The IOC hopes to find new Olympic audiences, and also grow more development of different sports. This is the IOC's Olympic plan for the future.

IOC President Thomas Bach said "The Olympic Virtual Series is a new, unique Olympic digital experience that will grow numbers of players and participants with new audiences in the field of virtual sports. It encourages sports participation with the Olympic values and a special focus on the younger generation." 37 [1 are 2 does not 3 many people 4 use 5 that 6 surprised 7 the normal 8 this series], 'traditional' RPG e-sports, but uses more real-world sports than ever before.

The OVS creates a stage to connect the physical sporting world with the virtual and computer sports community, and 38 <u>it</u> gives general people the opportunity to join the Olympic movement. Each sport will offer the chance to participate, to anybody, in an easy-to-understand format. This system allows participants around the world to compete from home or their own training 39 <u>facilities</u>.

問1 36 に入る最も適当なものを一つ選び，その番号をマークしなさい。

① held　② was holding　③ holding　④ was held

問2 37 の[ ]の語(句)を正しい語順に並べ替えるとき，3番目と5番目に来る語(句)の組み合わせとして最も適当なものを選び，その番号をマークしなさい。ただし，文頭に来る語(句)も小文字にしてあります。

① 3—6　② 5—2　③ 6—8　④ 8—7

問3 下線部 38 が指すものとして最も適当なものを一つ選び，その番号をマークしなさい。

① the OVS
② the physical sporting world
③ the virtual sports community
④ the Olympic movement

問4 下線部 39 の語を置き換えるとき，最も適当なものを選び，その番号をマークしなさい。

① materials　② goods
③ rooms　④ machines

問5 本文の内容と一致するものを一つ選び，その番号をマークしなさい。 40

① OVSはIOCから認められていないイベントである。
② OVSはe-sportsプレーヤーやゲームに夢中になっている人を魅了すると考えられる。
③ IOCのバッハ会長は，OVSはバーチャルスポーツ市場の人々をオリンピック選手に育てたいと考えている。
④ オリンピックムーブメントとは，様々なスポーツをつなぐことである。

以下の設問の答えとして，最も適当なものをそれぞれ一つずつ選び，その番号をマークしなさい。

問6 According to the passage, who did the IOC join with for the OVS project? 41

① Olympic athletes.　② Online athletes.
③ Actual game makers.　④ Real-life sports.

問7 According to the passage, what does the IOC hope to do with the OVS? 42

① It hopes to find new people to pay for the Olympics.
② It hopes to find new people to watch the Olympics.
③ It hopes to find new people to join the Olympics.
④ It hopes to encourage world peace.

問 8　According to the passage, in particular, who does the IOC want to join？ 43

① Younger people.

② Older people.

③ Traditional e-sports athletes.

④ People who are surprised.

問 9　According to the passage, what will each sport do？ 44

① Only allow professionals to play.

② Make better gyms and training facilities.

③ Make the games and sports easier to win.

④ Allow more people to participate.

問10　Choose the BEST title for this passage. 45

① Medals for E-sports.　② E-sports in the Olympics.

③ Goodbye Real Sports.　④ Where Are the Next Olympics？

【数　学】（50分）〈満点：100点〉

（注意）　分度器，定規，コンパス等は使用禁止です。

1　次の $\boxed{1}$ から $\boxed{5}$ に適するものをそれぞれの解答群の中から選びなさい。

問1　$1-2\times(-3)^2\div(-2)=\boxed{1}$

$\boxed{1}$ の解答群

① 2　② $\dfrac{9}{2}$　③ 8　④ 10

⑤ -2　⑥ $-\dfrac{9}{2}$　⑦ -8　⑧ -10

問2　$3x^2-6x-45$ を因数分解すると $\boxed{2}$ である。

$\boxed{2}$ の解答群

① $(x-5)(x+3)$　② $(x+5)(x-3)$　③ $(x-5)(x-3)$　④ $(x+5)(x+3)$

⑤ $3(x-5)(x+3)$　⑥ $3(x+5)(x-3)$　⑦ $3(x-5)(x-3)$　⑧ $3(x+5)(x+3)$

問3　2次方程式 $5x^2-x-3=0$ の解は $x=\boxed{3}$ である。

$\boxed{3}$ の解答群

① $\dfrac{1\pm\sqrt{13}}{5}$　② $\dfrac{-1\pm\sqrt{13}}{5}$　③ $\dfrac{1\pm\sqrt{13}}{10}$　④ $\dfrac{-1\pm\sqrt{13}}{10}$

⑤ $\dfrac{1\pm\sqrt{61}}{5}$　⑥ $\dfrac{-1\pm\sqrt{61}}{5}$　⑦ $\dfrac{1\pm\sqrt{61}}{10}$　⑧ $\dfrac{-1\pm\sqrt{61}}{10}$

問4　$(x-1)(x+2)(x+3)+(x^2+2x-3)(x-2)=\boxed{4}$

$\boxed{4}$ の解答群

① $2x^3+4x^2-6x$　② $2x^3-4x^2-6x$　③ $2x^3+4x^2+6x$

④ $2x^3-4x^2+6x$　⑤ x^3+2x^2-3x　⑥ x^3-2x^2-3x

⑦ x^3+2x^2+3x　⑧ x^3-2x^2+3x

問5　$\dfrac{1}{\sqrt{2}}+\sqrt{18}-\dfrac{1}{3\sqrt{2}}=\boxed{5}$

$\boxed{5}$ の解答群

① $\dfrac{5\sqrt{2}}{6}$　② $\dfrac{10\sqrt{2}}{3}$　③ $\dfrac{6-\sqrt{2}}{4}$　④ $\dfrac{18-\sqrt{2}}{4}$

⑤ $-\dfrac{5\sqrt{2}}{6}$　⑥ $-\dfrac{10\sqrt{2}}{3}$　⑦ $\dfrac{-6+\sqrt{2}}{4}$　⑧ $\dfrac{-18+\sqrt{2}}{4}$

2　次の $\boxed{6}$ から $\boxed{11}$ に適するものをそれぞれの解答群の中から選びなさい。

問6　y は x の2乗に比例し，$x=2$ のとき $y=20$ である。$x=-4$ のとき $y=\boxed{6}$ である。

$\boxed{6}$ の解答群

① 20　② -20　③ 40　④ -40

⑤ 60　⑥ -60　⑦ 80　⑧ -80

問7　$a=-4$，$b=2$ のとき，$(a-4b)^2-a^2+11ab-16b^2=$ [7] である。

[7] の解答群

① 6　② −6　③ 8　④ −8
⑤ 12　⑥ −12　⑦ 24　⑧ −24

問8　大小2個のさいころを同時に投げたとき，出た目の和が3の倍数となる確率は [8] である。

[8] の解答群

① $\frac{1}{3}$　② $\frac{1}{4}$　③ $\frac{1}{6}$　④ $\frac{1}{12}$
⑤ $\frac{5}{18}$　⑥ $\frac{5}{36}$　⑦ $\frac{11}{36}$　⑧ $\frac{13}{36}$

問9　A，B，Cの3人がゲームを行ったところ，BとCの得点は同じで，Aの得点はB，Cの得点の1.5倍であった。3人の得点の平均値が70点であるとき，Aの得点は [9] 点である。

[9] の解答群

① 20　② 30　③ 40　④ 50
⑤ 60　⑥ 70　⑦ 80　⑧ 90

問10　右の図において，DP＝DC のとき，$x=$ [10]° である。

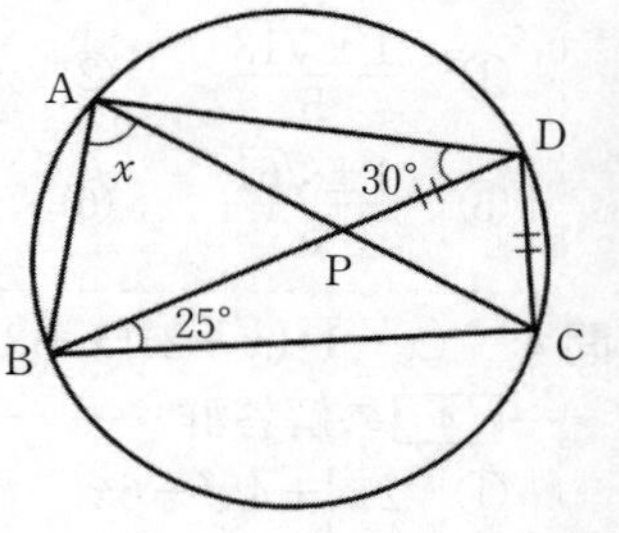

[10] の解答群

① 80　② 75　③ 73　④ 70
⑤ 65　⑥ 63　⑦ 60　⑧ 55

問11　下の図のような，長方形ABCDがある。頂点Dが辺BC上にくるようにAEを折り目として折り返したとき，CE＝ [11] である。

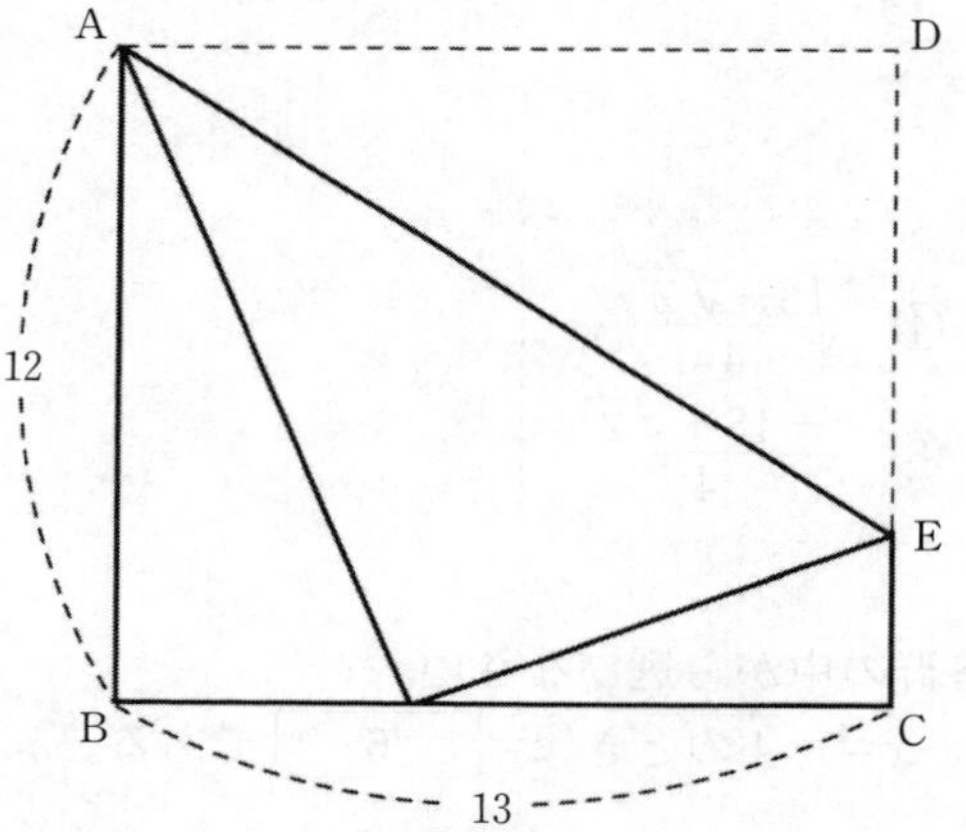

[11] の解答群

① $\frac{5}{2}$　② $\frac{11}{4}$　③ 3　④ $\frac{13}{4}$　⑤ $\frac{10}{3}$　⑥ $\frac{7}{2}$　⑦ $\frac{11}{3}$　⑧ 4

3

右の図のように，放物線 $y=-\frac{1}{3}x^2$ 上に２点A，Bがあり，それぞれの x 座標は１，３である。y 軸上を動く点Pがあるとき，次の [12] から [14] に適するものをそれぞれの解答群の中から選びなさい。

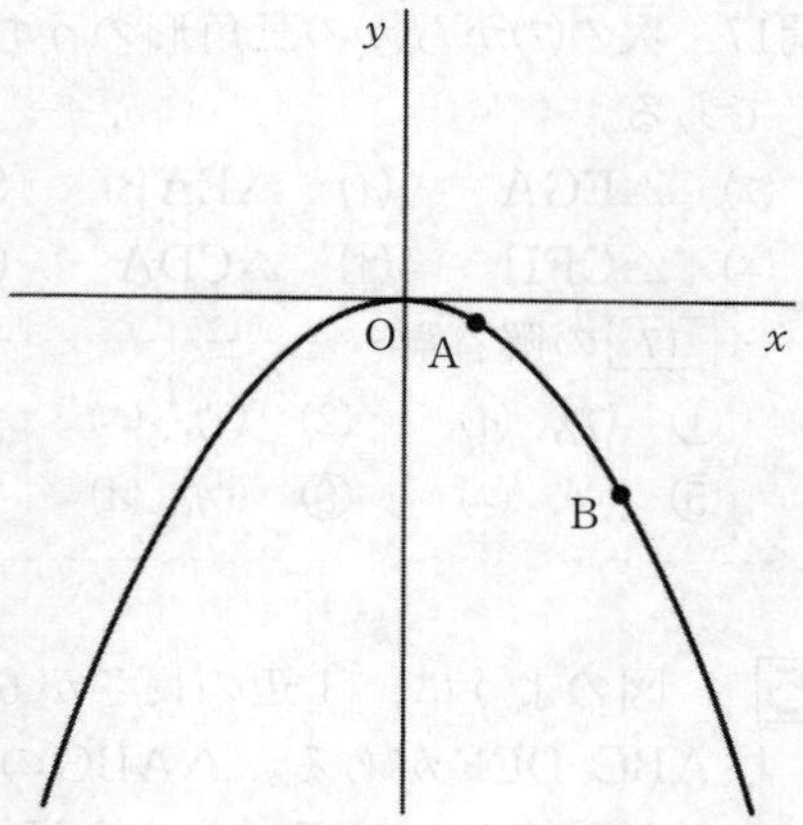

問12　２点A，Bを通る直線の切片は [12] である。

[12] の解答群

① $\frac{1}{3}$	② $\frac{1}{2}$	③ $\frac{2}{3}$	④ 1
⑤ $\frac{3}{2}$	⑥ $\frac{5}{3}$	⑦ 2	⑧ 3

問13　AP＋BPが最小になる点Pの y 座標は [13] である。

[13] の解答群

① -3	② -2	③ -1	④ 0
⑤ $-\frac{5}{3}$	⑥ $-\frac{4}{3}$	⑦ $-\frac{2}{3}$	⑧ $-\frac{1}{3}$

問14　△PABと△OABの面積が1：3になる点Pにおいて，y 座標の値のうち小さいものは [14] である。

[14] の解答群

① $\frac{1}{2}$	② $\frac{2}{3}$	③ 1	④ $\frac{4}{3}$
⑤ $\frac{7}{5}$	⑥ $\frac{13}{8}$	⑦ 2	⑧ $\frac{8}{3}$

4

長方形ABCDはAB＝$3\sqrt{3}$，∠ACB＝30°である。辺AD，BC上にそれぞれ点E，Fがあり，FC＝3とする。また，線分ACと線分EB，EFの交点をそれぞれG，Hとする。EH＝FHであるとき，次の [15] から [17] に適するものをそれぞれの解答群の中から選びなさい。

問15　△EBFの面積は [15] である。

[15] の解答群

① 6	② $3\sqrt{3}$	③ $6\sqrt{3}$	④ $9\sqrt{3}$
⑤ $\frac{3\sqrt{3}}{2}$	⑥ $\frac{9\sqrt{3}}{2}$	⑦ $\frac{2\sqrt{3}}{3}$	⑧ $\frac{4\sqrt{3}}{3}$

問16　GH＝ [16] である。

[16] の解答群

① 3	② $3\sqrt{3}$	③ $\frac{3}{2}$	④ $\frac{\sqrt{3}}{2}$
⑤ $\frac{3\sqrt{3}}{2}$	⑥ $\frac{\sqrt{3}}{3}$	⑦ $\frac{2\sqrt{3}}{3}$	⑧ $\frac{4\sqrt{3}}{3}$

問17　次の(ア)から(カ)の三角形のうち，△EGHと相似な図形でない組合せとして正しいのは [17] である。

(ア)　△EGA　　(イ)　△EAB　　(ウ)　△AEH
(エ)　△CFH　　(オ)　△CDA　　(カ)　△ABC

[17] の解答群

① (ア)，(イ)　② (ア)，(エ)　③ (イ)，(ウ)　④ (イ)，(オ)
⑤ (ウ)，(エ)　⑥ (ウ)，(オ)　⑦ (オ)，(カ)　⑧ (エ)，(オ)

5　図のように，1辺の長さが6である正三角形を底面とする三角柱ABC-DEFがある。△ABCの平面上に点Gをとり，点Gから下ろした垂線と△DEFの交点をHとする。点Hと頂点A，B，Cを結んでできる三角錐H-ABCと，点Gと頂点D，E，Fを結んでできる三角錐G-DEFはそれぞれ正四面体となった。2つの正四面体の共通部分の立体の体積をVとするとき，次の [18] から [20] に適するものをそれぞれの解答群の中から選びなさい。

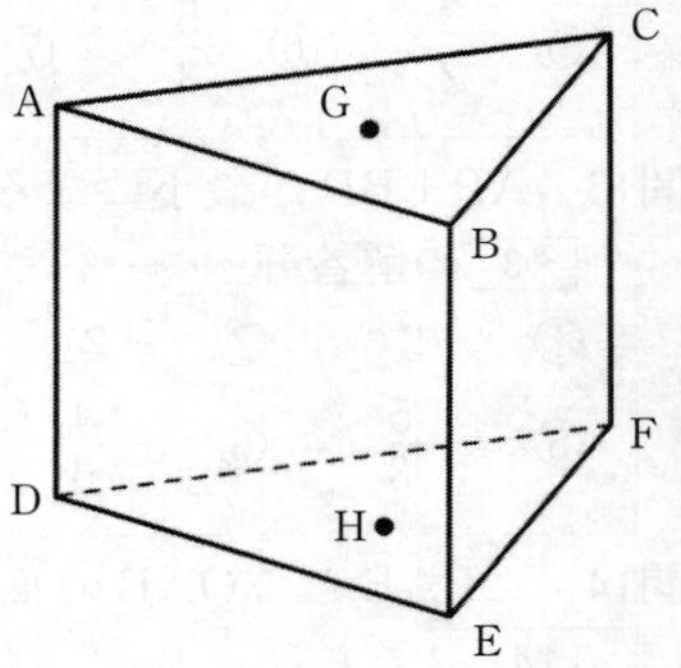

問18　△ABCの面積は [18] である。

[18] の解答群

① $\frac{3\sqrt{3}}{2}$　② $3\sqrt{3}$　③ $\frac{9\sqrt{3}}{2}$　④ $6\sqrt{3}$
⑤ 9　⑥ $9\sqrt{3}$　⑦ 8　⑧ $18\sqrt{3}$

問19　問20　AG$=2\sqrt{3}$ のとき，AD$=$ [19] であり，$V=$ [20] である。

[19] の解答群

① $\sqrt{3}$　② $2\sqrt{3}$　③ $3\sqrt{3}$　④ $4\sqrt{3}$
⑤ $\sqrt{6}$　⑥ $2\sqrt{6}$　⑦ $3\sqrt{6}$　⑧ $4\sqrt{6}$

[20] の解答群

① $3\sqrt{3}$　② $\frac{9\sqrt{3}}{4}$　③ $\frac{9\sqrt{3}}{2}$　④ $9\sqrt{3}$
⑤ $3\sqrt{2}$　⑥ $\frac{9\sqrt{2}}{4}$　⑦ $\frac{9\sqrt{2}}{2}$　⑧ $9\sqrt{2}$

※梁塵秘抄…後白河院の撰。平安朝末期の歌謡集。
※郢曲《えいきょく》…当時の謡いものの総称。風俗歌、朗詠、今様《いまよう》など。

問一　傍線Ⅰ・Ⅱ・Ⅲ・Ⅳの口語訳として最も適当なものを、後の中からそれぞれ選びなさい。解答番号は36～39。

Ⅰ　をかしきものなれ　36
①　そうでもないことである
②　あっさりとしたことである
③　趣深いものである
④　かなり変なものである

Ⅱ　おもしろく　37
①　趣がある　②　愉快である
③　興ざめである　④　不機嫌である

Ⅲ　やさしく　38
①　派手なものに　②　優雅なものに
③　不快なものに　④　強そうなものに

Ⅳ　ことさらに　39
①　逆に　②　故意に　③　すぐに　④　特別に

問二　ア に入る語として最も適当なものを次から選びなさい。解答番号は40。
①　ぞ　②　も　③　や　④　こそ　⑤　なむ

問三　傍線イ「いかにぞや」の本文での意味として最も適当なものを次から選びなさい。解答番号は41。
①　どうしても　②　どうしたわけか
③　どうにかこうにか　④　どれくらいなのか

問四　傍線ウ「貫之」は紀貫之のことである。紀貫之の代表作品は何ですか。最も適当なものを次から選びなさい。解答番号は42。
①　枕草子　②　方丈記　③　土佐日記
④　伊勢物語　⑤　平家物語

問五　傍線エ「源氏物語」の作者として最も適当なものを次から選びなさい。解答番号は43。
①　清少納言　②　和泉式部　③　小式部
④　紫式部　⑤　阿仏尼

問六　傍線オ「仰せ下され」たのは誰ですか。最も適当なものを次から選びなさい。解答番号は44。
①　後鳥羽院　②　作者　③　貫之
④　家長　⑤　後白河院

問七　傍線カ「歌枕」の説明として正しいものはどれですか。最も適当なものを次から選びなさい。解答番号は45。
①　歌の中に古来読み込まれ、親しまれたことばや名所
②　同音異義を利用して、一語に二つ以上の意味を持たせたもの
③　有名な古歌（本歌）の一部を読み込んで内容を広げ深めること
④　歌の主題・中心的な語に、意味の上で関連のある語句を読み込んでいく技法

問八　傍線a・b・c・dの品詞名を次からそれぞれ選びなさい。解答番号はaが46、bが47、cが48、dが49。
①　副詞　②　助詞　③　名詞　④　動詞
⑤　助動詞　⑥　連体詞　⑦　形容詞　⑧　形容動詞

問九　この文章で作者が最後に言っていることとして最も適当なものを次から選びなさい。解答番号は50。
①　昔の人の場合、ただ、どんなに作為的に工夫された文句でも、みんな駄目に思えるのであろうか
②　昔の人の場合、ただ、かなり無造作に言いすてた文句だから、みんな駄目に思えるのであろうか
③　昔の人の場合、ただ、かなり作為的に工夫された文句だから、みんな素敵に思えるのであろうか
④　昔の人の場合、ただ、どんなに無造作に言いすてた文句でも、みんな素敵に思えるのであろうか

④ 話が「理路整然」としていないこと

問八　次の一文は本文中の《A》～《D》のどこに入りますか。後の中から最も適当なものを選びなさい。解答番号は33。

> ちょうど、「自転車の乗り方」のようなものだ。どうやって倒れずに走れるのか、言葉では説明ができないだろう。

①《A》　②《B》　③《C》　④《D》

問九　傍線5「『高い』という表現は、非常に的確に抽象しているように感じる」とありますが、どういうことを述べているのですか。次の中から最も適当なものを選びなさい。解答番号は34。

① 不確実な表現を用いると、高圧的な物言いになること
② わかりやすい言葉が、意味の取り違えを助長すること
③ 漠然とした表現が、逆に要点を押さえた理解を生むこと
④ 端的に示さないことから、偏ったものの見方になること

問十　本文の内容としてふさわしくないものを、次の中から一つ選びなさい。解答番号は35。

① 学校で行う試験は、頭にインプットしたデータを正確にアウトプットできるか否かを、試すためのものである。
② 現代社会において人間は、データの記憶や出力の正確さにおいて、もはやAIに能力発揮の場を奪われつつある。
③ 知識を増やすだけの勉強は、その人の行動の範囲を抑制しかねないので、成功の確率を低くしてしまうことがある。
④ 職に就いてから学ぶものの多くは、マニュアル化や文章化されていない特有のノウハウであり、個人で培うものである。
⑤ 自身を高めるために行う勉強によってもたらされるものは、未来の利益及び満足のいく幸せな人生に結びつくものである。

三

次の文章を読んで、後の問いに答えなさい。

和歌［　ア　］、なほⅠをかしきものなれ。あやしの※しづ・山がつのしわざも、言ひ出でつればⅡおもしろく、おそろしき猪のししも、「※ふす猪の床」と言へば、Ⅲやさしくaなりぬ。

この比の歌は、一ふしをかしく言ひかなへたりと見ゆるはあれど、古き歌どものやうに、イいかにぞや、ことばの外に、あはれに、けしきおぼゆるはなし。ウ貫之が「糸による物ならなくに」と言へるは、古今集の中の※歌くづとかや言ひ伝へたれど、今の世の人の詠みぬべきことがらとはみえず。その世の歌には、姿・言葉、このたぐひのみ多し。この歌に限りてかく言ひたてられたるも、知りがたし。エ源氏物語には、「物とはなしに」とぞ書ける。新古今には、「残る松さへ峰にさびしき」といへる歌をぞ言ふなるは、まことに、少しくだけたるすがたにもや見ゆらん。されどこの歌も、※衆議判の時、よろしきよし沙汰ありて、後にもⅣことさらに感じオ仰せ下されけるよし、※家長が日記にはかけり。

歌の道のみ、いにしへに変らぬなどいふ事もあれど、いさや、今も詠みあへる同じ詞《ことば》・カ歌枕も、昔の人の詠めるは、さらにb同じものにあらず、やすくすなほにして、姿もcきよげに、あはれにも深く見ゆ。※梁塵秘抄の※郢曲《えいきょく》の言葉こそ、又あはれなる事は多かめれ。昔の人は、ただ、いかに言ひ捨てたるdことぐさも、皆いみじく聞ゆるにや。

（『徒然草』より）

※しづ・山がつ…「しづ」は下賤な者。「山がつ」は木こりなど身分の賤しい者の意。
※ふす猪の床…猪が冬眠のため枯草を集めて臥す、その場所をいう。歌語（詞《ことば》）として用いられた。
※歌くづ…歌のくず。できそこない。
※衆議判…歌合せの判定を、左右の組、双方の衆議によってくだすこと。
※家長が日記…『源家長日記』。著者の源家長は後鳥羽院の蔵人として和歌所の事務を主掌していた。

a ヒンパン 16

① ライヒンをもてなす　② カイヒン公園で遊ぶ

③ ヒンシュツの問題　④ ヒンケツの予防

b コウリツ 17

① ジコウの成立　② コウキュウの平和を祈る

③ フッコウ五輪の開催　④ コウガイに引っ越す

c シテキ 18

① テキジョウ視察に赴く　② 腫瘍のテキシュツ

③ テンテキの投与　④ カイテキに暮らす

d トウタツ 19

① ツイトウ命令が下る　② ザットウにたたずむ

③ 階段でテントウする　④ 人気がサットウする

e ホウシュウ 20

① 供物のホウノウ　② ホウジュンな香り

③ ドウホウを助ける　④ カホウは寝て待て

問二 波線①・②・③・④の語句は本文の中でどのような意味で使われていますか。最も適当なものをそれぞれ選びなさい。解答番号は21～24。

① 様相 21

① 能力　② 状態　③ 要領　④ 作用

② モチベーション 22

① 動機づけ　② 条件づけ

③ 関連づけ　④ 意味づけ

③ マニュアル 23

① 作法　② 訂正　③ 手引　④ 報告

④ 俯瞰 24

① 選択すること　② 疑うこと

③ 見下ろすこと　④ 凝視すること

問三 (ア)・(イ)・(ウ)・(エ)に当てはまる語を、次の中からそれぞれ選びなさい。(解答は重複しない。)解答番号は(ア)が25、(イ)が26、(ウ)が27、(エ)が28。

① あるいは　② すると　③ しかし

④ では　⑤ たとえば　⑥ つまり

問四 傍線1「記憶したものは、意識的に思い出せなければならない」とありますが、それはなぜですか。理由として最も適当なものを、次の中から選びなさい。解答番号は29。

① 知識の重要性は、いつでも取り出せ、自由に使えることにあるから

② 知識の蓄積にかけた労力が、すべて水泡に帰してしまうから

③ 知識の出し入れの巧拙だけが、評価の対象につながるから

④ 知識の浅薄さは、公平性を欠く独断と偏見を生むから

問五 傍線2「算数という科目が特別視される要因である」とありますが、「要因」として考えられる最も適当なものを、次の中から選びなさい。解答番号は30。

① 計算の過程よりも解答の正誤が必須であること

② 理系科目が技術革新に大きく寄与していること

③ 採点や評価にぶれがなく一貫性があること

④ 知識を応用させる能力が求められること

問六 傍線3「現代の教育の最大の問題」とは何ですか。次の中から最も適当なものを選びなさい。解答番号は31。

① 競争社会を生き抜くため、問題解決能力を磨くこと

② 勉強の目的意識が、入試合格に向けられていること

③ 堕落した生活を改めるため、規律ある生活を送らせること

④ 理想ばかりを追う子供に、現実の厳しさを認めさせること

問七 傍線4「大きな壁にぶつかること」とありますが、本文ではどのようなことが考えられると述べていますか。次の中から最も適当なものを選びなさい。解答番号は32。

① 「当意即妙」に対処できないこと

② 多数派に「付和雷同」してしまうこと

③ 「傍若無人」に振る舞ってしまうこと

うことである。

この時点になると、「勉強」という言葉を使わない分野も多いかもしれない。それに換わって「仕事を覚える」という表現が多くなりそうだ。だから、その仕事に就いたばかりの新人は、その仕事特有の知識がなにかあって、それを誰か先輩が教えてくれるものだ、と期待する。事実、そういった情報がきちんと③マニュアルとなっている業種もあるが、それは、作業が非常に単純で、バイトのようにすぐに働くことができる場に限られるだろう。

多くの仕事は、マニュアル化されていない。文章化できないようなノウハウが、その仕事の核となっているのだ。これは、「コツ」と呼ばれたり、「技術」と呼ばれたり、あるいは、「人間関係」とか、「信頼」とか、まったく別の要素として評価されるものだが、結局は、その個人が勉強したことであり、個人の中に築かれるものだ。「知識」にはちがいないのだが、簡単に頭から出せないし、人に伝達することも困難である。《Ｄ》

ここまで来ると、いったい「勉強」とは何か、という問題がいかに広い範囲に及び、複雑かつ総合的なテーマになっているかということに気づかれるはずである。

無理に言葉にすれば、勉強とは「自分を高める行為」というくらい抽象的にしか表現できない。そんな話をすると、「高める」とは何か、という問題になり、これまた、個人によってさまざまな方向性を持っているから、一義的に、これが「高い」とか、あちらの方が「高い」とはいえなくなる。

子供たちに、「勉強とは、君を高めることだ」と教えても、首を捻《ひね》られるだけだろう。「背が高くなるの？」と尋ねられるのがオチである。

ただ5「高い」という表現は、非常に的確に抽象しているように感じる。勉強で自身を高めることができると、何が得られるのかといえば、それはまず「広い視野」であり、④俯瞰《ふかん》による客観的な「観察力」、そしてまた、あらゆるものを遠望できる「予測力」、あるいは「想像力」である。これらは、「高い」位置だからこそ可能になるもの、といえばイメージしやすい。

そして、そういった視野、客観、遠望によって得られるものは、もちろん自身にとって非常に大きな価値であり、未来の利益をもたらすだろう。これも抽象的にしか語れない。なにしろ、個人によってそれぞれ「利益」が異なっているからだ。ある人は、富を得るし、またある人は人気や人望を得る。さらには、自身の安全な立場を構築する。いずれも、自身にとっての満足のいく幸せな人生に結びつくだろう。

そういうものを得るための行為が「勉強」と呼ばれるのである。

一番問題なのは、この勉強という行為の「抽象性」にあるといっても過言ではない。勉強が「何の役に立つのか？」と問われることは、非常に多い。社会に出てから、「こんな知識が本当に役に立つのか」と疑問を投げかける人も多数いるはず。

しかしそれは、勉強という行為の抽象性が理解されていないから、生じる誤解である。勉強は、そのように具体的な成果を求める行為では、そもそもない。

そこが最も重要なポイントであるにもかかわらず、いつも「何の役に立つのか？」という反発を受けるのが「勉強」であり、これに対する具体的な言い訳をしてしまうことで、ますますわけがわからなくなるのだ。

したがって、「勉強が何の役に立つのか？」と問われたときに僕は、「あなたは何の役に立つのか？」ときき返すことにしている。多少丁寧に問うとしたら、「あなたは何の役に立ちたいのですか？」となり、それに対する本人の返答が、勉強をする目的になりうるし、それがつまりは、「人間の価値」にもなるだろう。

（『勉強の価値』より抜粋　作問の都合により一部改変　著者　森　博嗣）

問一　傍線部a・b・c・d・eのカタカナに当たる漢字と同じ漢字を用いているものを、後の中からそれぞれ一つ選びなさい。解答番号は16～20。

本質的なことに目を向ければ、「勉強」というのは、第一に、やはり外部にあるデータを自分の頭脳に取り込むことである。また、第二に、そのインプットの過程において、そのデータが使いやすいように整理されていることも重要視される。

この第一の行為は、「覚える」という動詞で代表されるが、第二は、「理解する」という言葉が用いられることが多い。

覚えているだけでは駄目で、理解している必要がある、というのはよく耳にするcシテキであるが、これは、知識として記憶されるデータを、関連づけ、筋道をつけたものとして整理することを、「理解する」といっているのだろう。

記憶したものをそのままアウトプットするだけで問題が解決する例は、非常に限られている。試験問題か、あるいはクイズくらいだろうか。社会で生きていくときに直面するような問題というのは、頭の中の知識を答えるだけで解決するものでは基本的にない。

《 B 》

だからといって、ものを覚えることに意味がないというわけではない。たとえば、言葉を覚えたり、文字を覚えることで、文章が読めるようになるわけだが、文章を読む能力は、新たな知識を自力で取り入れることを可能にする。知識が広がることは、その人の行動の範囲を広げることでもある。あらゆる方向に可能性が見えてくるし、また、成功する確率を高くし、そこにdトウタツする時間を早める。

3テストで正解を答えることが、勉強の主目的となっているのが、現代の教育の最大の問題だともいえる。実際、テストで良い点を取ること、入試に合格することが、多くの子供たちにとって勉強の目的となっている。それを目的にしないと、小学校や中学校の生徒たちに、勉強の②モチベーションを持たせることが難しいからだろう。

（ウ）、こうした「記憶」に偏った勉強ばかりしていると、覚えたことを正確に答えることが人間の能力だと勘違いしてしまうため、社会に出てから少々不具合が生じることになる。何故ならば、データの記憶や出力の正確さは、人間よりも機械の方がはるかに高い能力を持っているからだ。現代社会においては、その種の作業はすべて自動化され、AIが進出している。人間の記憶能力は、もはや求められていない。それこそ、TVのクイズ番組に出場するくらいしか、その能力を発揮する場がない。

また、試験で高得点を取ること、合格することをモチベーションにしている人は、結局は「他者に勝つ」こと、合格して周囲から「褒《ほ》められる」ことが、勉強のeホウシュウだという認識を持っている。若いうちはそれでも良いのかもしれないが、しばらく社会を生きていくうちに、4大きな壁にぶつかることになるだろう。

社会は、試験のようなわかりやすいゲームの場ではなく、もっと複雑な問題解決の能力が要求される。多くの場合、新たな発想であるとか、創造的な思考を求められる。頭がそちらへ切り替えられる人は良いが、ただ覚える、覚えたことを出す、という能力だけでは、いずれ「役に立たない人間」と認識される結果になりかねない。

データを正確に記憶し、それを正しく瞬時にアウトプットする能力は、大学の入試であるとか、（エ）各種職業の資格試験でしか役に立たない。これらは、人生のゴールではない。その分野のスタート地点にすぎない。そこで合格することで、同じ能力を持った他者と、これまで使ったことがない能力を比較される場へ迎え入れられる。だから、合格したと喜んでいられるのはごく短い間だけだ。むしろ、難しい立場にわざわざ立たされた、と認識した方が良いだろう。《 C 》

データのインプットによって難関の大学に入り、その後も成功を重ねた方たちが大勢いる。しかし、そういう人たちは、その後、別の勉強をされている。データを応用し、関連づけ、新しい発想をすることを、それぞれの職場で勉強している。実は、ここからが本当の勉強といえるのかもしれない。

大人になって、なにかの職業に就いたあとも、勉強は続く、といること、これが勉強という行為である。

　小学校などで行われる授業では、なにかを覚えることが、勉強の具体的な作業である場合が多い。頭に入れて記憶することは、コンピュータにデータをインプットする作業に似ている。こうして1記憶したものは、意識的に思い出せなければならない。頭に入れただけで、自由に出せないのでは意味がないからだ。つまり、データを持っているだけでは不充分で、その知識を適宜出力して利用できることに価値がある。このような価値ある状態になるために、人は勉強をする。

　この価値を試すために、すなわち、覚えたことを思い出せるかを試すために、学校では試験が行われる。その人がデータを頭に入れていて、正確にそれを取り出すことができるかどうか、その能力をテストするわけである。このように、試験が行われている時間（あるいは体験）は「勉強」とはいわない。試験は、データのアウトプットであるから勉強ではない、という認識が一般的だろう。

　ところが、データのインプットばかりともいえない。国語や社会と比較して、少し①様相が異なるのが、算数だ。算数の授業で習うことは「知識」といえるだろうか？

　言葉を覚えるのは、データのインプットといえるけれど、算数で習うのは、計算のし方であったり、ものの考え方であったりする。同じ「勉強」でも、ずいぶん異なる行為のように感じられるはずである。

　ものを覚えることが勉強だ、と認識している子供たちは、算数の計算までは理解できても、テストで「応用問題」と呼ばれる文章題に戸惑うことになる。「こんな問題は授業では教えてもらえなかった」と言う子供もいるかもしれない。自分が覚えていないものを頭から出すことはできない。ここが、2算数という科目が特別視される要因である。

　たとえば、算数の「勉強」をするには、何をどうすれば良いだろうか？

　ドリルにあるのは、計算問題が大半であり、そのような計算を間違えることなくこなす行為が勉強だろうか？
計算は、ある意味で、体育に似ている。「頭の体操」といえるかもしれない。これは、勉強というよりは、「訓練」に近い行為ではないだろうか。しかし、こういったものも、勉強に含まれることはまちがいない。

　算数に類似した分野として、「文法」があるように思う。文法というのは、文章の規則性を覚えることである。国語や英語などの授業で、この文法が取り上げられるが、規則性を覚えること、その知識自体が目的ではない。「サ行五段活用」や「現在進行形」という名称を記憶しても意味はない。そうではなく、この文法に則《のっと》った文章を作成すること、（ア）文法を自由に応用できる能力が求められる。それが文法の勉強の目的であるから、その意味では、数学で計算方法を習い、問題を解決するためにそれを応用することと類似しているだろう。《　Ａ　》

　「勉強」とは、データを頭にインプットする行為（つまり記憶）と同義ではない。そのデータを活用する能力を身につけることが勉強の目的であり、あるときは個々のデータを関連づけて、複合的な知見を得ること、さらに、それをどのようにアウトプットするのか、ということまでも含めた総合的な能力を養うことが、勉強と総称されているわけである。

　（イ）、学校ではヒンパンに発表会なるものが開催される。大勢の前でプレゼンをする練習である。研究発表会といったものもあるはずだ。このように、アウトプットすることで、一度頭に入れたデータを関連づける「気づき」を伴うこともあるし、また、他者に向けて言葉を発するという行為によって、普段よりも印象強く記憶が形成される効果も認められる。つまり、アウトプットすることは、インプットしたものを応用したり、また、長く記憶に留めるのに役立つので、その意味では立派な「勉強」といえる。

　そのような方法論、あるいはbコウリツ的なことは脇へ置いて、

二〇二二年度 山村学園高等学校（第二回）

【国語】（五〇分）〈満点：一〇〇点〉

一 次の問いに答えなさい。

問一 次の漢字の読みが間違っているものをそれぞれ一つ選びなさい。解答番号は[1]～[3]。

ア [1]
① 羨む（うらやむ） ② 傷む（いたむ）
③ 蔑む（さげすむ） ④ 妬む（くやむ）

イ [2]
① 汎用（はんよう） ② 便箋（びんせん）
③ 頒布（ぶんぷ） ④ 翻弄（ほんろう）

ウ [3]
① 時雨（つゆ） ② 五月雨（さみだれ）
③ 吹雪（ふぶき） ④ 雪崩（なだれ）

問二 次のことわざの意味に最も関係の深いものをそれぞれ後から選び、番号で答えなさい。解答番号は[4]～[6]。

ア 転ばぬ先の杖 [4]
① 幸運 ② 用心 ③ 危険 ④ 失念

イ 石の上にも三年 [5]
① 尊敬 ② 反省 ③ 辛抱 ④ 慎重

ウ 長いものには巻かれよ [6]
① 好機 ② 半端 ③ 拘束 ④ 服従

問三 次の□□に当てはまる漢字を後から選び、番号で答えなさい。解答番号はアが[7]、イが[8]、ウが[9]。

ア □□を押す。（無理をとおす）
イ □□をかける。（強い言葉で励ます）
ウ □□をつける。（ねらいをつける）

① 横車 ② 背中 ③ 拍車
④ 目鼻 ⑤ 発破 ⑥ 目星

問四 次の□に当てはまる漢字を後から選び、番号で答えなさい。解答番号はアが[10]、イが[11]、ウが[12]。

ア 一□両断
イ 五里□中
ウ 厚顔無□

① 投 ② 刀 ③ 当 ④ 夢 ⑤ 無
⑥ 霧 ⑦ 知 ⑧ 恥 ⑨ 痴

問五 次の傍線部の意味として最も適当なものを後から選びなさい。解答番号は[13]～[15]。

ア やおら立ち上がった。 [13]
① 不意に ② 勢いよく
③ 大げさに ④ ゆっくりと

イ おざなりな仕事をする。 [14]
① 不必要な ② いい加減な
③ ありふれた ④ 意に反する

ウ その一言が私の琴線に触れた。 [15]
① 胸を打った ② 怒りを買った
③ 興味を無くした ④ 禁忌に触れた

二 次の文章を読んで、後の問いに答えなさい。

「勉強」という言葉を知らない人はいないだろう。幼稚園児でさえ、知っているはずだ。また、多くの人が aヒンパンに、日常的に使う言葉であり、ほぼ共通した意味に使用されているように観察される。すなわち、なにか学問的な知識を学ぶ行為、といったところだろうか。英語では、「study」か「work」か、あるいは「learning」になる。

多くの人（特に日本人）が意識するのは、なんらかの「知識を頭に入れる」こと、ほかの表現を用いれば、データを「インプット」す

2022年度／山村学園高等学校(第２回)

英語解答

1 問1 ③　問2 ③　問3 ④
問4 ①　問5 ②

2 問1 ③　問2 ③　問3 ①
問4 ②　問5 ①　問6 ②
問7 ①　問8 ④　問9 ③
問10 ②

3 問1 ④　問2 ③　問3 ④
問4 ①　問5 ①

4 問1 21…⑦　22…③
問2 23…⑥　24…⑦
問3 25…②　26…⑦
問4 27…⑨　28…⑤
問5 29…⑦　30…②

5 問1 ②　問2 ①　問3 ③
問4 ①　問5 ①

6 問1 ④　問2 ③　問3 ①
問4 ③　問5 ②　問6 ③
問7 ②　問8 ①　問9 ④
問10 ②

1〔対話文完成―適文選択〕

問１．A：サラの隣にいる女の子は誰？／B：あれはカレンだよ。ジョンのパーティーで彼女に会わなかった？／A：うん。私はパーティーにいなかったから。〃Aはパーティーにいなかったと話しているので，カレンとは会っていないことがわかる。英語では，否定疑問文に対して「そうだ」と肯定の返答をする場合は，Yesではなく No(「～ない」の意味)で答える。

問２．A：ご注文はお決まりですか？／B：決まったと思います。まずはチーズサラダ，それからグリルチキンのレモンとローズマリー添えをお願いします。〃Bは，店員と思われるAに注文を伝えているので，注文する準備ができたとわかる。

問３．A：まあ，こんにちは，アン！　久しぶりだね。／B：ケイト！　こんにちは！　ずいぶんしばらくぶりね！〃BのI haven't seen you in ages!は「長い間ずっと会っていない」が直訳。よって２人は久しぶりに会ったことがわかる。　Long time no see.「お久しぶり」

問４．A：今日は顔色が悪いね。大丈夫？／B：ええと，喉が痛いんだ。頭痛もするよ。／A：早くよくなるといいね。〃体調の悪いBに対して，Aは早い回復を祈る言葉をかけたと考えられる。get better「よくなる」

問５．A：いらっしゃいませ。／B：Lサイズのセーターを探してるんですが。／A：そうですね…こちらにすてきな青いセーターがありますよ。／B：すばらしいわ！　それをいただきます。〃BはAが勧めたセーターについて，perfect「完璧な，すばらしい」と話しているのでそれが気に入ったとわかる。I'll take it. は買い物で「それにします，それを買います」という表現。

2〔適語(句)選択・語形変化〕

問１．yesterday「昨日」とあるので，過去の文。助動詞mustに過去形はないので，「～しなければならなかった」と言うときはhave to ～の過去形had to ～にする。　「彼は昨日学校まで歩かなければならなかった」

問２．rise in the east「東から昇る」／set in the west「西に沈む」　「太陽は東から昇る」

問３．「別のもの」という意味で不特定の他の１つを表すときにはanotherを使う。　「このTシャツは気に入りません。別のものを見せてください」

問４．'命令文，or ～'「…しなさい，さもないと～」の構文。　「今出発しなさい，さもないと終電に乗れないよ」

問５．'both *A* and *B*'「*A*と*B*の両方」が主語になる場合，主語を複数扱いにする。文の内容から考えて受け身形（'be動詞＋過去分詞'）は不可。　「ジャックもジェーンもテニスをするのが好きだ」

問６．ある材料から，質や形を変えて何かがつくられる場合にはbe made from ～で表す。材料がそのまま使われ，見た目からも材料がわかる場合にはbe made of ～で表す。　「バターは牛乳からつくられる」

問７．remember ～ingで「～したことを覚えている」，remember to ～で「忘れずに～する，～することを覚えている」の意味になる。ここは前者の意味。　「申し訳ないが，私はあなたの友達のトムに会ったことを覚えていない」

問８．a broken watchで「壊れた時計」となる。　「彼は壊れた時計を持っている」

問９．適切な関係代名詞を選ぶ。The manがis standingの主語の関係になっているので，'人'を先行詞とする主格の関係代名詞が入る。　「窓のそばに立っている男性は私のおじだ」

問10．'make＋物＋for＋人'「〈人〉に〈物〉をつくる」の形。この形で前置詞にforを用いる動詞は他にbuy，find，cookなどがある。一方，前置詞にtoを用いる動詞はgive，send，show，lend，tellなどがある。　「母は私にコーヒーを１杯入れてくれた」

3〔書き換え―適語(句)選択〕

問１．「私はほとんどお金を持っていなかった」　上のalmost noは「ほとんど～ない」の意味。下では，'数えられない名詞'について「ほとんど～ない」を表すlittleを使って言い換える。

問２．「富士山は日本で一番高い山だ」→「富士山は日本の他のどの山よりも高い」　上は最上級を使った文。これを'比較級＋than any other＋単数名詞'「他のどの～より…」の形にすると，上と同様に最上級の意味になる。

問３．「あの建物はいつ建てられましたか」→「あの建物は築何年ですか」　how old「何歳，何年」を使って書き換える。how oldは人の年齢を尋ねる以外に，建物や物全般に対してどれくらいの古さかを尋ねるときにも使える。

問４．「私は10年間川越に住んでいる」→「私が川越に引っ越してから10年がたった」　上は「ずっと～している」という意味の現在完了（'継続'用法）。これを，'期間＋have/has passed since ～'「～してから〈期間〉がたった」の形の現在完了（'完了'用法）に書き換える。

問５．「兄〔弟〕はまだ車を運転できる（十分な）年齢ではない」→「兄〔弟〕は車を運転するには若すぎる」　上は，'形容詞〔副詞〕＋enough to ～'「～できるほど〔～するほど〕十分…」の構文の否定形。これを'too ～ to …'「…するには～すぎる，～すぎて…できない」の構文で言い換える。

4〔整序結合〕

問１．先にDo you know「あなたは知っていますか」とまとめ，knowの目的語となる「彼女があの新しいドレスにいくらお金を使ったか」を'疑問詞＋（名詞＋）主語＋動詞...'の間接疑問で表す。how much moneyで「いくらのお金」。「～に（お金・時間）を使う」は'spend＋（お金・時間）＋on ～'で表せる。　Do you know how much money she spent on that new dress?

問２．まず「彼は何をしていましたか」はWhatの後に，過去進行形（'was/were＋～ing'）の疑問文を続けてwas Tom doingとする。「～とき」は'when＋主語＋動詞'の形にまとめる。　What was Tom doing when you went to his house yesterday?

問３．「～に違いない」を「私は～と確信している」と読み換え，'I'm sure＋（that＋）主語＋動詞'の形で表す。「彼女はとてもショックを受ける」はshe will be really shockedとまとめ，この後に'感情の原因'を表すto不定詞の副詞的用法でto hear the newsと続ける。　I'm sure she will be really shocked to hear the news.

問４．「（未来に）～できる」は，未来形のwillとbe able to ～「～できる」を組み合わせてwill be

able to～で表せる。これを疑問形にすると‘Will＋主語＋be able to ～?’の順になる。 Will I be able to talk with you tomorrow morning?

問５.「私は～を探している」は，look for ～「～を探す」を現在進行形(‘am/are/is＋～ing’)にしてI'm looking for とまとめる。「教えてくれる人」は「教えるための人」と読み換え，‘名詞＋to不定詞’で表す(to不定詞の形容詞的用法)。「〈人〉に〈物事〉を教える」は‘teach＋人＋物事’で表せる。I'm looking for someone to teach my sister English.

５〔対話文完成―適文選択〕

≪全訳≫❶ケリー(K)：自分のレストランを開くそうだね。❷ヘレン(H)：ええ。学生の頃からずっと自分の店を持ちたいと思っていたの。❸K：でも，ちょっとリスクがあるんじゃない？❹H：31そのとおりよ。でも，ビジネスで成功するには，多少のリスクは背負わなければならないもの。ビジネススクールでそう学んだの。❺K：じゃあ，この町でレストランが成功するためには何をする必要があるの？ 32つまり，何か計画があるのかな？❻H：そうね，うまくいきそうな構想は思いついたわ。才能あるシェフに，すてきな音楽と照明が必要だわ。食事だけでなくデザートを出すのにもいいアイデアが必要だし，最新のスタイルについていかなきゃね。もちろん，誰もが目にする広告も大切よね。❼K：なるほど。新しいビジネスについて，いろいろと考えているんだね。33なぜ，新しいビジネスを始めたいと思ったの？❽H：そうね，成功事例の本を読んで，興味を持ったの。例えば，リーバイ・ストラウスは，カリフォルニアで金を探す男性向けに，初のジーンズをつくったの。今，その会社はリーバイスとして世界中で有名よ。❾K：人の役に立つ仕事はより大切だと学んだんだね。❿H：34そのとおりよ！もう１つの例は，クレジットカード会社のアメリカン・エキスプレスよ。その会社には，全く違う始まりがあったの。創業した頃は配送サービスとして始まったの。それを読んだとき驚いて，その時々で変化するのは大切なんだと学んだわ。⓫K：いろいろな成功事例を知ることが大切なんだね。ところで，新しいお店がオープンしたら食べに行くよ。⓬H：ありがとう。あなたが来てくれるのを楽しみにしているね。⓭K：35待ちきれないな。

＜解説＞問１．直後に However「しかしながら」があるので，この前後は‘逆接’の関係になる。ケリーの risky じゃないかという発言を Sure. と肯定したうえで，でも「多少のリスクは背負わなければならない」と言っているのである。 問２．直後でヘレンは自分の店についての計画を答えている。 問３．直後でヘレンが言っている「ビジネスの成功事例を読んでそれらに興味を持った」という内容が，自分でもビジネスを始めたいと思った‘理由’になっている。 問４．Exactly は「そのとおり」と相手の発言に同意する表現。他の選択肢では会話がつながらない。 問５．I can't wait. は，「待ちきれない」という意味。

６〔長文読解総合―説明文〕

≪全訳≫❶ e スポーツの世界がすっかり変わった。2021 年６月，初のオリンピック・バーチャルシリーズが全世界で開催された。史上初めて，国際オリンピック委員会(IOC)は，オンラインゲーム会社や５つの実在する国際競技連盟と連携し，オリンピック・バーチャルシリーズをつくりあげたのだ。このシリーズは略して OVS と呼ばれ，バーチャルなオンライン環境において，フィジカルなスポーツとそうではないスポーツを実戦するというオリンピック公認イベントである。このシリーズのスポーツは，野球，自転車，ボート，セーリング，モータースポーツである。❷これらのバーチャル上の試合は，東京 2020 オリンピック大会の開幕前に行われた。2021 年５月に始まり，６月下旬に終了した。OVS は，世界中のバーチャルのアスリートや，e スポーツゲーマー，その他のゲーム愛好家たちをわくわくさせるだろう。IOC は，オリンピックの新たな視聴者を見つけ，さまざまなスポーツをさらに進展させることを期待している。これが，IOC の今後に向けたオリンピック計画である。❸IOC のトーマス・バッハ会長は，「オリンピック・バーチャルシリーズは，バーチャル・スポーツの分野において，新たな視聴者とともに，選手や参加者の数を増やす新しい独自のオリンピックデジタル体験です。特に若い世代に焦点を当てながら，オリンピックの価値(精神)に沿ってスポーツに参加することを促すものです」と述べた。このシリーズでは通常の，いわゆる「昔ながらの」ロールプレイングゲーム形態のｅスポーツではなく，これまで以上に多くの現実世界のスポーツを採用していることに多くの人が驚いている。4 OVSは，フィジカルなスポーツの世界と，バーチャルおよびコンピュータ上のスポーツコミュニティを結びつける舞台をつくり出し，一般の人々にもオリンピックムーブメントに参加する機会を与えてくれる。各スポーツは，参加する機会を誰にでも，わかりやすい形で提供してくれる。このシステムにより，世界中の参加者は，自宅や自分のトレーニング施設から競い合うことができるのだ。

問１<語形変化>この文の主語は「初のオリンピック・バーチャルシリーズ」。これが「開催された」のである。'be動詞＋過去分詞' の受け身の文。

問２<整序結合>まず，many people are surprised that というまとまりができる。また，語群に does not と use があり語群の後に but uses …とあるので，that 以下は 'not *A* but *B*'「*A*ではなく*B*」の構文で, does not use ～ but uses …「～ではなく…を使う」という形になると考える。use の主語に this series を置き，残った the normal は最後に置けば the normal, 'traditional' RPG e-sports が use の目的語になる。 Many people are surprised that this series does not use the normal, 'traditional' RPG e-sports, but uses more real-world sports than ever before.

問３<指示語>下線部を含む it gives general people the opportunity to …は 'give＋人＋物'「〈人〉に〈物〉を与える」の形(to以下は形容詞的用法の to不定詞)。一般人にオリンピックムーブメントに参加する機会を与えるのは，フィジカルなスポーツの世界とバーチャルなスポーツコミュニティをつないでくれる OVS である。

問４<単語の意味>facilities は「施設」の意味。この意味がわからなくても，from home or their own training facilities が home「自宅」と並列されていることから '場所' だとわかる。

問５<内容真偽>①…×　第１段落終わりから２文目参照。 licensed「公認の，認可された」 ②…○　第２段落第３文に一致する。　③…×　第３段落前半参照。このような記述はない。 ④…×　第４段落参照。このような記述はない。

問６<英問英答>「この文章によると，IOC は OVS プロジェクトに誰とともに参加したか」―③「実際のゲームメーカー」　第１段落第３文参照。 partner with ～「～と手を結ぶ，～と組む」 actual「実際の」

問７<英問英答>「この文章によると，IOC は OVS で何をすることを望んでいるか」―②「オリンピックを視聴する新しい人々を見つけることを望んでいる」　第２段落終わりから２文目参照。 Olympic audiences「オリンピックの視聴者」

問８<英問英答>「この文章によると，IOC は特に，誰に参加してもらいたがっているか」―①「若い人たち」　第３段落第２文参照。 encourage「～を促進する」 participation「参加」 with a focus on ～「～に焦点を合わせて，～に重きを置いて」

問９<英問英答>「この文章によると，各スポーツは何をするか」―④「より多くの人が参加できるようにしてくれる」　第４段落第２文参照。 offer「～を提供する」 'allow＋人＋to ～'「〈人〉が～することを可能にする」

問10<英問英答―表題選択>「この文章に最も適切なタイトルを選べ」―②「オリンピックにおけるｅスポーツ」　本文には，ｅスポーツのイベントがオリンピック公認となったことで今後期待されることなどが書かれている。

数学解答

1	問１　④	問２　⑤	問３　⑦	**3**	問12　④	問13　③	問14　②
	問４　①	問５　②		**4**	問15　④	問16　⑤	問17　⑤
2	問６　⑦	問７　⑧	問８　①	**5**	問18　⑥		
	問９　⑧	問10　④	問11　⑤		問19，問20　19…⑥　20…⑦		

1〔独立小問集合題〕

問１＜数の計算＞与式$=1-2\times9\div(-2)=1-\left(-\dfrac{2\times9}{2}\right)=1-(-9)=1+9=10$

問２＜式の計算―因数分解＞与式$=3(x^2-2x-15)=3(x-5)(x+3)$

問３＜二次方程式＞解の公式より，$x=\dfrac{-(-1)\pm\sqrt{(-1)^2-4\times5\times(-3)}}{2\times5}=\dfrac{1\pm\sqrt{61}}{10}$である。

問４＜式の計算＞与式$=\{(x-1)(x+3)\}(x+2)+(x^2+2x-3)(x-2)=(x^2+2x-3)(x+2)+(x^2+2x-3)(x-2)$として，$x^2+2x-3=A$とおくと，与式$=A(x+2)+A(x-2)=A(x+2+x-2)=A\times2x=2xA$となる。$A$をもとに戻して，与式$=2x\times(x^2+2x-3)=2x^3+4x^2-6x$である。

問５＜数の計算＞与式$=\dfrac{1\times\sqrt{2}}{\sqrt{2}\times\sqrt{2}}+\sqrt{3^2\times2}-\dfrac{1\times\sqrt{2}}{3\sqrt{2}\times\sqrt{2}}=\dfrac{\sqrt{2}}{2}+3\sqrt{2}-\dfrac{\sqrt{2}}{3\times2}=\dfrac{3\sqrt{2}}{6}+\dfrac{18\sqrt{2}}{6}-\dfrac{\sqrt{2}}{6}=\dfrac{20\sqrt{2}}{6}$
$=\dfrac{10\sqrt{2}}{3}$

2〔独立小問集合題〕

問６＜関数―yの値＞yがxの２乗に比例するから，比例定数をaとして，$y=ax^2$と表せる。$x=2$のとき$y=20$だから，$20=a\times2^2$，$a=5$より，２乗に比例する式は$y=5x^2$となる。よって，$x=-4$のとき，$y=5\times(-4)^2=80$である。

問７＜数の計算＞与式$=a^2-8ab+16b^2-a^2+11ab-16b^2=3ab$として，$a=-4$，$b=2$を代入すると，与式$=3\times(-4)\times2=-24$である。

問８＜確率―さいころ＞大小２個のさいころを同時に投げるとき，目の出方はそれぞれ６通りあるから，全部で$6\times6=36$（通り）ある。目の和は最大で$6+6=12$だから，目の和が３の倍数となるのは，3，6，9，12になるときで，（大，小）＝(1，2)，(1，5)，(2，1)，(2，4)，(3，3)，(3，6)，(4，2)，(4，5)，(5，1)，(5，4)，(6，3)，(6，6)の12通りある。よって，求める確率は$\dfrac{12}{36}=\dfrac{1}{3}$である。

問９＜一次方程式の応用＞B，Cの得点をx点とすると，Aの得点はB，Cの得点の1.5倍であるから，$1.5x$点と表される。３人の得点の平均値が70点なので，合計点について，$1.5x+x+x=70\times3$が成り立つ。これを解くと，$3.5x=210$，$x=60$となるので，Aの得点は$1.5x=1.5\times60=90$（点）である。

問10＜平面図形―角度＞右図１で，$\overset{\frown}{\mathrm{AB}}$に対する円周角より，$\angle\mathrm{PCB}=\angle\mathrm{ADB}=30^\circ$だから，$\triangle\mathrm{PBC}$で内角と外角の関係より，$\angle\mathrm{DPC}=\angle\mathrm{PBC}+\angle\mathrm{PCB}=25^\circ+30^\circ=55^\circ$である。$\triangle\mathrm{DPC}$は$\mathrm{DP}=\mathrm{DC}$の二等辺三角形だから，$\angle\mathrm{DCP}=\angle\mathrm{DPC}=55^\circ$となり，$\angle\mathrm{PDC}=180^\circ-\angle\mathrm{DCP}-\angle\mathrm{DPC}=180^\circ-55^\circ-55^\circ=70^\circ$となる。よって，$\overset{\frown}{\mathrm{BC}}$に対する円周角より，$x=\angle\mathrm{PDC}=70^\circ$である。

図１

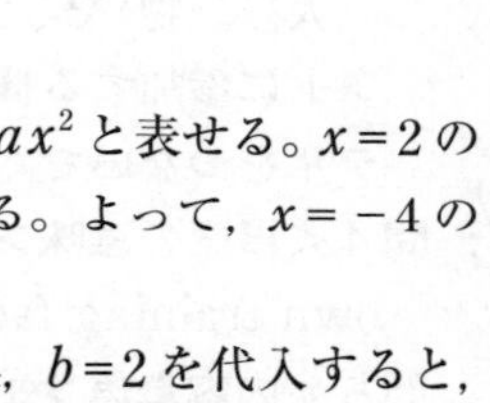

問11＜平面図形―長さ＞次ページの図２のように，点Fを定め，$\mathrm{CE}=x$とする。$\mathrm{AF}=\mathrm{AD}=\mathrm{BC}=13$だから，$\triangle\mathrm{ABF}$で三平方の定理より，$\mathrm{BF}=\sqrt{\mathrm{AF}^2-\mathrm{AB}^2}=\sqrt{13^2-12^2}=\sqrt{25}=5$である。これより，$\mathrm{CF}=\mathrm{BC}-\mathrm{BF}=13-5=8$となる。また，$\mathrm{FE}=\mathrm{DE}=\mathrm{DC}-\mathrm{CE}=12-x$と表せる。よって，$\triangle\mathrm{FCE}$で

三平方の定理より，$CF^2+CE^2=FE^2$ だから，$8^2+x^2=(12-x)^2$ が成り立つ。これを解くと，$64+x^2=144-24x+x^2$，$24x=80$，$x=\frac{10}{3}$ となり，$CE=\frac{10}{3}$ である。

図2

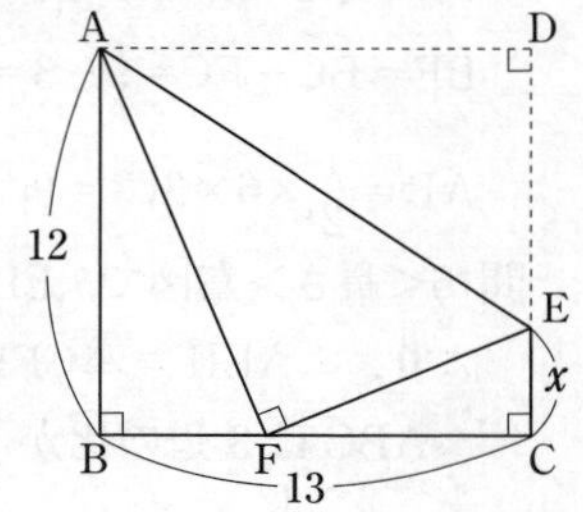

≪別解≫図2で，$\angle ABF=\angle FCE=90°$ である。また，$\triangle ABF$ で，$\angle BAF=180°-90°-\angle AFB=90°-\angle AFB$ であり，$\angle AFE=\angle ADE=90°$ より，$\angle CFE=180°-90°-\angle AFB=90°-\angle AFB$ だから，$\angle BAF=\angle CFE$ となる。よって，$\triangle ABF \backsim \triangle FCE$ だから，$BF:CE=AB:FC$ より，$5:CE=12:8$ が成り立ち，$CE\times12=5\times8$，$CE=\frac{10}{3}$ となる。

3 〔関数―関数 $y=ax^2$ と一次関数のグラフ〕

問12＜切片＞右図1で，2点A，Bは放物線 $y=-\frac{1}{3}x^2$ 上の点で，x 座標がそれぞれ1，3だから，$y=-\frac{1}{3}\times1^2=-\frac{1}{3}$，$y=-\frac{1}{3}\times3^2=-3$ より，$A\left(1,\ -\frac{1}{3}\right)$，$B(3,\ -3)$ である。直線ABの傾きは $\left\{-3-\left(-\frac{1}{3}\right)\right\}\div(3-1)=-\frac{8}{3}\div2=-\frac{4}{3}$ となるので，その式は $y=-\frac{4}{3}x+b$ とおけ，点Bを通るから，$-3=-\frac{4}{3}\times3+b$，$b=1$ となる。よって，直線ABの切片は1である。

図1

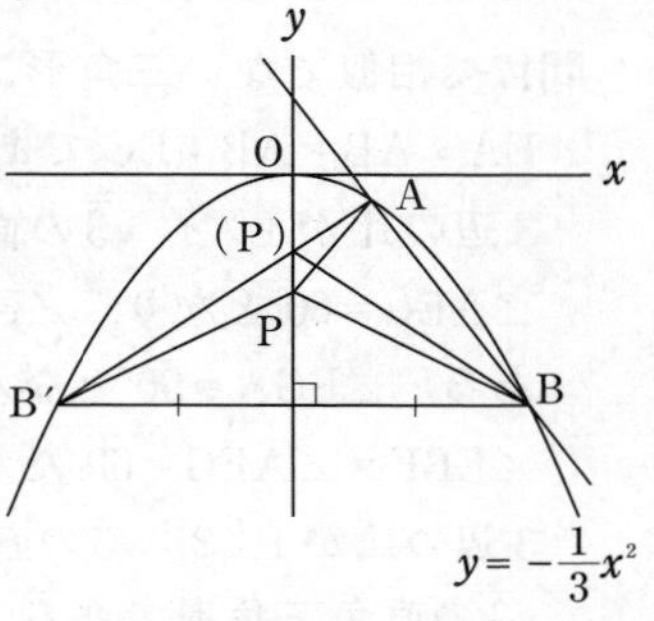

問13＜y 座標＞右上図1で，点Bと y 軸について対称な点をB′とすると，BP＝B′Pとなるから，AP＋BP＝AP＋B′Pとなる。よって，AP＋BPが最小になるとき，AP＋B′Pが最小になる。AP＋B′Pが最小になるのは，3点A，P，B′が一直線上に並ぶときだから，点Pは，直線AB′と y 軸の交点である。問12より，$A\left(1,\ -\frac{1}{3}\right)$ であり，$B(3,\ -3)$ より，$B'(-3,\ -3)$ だから，直線AB′の傾きは $\left\{-\frac{1}{3}-(-3)\right\}\div\{1-(-3)\}=\frac{8}{3}\div4=\frac{2}{3}$ となる。直線AB′の式を $y=\frac{2}{3}x+c$ とおくと，点B′を通るから，$-3=\frac{2}{3}\times(-3)+c$，$c=-1$ となり，切片が -1 なので，点Pの y 座標は -1 となる。

問14＜y 座標＞右図2で，直線ABと y 軸の交点をCとすると，$\triangle PAB:\triangle OAB=1:3$ となる点Pは，点Cより上側と下側に2個考えられるので，y 座標が小さい方は点Cより下側にある点である。問12より，直線ABの切片は1なので，$C(0,\ 1)$ であり，OC＝1となる。OCを底辺と見ると，$\triangle OAC$ の高さは1，$\triangle OBC$ の高さは3だから，$\triangle OAB=\triangle OBC-\triangle OAC=\frac{1}{2}\times1\times3-\frac{1}{2}\times1\times1=1$ となる。よって，$\triangle PAB=\frac{1}{3}\triangle OAB=\frac{1}{3}\times1=\frac{1}{3}$ となる。また，点Pの y 座標を p とすると，$CP=1-p$ と表せる。CPを底辺と見ると，$\triangle PAC$ の高さは1，$\triangle PBC$ の高さは3だから，$\triangle PAB=\triangle PBC-\triangle PAC=\frac{1}{2}\times(1-p)\times3-\frac{1}{2}\times(1-p)\times1=1-p$ となる。したがって，$1-p=\frac{1}{3}$ より，$p=\frac{2}{3}$ となるので，点Pの y 座標は $\frac{2}{3}$ である。

図2

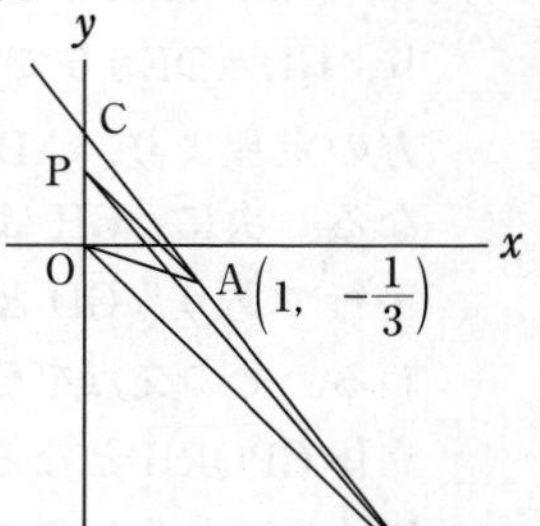

4 〔平面図形―長方形〕

問15＜面積＞次ページの図で，$\angle ABC=90°$，$\angle ACB=30°$ より，$\triangle ABC$ は3辺の比が $1:2:\sqrt{3}$ の直

角三角形だから，$BC=\sqrt{3}AB=\sqrt{3}\times3\sqrt{3}=9$ である。これより，$BF=BC-FC=9-3=6$ である。よって，$\triangle EBF=\dfrac{1}{2}\times BF\times AB=\dfrac{1}{2}\times6\times3\sqrt{3}=9\sqrt{3}$ となる。

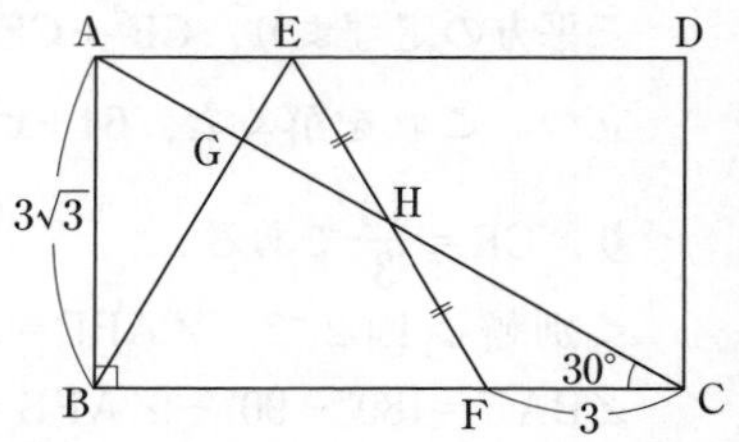

問16＜長さ＞右図で，$EH=FH$，$\angle AHE=\angle CHF$，$\angle AEH=\angle CFH$ より，$\triangle AEH\equiv\triangle CFH$ だから，$AH=CH$，$EA=FC=3$ となる。$\triangle ABC$ は３辺の比が $1:2:\sqrt{3}$ の直角三角形だから，$AC=2AB=2\times3\sqrt{3}=6\sqrt{3}$ となり，$AH=CH=\dfrac{1}{2}AC=\dfrac{1}{2}\times6\sqrt{3}=3\sqrt{3}$ である。また，$\angle AGE=\angle CGB$，$\angle GAE=\angle GCB$ より，$\triangle AGE\backsim\triangle CGB$ である。これより，$AG:CG=EA:BC=3:9=1:3$ となるから，$AG=\dfrac{1}{1+3}AC=\dfrac{1}{4}\times6\sqrt{3}=\dfrac{3\sqrt{3}}{2}$ となる。よって，$GH=AH-AG=3\sqrt{3}-\dfrac{3\sqrt{3}}{2}=\dfrac{3\sqrt{3}}{2}$ である。

問17＜相似でない三角形＞右上図で，$EA:AB=3:3\sqrt{3}=1:\sqrt{3}$，$AB:BC=3\sqrt{3}:9=1:\sqrt{3}$ より，$EA:AB=AB:BC$ であり，$\angle EAB=\angle ABC=90^\circ$ だから，$\triangle EAB\backsim\triangle ABC$ である。$\triangle ABC$ は３辺の比が $1:2:\sqrt{3}$ の直角三角形だから，$\triangle EAB$ も３辺の比が $1:2:\sqrt{3}$ の直角三角形である。$\angle AEG=60^\circ$ となり，$\angle GAE=\angle ACB=30^\circ$ だから，$\triangle EGA$ も３辺の比が $1:2:\sqrt{3}$ の直角三角形である。$\angle EGA=90^\circ$ となるから，$\angle EGH=90^\circ$ である。$EB=2EA=2\times3=6$ より，$EB=BF$ であり，$\angle EBF=\angle AEG=60^\circ$ だから，$\triangle EBF$ は正三角形である。よって，$\angle GEH=60^\circ$ なので，$\triangle EGH$ も３辺の比が $1:2:\sqrt{3}$ の直角三角形となる。$\triangle CDA\equiv\triangle ABC$ なので，$\triangle CDA$ も３辺の比が $1:2:\sqrt{3}$ の直角三角形である。以上より，$\triangle EGH$ と $\triangle EGA$，$\triangle EAB$，$\triangle CDA$，$\triangle ABC$ は相似である。$\triangle EGH$ と相似にならないのは，$\triangle AEH$ と $\triangle CFH$ である。

5 〔空間図形―三角柱〕

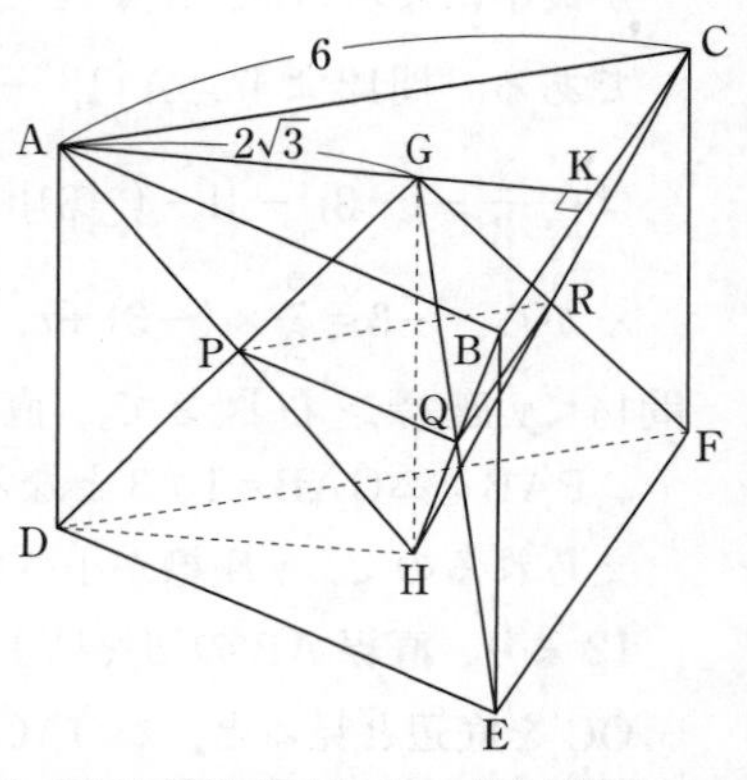

問18＜面積＞右図で，$\triangle ABC$ は正三角形だから，点Ａから辺BCに垂線AKを引くと，$\triangle ABK$ は３辺の比が $1:2:\sqrt{3}$ の直角三角形となる。よって，$AK=\dfrac{\sqrt{3}}{2}AB=\dfrac{\sqrt{3}}{2}\times6=3\sqrt{3}$ となるから，$\triangle ABC=\dfrac{1}{2}\times BC\times AK=\dfrac{1}{2}\times6\times3\sqrt{3}=9\sqrt{3}$ である。

問19，問20＜長さ，体積＞右図で，三角錐G-DEFが正四面体より，$GD=DE=6$ である。$\angle DAG=90^\circ$ だから，$\triangle ADG$ で三平方の定理より，$AD=\sqrt{GD^2-AG^2}=\sqrt{6^2-(2\sqrt{3})^2}=\sqrt{24}=2\sqrt{6}$ となる。次に，GHは底面に垂直であるから，AD，BE，CFと平行であり，GDとAH，GEとBH，GFとCHはそれぞれ交わる。その交点をそれぞれＰ，Ｑ，Ｒとすると，正四面体GDEFと正四面体HABCの共通部分は，立体GPQRHとなる。四角形ADHGは長方形だから，点Ｐは線分GDの中点となり，同様に，点Ｑ，点Ｒもそれぞれ線分GE，線分GFの中点である。これより，四面体GPQRと正四面体GDEFは相似となり，相似比は $GP:GD=1:2$ だから，〔四面体GPQR〕：〔正四面体GDEF〕$=1^3:2^3=1:8$ である。$\triangle DEF=\triangle ABC=9\sqrt{3}$，$AD=2\sqrt{6}$ なので，〔正四面体GDEF〕$=\dfrac{1}{3}\times\triangle DEF\times AD=\dfrac{1}{3}\times9\sqrt{3}\times2\sqrt{6}=18\sqrt{2}$ となり，〔四面体GPQR〕$=\dfrac{1}{8}$〔正四面体GDEF〕$=\dfrac{1}{8}\times18\sqrt{2}=\dfrac{9\sqrt{2}}{4}$ である。同様にして，〔四面体HPQR〕$=\dfrac{9\sqrt{2}}{4}$ となるから，求める立体の体積は，$V=$〔立体GPQRH〕＝〔四面体GPQR〕＋〔四面体HPQR〕$=\dfrac{9\sqrt{2}}{4}+\dfrac{9\sqrt{2}}{4}=\dfrac{9\sqrt{2}}{2}$ となる。

国語解答

一　問一　ア…④　イ…③　ウ…①
問二　ア…②　イ…③　ウ…④
問三　ア…①　イ…⑤　ウ…⑥
問四　ア…②　イ…⑥　ウ…⑧
問五　ア…④　イ…②　ウ…①

二　問一　a…③　b…①　c…②　d…④
e…④
問二　①…②　②…①　③…③　④…③
問三　ア…⑥　イ…⑤　ウ…③　エ…①
問四　①　問五　④　問六　②
問七　①　問八　④　問九　③
問十　③

三　問一　Ⅰ…③　Ⅱ…①　Ⅲ…②　Ⅳ…④
問二　④　問三　②　問四　③
問五　④　問六　①　問七　①
問八　a…④　b…⑦　c…⑧　d…③
問九　④

一〔国語の知識〕

問一＜漢字＞ア.「妬む」は「ねた(む)」と読む。音読みは「嫉妬」などの「ト」。　イ.「頒布」は「ハンプ」と読み，広く配って行きわたらせること。　ウ.「時雨」は「しぐれ」と読み，晩秋から初冬にかけての，降ったりやんだりする小雨のこと。

問二＜ことわざ＞ア.「転ばぬ先の杖」は，前もって用心していれば失敗しない，という意味。　イ.「石の上にも三年」は，つらくてもがまん強く辛抱すれば必ず報われること。　ウ.「長いものには巻かれよ」は，強い者や上位の者には逆らわずに服従する方が得である，という意味。

問三＜慣用句＞ア.「横車を押す」は，理不尽なことを強引にする，という意味。　イ.「発破をかける」は，強い言葉で励ましたり，気合いを入れたりする，という意味。　ウ.「目星をつける」は，だいたいの見込みを立てる，目標にするところを決める，という意味。

問四＜四字熟語＞ア.「一刀両断」は，ためらわずに思い切って，物事を処理したり，決断したりすること。　イ.「五里霧中」は，事情がわからず，どうしたらよいかわからなくなってしまうこと。　ウ.「厚顔無恥」は，厚かましくて恥知らずなこと。

問五．ア＜語句＞「やおら」は，動作がゆっくりしているさま。　イ＜語句＞「おざなり」は，いいかげんに物事をするさま。　ウ＜慣用句＞「琴線に触れる」は，よいものやすばらしいものにふれて深く感じる，という意味。「胸を打つ」は，感嘆する，という意味。

二〔論説文の読解―哲学的分野―哲学〕出典；森博嗣『勉強の価値』。

≪本文の概要≫「勉強」とは何か。「勉強」は，日常的に使う言葉であり，多くの人はそれを，知識を頭に入れることと認識している。しかし，知識を頭に入れただけでは意味がなく，自由に出して利用できることに価値がある。さらに，算数や文法では，知識を自由に応用できる能力も求められる。社会で直面する問題は，より複雑であり，頭の中の知識を答えるだけで解決するものではなく，新たな発想や創造的な思考を求められる。仕事で会得するものは，文章化できないようなノウハウであり，簡単に頭から出すことも人に伝達することも困難なものである。「勉強」とは何かという問題は，広範囲に及ぶ複雑かつ総合的なテーマなのである。無理に言葉にすれば，「勉強」とは，自分を高める行為と抽象的にしか表現できない。「勉強」とは，具体的な成果を求めてするものではなく，自分が何の役に立ちたいのかという，人間の価値に結びつくものなのである。

問一＜漢字＞a.「頻繁」と書く。①は「来賓」，②は「海浜」，③は「頻出」，④は「貧血」。　b.「効率」と書く。①は「時効」，②は「恒久」，③は「復興」，④は「郊外」。　c.「指摘」と書く。

①は「敵情〔状〕」，②は「摘出」，③は「点滴」，④は「快適」。　d.「到達」と書く。①は「追討」，②は「雑踏」，③は「転倒」，④は「殺到」。　e.「報酬」と書く。①は「奉納」，②は「芳醇」，③は「同胞」，④は「果報」。

問二＜語句＞①「様相」は，物事の状態のこと。　②「モチベーション」は，行動を引き起こす動機，また動機を与えること。　③「マニュアル」は，機械などの取り扱い説明書や作業手順をまとめた手引きのこと。　④「俯瞰」は，高い所から広い範囲を見下ろし眺めること。

問三＜接続語＞ア．文法の勉強では，「文法に則った文章を作成する」こと，言い換えると，「文法を自由に応用できる能力」が求められる。　イ．勉強とは，インプットしたデータを「どのようにアウトプットするのか」ということまで含めた「総合的な能力を養うこと」であり，「アウトプット」の例として，学校の発表会が挙げられる。　ウ．「テストで良い点を取ること，入試に合格すること」を勉強の目的にしないと，生徒たちに勉強のモチベーションを持たせるのは難しいだろうが，「『記憶』に偏った勉強ばかりしていると，覚えたことを正確に答えることが人間の能力だと勘違い」することになる。　エ．データの正確な記憶，正確なアウトプットという能力は，「大学の入試」または「各種職業の資格試験」でしか「役に立たない」ものである。

問四＜文章内容＞知識を「頭に入れただけ」では不十分で，知識を状況に応じて自由に出して「利用できることに価値がある」のである。

問五＜文章内容＞算数は，頭に入れた知識を正確に取り出すという科目ではなく，計算方法やものの考え方を習い，問題を解くために習ったことを「応用」できる能力が求められる科目である。

問六＜文章内容＞「テストで良い点を取ること，入試に合格すること」が，多くの子どもたちにとって勉強の主目的となっていることが，現代の教育の最大の問題である。

問七＜文章内容＞社会では，試験とは異なり「もっと複雑な問題解決の能力が要求される」ので，「覚えたことを正確に答えることが人間の能力だと勘違い」していると，適切な対応ができずに，うまくいかなくなる。「当意即妙」は，その場に応じた適切な対応をすること。「付和雷同」は，主義主張を持たず，他人の考えに同調すること。「傍若無人」は，人前であるにもかかわらず，自分勝手な振る舞いをすること。「理路整然」は，文章や話し方の筋がきちんと通っていること。

問八＜文脈＞「コツ」や「技術」と呼ばれる，仕事の核となっているノウハウは，「『知識』にはちがいないのだが，簡単に頭から出せないし，人に伝達することも困難」であり，それは「自転車の乗り方」のように，自転車に乗ることはできても，乗り方を言葉では説明できないのと，同じである。

問九＜文章内容＞勉強とは「自分を高める行為」という表現は「抽象的」である。けれども，勉強して得られる広い視野や，客観的な観察力，予測力，想像力などは，「『高い』位置だからこそ可能になるもの」であり，勉強は「自分を高める行為」という表現は，的確だともいえる。

問十＜要旨＞「覚えたことを思い出せるかを試すため」に，学校では「試験」が行われる(①…○)。覚えたものをそのままアウトプットするだけで問題が解決する例は限られるが，とはいえ，知識が広がることは，その人の「行動の範囲を広げ」て，「成功する確率を高く」する(③…×)。しかし，データの記憶や出力の正確さは「機械」の方が優れており，現代社会では，もはや人間の記憶能力は求められていないため，記憶に偏った勉強では，社会に出てから不具合が出じることになる(②…○)。仕事のノウハウは文章化できないもので，個人が勉強して「個人の中に築かれるもの」である(④…○)。勉強で自身を高めて得た広い視野や観察力などは，自身にとっての満足のいく幸せな人生に結びつく(⑤…○)。

三〔古文の読解―随筆〕出典；兼好法師『徒然草』第十四段。

≪現代語訳≫和歌〈こそ〉は，やはり趣深いものである。身分の低い下賤《げせん》者や木こりなどのすることも，(和歌として)表現すると趣があり，恐ろしいいのししも，(和歌で表すように)「ふす猪の床」と言えば，優雅なものになってしまう。／この頃の和歌は，何か一つ趣深くうまく言い表していると思われるものはあるけれど，古い和歌のように，どうしたわけか，言葉の外に，しみじみと，心の動きを感じられるものはない。(紀)貫之が「糸によるものでもないのに(別れ道は心細く思える)」と歌によんだのは，『古今和歌集』の中のできそこないと言い伝えているけれども，今の時代の人がよみこなせる歌のさまとは思えない。その当時の歌には，(歌の)姿や言葉も，この種のものばかりが多い。この歌に限ってこのように言い立てられた理由が，わからない。『源氏物語』には，「物とはなしに」(として，紀貫之のこの歌を引用して)書いた。新古今和歌集には，「(冬山で葉が)残る松までも峰に寂しく見える」という歌を(できそこないと)言っているのは，本当に，少し散漫になっているようにも思われるだろう。しかしこの歌も，歌合せの衆議の判定のときに，好ましいとの判定があって，後にも特別に感動したと(後鳥羽院が)仰せになったということが，(源)家長の日記に書いてある。／歌の道ばかりは，昔に変わらないということもあるけれども，さあそれはどうだか，今もよみ合う同じ言葉・歌枕も，昔の人のよんだのは，全く同じものではなく，(昔の人の歌は)平易で素直で，(歌の)姿もきれいで，しみじみとした趣も深く感じられる。『梁塵秘抄』の謡曲の言葉も，またしみじみと趣深いものが多いように思われる。昔の人は，ただ，どんなに無造作に言った言葉でも，全てすばらしく聞こえるのであろうか。

問一＜現代語訳＞Ⅰ.「をかしき」は，形容詞「をかし」の連体形で，趣がある，という意味。「なれ」は，断定を表す助動詞「なり」の已然形。　Ⅱ.「おもしろく」は，形容詞「おもしろし」の連用形で，趣がある，という意味。　Ⅲ.「やさしく」は，形容詞「やさし」の連用形で，優美だ，という意味。　Ⅳ.「ことさらに」は，形容動詞「ことさらなり」の連用形で，特別に，という意味。

問二＜古典文法＞係助詞「こそ」を受けて，係り結びの法則により，文末の助動詞「なり」は已然形の「なれ」になっている。

問三＜古文の内容理解＞「いかに」は，どうして，という理由を表す副詞。「ぞ」は，強調を表す係助詞。「や」は，文末を整える助詞。

問四＜文学史＞『土佐日記』は，紀貫之による平安時代成立の日記。『枕草子』は，清少納言による平安時代成立の随筆。『方丈記』は，鴨長明による鎌倉時代成立の随筆。『伊勢物語』は，平安時代成立の歌物語。『平家物語』は，鎌倉時代成立の軍記物語。

問五＜文学史＞『源氏物語』は，紫式部による平安時代成立の物語。

問六＜古文の内容理解＞「仰せ」は，動詞「仰す」の連用形で，「言う」の尊敬語。源家長の日記に書かれていたことから，家長がお仕えしていた後鳥羽院が，「残る松さへ」の歌を，特別によかったとおっしゃったということである。「仰せ」は，後鳥羽院に対する敬語である。

問七＜古典の知識＞歌枕は，繰り返し和歌によまれて，特定のイメージを持つようになった言葉や名所のこと。

問八＜古典文法＞a.「なり」は，動詞「なる」の連用形。　b.「同じ」は，形容詞「同じ」の連体形。　c.「きよげに」は，形容動詞「きよげなり」の連用形。　d.「ことぐさ」は，名詞。

問九＜古文の内容理解＞歌の道は，今も昔も変わらないといっても，同じ言葉でも，昔の歌の方が，すっきりと美しく，趣深く思えるのだが，それは，昔の人が言ったことは，言い捨てたような言葉であっても，趣深く思えるだけなのか，と作者は感想をまとめている。

2022年度 山村学園高等学校（第３回）

【英　語】（50分）〈満点：100点〉

1 次の対話文の受け答えとして，[1] ～ [5] に入る最も適当なものをそれぞれ一つずつ選び，その番号をマークしなさい。

［マークシート解答番号 [1] ～ [5] ］

問１　A ： Should we take a taxi or train to the city hall?

B ： [1] The road must be busy during rush hour.

① We will be able to get there.
② No, we don't have to take a bus.
③ Yes, we should walk to the city hall.
④ Let's take a train.

問２　A ： What a fantastic performance it was last night! Thank you for inviting me.

B ： You're welcome. [2]

① I'm afraid you cannot enjoy it.
② You performed very well.
③ I'm happy you enjoyed it.
④ I hope you'll enjoy it.

問３　A ： Would you like some more cake?

B ： [3] I've got enough.

① No, thanks.
② A big piece, please.
③ Yes, please.
④ That would be great, thanks.

問４　A ： What are you doing?

B ： [4] It'll be ready soon.

① I'm preparing breakfast.
② Yes, of course.
③ I was playing a video game.
④ You're doing your homework, aren't you?

問５　A ： Hello. This is Nancy Osmond speaking. May I speak to Steve, please?

B ： [5] Would you like to leave a message?

① I'm afraid you have the wrong number.
② No, this is Steve.
③ I'm afraid he is out now.
④ He is here now.

2　次の [6] ～ [15] に当てはまる最も適当なものをそれぞれ一つずつ選び，その番号をマークしなさい。

［マークシート解答番号 [6] ～ [15] ］

問１　You [6] tell your mother about it.

① had not better　　② had better not
③ not had better　　④ didn't have better

問２　The baby [7] when I met him.

① looked like happy　　② looked at happy
③ looked like happily　　④ looked happy

問３　My brother can run [8] you.

① as fast as　　② more fast than

③ not as fast as　　④ the fastest in

問４　[9] did the letter say?

① Who　　② How

③ What　　④ Whose

問５　Please call me when she [10] home tomorrow.

① comes　　② came

③ will come　　④ come

問６　They [11] each other for twenty years.

① knows　　② have known

③ are knowing　　④ are known

問７　They were surprised [12] .

① her to hear from　　② to hearing from her

③ hear from her　　④ to hear from her

問８　Do you know the girl [13] a big hat?

① wear　　② wearing

③ worn　　④ to wearing

問 9　Look at the man and his dog [14] are running over there.

① that　② who

③ whom　④ which

問 10　Let's go on a picnic, [15] ?

① shall we　② will you

③ please　④ don't we

3　次の各組の英文がほぼ同じ内容を表すように，[16] ～ [20] に当てはまる最も適当なものをそれぞれ一つずつ選び，その番号をマークしなさい。
［マークシート解答番号 [16] ～ [20] ］

問 1
That box is heavier than this one.
This box is [16] that one.

① not so heavy as

② not lighter than

③ as heavy as

④ not so light as

問 2
We had much snow last night.
[17] last night.

① It was snow much

② It snowed a lot

③ It was snowed a lot

④ It snows much

問３ My sister went to Korea and is not here.
My sister [18] Korea.

① has been to
② has not been to
③ has gone to
④ has not gone to

問４ I am very busy today, so I cannot do my homework.
I have [19] my homework today.

① any time to do
② to do any time
③ to do no time
④ no time to do

問５ I want you to open the window.
[20] the window?

① Would you mind to open
② Would you mind opening
③ May I open
④ Do I have to open

4 次の日本文の意味を表すように，それぞれ下の語(句)を並べ替えて空所を補い，英文を完成させなさい。解答は [21] ～ [30] に入れるものの番号のみをマークしなさい。ただし，文頭に来る語(句)も小文字にしてあります。

［マークシート解答番号 [21] ～ [30] ］

問１　ピーターは登校中に高齢の女性を助けるほど優しかった。

_____ _____ [21] _____ _____ _____ _____ [22] _____ his way to school.

① enough　② help　③ woman　④ Peter　⑤ kind

⑥ was　⑦ an elderly　⑧ on　⑨ to

問２　村の誰もがアリスが非常に素晴らしい人間だと考えている。

Everyone [23] _____ _____ _____ _____ [24] _____ _____ _____ person.

① in　② very　③ a　④ wonderful　⑤ is

⑥ thinks　⑦ village　⑧ Alice　⑨ the

問３　他人の前で間違えることを恐れる必要はない。

You _____ _____ _____ [25] _____ _____ [26] _____ _____ front of others.

① to　② have　③ of　④ mistakes　⑤ don't

⑥ afraid　⑦ in　⑧ making　⑨ be

問4　私たちが友人になって10年あまりになる。

[27] ＿＿＿＿ ＿＿＿＿ ＿＿＿＿ ＿＿＿＿ ＿＿＿＿ [28] ＿＿＿＿ ＿＿＿＿ friends.

① ten　② we　③ since　④ about　⑤ it

⑥ years　⑦ been　⑧ became　⑨ has

問5　その質問はとても難しいので弟には答えられない。

The ＿＿＿＿ ＿＿＿＿ [29] ＿＿＿＿ ＿＿＿＿ ＿＿＿＿ ＿＿＿＿ ＿＿＿＿ [30] answer.

① to　② difficult　③ brother　④ my　⑤ is

⑥ for　⑦ question　⑧ younger　⑨ too

5　次の英文を読み，話の流れに合うように [31] ～ [35] に入れるのに最も適当なものをそれぞれ一つずつ選び，その番号をマークしなさい。

［マークシート解答番号 [31] ～ [35] ］

Ann : Mary, you are always looking at your smartphone recently. What are you doing?

Mary : Social media sites! Do you use them?

Ann : I have an account on Facebook, but I haven't logged in for a long time.

Mary : [31] Making friends online is fun. I often chat with my friends on it. I have many friends around the world now.

Ann : I don't do that because I think [32] You will be known if you use your real name or upload pictures. Recently more and more people have had trouble because of social media.

Mary : That's right. But on social media sites, we can get much information and news in real time, too. It's important to know what is happening all over the world.

Ann : So, you want to say [33]

Mary : Exactly.

Ann : I see. But there is much false information. Is the information on social media true or false? How can we know?

Mary : That's a skill we need to learn, and it is called "media literacy."

Ann : [34]

Mary : Today we live in an information society. I think we will keep using the Internet and social media in the future as well. So, we have to learn how to make good use of them.

Ann : I understand what you say. But today many people spend too much time using them. Especially students tend to spend a longer time using their smartphone than studying. It is not good for our health, either.

Mary : That's a big problem. When I study, for 2 or 3 hours, I always ask my mother to keep my smartphone. So, [35]

Ann : That's a good idea!

Mary : Using a smartphone, especially social media services, has both good points and bad points. If we use a smartphone properly, it makes our lives richer and more comfortable.

Ann : I agree. I'll think about how I use my smartphone!

問１ [31]

① Me either.

② Why don't you use it?

③ What is Facebook?

④ I don't know how to sign in.

問２ [32]

① it sounds a little dangerous.

② your friends are kind.

③ making a lot of friends is important.

④ social media is always safe.

問３ [33]

① making friends is not everything.

② we should read newspapers.

③ it is useless to get information as soon as possible.

④ we don't need to know the world's situation.

問4　34

① Who taught you that?

② When did you learn that?

③ Do you have good writing skills?

④ Why do you think that is important?

問5　35

① I don't want to study.

② I can study hard.

③ my mother teaches me math.

④ I often send a message to my friend.

6 次の英文を読み，以下の設問に答えなさい。

［マークシート解答番号 36 ～ 45 ］

Becoming a millionaire is not easy. If it was easy, everyone would do it. There is no way to 'get rich quick.' Success with money takes time, ideas, and never ending effort. It is believed that gambling is not the answer either. To help you here are some 'Millionaire Habits' that will maybe help you to become as rich as you want to be. Some of these habits are new, good habits and some of them might be old bad habits you have.

We all have the same amount of time in one day. One day is 86,400 seconds, 1,440 minutes, 24 hours. It is the same for everybody. It is important to use your time well. Rich people often get up early. They check the news, and plan the day. They exercise, eat well and read about new things. They work hard and work smart and still have time for their family. Making good use of their time is the most common habit of successful millionaires.

Some people say, "Rich people have small televisions and big libraries, but poor people are the opposite." This does not mean that some people have more money to buy books. Of course sometimes TV is a good thing. We can often watch the news on TV, but we must not let [36] it take over our time. We must learn more from books, the people around us, our heroes, and the real world.

We have to stay physically healthy too. We only have one body. Time is important, so we must not use our time being sick, or going to the hospital. We must do our best to be 100% healthy every day. This means that we must be careful about our daily diet too, so the common theme seems to be eating well, sleeping well, and studying well.

However, [37] [[1] most [2] become [3] important [4] the [5] thing [6] must [7] to [8] you [9] remember] rich is understanding people. Learn about the millionaires who have lived before you. Find a person you admire and follow the things they did. Ask questions. Read books. [38] Take chances. Becoming super rich takes some risk to get started. You do not need to understand everything. But you need to study and ask questions to discover new things.

There are many different ways to become a millionaire. Everyone is different and everyone has their own method, though everyone seems to agree on one fact. Nine [39] out of ten, becoming rich does not just mean 'working hard.' Use your head to discover your own success.

問１　下線部 [36] が指すものとして最も適当なものを一つ選び，その番号をマークしなさい。

① the news　② TV　③ books　④ money

問２　下線部 [37] の［　］の語を以下の日本文に合うように正しい語順に並べ替えるとき，５番目と８番目に来る語の組み合わせとして最も適当なものを選び，その番号をマークしなさい。

「お金持ちになるために，あなたが覚えておかなければならない最も重要なことは」

① [7]－[6]

② [9]－[7]

③ [2]－[3]

④ [8]－[7]

問３　下線部 [38] の日本語の意味として，最も適当なものを一つ選び，その番号をマークしなさい。

① 思い切ってやってみなさい。

② 成功しなさい。

③ 好機をみつけなさい。

④ 運にまかせなさい。

問４　[39] に入る最も適当なものを一つ選び，その番号をマークしなさい。

① parts　② times　③ kinds　④ points

問５　本文の内容と一致するものを一つ選び，その番号をマークしなさい。

40

① ギャンブルも億万長者になる方法の一つである。

② 億万長者になりたいなら，目の前にいる人について学ばなければならない。

③ 億万長者になるためには，頭を使って一生懸命働くべきだ。

④ 億万長者になるために，健康でなければならない。

以下の設問の答えとして，最も適当なものをそれぞれ一つずつ選び，その番号をマークしなさい。

問６　According to the passage, which of the following is true?

41

① It’s easy to become rich.

② Working hard is the best way to become rich.

③ Becoming rich depends on how much work you do.

④ There are good habits and bad habits to become rich.

問７　According to the passage, what is the most common habit of successful millionaires?

42

① Checking the news.

② Exercising often.

③ Enjoying life with their family.

④ Using their time well.

問 8　According to the passage, what does “poor people are the opposite” mean?

43

① Poor people read more than they watch TV.

② Poor people watch TV more than they read.

③ Poor people don’t go to the library.

④ Poor people watch too much TV.

問 9　In paragraph 4, what does ‘diet’ mean?

44

① All the things we eat every day.

② All the things we should not eat every day.

③ Good food that is healthy for us.

④ Bad food that is unhealthy for us.

問 10　Choose the BEST title for this passage.

45

① Bad Habits of Rich People.

② Good Habits of Poor People.

③ Poor Habits That Make You Rich.

④ Rich Habits Make Rich People.

【数　学】 (50分) 〈満点：100点〉

〈注意〉 分度器，定規，コンパス等は使用禁止です。

1 次の $\boxed{1}$ から $\boxed{5}$ に適するものをそれぞれの解答群の中から選びなさい。

問１　$-4^2-2\div(-3)=\boxed{1}$

$\boxed{1}$ の解答群

① $\dfrac{14}{3}$　② $-\dfrac{14}{3}$　③ 6　④ -6　⑤ $\dfrac{46}{3}$　⑥ $-\dfrac{46}{3}$　⑦ $\dfrac{50}{3}$　⑧ $-\dfrac{50}{3}$

問２　$6a^3b\div2b\times(-4ab)=\boxed{2}$

$\boxed{2}$ の解答群

① $\dfrac{3a}{4b}$　② $-\dfrac{3a}{4b}$　③ $12a^4b$　④ $-12a^4b$

⑤ $\dfrac{3a^4b}{4}$　⑥ $-\dfrac{3a^4b}{4}$　⑦ $48a^4b^2$　⑧ $-48a^4b^2$

問３　$5\sqrt{2}-\sqrt{32}+\dfrac{\sqrt{27}}{\sqrt{6}}=\boxed{3}$

$\boxed{3}$ の解答群

① $-8\sqrt{3}$　② $-11+3\sqrt{3}$　③ $8-4\sqrt{2}$　④ $40+\dfrac{3\sqrt{2}}{2}$

⑤ $\dfrac{5\sqrt{2}}{2}$　⑥ $\dfrac{83\sqrt{2}}{2}$　⑦ $4\sqrt{2}$　⑧ $5\sqrt{2}$

問４　$2xy+4x+y+2$ を因数分解すると $\boxed{4}$ である。

$\boxed{4}$ の解答群

① $2(x+1)(y+1)$　② $2(x+2)(y+1)$　③ $(x+1)(2y+1)$　④ $(2x+1)(y+1)$

⑤ $2(x+1)(y+2)$　⑥ $2(x+2)(y+2)$　⑦ $(x+2)(2y+1)$　⑧ $(2x+1)(y+2)$

問５　2次方程式 $3x^2-5x-1=0$ の解は$x=\boxed{5}$ である。

$\boxed{5}$ の解答群

① $\dfrac{5\pm\sqrt{37}}{6}$　② $\dfrac{-5\pm\sqrt{37}}{6}$　③ $\dfrac{5\pm\sqrt{37}}{3}$　④ $\dfrac{-5\pm\sqrt{37}}{3}$

⑤ $\dfrac{5\pm2\sqrt{7}}{6}$　⑥ $\dfrac{-5\pm2\sqrt{7}}{6}$　⑦ $\dfrac{5\pm2\sqrt{7}}{3}$　⑧ $\dfrac{-5\pm2\sqrt{7}}{3}$

2 次の [6] から [11] に適するものをそれぞれの解答群の中から選びなさい。

問６　山村君はある本を１日目に全体の $\frac{3}{10}$ を読み，２日目にその残りの $\frac{3}{5}$ を読み，さらに３日目にその残りの $\frac{1}{4}$ を読んだところ，42ページ残った。このとき，本の総ページ数は [6] ページである。

[6] の解答群

① 760　② 680　③ 600　④ 520　⑤ 440　⑥ 360　⑦ 280　⑧ 200

問７　$\frac{12}{5}$ と $\frac{9}{16}$ のどちらにかけても，それぞれの積が正の整数となる分数のうち，最も小さい値は [7] である。

[7] の解答群

① $\frac{80}{3}$　② $\frac{160}{3}$　③ $\frac{80}{9}$　④ $\frac{160}{9}$　⑤ $\frac{27}{20}$　⑥ $\frac{20}{27}$　⑦ $\frac{40}{27}$　⑧ $\frac{27}{40}$

問８　右の図において，Oは円の中心であり，OA//BCであるとき，x= [8] °である。

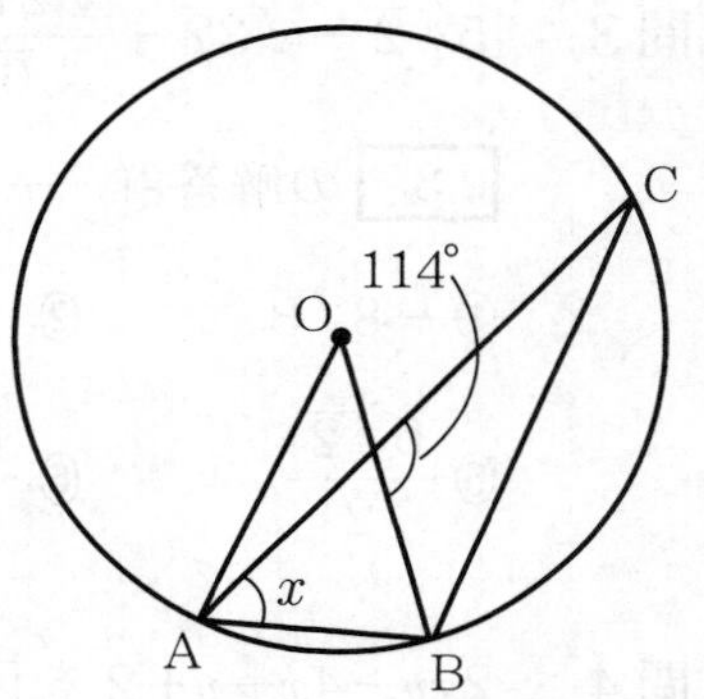

[8] の解答群

① 36　② 38　③ 40　④ 42
⑤ 44　⑥ 46　⑦ 48　⑧ 50

問９　右の図において，AD//BCとなる台形があり，円周上の点PはCDと接している。このとき，斜線部分の面積は [9] である。

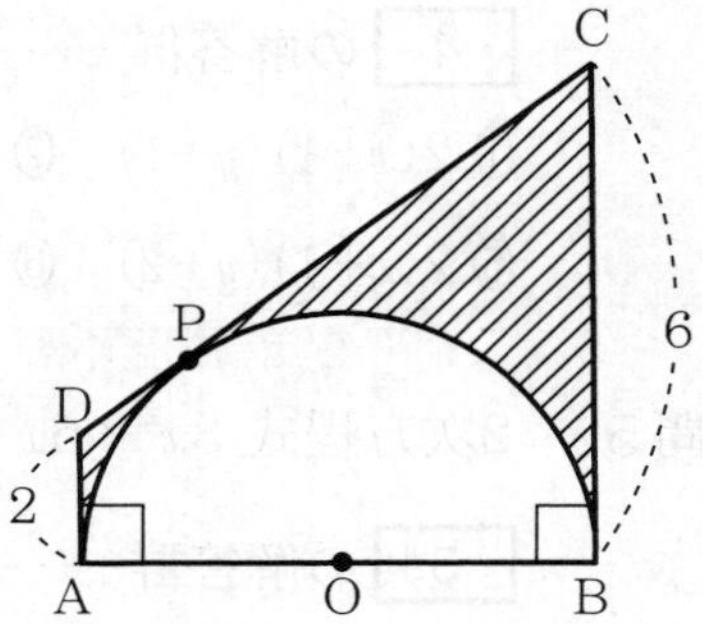

[9] の解答群

① $24\sqrt{3}-6\pi$　② $24\sqrt{2}-6\pi$　③ $24\sqrt{3}-3\pi$　④ $24\sqrt{2}-3\pi$
⑤ $16\sqrt{3}-6\pi$　⑥ $16\sqrt{2}-6\pi$　⑦ $16\sqrt{3}-3\pi$　⑧ $16\sqrt{2}-3\pi$

問 10　赤玉が２個，白玉が３個の合計５個の玉が入った袋から同時に玉を２個取り出すとき，２個とも同じ色である確率は［10］である。

［10］の解答群

①$\frac{1}{5}$　②$\frac{2}{5}$　③$\frac{3}{5}$　④$\frac{1}{10}$　⑤$\frac{3}{10}$　⑥$\frac{1}{20}$　⑦$\frac{3}{20}$　⑧$\frac{7}{20}$

問 11　x, yが連立方程式$\begin{cases}\sqrt{3}\,x-\sqrt{2}\,y=1\\ \sqrt{2}\,x+\sqrt{3}\,y=1\end{cases}$を満たすとき，$x+y=$［11］である。

［11］の解答群

①$\sqrt{2}$　②$\frac{\sqrt{2}}{5}$　③$\frac{2\sqrt{2}}{5}$　④$\frac{2\sqrt{2}}{15}$　⑤$\sqrt{3}$　⑥$\frac{\sqrt{3}}{5}$　⑦$\frac{2\sqrt{3}}{5}$　⑧$\frac{2\sqrt{3}}{15}$

3 右の図のように AB＝7, AC＝8, BC＝5 である △ABC がある。弦 AC と弦 BD が点 E で垂直に交わるとき，次の [12] から [14] に適するものをそれぞれの解答群の中から選びなさい。

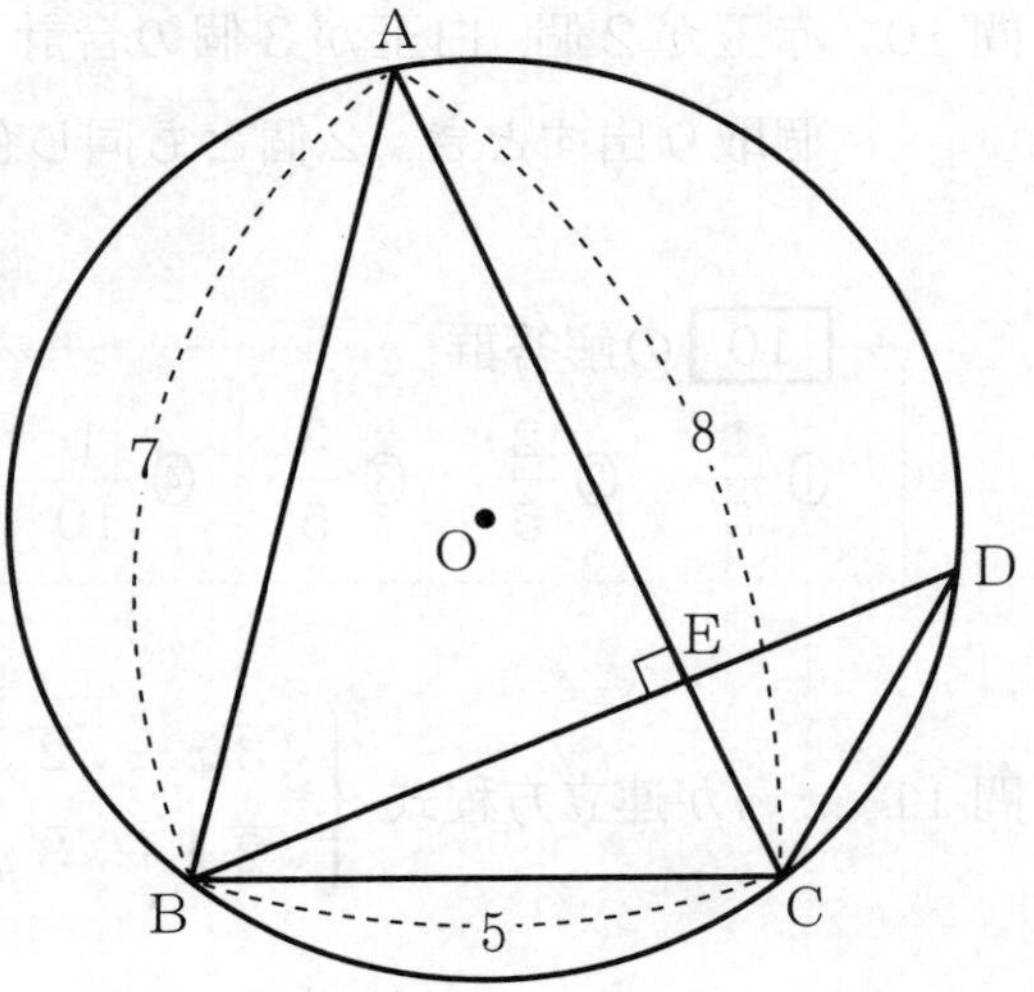

問12　CE＝ [12] である。

[12] の解答群

① 3　② $\frac{5}{2}$　③ $\frac{8}{3}$　④ $\frac{10}{3}$　⑤ $\frac{11}{3}$　⑥ $\frac{9}{4}$　⑦ $\frac{11}{4}$　⑧ $\frac{13}{4}$

問13　CD＝ [13] である。

[13] の解答群

① $\frac{5\sqrt{2}}{2}$　② $\frac{7\sqrt{2}}{2}$　③ $\frac{9\sqrt{2}}{2}$　④ $\frac{11\sqrt{2}}{2}$

⑤ $\frac{5\sqrt{3}}{3}$　⑥ $\frac{7\sqrt{3}}{3}$　⑦ $\frac{11\sqrt{3}}{3}$　⑧ $\frac{13\sqrt{3}}{3}$

問14　BD＝ [14] である。

[14] の解答群

① $\frac{9\sqrt{2}}{2}$　② $\frac{11\sqrt{2}}{2}$　③ $\frac{13\sqrt{3}}{3}$　④ $\frac{16\sqrt{3}}{3}$

⑤ $\frac{17\sqrt{2}}{4}$　⑥ $\frac{21\sqrt{2}}{4}$　⑦ $\frac{25\sqrt{6}}{6}$　⑧ $\frac{31\sqrt{6}}{6}$

4 右の図のように，放物線 $y=x^2$ と直線 $y=mx+4$ が２点Ａ，Ｂで交わっている。ただし，$m>0$ とする。この直線と x軸，y軸との交点をそれぞれＣ，Ｄとするとき，次の [15] から [17] に適するものをそれぞれの解答群の中から選びなさい。

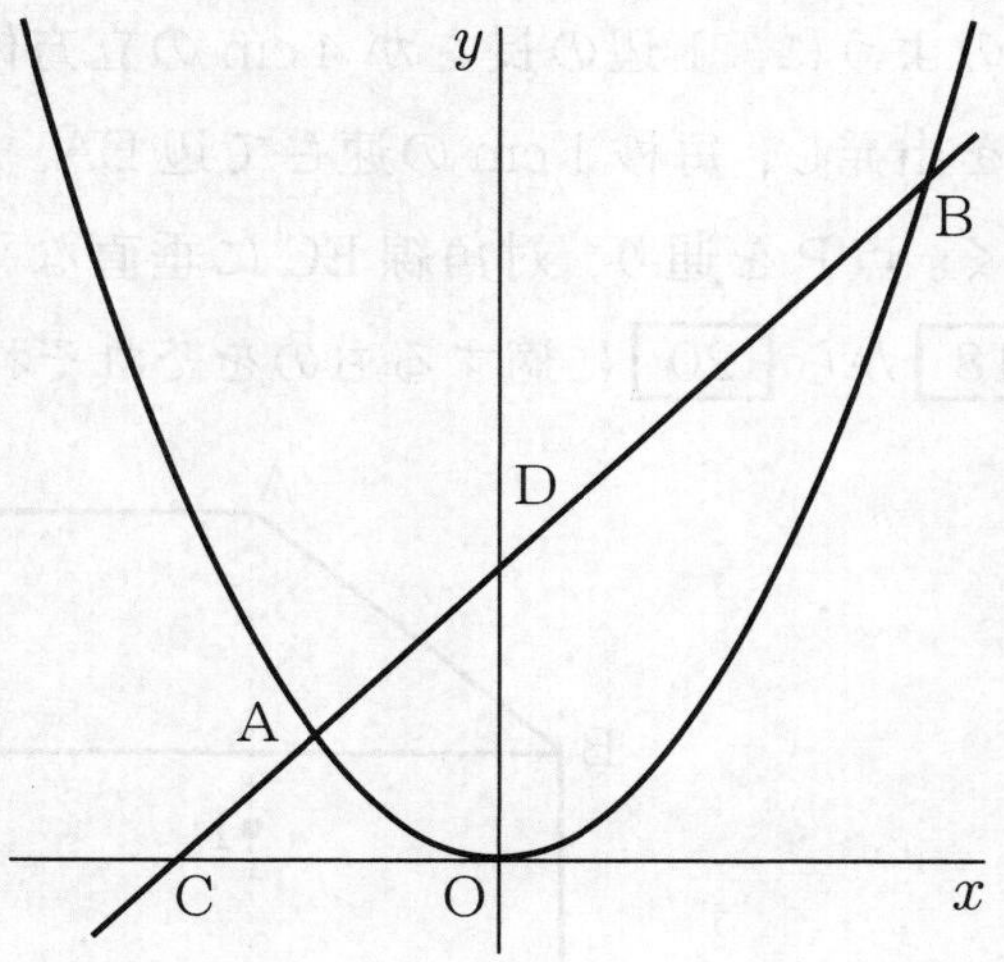

問15　△OCD の面積が16であるとき，$m=$ [15] である。

[15] の解答群

① 1　② 2　③ $\dfrac{1}{2}$　④ $\dfrac{3}{2}$　⑤ $\dfrac{1}{3}$　⑥ $\dfrac{2}{3}$　⑦ $\dfrac{4}{3}$　⑧ $\dfrac{5}{3}$

問16　問17

AD：DB＝1：2 のとき，$m=$ [16] である。また，△OAB を x軸を軸にして，１回転させてできる立体の体積を V とすると $V=$ [17] である。

[16] の解答群

① 2　② 3　③ $\dfrac{1}{2}$　④ $\dfrac{3}{2}$　⑤ $\dfrac{1}{4}$　⑥ $\dfrac{3}{4}$　⑦ $\sqrt{2}$　⑧ $2\sqrt{2}$

[17] の解答群

① 40π　② 42π　③ $\dfrac{230}{3}\pi$　④ $\dfrac{256}{3}\pi$

⑤ $30\sqrt{2}\,\pi$　⑥ $30\sqrt{3}\,\pi$　⑦ $40\sqrt{2}\,\pi$　⑧ $40\sqrt{3}\,\pi$

5　図のように，１辺の長さが４cm の立方体 ABCD－EFGH がある。点Ｐは頂点Ｅを出発し，毎秒１cm の速さで辺 EA，AB 上をＥ→Ａ→Ｂの順に頂点Ｂまで動く。点Ｐを通り，対角線 EC に垂直な平面でこの立方体を切ったとき，次の 18 から 20 に適するものをそれぞれの解答群の中から選びなさい。

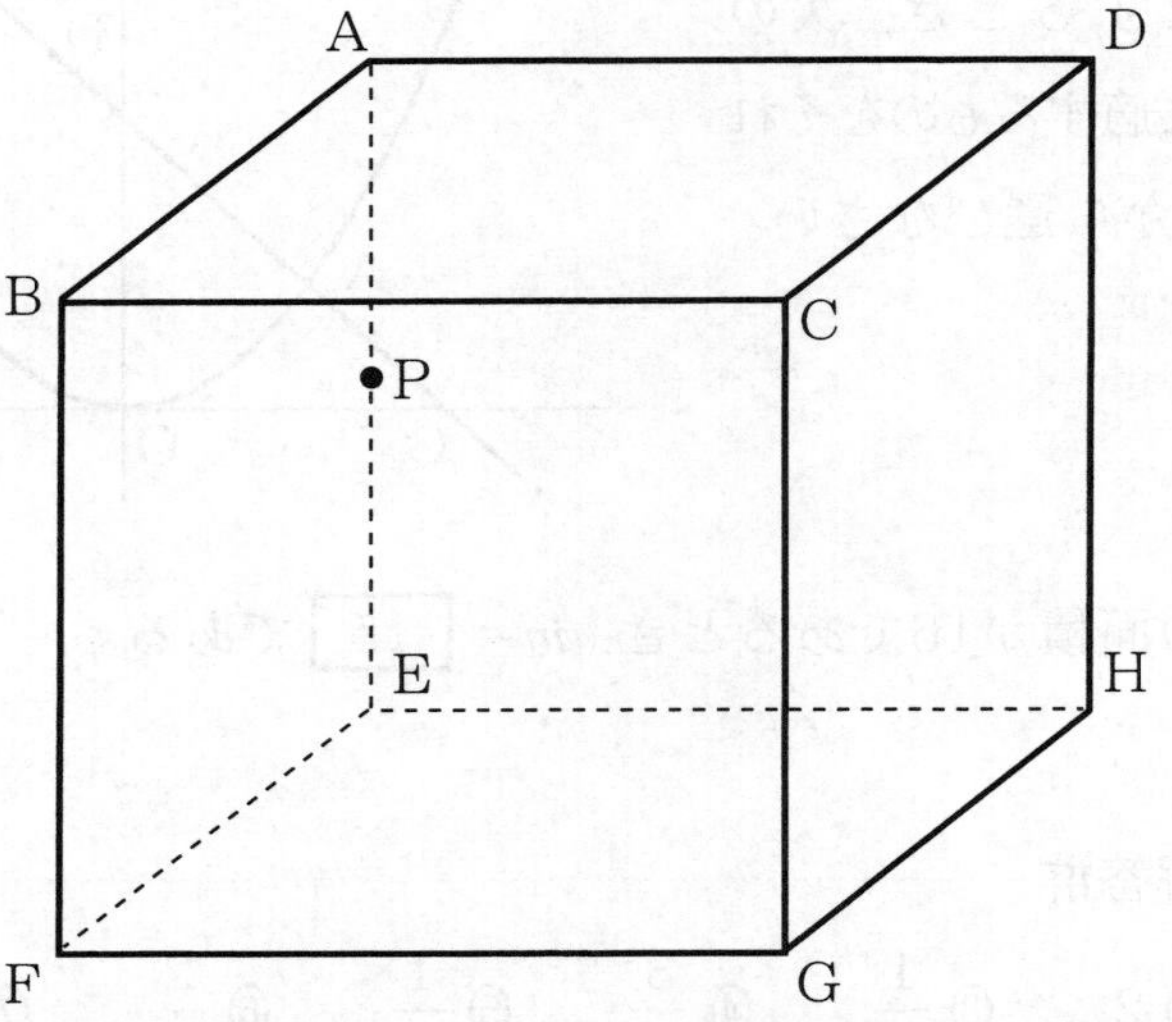

問18　２秒後の切り口の図形を（ア），６秒後の切り口の図形を（イ）としたとき，（ア）と（イ）の組み合わせとして正しいものは 18 である。

18 の解答群

①（ア）正三角形，（イ）正六角形　②（ア）正三角形，（イ）五角形

③（ア）正三角形，（イ）ひし形　④（ア）三角形，（イ）正六角形

⑤（ア）三角形，（イ）五角形　⑥（ア）二等辺三角形，（イ）ひし形

問19　６秒後の切り口の面積は 19 cm^{2}である。

19 の解答群

① 8　② $6\sqrt{3}$　③ 12　④ $10\sqrt{3}$　⑤ $12\sqrt{2}$　⑥ $12\sqrt{3}$　⑦ $24\sqrt{2}$　⑧ $24\sqrt{3}$

問20　５秒後の切り口の面積は 20 cm^{2}である。

20 の解答群

① 11　② 12　③ $11\sqrt{2}$　④ $11\sqrt{3}$　⑤ $12\sqrt{2}$　⑥ $12\sqrt{3}$　⑦ 22　⑧ 24

③　入道殿は孝道の素早い対応に感嘆してほめちぎった

④　入道殿のおしかりは身分の高い人らしいものであった

問七　傍線ａ・ｂ・ｃの品詞名をそれぞれ次の中から選びなさい。
解答番号はａが 47 、ｂが 48 、ｃが 49 。

①　助動詞　②　動詞　③　名詞　④　接続詞

⑤　感動詞　⑥　副詞　⑦　助詞　⑧　形容詞

問八　この文章の出典は鎌倉時代の説話「古今著聞集」であるが、同じ説話に属する作品を次の中から選びなさい。解答番号は 50 。

①　万葉集　②　今昔物語集　③　方丈記　④　平家物語

問三　傍線A・B・Cの主語は誰か、最も適当なものを次の中から選びなさい。
解答番号はAは 41 、Bは 42 、Cは 43 。

①　入道殿　②　孝道朝臣　③　別当なりける侍　④　作者

問四　傍線Xについて、麦飯や鰯を用意させたのはなぜか、最も適当なものを次の中から選びなさい。
解答番号は 44 。

①　きっといやだと思うに違いないと思ったから
②　身体に悪い料理に違いないだろうと思ったから
③　料理を見て相手は緊張するだろうと思ったから
④　相手の好きな料理であることを知っていたから

問五　傍線Y「さる物」の指すものは何か。最も適当なものを次の中から選びなさい。解答番号は 45 。

①　麦飯や鰯　②　拝み　③　御勘当　④　御遠行

問六　本文の内容と一致しないものを次の中から選びなさい。解答番号は 46 。

①　孝道は入道殿のお仕えせよという命令に背いてしまった
②　孝道は三千三百三十三度の礼拝を簡単にやり遂げた

※別当……………長官
※あはせ…………飯に添えるもの
※法師……………妙音院入道をさす
※上臈しかり……いかにも身分の高い人らしい

問一　傍線Ⅰ・Ⅱ・Ⅲ・Ⅳの口語訳として最も適当なものをそれぞれ次の中から選びなさい。
解答番号は 36 ～ 39 。

Ⅰ　終日　36
① 最終日
② 一日中
③ 深夜に
④ 夕方頃

Ⅱ　こうじて　37
① 歩いて
② 回って
③ 続けて
④ 疲れて

Ⅲ　死なばや　38
① 死にたい
② 死なない
③ 死ぬのだ
④ 死ねない

Ⅳ　さなくては　39
① それほどでもないのは
② そんな物がないときには
③ そうでなかったならば
④ さほど泣く様子もなくて

問二　[　　] に入る語として最も適当なものを次の中から選びなさい。解答番号は 40 。

① と　② こそ　③ か　④ は

三　次の文章を読んで、後の問いに答えなさい。

※妙音院入道殿、仰せらるべき[a]事ありて、※孝道朝臣の若かりける時、けふたがはで※祇候《しこう》すべき由、仰せふくめられたりけるに、孝道仰せを承りながら失せにけり。[Ⅰ]終日あそびありきて、ゆふべに[A]帰参したりければ、入道殿おほきにいからせ給ひて、※御勘発のあまりに、※贄殿《にへどの》の別当なりける侍を召して、[X]麦飯に※鰯《いわし》あはせにて、ただいま調進すべき由仰せられければ、則ち[B]参らせたりけるを、孝道に食はせられけり。日ぐらしあそび[Ⅱ]こうじて、物のほしかりける時にて、[b]かひがひしく皆食ひてけり。その時いよいよしかり給ひて、「三千三百三十三度の拝みせよ。」と仰せられければ、孝道もとよりすくよかなるものにて侍るうへに、ただいま物よく食ひて、力もありておぼえけ[c]るままに、いとやすやすとしはてにけり。その時入道殿かしらかきをせさせ給ひて、「やすからぬものかな。※法師は[Ⅲ]死なばや。」と仰せられたりける。※上臈しかりける御勘当なりかし。この飯菜をうとましき事におぼしめしとりたる事は、御遠行の時、しろしめしたりけるとかや。[Ⅳ]さなくては、まことにいかで［　　］、[Y]さる物ありとも[C]しろしめすべき。

※妙音院入道……藤原師長　平安時代後期の公卿
※孝道朝臣………藤原孝道
※祇候す…………お仕えする
※御勘発…………過失を責めること
※贄殿……………貴人の家で食物を収納したり調理したりする所

問十四　傍線9「本質的な論点」の説明として最も適当なものを次の中から選びなさい。解答番号は 34 。

①　フランス人宣教師とカクレキリシタンに共通性があるということ

②　ヨーロッパの文明観で世界遺産が決められているということ

③　複数の世界遺産を並行して推薦することに問題点があるということ

④　キリスト教とその他の宗教との関係性が整理されていないということ

問十五　本文における筆者の考えとして最も適当なものを次の中から選びなさい。解答番号は 35 。

①　過疎集落の振興に重要だと考えられる世界遺産登録にあたり地域が抱える問題について明らかにしなければならないが、現在の状況を調査するだけでは意味がない

②　作られた時代や設計者によって建築物の価値が規定されることを不満に思うものの、ヨーロッパの権威の前では地元の人々の思いは優先されるべきではない

③　金を投入してまでイコモスの意向に沿うことには疑いの目を向けつつも、多くの世界遺産を登録することで日本人の愛国心を回復しようとする政策は肯定できる

④　潜伏キリシタン関係の世界遺産登録には多くの疑問点が残るものの、観光産業によって地域を活性化させて過疎化を解消しようとする考えも理解できる

① フランス人宣教師が潜伏キリシタンを帰依させる運動を行ったため、「カクレ」の信仰が失われたこと

② フランス人宣教師が正統派カトリック以外の信仰を認めなかったため、宗教対立が起こったこと

③ フランス人宣教師が隠れキリシタンたちを排除したため、「カクレ」となる抵抗が起こったこと

④ フランス人宣教師が潜伏キリシタンのみに特権を与えたため、神道や仏教を信じる人々と対立したこと

問十二 傍線7「西欧のコンテクスト」の説明として最も適当なものを次の中から選びなさい。解答番号は 32 。

① アジアの地域の教会では本質的なキリスト教の信仰心が劣るところがあるという、ヨーロッパ優位の考え

② キリスト教の拡散によってキリスト教に関係する世界遺産を増やそうという、ヨーロッパを中心とした考え

③ 西欧以外の地域に宗教的な世界遺産が多く登録されることは望ましくないという、ヨーロッパ本位の考え

④ 世界におけるキリスト教関係者の行いは宗教的に正当なものであるという、ヨーロッパを主体とした考え

問十三 傍線8「化体」の言い換えとして最も適当なものを次の中から選びなさい。解答番号は 33 。

① 具現化　② 神格化　③ 一元化　④ 理想化

② 「カクレ」キリシタンは正統派カトリックに帰依することなく、変形した信仰を守り続けた

③ 「隠れ」キリシタンは終始一貫して正統派カトリックの教えに従い、幕府の弾圧に耐えていた

④ 「隠れ」キリシタンは、宣教師と出会うことでフランス流のカトリックの信仰へと向かった

問九　傍線５「最大公約数的な理解」の説明として最も適当なものを次の中から選びなさい。解答番号は 29 。

① 専門家の有力な説の中で、キリスト教にとって最も利益となるもの

② 残されている当時の記録の中で、学校教育を通して最も一般に知られているもの

③ キリシタンの扱いについての数ある意見の中で、最も多くの人が納得できるもの

④ 検証を行った史料の中で計算可能な点について、最も数値の誤差が少ないもの

問十　次の一文は本文中の《Ａ》〜《Ｄ》のどこに入りますか。解答番号は 30 。

> 換言すれば、旧来型の「カクレ」の信仰形態は残存したわけであるから、潜伏キリシタンの活動は単純に「終焉《しゅうえん》」を迎えたとは言えないはずであるのに、かなり曖昧な表現にとどめている。

① 《Ａ》　② 《Ｂ》　③ 《Ｃ》　④ 《Ｄ》

問十一　傍線６「コミュニティが抱える問題」の説明として最も適当なものを次の中から選びなさい。解答番号は 31 。

① 東洋の大工が設計した教会は、日本文化の特徴が隠されたものであったため

② 禁教期の建造物は、江戸幕府の許可を得ていない非公式のものであったため

③ 江戸時代に作られた教会は、信仰心を集める対象にならないものであったため

④ 日本人が設計した教会は、キリスト教文化の一部として認められなかったため

問六　傍線３「世界遺産化する意図は見えづらい」とありますが、その理由としてふさわしくないものを次の中から選びなさい。解答番号は **26** 。

① 現在キリスト教が棚田に関与していないため

② 食糧増産に関係なく棚田が作られているため

③ 国や地域を問わず棚田は存在するため

④ 信仰する宗教と関係なく棚田は作られるため

問七　[X] に入る語として最も適当なものを次の中から選びなさい。解答番号は **27** 。

① 逆説的　② 道徳的　③ 科学的　④ 革新的

問八　傍線４「『カクレ』と『隠れ』にはそれぞれ独自の意味概念が読み取れる」とありますが、その説明としてふさわしくないものを次の中から選びなさい。解答番号は **28** 。

① 「カクレ」キリシタンは、日本独自に発達させていった信仰をカトリックから否定された

[20]
① 最も重要な願望
② 内心に秘めた願望
③ ごくわずかな願望
④ 一つに結束した願望
⑤ 一縷の望み

問三　（ア）・（イ）・（ウ）に当てはまる語を、次の中からそれぞれ選びなさい。（解答は重複しないこと。）解答番号は（ア）が[21]、（イ）が[22]、（ウ）が[23]。

① しかし　② また　③ だから　④ なお　⑤ たとえ　⑥ なぜなら

問四　傍線１「仕切り直しをすることになった」とありますが、具体的にはどうすることだと考えられますか。最も適当なものを次の中から選びなさい。解答番号は[24]。

① 産業革命遺産に配慮し、登録対象とする時代を見直すこと
② イコモスの指摘を受け入れ、推薦の理由を再考すること
③ 政府から問題点の報告を受け、推薦内容を再検討すること
④ 自治体関係者の驚きを和らげ、再度推薦を強行すること

問五　傍線２「方針を転換した」とありますが、それはなぜですか。最も適当なものを次の中から選びなさい。解答番号は[25]。

① 肝入り 16
① 心配して他が手につかないこと
② 民衆の思いの中心にあること
③ 心を砕き世話を焼くこと
④ 心残りがないよう力を尽くすこと

② 枚挙 17
① ひとつひとつ数え上げること
② 目に見える形で提示すること
③ 問題点について指摘すること
④ 多くの人に知られていること

③ 一枚岩 18
① 平均的に物事を考えること
② 頑固に考え方を変えないこと
③ 時の流れに逆らわないこと
④ 強固にまとまっていること

④ 草鞋を脱ぐ 19
① 障害となっていたものを捨て去る
② ある土地に一時身を落ち着ける
③ 相手との距離が縮まり親密になる
④ 保証されていた権利を得る

問一　傍線a～eのカタカナに当たる漢字と同じ漢字を用いているものを、それぞれ一つ選びなさい。
解答番号は 11 ～ 15 。

a　ヨり所　11
① ゲンインを究明する
② ロンキョを説明する
③ キフに協力する
④ センキョに投票する

b　ジッソウ　12
① チソウの変化
② ソウゴウ的な学習
③ ソウオウの扱い
④ キョウソウする企業

c　キイ　13
① キガイを加える
② キショウな生物
③ キドウの変更
④ キセキの逆転

d　ケイイ　14
① イセンを地図で確認する
② イホウな行為を取り締まる
③ イジュウした都市を散策する
④ イジンの生い立ちを調べる

e　カツボウ　15
① 領土のカツジョウ
② 唯一のカツロ
③ 資源がコカツする
④ 悪人をイッカツする

問二　波線①～⑤の語句は、本文でどのような意味で使われていますか。最も適当なものをそれぞれ選びなさい。解答番号は 16 ～ 20 。

年前は穏やかな暮らしと静謐《せいひつ》な信仰を守るために、観光客に地域を開放することを快く思わない向きも多かったと聞いている。

とは言え、現状では、離島や過疎地でそもそも若者を見つけること自体が難しく、若年層に適した職場もなかなかない。そうした状況下、観光産業に地域再生に関する⑤一縷《いちる》の望みをかけ、世界遺産登録を活性化のための切り札としたいという地元の人々の気持ちもわからないわけではない。ご多分に漏れず、長崎県においても過疎化は大きな問題なのである。

今回の世界遺産登録に関しては、単に宗教的な遺跡・遺構を観るというだけではなく、人口減に悩む疲弊した地方の問題点を感じ取るとともに、ヨーロッパ文明に妄信的に追従してきた日本の世界遺産登録のあり方を再考する場としても重要な意義を持つ。

(『悲劇の世界遺産　ダークツーリズムから見た世界』より抜粋
作問の都合により一部省略　著者　井出　明)

※イコモス……………ＩＣＯＭＯＳ　国際記念物遺跡会議
※鉄川与助……………１８７９～１９７６年　明治～昭和期の建築家
※オーソライズ………公認
※コンテクスト………文脈
※高山右近……………１５５２?～１６１５年　戦国時代のキリシタン大名
※列福…………………カトリックにおいて信者を死後に崇敬の対象として認めること
※顕彰…………………功績や善行を広く世間に知らしめること

関の対応は、果たして適切だったのかという悩みも感じてしまう。

筆者は２０１８年の３月まで高山右近の故地である大阪の高槻※を中心とする北摂地域に住んでいたが、２０１６年に高山右近がバチカンから列福※された際も、顕彰※の動きが鈍かったことを覚えている。地元仏教関係者から見れば、宗教弾圧の元締めのように見えるわけで、元々キリスト教徒が１％未満という土地からは、特に大きな動きはなかった。結局、高山右近の列福に伴うイベントは、大阪市内で行われた他、彼が客分として④草鞋《わらじ》を脱ぐことになった前田の殿様のお膝元である金沢で盛大に行われることになった。

イコモスが「禁教の歴史に焦点を当てよ」というのであれば、その前提として「なぜ禁教政策を採ったのか？」というdケイイについても言及してしかるべきであろうが、長崎県を始めとして、日本はこの件に関しては口をつぐんでいる。

また「ヨーロッパの文明観で価値を判断する」という世界遺産登録の傾向が、今回の構成資産の選定にあたってもあからさまに表れた点については、既述した通り教会群が世界遺産として認められなかったということからも明らかであった。

一方、地元ベースで考えてみると、地域の人々が篤《あつ》い信仰心から教会をeカツボウし、それらはまさに自分たちが主体となって作った建造物である。そこには確かにキリスト教史や教学に関する体系的な理解が欠けていたかもしれないが、アジアの民衆の素朴で尊い信仰心の8化体《かたい》がこれらの教会群であったとも言えよう。とすれば、ヨーロッパの文脈でこうした構造物の価値が否定されてしまった際、今回のように教会の登録を諦めるという政策的選択が果たして良かったのかどうかという疑問が残る。

では、今回登録された関連地域の世界遺産化はすべきではなかったのであろうか？

この点、確かに各方面と妥協を重ね、9本質的な論点にはあえて目をつぶりつつ、無理矢理に世界遺産にしたという批判は数多くあるのだけれども、それでもまだ一方で、五島を始めとする長崎県、及び熊本県の過疎地の活性化が期待されていることも紛れもない現実であると言える。離島を始めとする過疎地でも、ほんの十数会集団がその後長期にわたって具体的にどのように反目していたのかという点についてはほとんど説明がない。

《 B 》

現地を歩いてみても、禁教が解けたあと、この地域で新たに生じた宗教対立を感じることはかなり難しい。むしろ近年になり、黒崎地区の枯松神社において、こうした宗派の違いに基づくコミュニティの分断を乗り越えるための式典が開催されるようになったことから、融和が強調されているとも言える。

《 C 》

こうした[6]コミュニティが抱える問題に対しても、今回の世界遺産登録にあたっては特に言及がなされていない。というよりも、日本独自に発達した「カクレキリシタン」の信仰については、基本的にオーソライズされておらず、彼らの信仰にまつわる遺構が存在する黒崎は世界遺産登録から漏れているし、カクレキリシタン信仰が集中した平戸の生月《いきつき》に関しては、一部がバッファーゾーン（緩衝地帯）と呼ばれる世界遺産の構成要素の隣接部分となっているだけで、直接には世界遺産登録されていないのである。

《 D 》

一方、世界遺産に登録された出津《しつ》地区の紹介では、貧しい地域にフランス人宣教師が来訪し、彼らに農業生産と加工技術を教え、生活を改善させたという「西洋文明の光」が語られる。これは、冒頭に記したアジア系の世界遺産でしばしば見られる問題と同種の構造を呈しており、「世界遺産」という制度がヨーロッパ文明圏の価値概念を拡散させる装置としての役割を果たしていることが窺える。

落ち着いて今回の登録を再度見つめ直したとき、「禁教の歴史」に関しては、日本側にとっても言いたいことはそれなりにあろう。事実、保守系の言論人の中には、潜伏キリシタン関連遺産の世界遺産登録に関しては、快く思わない者もいた。寺社の焼き討ちや宣教師を通じた奴隷の輸出を行っていたキリシタン大名たちの蛮行に触れることもなく、ただひたすら[7]※西欧のコンテクストを受け入れた長崎県を始めとする日本側の関係機称でまとめにくいという事情があるのは確かである。

幕末に日本が開国したことにより、宣教師は居留外国人向けに教会を建てることを許され、そこでキリスト教の宗教活動が始まることになる。その流れの中で、まさに〝潜伏〟していた浦上地区のいわゆる「隠れキリシタン」が、「長い間、我々はキリスト教を信仰していた」という告白を神父にするのであるが、この「信徒発見」以降、［Ｘ］に彼らが③一枚岩を保つことは難しくなった。

隠れキリシタン達は、長期にわたって正統派カトリックと関わらなかったため、その信仰形態は独自の変化を遂げ、フランス人宣教師たちから見るとかなり[c]キイなものに映ったらしい。そして、宣教師たちは、彼らに対してフランス流のカトリックの信仰を迫ることになる。この際、確かに多くは正統派カトリックに帰依することになるのだが、一方で長年引き継いだ「自分たち独自のキリスト教」を捨てられない信者もいたわけで、独自の信仰を守った彼らは「カクレキリシタン」と呼ばれることになった。さらに、長崎で変形したキリスト教（＝カクレ）の教義がカトリックから否定されたことで深刻なアイデンティティクライシス（自己崩壊）を感じ、仏教や神道に改宗する者さえいた。このように、[4]「カクレ」と「隠れ」にはそれぞれ独自の意味概念が読み取れるため、江戸期のキリスト教徒を総称して潜伏キリシタンと呼び、これを包括的な概念として用いるようになったと考えるのが[5]最大公約数的な理解となっている。

《　Ａ　》

その後の集落の人間関係は非常に錯綜したものになった。つまりフランス人宣教師が、正統派カトリック以外の信仰を頑なに認めなかったため、地域コミュニティの分断が起きたわけである。ただし、この点については現地でも非常に難しい扱いになっている。長崎県世界遺産課の公式サイトでは、禁教の時代を４つに区分し、最終段階では、フランス人宣教師が隠れキリシタンたちと出会うことによって、彼らが信仰を回復し、「〝潜伏〟の終わり」が到来したと記している。その上で、カトリックに帰依する者もいれば、伝統的なカクレの信仰を守る者も残り、さらには神道や仏教に接近する人々すら現れたことが語られているが、これらの社世界遺産登録の対象となった。

ヨーロッパの感覚からすれば、キリスト教文明について体系的に学んでいない東洋の大工が、見よう見まねで建てた教会は、（　イ　）地元の人達の心のヨリ所であったとしても、文化として※オーソライズすることは難しかったのであろう。その結果、教会の多くが世界遺産の登録対象ではなくなったものの、日本側はイコモスのアドバイスに従い、潜伏キリシタンたちが作り出した「集落」を世界遺産登録するべく方針を転換した。

確かに、隠れキリシタンは、権力の弾圧を逃れて生産性の低い土地に移り住み、そこで生活を維持したために独特の文化景観が生まれたという論理は理解できる。（　ウ　）、実際に登録された集落の中には、キリスト教関連遺産としてその適切性に疑問を持たざるを得ないケースもある。

平戸の春日集落は大規模な棚田で知られ、今回の世界遺産登録においては、近隣で有力視されていた田平教会と入れ代わる形で世界遺産となった。ストーリーとしては、隠れキリシタン達が迫害を逃れ、農業に適さない山間に入り込み、棚田を作ったためにここに独特の景観が生まれたとされているのであるが、食糧増産のために生産性の低い土地に人々が入り込み、棚田を作った例は世界中で枚挙にいとまがない。

平家の落人集落で棚田がよく見られるというのは一般に知られた話であるし、筆者の住む石川県でも輪島を始めとして棚田で有名な景観は数多くある。敬虔《けいけん》な仏教国であるスリランカは棚田が多いことでも知られているが、春日集落における世界遺産を解説する案内所を訪れてみても、キリスト教文明とこちらの棚田の持つ景観との関係性については説明が与えられていない。そもそもこちらの集落ではもはやキリスト教関係者がいなくなっており、信仰の連続性が見られない中で田平教会を差し置いて世界遺産化する意図は見えづらい。

さて、中学や高校では、江戸時代に弾圧を受けながらもキリスト教を信じた人たちを「隠れキリシタン」と習っていたところ、「潜伏キリシタン」という呼称自体に違和感を覚えた方も多いであろう。確かに、一般的に江戸期において密かにキリスト教信仰を守っていた者を、後世「隠れキリシタン」と呼んだわけだが、彼らの内実はかなり複雑な社会構造を有しており、マクロ的にジッソウを見た場合、「隠れキリシタン」という呼

二　次の文章を読んで、後の問いに答えなさい。

「長崎と天草地方の潜伏キリシタン関連遺産」については、実はすんなりと世界遺産に登録されたわけではない。地元や学術界においては、こちらの世界遺産は、２０１５年に登録されることが想定されていた。

しかし、この思惑は二度にわたって裏切られた。一度目は、２０１５年の登録に関して、安倍内閣肝入り①の企画であった「明治日本の産業革命遺産」が、いわば横入りする形で世界遺産として推薦されてしまい、長崎のキリスト教関連資産の世界遺産登録を目指していた関係者は砂を噛《か》むような気持ちになったと聞く。

それでもなお、行政や関係者は希望をつなぎ、翌年の登録を目指すことになったが、そこで再び落胆することになる。日本から世界遺産登録の推薦を受けた※イコモスは、慎重に検討した結果、中間報告段階で問題点を示し、「登録の延期」という最悪の事態が懸念されるようになった。これには当初、日本政府も自治体関係者も、そして地元の人々もかなり驚いたらしい。そこでいったん推薦を取り下げ、仕切り直しをすることになった。1 イコモスの主張のポイントはいくつかあるのだが、大きな要素としては、「禁教期に焦点を当てよ」というメインの論点があり、そこから「候補に挙げられた教会建築の多くは禁教期ではなく、信仰が認められた明治６年以降のものなので世界遺産として不適」という論理が導かれる。

まず前者については、イコモスからの指摘が来るまでは、「弾圧に耐えて信仰を守り抜いた麗しいストーリー」を日本側が描いていたところ、端的に言えば「江戸幕府のした非道《ひど》いことをちゃんと述べるように」という指摘が入った。そこで長崎県は、今回の世界遺産への推薦及び登録に関しては、イコモスとのアドバイザー契約に基づき、実際に公金で彼らを雇い、痛々しいまでにヨーロッパが求める筋書きに変更させている。

（　ア　）、日本側が当初登録の核心として考えていた後者の教会建築については、せいぜい19世紀後半以降のものであることから文化財としての価値が低いとみなされたばかりか、※鉄川与助を始めとして日本人の設計による建造物はすべて登録対象から外され、唯一江戸末期にフランス人が設計指導をした大浦天主堂だけが、

問二　次の傍線部の意味として最も適当なものをそれぞれ次の中から選びなさい。解答番号は 6 ～ 10 。

ア　他人の言動をあげつらう。 6

① 否定する
② 嘲笑する
③ 議論する
④ 軽視する

イ　独断専行のきらいがある。 7

① 傾向
② 弱点
③ 性格
④ 慣習

ウ　喜びもひとしおである。 8

① 様子が同じであるさま
② 総量がわずかであるさま
③ 盛んな状態が続くさま
④ いっそう程度が増すさま

エ　人の道にもとる行い。 9

① 沿った
② 反した
③ 真似た
④ 従った

オ　そう言ってしまってはみもふたもない。 10

① 露骨すぎて味わいも含みもない
② 思いつきの考えで非現実的だ
③ 気分的な発言で理屈に合わない
④ 利益のことしか考えていない

二〇二二年度　山村学園高等学校（第三回）

【国　語】（五〇分）〈満点：一〇〇点〉

一　後の問いに答えなさい。

問一　次の空欄に入る適当な漢字をそれぞれ次の中から選びなさい。解答番号は **1** ～ **5** 。

ア　破顔一□　**1**
①勝　②賞　③笑　④粧

イ　当意□妙　**2**
①則　②測　③即　④息

ウ　□死回生　**3**
①帰　②貴　③機　④起

エ　明鏡□水　**4**
①止　②指　③糸　④紫

オ　□刀直入　**5**
①鍛　②単　③担　④短

2022年度／山村学園高等学校(第３回)

英語解答

1 問１　④　問２　③　問３　①
問４　①　問５　③

2 問１　②　問２　④　問３　①
問４　③　問５　①　問６　②
問７　④　問８　②　問９　①
問10　①

3 問１　①　問２　②　問３　③
問４　④　問５　②

4 問１　21…⑤　22…③
問２　23…①　24…⑤
問３　25…⑨　26…⑧
問４　27…⑤　28…③
問５　29…⑨　30…①

5 問１　②　問２　①　問３　①
問４　④　問５　②

6 問１　②　問２　④　問３　①
問４　②　問５　④　問６　④
問７　④　問８　②　問９　①
問10　④

数学解答

1 問１　⑥　問２　④　問３　⑤
問４　⑧　問５　①

2 問６　⑧　問７　①　問８　⑥
問９　⑤　問10　②　問11　⑦

3 問12　②　問13　⑥　問14　③

4 問15　③
問16, 問17　16…⑦　17…⑦

5 問18　①　問19　⑥　問20　④

国語解答

一 問一　ア…③　イ…③　ウ…④　エ…①
オ…②
問二　ア…③　イ…①　ウ…④　エ…②
オ…①

二 問一　a…②　b…③　c…④　d…①
e…③
問二　①…③　②…①　③…④　④…②
⑤…③
問三　ア…②　イ…⑤　ウ…①
問四　②　問五　④　問六　②
問七　①　問八　③　問九　③
問十　②　問十一　②　問十二　④
問十三　①　問十四　②
問十五　④

三 問一　Ⅰ…②　Ⅱ…④　Ⅲ…①　Ⅳ…③
問二　③
問三　A…②　B…③　C…①
問四　①　問五　①　問六　③
問七　a…①　b…⑧　c…③
問八　②

●要点チェック●　図形編―合同

◎図形の合同

合同……一方の図形を移動させて(ずらしたり《平行移動》，回したり《回転移動》，裏返したり《対称移動》して)，他方の図形に重ね合わせることのできるとき，この２つの図形は合同である。

・合同な図形の性質

１．対応する線分の長さは等しい。

２．対応する角の大きさは等しい。

・三角形の合同条件

２つの三角形は次のどれかが成り立つとき合同である。

１．３組の辺がそれぞれ等しい。

２．２組の辺とそのはさむ角がそれぞれ等しい。

３．１組の辺とその両端の角がそれぞれ等しい。

1.

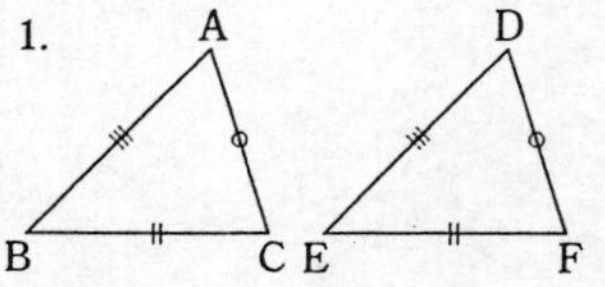

AB＝DE
BC＝EF
AC＝DF

2.

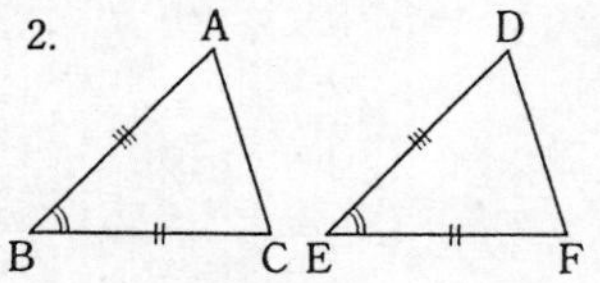

AB＝DE
BC＝EF
∠ABC＝∠DEF

3.

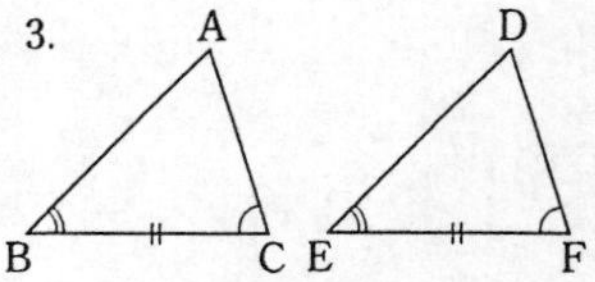

BC＝EF
∠ABC＝∠DEF
∠ACB＝∠DFE

・直角三角形の合同条件

２つの直角三角形は次のどちらかが成り立つとき合同である。

１．斜辺と１鋭角がそれぞれ等しい。

２．斜辺と他の１辺がそれぞれ等しい。

1.

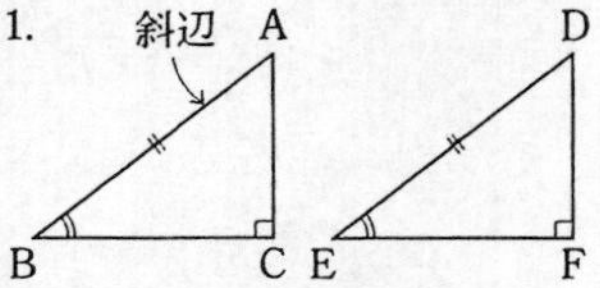

∠ACB＝∠DFE＝90°
AB＝DE
∠ABC＝∠DEF

2.

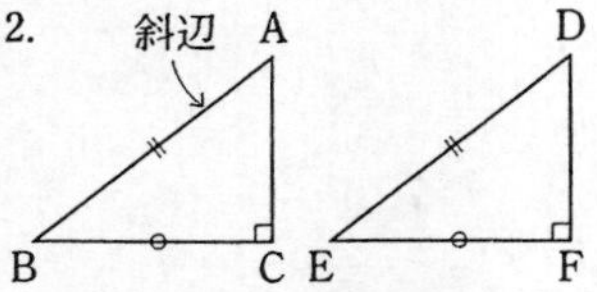

∠ACB＝∠DFE＝90°
AB＝DE
BC＝EF

Memo

高校を受験する生徒とご父母のための…

2025年度用 高校合格資料集

■首都圏有名書店にて今秋発売予定！

内容目次

※表紙は昨年のものです。

定価1430円（税込）

当社発行物の無断使用は固くお断りいたします。御使用の前はまずご相談ください。

当社発行物には500点余の首都圏中・高過去問をはじめ、6点の学校案内、そのほかいくつかの情報誌などがございます。その多くが年度版で、限られたスタッフが来るべき受験シーズン前に余裕を持って受験生へ届けられるよう、日夜作業にあたり出版を重ねております。

最近、通塾生ご父母や塾内部からの告発によって、いくつかの塾が許諾なしに当社過去問を複写（コピー）し生徒に配布、授業等にも使用していることが発覚し、その一部が紛争、係争に至っております。過去問には原著作者や管理団体、代行出版等のほか、当社に著作権がございます。当社としましては、著作権侵害の発覚に対しては著作権を有するこれらの著作権関係者にその事実を開示して、マスコミにリリースする場合や法的な措置を取る場合がございます。その事例としましては、毎年当社過去問の発行を待って自由にシステム化使用していたA塾、個別教室でコピーを生徒に解かせ指導していたB塾、冊子化していたC社、生徒の希望によって書籍の過去問代わりにコピーを配布していたD塾などがあります。

当社発行物の全部もしくは一部を無断使用することは固くお断りいたします。

当社コンテンツの中にはリーズナブルな設定で紙面の利用を許諾している塾もたくさんございますので、ご希望の方は、お気軽にご相談くださいますようお願いします。同時に、当社発行物を無断で使用している会社などにつきましての情報もお寄せいただければ幸いです。

株式会社 声の教育社

スーパー過去問の **解説執筆・解答作成スタッフ（在宅）募集！** ※募集要項の詳細は、10月に弊社ホームページ上に掲載します。

2025年度用

高校スーパー過去問

■編集人 声の教育社・編集部
■発行所 株式会社 声の教育社
〒162-0814 東京都新宿区新小川町8-15
☎03-5261-5061㈹ FAX03-5261-5062
https://www.koenokyoikusha.co.jp

カコを追いかけ
ミライをつかめ

山村学園高等学校

別冊解答用紙

丁寧に抜きとって、別冊としてご使用ください。

解けると
春が来るんだね。

注意

- ○ 解答用紙は、収録の都合により縮小したものや、小社独自に作成したものもあります。
- ○ 学校配点は学校発表のもの、推定配点は小社で作成したものです。
- ○ 無断転載を禁じます。
- ○ 解答用紙を拡大コピーする場合、表示した拡大率に対応する用紙サイズは以下のとおりです。
  101%～102%＝B5　103%～118%＝A4　119%～144%＝B4　145%～167%＝A3
  （タイトルと配点表は含みません）

2024年度 山村学園高等学校 単願・第1回

英語解答用紙

評点 /100

中学校名	立 中学校

フリガナ	
氏名	

問	解答記入欄 1〜25	問	解答記入欄 26〜50	問	解答記入欄 51〜75
1	1 2 3 4 5 6 7 8 9 0	26	1 2 3 4 5 6 7 8 9 0	51	1 2 3 4 5 6 7 8 9 0
2	1 2 3 4 5 6 7 8 9 0	27	1 2 3 4 5 6 7 8 9 0	52	1 2 3 4 5 6 7 8 9 0
3	1 2 3 4 5 6 7 8 9 0	28	1 2 3 4 5 6 7 8 9 0	53	1 2 3 4 5 6 7 8 9 0
4	1 2 3 4 5 6 7 8 9 0	29	1 2 3 4 5 6 7 8 9 0	54	1 2 3 4 5 6 7 8 9 0
5	1 2 3 4 5 6 7 8 9 0	30	1 2 3 4 5 6 7 8 9 0	55	1 2 3 4 5 6 7 8 9 0
6	1 2 3 4 5 6 7 8 9 0	31	1 2 3 4 5 6 7 8 9 0	56	1 2 3 4 5 6 7 8 9 0
7	1 2 3 4 5 6 7 8 9 0	32	1 2 3 4 5 6 7 8 9 0	57	1 2 3 4 5 6 7 8 9 0
8	1 2 3 4 5 6 7 8 9 0	33	1 2 3 4 5 6 7 8 9 0	58	1 2 3 4 5 6 7 8 9 0
9	1 2 3 4 5 6 7 8 9 0	34	1 2 3 4 5 6 7 8 9 0	59	1 2 3 4 5 6 7 8 9 0
10	1 2 3 4 5 6 7 8 9 0	35	1 2 3 4 5 6 7 8 9 0	60	1 2 3 4 5 6 7 8 9 0
11	1 2 3 4 5 6 7 8 9 0	36	1 2 3 4 5 6 7 8 9 0	61	1 2 3 4 5 6 7 8 9 0
12	1 2 3 4 5 6 7 8 9 0	37	1 2 3 4 5 6 7 8 9 0	62	1 2 3 4 5 6 7 8 9 0
13	1 2 3 4 5 6 7 8 9 0	38	1 2 3 4 5 6 7 8 9 0	63	1 2 3 4 5 6 7 8 9 0
14	1 2 3 4 5 6 7 8 9 0	39	1 2 3 4 5 6 7 8 9 0	64	1 2 3 4 5 6 7 8 9 0
15	1 2 3 4 5 6 7 8 9 0	40	1 2 3 4 5 6 7 8 9 0	65	1 2 3 4 5 6 7 8 9 0
16	1 2 3 4 5 6 7 8 9 0	41	1 2 3 4 5 6 7 8 9 0	66	1 2 3 4 5 6 7 8 9 0
17	1 2 3 4 5 6 7 8 9 0	42	1 2 3 4 5 6 7 8 9 0	67	1 2 3 4 5 6 7 8 9 0
18	1 2 3 4 5 6 7 8 9 0	43	1 2 3 4 5 6 7 8 9 0	68	1 2 3 4 5 6 7 8 9 0
19	1 2 3 4 5 6 7 8 9 0	44	1 2 3 4 5 6 7 8 9 0	69	1 2 3 4 5 6 7 8 9 0
20	1 2 3 4 5 6 7 8 9 0	45	1 2 3 4 5 6 7 8 9 0	70	1 2 3 4 5 6 7 8 9 0
21	1 2 3 4 5 6 7 8 9 0	46	1 2 3 4 5 6 7 8 9 0	71	1 2 3 4 5 6 7 8 9 0
22	1 2 3 4 5 6 7 8 9 0	47	1 2 3 4 5 6 7 8 9 0	72	1 2 3 4 5 6 7 8 9 0
23	1 2 3 4 5 6 7 8 9 0	48	1 2 3 4 5 6 7 8 9 0	73	1 2 3 4 5 6 7 8 9 0
24	1 2 3 4 5 6 7 8 9 0	49	1 2 3 4 5 6 7 8 9 0	74	1 2 3 4 5 6 7 8 9 0
25	1 2 3 4 5 6 7 8 9 0	50	1 2 3 4 5 6 7 8 9 0	75	1 2 3 4 5 6 7 8 9 0

(注) この解答用紙は実物を縮小してあります。Ｂ４用紙に133%拡大コピーすると、ほぼ実物大で使用できます。(タイトルと配点表は含みません)

受験番号				
1	1	1	1	1
2	2	2	2	2
3	3	3	3	3
4	4	4	4	4
5	5	5	5	5
6	6	6	6	6
7	7	7	7	7
8	8	8	8	8
9	9	9	9	9
0	0	0	0	0

記入方法

1. 記入は、必ずＨＢの黒鉛筆で、▯の中を正確に、ぬりつぶしてください。
2. 訂正は、プラスチック製消しゴムできれいに消してください。
3. 解答用紙を、折り曲げたり、汚さないでください。

良い例 ▮

悪い例 ⁄ ● ▯

学校配点	
1〜3 各2点×20 4〜6 各3点×20	
100点	計

2024年度 山村学園高等学校 単願・第1回

数学解答用紙

評点 /100

中学校名	立	中学校

フリガナ	
氏　名	

問	解答記入欄 1～25	問	解答記入欄 26～50	問	解答記入欄 51～75
1	1 2 3 4 5 6 7 8 9 0	26	1 2 3 4 5 6 7 8 9 0	51	1 2 3 4 5 6 7 8 9 0
2	1 2 3 4 5 6 7 8 9 0	27	1 2 3 4 5 6 7 8 9 0	52	1 2 3 4 5 6 7 8 9 0
3	1 2 3 4 5 6 7 8 9 0	28	1 2 3 4 5 6 7 8 9 0	53	1 2 3 4 5 6 7 8 9 0
4	1 2 3 4 5 6 7 8 9 0	29	1 2 3 4 5 6 7 8 9 0	54	1 2 3 4 5 6 7 8 9 0
5	1 2 3 4 5 6 7 8 9 0	30	1 2 3 4 5 6 7 8 9 0	55	1 2 3 4 5 6 7 8 9 0
6	1 2 3 4 5 6 7 8 9 0	31	1 2 3 4 5 6 7 8 9 0	56	1 2 3 4 5 6 7 8 9 0
7	1 2 3 4 5 6 7 8 9 0	32	1 2 3 4 5 6 7 8 9 0	57	1 2 3 4 5 6 7 8 9 0
8	1 2 3 4 5 6 7 8 9 0	33	1 2 3 4 5 6 7 8 9 0	58	1 2 3 4 5 6 7 8 9 0
9	1 2 3 4 5 6 7 8 9 0	34	1 2 3 4 5 6 7 8 9 0	59	1 2 3 4 5 6 7 8 9 0
10	1 2 3 4 5 6 7 8 9 0	35	1 2 3 4 5 6 7 8 9 0	60	1 2 3 4 5 6 7 8 9 0
11	1 2 3 4 5 6 7 8 9 0	36	1 2 3 4 5 6 7 8 9 0	61	1 2 3 4 5 6 7 8 9 0
12	1 2 3 4 5 6 7 8 9 0	37	1 2 3 4 5 6 7 8 9 0	62	1 2 3 4 5 6 7 8 9 0
13	1 2 3 4 5 6 7 8 9 0	38	1 2 3 4 5 6 7 8 9 0	63	1 2 3 4 5 6 7 8 9 0
14	1 2 3 4 5 6 7 8 9 0	39	1 2 3 4 5 6 7 8 9 0	64	1 2 3 4 5 6 7 8 9 0
15	1 2 3 4 5 6 7 8 9 0	40	1 2 3 4 5 6 7 8 9 0	65	1 2 3 4 5 6 7 8 9 0
16	1 2 3 4 5 6 7 8 9 0	41	1 2 3 4 5 6 7 8 9 0	66	1 2 3 4 5 6 7 8 9 0
17	1 2 3 4 5 6 7 8 9 0	42	1 2 3 4 5 6 7 8 9 0	67	1 2 3 4 5 6 7 8 9 0
18	1 2 3 4 5 6 7 8 9 0	43	1 2 3 4 5 6 7 8 9 0	68	1 2 3 4 5 6 7 8 9 0
19	1 2 3 4 5 6 7 8 9 0	44	1 2 3 4 5 6 7 8 9 0	69	1 2 3 4 5 6 7 8 9 0
20	1 2 3 4 5 6 7 8 9 0	45	1 2 3 4 5 6 7 8 9 0	70	1 2 3 4 5 6 7 8 9 0
21	1 2 3 4 5 6 7 8 9 0	46	1 2 3 4 5 6 7 8 9 0	71	1 2 3 4 5 6 7 8 9 0
22	1 2 3 4 5 6 7 8 9 0	47	1 2 3 4 5 6 7 8 9 0	72	1 2 3 4 5 6 7 8 9 0
23	1 2 3 4 5 6 7 8 9 0	48	1 2 3 4 5 6 7 8 9 0	73	1 2 3 4 5 6 7 8 9 0
24	1 2 3 4 5 6 7 8 9 0	49	1 2 3 4 5 6 7 8 9 0	74	1 2 3 4 5 6 7 8 9 0
25	1 2 3 4 5 6 7 8 9 0	50	1 2 3 4 5 6 7 8 9 0	75	1 2 3 4 5 6 7 8 9 0

(注) この解答用紙は実物を縮小してあります。Ｂ４用紙に133%拡大コピーすると、ほぼ実物大で使用できます。(タイトルと配点表は含みません)

受験番号				
1	1	1	1	1
2	2	2	2	2
3	3	3	3	3
4	4	4	4	4
5	5	5	5	5
6	6	6	6	6
7	7	7	7	7
8	8	8	8	8
9	9	9	9	9
0	0	0	0	0

記入方法

1．記入は、必ずＨＢの黒鉛筆で、▯の中を正確に、ぬりつぶしてください。
2．訂正は、プラスチック製消しゴムできれいに消してください。
3．解答用紙を、折り曲げたり、汚さないでください。

良い例 ▮

悪い例 ⁄ • ▯

学校配点	
1～5 各5点×20	
100点	計

二〇二四年度　山村学園高等学校　単願・第一回

国語解答用紙

評点　/100

中学校名	立　　　　中学校

フリガナ	
氏　名	

問	解答記入欄 1～25	問	解答記入欄 26～50	問	解答記入欄 51～75
1	1 2 3 4 5 6 7 8 9 0	26	1 2 3 4 5 6 7 8 9 0	51	1 2 3 4 5 6 7 8 9 0
2	1 2 3 4 5 6 7 8 9 0	27	1 2 3 4 5 6 7 8 9 0	52	1 2 3 4 5 6 7 8 9 0
3	1 2 3 4 5 6 7 8 9 0	28	1 2 3 4 5 6 7 8 9 0	53	1 2 3 4 5 6 7 8 9 0
4	1 2 3 4 5 6 7 8 9 0	29	1 2 3 4 5 6 7 8 9 0	54	1 2 3 4 5 6 7 8 9 0
5	1 2 3 4 5 6 7 8 9 0	30	1 2 3 4 5 6 7 8 9 0	55	1 2 3 4 5 6 7 8 9 0
6	1 2 3 4 5 6 7 8 9 0	31	1 2 3 4 5 6 7 8 9 0	56	1 2 3 4 5 6 7 8 9 0
7	1 2 3 4 5 6 7 8 9 0	32	1 2 3 4 5 6 7 8 9 0	57	1 2 3 4 5 6 7 8 9 0
8	1 2 3 4 5 6 7 8 9 0	33	1 2 3 4 5 6 7 8 9 0	58	1 2 3 4 5 6 7 8 9 0
9	1 2 3 4 5 6 7 8 9 0	34	1 2 3 4 5 6 7 8 9 0	59	1 2 3 4 5 6 7 8 9 0
10	1 2 3 4 5 6 7 8 9 0	35	1 2 3 4 5 6 7 8 9 0	60	1 2 3 4 5 6 7 8 9 0
11	1 2 3 4 5 6 7 8 9 0	36	1 2 3 4 5 6 7 8 9 0	61	1 2 3 4 5 6 7 8 9 0
12	1 2 3 4 5 6 7 8 9 0	37	1 2 3 4 5 6 7 8 9 0	62	1 2 3 4 5 6 7 8 9 0
13	1 2 3 4 5 6 7 8 9 0	38	1 2 3 4 5 6 7 8 9 0	63	1 2 3 4 5 6 7 8 9 0
14	1 2 3 4 5 6 7 8 9 0	39	1 2 3 4 5 6 7 8 9 0	64	1 2 3 4 5 6 7 8 9 0
15	1 2 3 4 5 6 7 8 9 0	40	1 2 3 4 5 6 7 8 9 0	65	1 2 3 4 5 6 7 8 9 0
16	1 2 3 4 5 6 7 8 9 0	41	1 2 3 4 5 6 7 8 9 0	66	1 2 3 4 5 6 7 8 9 0
17	1 2 3 4 5 6 7 8 9 0	42	1 2 3 4 5 6 7 8 9 0	67	1 2 3 4 5 6 7 8 9 0
18	1 2 3 4 5 6 7 8 9 0	43	1 2 3 4 5 6 7 8 9 0	68	1 2 3 4 5 6 7 8 9 0
19	1 2 3 4 5 6 7 8 9 0	44	1 2 3 4 5 6 7 8 9 0	69	1 2 3 4 5 6 7 8 9 0
20	1 2 3 4 5 6 7 8 9 0	45	1 2 3 4 5 6 7 8 9 0	70	1 2 3 4 5 6 7 8 9 0
21	1 2 3 4 5 6 7 8 9 0	46	1 2 3 4 5 6 7 8 9 0	71	1 2 3 4 5 6 7 8 9 0
22	1 2 3 4 5 6 7 8 9 0	47	1 2 3 4 5 6 7 8 9 0	72	1 2 3 4 5 6 7 8 9 0
23	1 2 3 4 5 6 7 8 9 0	48	1 2 3 4 5 6 7 8 9 0	73	1 2 3 4 5 6 7 8 9 0
24	1 2 3 4 5 6 7 8 9 0	49	1 2 3 4 5 6 7 8 9 0	74	1 2 3 4 5 6 7 8 9 0
25	1 2 3 4 5 6 7 8 9 0	50	1 2 3 4 5 6 7 8 9 0	75	1 2 3 4 5 6 7 8 9 0

(注)　この解答用紙は実物を縮小してあります。Ｂ４用紙に133%拡大コピーすると、ほぼ実物大で使用できます。(タイトルと配点表は含みません)

受験番号				
1	1	1	1	1
2	2	2	2	2
3	3	3	3	3
4	4	4	4	4
5	5	5	5	5
6	6	6	6	6
7	7	7	7	7
8	8	8	8	8
9	9	9	9	9
0	0	0	0	0

記入方法

1．記入は、必ずＨＢの黒鉛筆で、▯の中を正確に、ぬりつぶしてください。
2．訂正は、プラスチック製消しゴムできれいに消してください。
3．解答用紙を、折り曲げたり、汚さないでください。

良い例　▌

悪い例　⁄ ● ▐

学校配点	
一～三　各2点×50	
100点	計

2024年度 山村学園高等学校 第2回

英語解答用紙

評点 /100

中学校名	立	中学校

フリガナ	
氏　名	

問	解答記入欄 1〜25	問	解答記入欄 26〜50	問	解答記入欄 51〜75
1	1 2 3 4 5 6 7 8 9 0	26	1 2 3 4 5 6 7 8 9 0	51	1 2 3 4 5 6 7 8 9 0
2	1 2 3 4 5 6 7 8 9 0	27	1 2 3 4 5 6 7 8 9 0	52	1 2 3 4 5 6 7 8 9 0
3	1 2 3 4 5 6 7 8 9 0	28	1 2 3 4 5 6 7 8 9 0	53	1 2 3 4 5 6 7 8 9 0
4	1 2 3 4 5 6 7 8 9 0	29	1 2 3 4 5 6 7 8 9 0	54	1 2 3 4 5 6 7 8 9 0
5	1 2 3 4 5 6 7 8 9 0	30	1 2 3 4 5 6 7 8 9 0	55	1 2 3 4 5 6 7 8 9 0
6	1 2 3 4 5 6 7 8 9 0	31	1 2 3 4 5 6 7 8 9 0	56	1 2 3 4 5 6 7 8 9 0
7	1 2 3 4 5 6 7 8 9 0	32	1 2 3 4 5 6 7 8 9 0	57	1 2 3 4 5 6 7 8 9 0
8	1 2 3 4 5 6 7 8 9 0	33	1 2 3 4 5 6 7 8 9 0	58	1 2 3 4 5 6 7 8 9 0
9	1 2 3 4 5 6 7 8 9 0	34	1 2 3 4 5 6 7 8 9 0	59	1 2 3 4 5 6 7 8 9 0
10	1 2 3 4 5 6 7 8 9 0	35	1 2 3 4 5 6 7 8 9 0	60	1 2 3 4 5 6 7 8 9 0
11	1 2 3 4 5 6 7 8 9 0	36	1 2 3 4 5 6 7 8 9 0	61	1 2 3 4 5 6 7 8 9 0
12	1 2 3 4 5 6 7 8 9 0	37	1 2 3 4 5 6 7 8 9 0	62	1 2 3 4 5 6 7 8 9 0
13	1 2 3 4 5 6 7 8 9 0	38	1 2 3 4 5 6 7 8 9 0	63	1 2 3 4 5 6 7 8 9 0
14	1 2 3 4 5 6 7 8 9 0	39	1 2 3 4 5 6 7 8 9 0	64	1 2 3 4 5 6 7 8 9 0
15	1 2 3 4 5 6 7 8 9 0	40	1 2 3 4 5 6 7 8 9 0	65	1 2 3 4 5 6 7 8 9 0
16	1 2 3 4 5 6 7 8 9 0	41	1 2 3 4 5 6 7 8 9 0	66	1 2 3 4 5 6 7 8 9 0
17	1 2 3 4 5 6 7 8 9 0	42	1 2 3 4 5 6 7 8 9 0	67	1 2 3 4 5 6 7 8 9 0
18	1 2 3 4 5 6 7 8 9 0	43	1 2 3 4 5 6 7 8 9 0	68	1 2 3 4 5 6 7 8 9 0
19	1 2 3 4 5 6 7 8 9 0	44	1 2 3 4 5 6 7 8 9 0	69	1 2 3 4 5 6 7 8 9 0
20	1 2 3 4 5 6 7 8 9 0	45	1 2 3 4 5 6 7 8 9 0	70	1 2 3 4 5 6 7 8 9 0
21	1 2 3 4 5 6 7 8 9 0	46	1 2 3 4 5 6 7 8 9 0	71	1 2 3 4 5 6 7 8 9 0
22	1 2 3 4 5 6 7 8 9 0	47	1 2 3 4 5 6 7 8 9 0	72	1 2 3 4 5 6 7 8 9 0
23	1 2 3 4 5 6 7 8 9 0	48	1 2 3 4 5 6 7 8 9 0	73	1 2 3 4 5 6 7 8 9 0
24	1 2 3 4 5 6 7 8 9 0	49	1 2 3 4 5 6 7 8 9 0	74	1 2 3 4 5 6 7 8 9 0
25	1 2 3 4 5 6 7 8 9 0	50	1 2 3 4 5 6 7 8 9 0	75	1 2 3 4 5 6 7 8 9 0

(注) この解答用紙は実物を縮小してあります。Ｂ４用紙に133%拡大コピーすると、ほぼ実物大で使用できます。(タイトルと配点表は含みません)

受験番号				
1	1	1	1	1
2	2	2	2	2
3	3	3	3	3
4	4	4	4	4
5	5	5	5	5
6	6	6	6	6
7	7	7	7	7
8	8	8	8	8
9	9	9	9	9
0	0	0	0	0

記入方法

1．記入は、必ずＨＢの黒鉛筆で、▯の中を正確に、ぬりつぶしてください。
2．訂正は、プラスチック製消しゴムできれいに消してください。
3．解答用紙を、折り曲げたり、汚さないでください。

良い例 ▮

悪い例 ⊘ ●]

学校配点

1〜3 各2点×20

4〜6 各3点×20

100点	計

2024年度　山村学園高等学校　第2回

数学解答用紙

評点
/100

中学校名	立　　　中学校

フリガナ	
氏　名	

問	解答記入欄 1～25	問	解答記入欄 26～50	問	解答記入欄 51～75
1	1 2 3 4 5 6 7 8 9 0	26	1 2 3 4 5 6 7 8 9 0	51	1 2 3 4 5 6 7 8 9 0
2	1 2 3 4 5 6 7 8 9 0	27	1 2 3 4 5 6 7 8 9 0	52	1 2 3 4 5 6 7 8 9 0
3	1 2 3 4 5 6 7 8 9 0	28	1 2 3 4 5 6 7 8 9 0	53	1 2 3 4 5 6 7 8 9 0
4	1 2 3 4 5 6 7 8 9 0	29	1 2 3 4 5 6 7 8 9 0	54	1 2 3 4 5 6 7 8 9 0
5	1 2 3 4 5 6 7 8 9 0	30	1 2 3 4 5 6 7 8 9 0	55	1 2 3 4 5 6 7 8 9 0
6	1 2 3 4 5 6 7 8 9 0	31	1 2 3 4 5 6 7 8 9 0	56	1 2 3 4 5 6 7 8 9 0
7	1 2 3 4 5 6 7 8 9 0	32	1 2 3 4 5 6 7 8 9 0	57	1 2 3 4 5 6 7 8 9 0
8	1 2 3 4 5 6 7 8 9 0	33	1 2 3 4 5 6 7 8 9 0	58	1 2 3 4 5 6 7 8 9 0
9	1 2 3 4 5 6 7 8 9 0	34	1 2 3 4 5 6 7 8 9 0	59	1 2 3 4 5 6 7 8 9 0
10	1 2 3 4 5 6 7 8 9 0	35	1 2 3 4 5 6 7 8 9 0	60	1 2 3 4 5 6 7 8 9 0
11	1 2 3 4 5 6 7 8 9 0	36	1 2 3 4 5 6 7 8 9 0	61	1 2 3 4 5 6 7 8 9 0
12	1 2 3 4 5 6 7 8 9 0	37	1 2 3 4 5 6 7 8 9 0	62	1 2 3 4 5 6 7 8 9 0
13	1 2 3 4 5 6 7 8 9 0	38	1 2 3 4 5 6 7 8 9 0	63	1 2 3 4 5 6 7 8 9 0
14	1 2 3 4 5 6 7 8 9 0	39	1 2 3 4 5 6 7 8 9 0	64	1 2 3 4 5 6 7 8 9 0
15	1 2 3 4 5 6 7 8 9 0	40	1 2 3 4 5 6 7 8 9 0	65	1 2 3 4 5 6 7 8 9 0
16	1 2 3 4 5 6 7 8 9 0	41	1 2 3 4 5 6 7 8 9 0	66	1 2 3 4 5 6 7 8 9 0
17	1 2 3 4 5 6 7 8 9 0	42	1 2 3 4 5 6 7 8 9 0	67	1 2 3 4 5 6 7 8 9 0
18	1 2 3 4 5 6 7 8 9 0	43	1 2 3 4 5 6 7 8 9 0	68	1 2 3 4 5 6 7 8 9 0
19	1 2 3 4 5 6 7 8 9 0	44	1 2 3 4 5 6 7 8 9 0	69	1 2 3 4 5 6 7 8 9 0
20	1 2 3 4 5 6 7 8 9 0	45	1 2 3 4 5 6 7 8 9 0	70	1 2 3 4 5 6 7 8 9 0
21	1 2 3 4 5 6 7 8 9 0	46	1 2 3 4 5 6 7 8 9 0	71	1 2 3 4 5 6 7 8 9 0
22	1 2 3 4 5 6 7 8 9 0	47	1 2 3 4 5 6 7 8 9 0	72	1 2 3 4 5 6 7 8 9 0
23	1 2 3 4 5 6 7 8 9 0	48	1 2 3 4 5 6 7 8 9 0	73	1 2 3 4 5 6 7 8 9 0
24	1 2 3 4 5 6 7 8 9 0	49	1 2 3 4 5 6 7 8 9 0	74	1 2 3 4 5 6 7 8 9 0
25	1 2 3 4 5 6 7 8 9 0	50	1 2 3 4 5 6 7 8 9 0	75	1 2 3 4 5 6 7 8 9 0

(注)　この解答用紙は実物を縮小してあります。Ｂ４用紙に133%拡大コピーすると、ほぼ実物大で使用できます。(タイトルと配点表は含みません)

受験番号				
1	1	1	1	1
2	2	2	2	2
3	3	3	3	3
4	4	4	4	4
5	5	5	5	5
6	6	6	6	6
7	7	7	7	7
8	8	8	8	8
9	9	9	9	9
0	0	0	0	0

記入方法

1. 記入は、必ずＨＢの黒鉛筆で、▯の中を正確に、ぬりつぶしてください。
2. 訂正は、プラスチック製消しゴムできれいに消してください。
3. 解答用紙を、折り曲げたり、汚さないでください。

良い例　▮

悪い例　⊘ ●]

学校配点	
1～5　各5点×20	
100点	計

二〇二四年度　山村学園高等学校　第二回

国語解答用紙

評点
/100

フリガナ			
氏　名			
中学校名	立	中学校	

問	解答記入欄 1～25	問	解答記入欄 26～50	問	解答記入欄 51～75
1	1 2 3 4 5 6 7 8 9 0	26	1 2 3 4 5 6 7 8 9 0	51	1 2 3 4 5 6 7 8 9 0
2	1 2 3 4 5 6 7 8 9 0	27	1 2 3 4 5 6 7 8 9 0	52	1 2 3 4 5 6 7 8 9 0
3	1 2 3 4 5 6 7 8 9 0	28	1 2 3 4 5 6 7 8 9 0	53	1 2 3 4 5 6 7 8 9 0
4	1 2 3 4 5 6 7 8 9 0	29	1 2 3 4 5 6 7 8 9 0	54	1 2 3 4 5 6 7 8 9 0
5	1 2 3 4 5 6 7 8 9 0	30	1 2 3 4 5 6 7 8 9 0	55	1 2 3 4 5 6 7 8 9 0
6	1 2 3 4 5 6 7 8 9 0	31	1 2 3 4 5 6 7 8 9 0	56	1 2 3 4 5 6 7 8 9 0
7	1 2 3 4 5 6 7 8 9 0	32	1 2 3 4 5 6 7 8 9 0	57	1 2 3 4 5 6 7 8 9 0
8	1 2 3 4 5 6 7 8 9 0	33	1 2 3 4 5 6 7 8 9 0	58	1 2 3 4 5 6 7 8 9 0
9	1 2 3 4 5 6 7 8 9 0	34	1 2 3 4 5 6 7 8 9 0	59	1 2 3 4 5 6 7 8 9 0
10	1 2 3 4 5 6 7 8 9 0	35	1 2 3 4 5 6 7 8 9 0	60	1 2 3 4 5 6 7 8 9 0
11	1 2 3 4 5 6 7 8 9 0	36	1 2 3 4 5 6 7 8 9 0	61	1 2 3 4 5 6 7 8 9 0
12	1 2 3 4 5 6 7 8 9 0	37	1 2 3 4 5 6 7 8 9 0	62	1 2 3 4 5 6 7 8 9 0
13	1 2 3 4 5 6 7 8 9 0	38	1 2 3 4 5 6 7 8 9 0	63	1 2 3 4 5 6 7 8 9 0
14	1 2 3 4 5 6 7 8 9 0	39	1 2 3 4 5 6 7 8 9 0	64	1 2 3 4 5 6 7 8 9 0
15	1 2 3 4 5 6 7 8 9 0	40	1 2 3 4 5 6 7 8 9 0	65	1 2 3 4 5 6 7 8 9 0
16	1 2 3 4 5 6 7 8 9 0	41	1 2 3 4 5 6 7 8 9 0	66	1 2 3 4 5 6 7 8 9 0
17	1 2 3 4 5 6 7 8 9 0	42	1 2 3 4 5 6 7 8 9 0	67	1 2 3 4 5 6 7 8 9 0
18	1 2 3 4 5 6 7 8 9 0	43	1 2 3 4 5 6 7 8 9 0	68	1 2 3 4 5 6 7 8 9 0
19	1 2 3 4 5 6 7 8 9 0	44	1 2 3 4 5 6 7 8 9 0	69	1 2 3 4 5 6 7 8 9 0
20	1 2 3 4 5 6 7 8 9 0	45	1 2 3 4 5 6 7 8 9 0	70	1 2 3 4 5 6 7 8 9 0
21	1 2 3 4 5 6 7 8 9 0	46	1 2 3 4 5 6 7 8 9 0	71	1 2 3 4 5 6 7 8 9 0
22	1 2 3 4 5 6 7 8 9 0	47	1 2 3 4 5 6 7 8 9 0	72	1 2 3 4 5 6 7 8 9 0
23	1 2 3 4 5 6 7 8 9 0	48	1 2 3 4 5 6 7 8 9 0	73	1 2 3 4 5 6 7 8 9 0
24	1 2 3 4 5 6 7 8 9 0	49	1 2 3 4 5 6 7 8 9 0	74	1 2 3 4 5 6 7 8 9 0
25	1 2 3 4 5 6 7 8 9 0	50	1 2 3 4 5 6 7 8 9 0	75	1 2 3 4 5 6 7 8 9 0

(注) この解答用紙は実物を縮小してあります。B４用紙に133%拡大コピーすると、ほぼ実物大で使用できます。(タイトルと配点表は含みません)

受験番号				
1	1	1	1	1
2	2	2	2	2
3	3	3	3	3
4	4	4	4	4
5	5	5	5	5
6	6	6	6	6
7	7	7	7	7
8	8	8	8	8
9	9	9	9	9
0	0	0	0	0

記入方法

1．記入は、必ずＨＢの黒鉛筆で、「」の中を正確に、ぬりつぶしてください。
2．訂正は、プラスチック製消しゴムできれいに消してください。
3．解答用紙を、折り曲げたり、汚さないでください。

良い例 ▮

悪い例 ⁄ ●]

学校配点

[一]～[三]　各２点×50

100点	計

２０２４年度　山村学園高等学校　第３回

英語解答用紙

評点　/100

中学校名	立	中学校

フリガナ	
氏　名	

問	解答記入欄 1～25	問	解答記入欄 26～50	問	解答記入欄 51～75
1	1 2 3 4 5 6 7 8 9 0	26	1 2 3 4 5 6 7 8 9 0	51	1 2 3 4 5 6 7 8 9 0
2	1 2 3 4 5 6 7 8 9 0	27	1 2 3 4 5 6 7 8 9 0	52	1 2 3 4 5 6 7 8 9 0
3	1 2 3 4 5 6 7 8 9 0	28	1 2 3 4 5 6 7 8 9 0	53	1 2 3 4 5 6 7 8 9 0
4	1 2 3 4 5 6 7 8 9 0	29	1 2 3 4 5 6 7 8 9 0	54	1 2 3 4 5 6 7 8 9 0
5	1 2 3 4 5 6 7 8 9 0	30	1 2 3 4 5 6 7 8 9 0	55	1 2 3 4 5 6 7 8 9 0
6	1 2 3 4 5 6 7 8 9 0	31	1 2 3 4 5 6 7 8 9 0	56	1 2 3 4 5 6 7 8 9 0
7	1 2 3 4 5 6 7 8 9 0	32	1 2 3 4 5 6 7 8 9 0	57	1 2 3 4 5 6 7 8 9 0
8	1 2 3 4 5 6 7 8 9 0	33	1 2 3 4 5 6 7 8 9 0	58	1 2 3 4 5 6 7 8 9 0
9	1 2 3 4 5 6 7 8 9 0	34	1 2 3 4 5 6 7 8 9 0	59	1 2 3 4 5 6 7 8 9 0
10	1 2 3 4 5 6 7 8 9 0	35	1 2 3 4 5 6 7 8 9 0	60	1 2 3 4 5 6 7 8 9 0
11	1 2 3 4 5 6 7 8 9 0	36	1 2 3 4 5 6 7 8 9 0	61	1 2 3 4 5 6 7 8 9 0
12	1 2 3 4 5 6 7 8 9 0	37	1 2 3 4 5 6 7 8 9 0	62	1 2 3 4 5 6 7 8 9 0
13	1 2 3 4 5 6 7 8 9 0	38	1 2 3 4 5 6 7 8 9 0	63	1 2 3 4 5 6 7 8 9 0
14	1 2 3 4 5 6 7 8 9 0	39	1 2 3 4 5 6 7 8 9 0	64	1 2 3 4 5 6 7 8 9 0
15	1 2 3 4 5 6 7 8 9 0	40	1 2 3 4 5 6 7 8 9 0	65	1 2 3 4 5 6 7 8 9 0
16	1 2 3 4 5 6 7 8 9 0	41	1 2 3 4 5 6 7 8 9 0	66	1 2 3 4 5 6 7 8 9 0
17	1 2 3 4 5 6 7 8 9 0	42	1 2 3 4 5 6 7 8 9 0	67	1 2 3 4 5 6 7 8 9 0
18	1 2 3 4 5 6 7 8 9 0	43	1 2 3 4 5 6 7 8 9 0	68	1 2 3 4 5 6 7 8 9 0
19	1 2 3 4 5 6 7 8 9 0	44	1 2 3 4 5 6 7 8 9 0	69	1 2 3 4 5 6 7 8 9 0
20	1 2 3 4 5 6 7 8 9 0	45	1 2 3 4 5 6 7 8 9 0	70	1 2 3 4 5 6 7 8 9 0
21	1 2 3 4 5 6 7 8 9 0	46	1 2 3 4 5 6 7 8 9 0	71	1 2 3 4 5 6 7 8 9 0
22	1 2 3 4 5 6 7 8 9 0	47	1 2 3 4 5 6 7 8 9 0	72	1 2 3 4 5 6 7 8 9 0
23	1 2 3 4 5 6 7 8 9 0	48	1 2 3 4 5 6 7 8 9 0	73	1 2 3 4 5 6 7 8 9 0
24	1 2 3 4 5 6 7 8 9 0	49	1 2 3 4 5 6 7 8 9 0	74	1 2 3 4 5 6 7 8 9 0
25	1 2 3 4 5 6 7 8 9 0	50	1 2 3 4 5 6 7 8 9 0	75	1 2 3 4 5 6 7 8 9 0

（注）この解答用紙は実物を縮小してあります。Ｂ４用紙に133%拡大コピーすると、ほぼ実物大で使用できます。（タイトルと配点表は含みません）

受験番号				
1	1	1	1	1
2	2	2	2	2
3	3	3	3	3
4	4	4	4	4
5	5	5	5	5
6	6	6	6	6
7	7	7	7	7
8	8	8	8	8
9	9	9	9	9
0	0	0	0	0

記入方法

1．記入は、必ずＨＢの黒鉛筆で、▯の中を正確に、ぬりつぶしてください。
2．訂正は、プラスチック製消しゴムできれいに消してください。
3．解答用紙を、折り曲げたり、汚さないでください。

良い例 ▮

悪い例 ⁄ •]

学校配点	
1～3　各２点×20 4～6　各３点×20	
100点	計

2024年度 山村学園高等学校 第3回

数学解答用紙

評点
/100

中学校名	立	中学校

フリガナ	
氏　名	

問	解答記入欄 1～25	問	解答記入欄 26～50	問	解答記入欄 51～75
1	1 2 3 4 5 6 7 8 9 0	26	1 2 3 4 5 6 7 8 9 0	51	1 2 3 4 5 6 7 8 9 0
2	1 2 3 4 5 6 7 8 9 0	27	1 2 3 4 5 6 7 8 9 0	52	1 2 3 4 5 6 7 8 9 0
3	1 2 3 4 5 6 7 8 9 0	28	1 2 3 4 5 6 7 8 9 0	53	1 2 3 4 5 6 7 8 9 0
4	1 2 3 4 5 6 7 8 9 0	29	1 2 3 4 5 6 7 8 9 0	54	1 2 3 4 5 6 7 8 9 0
5	1 2 3 4 5 6 7 8 9 0	30	1 2 3 4 5 6 7 8 9 0	55	1 2 3 4 5 6 7 8 9 0
6	1 2 3 4 5 6 7 8 9 0	31	1 2 3 4 5 6 7 8 9 0	56	1 2 3 4 5 6 7 8 9 0
7	1 2 3 4 5 6 7 8 9 0	32	1 2 3 4 5 6 7 8 9 0	57	1 2 3 4 5 6 7 8 9 0
8	1 2 3 4 5 6 7 8 9 0	33	1 2 3 4 5 6 7 8 9 0	58	1 2 3 4 5 6 7 8 9 0
9	1 2 3 4 5 6 7 8 9 0	34	1 2 3 4 5 6 7 8 9 0	59	1 2 3 4 5 6 7 8 9 0
10	1 2 3 4 5 6 7 8 9 0	35	1 2 3 4 5 6 7 8 9 0	60	1 2 3 4 5 6 7 8 9 0
11	1 2 3 4 5 6 7 8 9 0	36	1 2 3 4 5 6 7 8 9 0	61	1 2 3 4 5 6 7 8 9 0
12	1 2 3 4 5 6 7 8 9 0	37	1 2 3 4 5 6 7 8 9 0	62	1 2 3 4 5 6 7 8 9 0
13	1 2 3 4 5 6 7 8 9 0	38	1 2 3 4 5 6 7 8 9 0	63	1 2 3 4 5 6 7 8 9 0
14	1 2 3 4 5 6 7 8 9 0	39	1 2 3 4 5 6 7 8 9 0	64	1 2 3 4 5 6 7 8 9 0
15	1 2 3 4 5 6 7 8 9 0	40	1 2 3 4 5 6 7 8 9 0	65	1 2 3 4 5 6 7 8 9 0
16	1 2 3 4 5 6 7 8 9 0	41	1 2 3 4 5 6 7 8 9 0	66	1 2 3 4 5 6 7 8 9 0
17	1 2 3 4 5 6 7 8 9 0	42	1 2 3 4 5 6 7 8 9 0	67	1 2 3 4 5 6 7 8 9 0
18	1 2 3 4 5 6 7 8 9 0	43	1 2 3 4 5 6 7 8 9 0	68	1 2 3 4 5 6 7 8 9 0
19	1 2 3 4 5 6 7 8 9 0	44	1 2 3 4 5 6 7 8 9 0	69	1 2 3 4 5 6 7 8 9 0
20	1 2 3 4 5 6 7 8 9 0	45	1 2 3 4 5 6 7 8 9 0	70	1 2 3 4 5 6 7 8 9 0
21	1 2 3 4 5 6 7 8 9 0	46	1 2 3 4 5 6 7 8 9 0	71	1 2 3 4 5 6 7 8 9 0
22	1 2 3 4 5 6 7 8 9 0	47	1 2 3 4 5 6 7 8 9 0	72	1 2 3 4 5 6 7 8 9 0
23	1 2 3 4 5 6 7 8 9 0	48	1 2 3 4 5 6 7 8 9 0	73	1 2 3 4 5 6 7 8 9 0
24	1 2 3 4 5 6 7 8 9 0	49	1 2 3 4 5 6 7 8 9 0	74	1 2 3 4 5 6 7 8 9 0
25	1 2 3 4 5 6 7 8 9 0	50	1 2 3 4 5 6 7 8 9 0	75	1 2 3 4 5 6 7 8 9 0

（注）この解答用紙は実物を縮小してあります。Ｂ４用紙に133%拡大コピーすると、ほぼ実物大で使用できます。（タイトルと配点表は含みません）

受験番号				
1	1	1	1	1
2	2	2	2	2
3	3	3	3	3
4	4	4	4	4
5	5	5	5	5
6	6	6	6	6
7	7	7	7	7
8	8	8	8	8
9	9	9	9	9
0	0	0	0	0

記入方法

1．記入は、必ずＨＢの黒鉛筆で、▯の中を正確に、ぬりつぶしてください。

2．訂正は、プラスチック製消しゴムできれいに消してください。

3．解答用紙を、折り曲げたり、汚さないでください。

良い例

悪い例

学校配点
1～5 各5点×20
100点　計

二〇二四年度 山村学園高等学校 第三回

国語解答用紙

評点
/100

中学校名	立 中学校

フリガナ	
氏　名	

問	解答記入欄 1～25	問	解答記入欄 26～50	問	解答記入欄 51～75
1	1 2 3 4 5 6 7 8 9 0	26	1 2 3 4 5 6 7 8 9 0	51	1 2 3 4 5 6 7 8 9 0
2	1 2 3 4 5 6 7 8 9 0	27	1 2 3 4 5 6 7 8 9 0	52	1 2 3 4 5 6 7 8 9 0
3	1 2 3 4 5 6 7 8 9 0	28	1 2 3 4 5 6 7 8 9 0	53	1 2 3 4 5 6 7 8 9 0
4	1 2 3 4 5 6 7 8 9 0	29	1 2 3 4 5 6 7 8 9 0	54	1 2 3 4 5 6 7 8 9 0
5	1 2 3 4 5 6 7 8 9 0	30	1 2 3 4 5 6 7 8 9 0	55	1 2 3 4 5 6 7 8 9 0
6	1 2 3 4 5 6 7 8 9 0	31	1 2 3 4 5 6 7 8 9 0	56	1 2 3 4 5 6 7 8 9 0
7	1 2 3 4 5 6 7 8 9 0	32	1 2 3 4 5 6 7 8 9 0	57	1 2 3 4 5 6 7 8 9 0
8	1 2 3 4 5 6 7 8 9 0	33	1 2 3 4 5 6 7 8 9 0	58	1 2 3 4 5 6 7 8 9 0
9	1 2 3 4 5 6 7 8 9 0	34	1 2 3 4 5 6 7 8 9 0	59	1 2 3 4 5 6 7 8 9 0
10	1 2 3 4 5 6 7 8 9 0	35	1 2 3 4 5 6 7 8 9 0	60	1 2 3 4 5 6 7 8 9 0
11	1 2 3 4 5 6 7 8 9 0	36	1 2 3 4 5 6 7 8 9 0	61	1 2 3 4 5 6 7 8 9 0
12	1 2 3 4 5 6 7 8 9 0	37	1 2 3 4 5 6 7 8 9 0	62	1 2 3 4 5 6 7 8 9 0
13	1 2 3 4 5 6 7 8 9 0	38	1 2 3 4 5 6 7 8 9 0	63	1 2 3 4 5 6 7 8 9 0
14	1 2 3 4 5 6 7 8 9 0	39	1 2 3 4 5 6 7 8 9 0	64	1 2 3 4 5 6 7 8 9 0
15	1 2 3 4 5 6 7 8 9 0	40	1 2 3 4 5 6 7 8 9 0	65	1 2 3 4 5 6 7 8 9 0
16	1 2 3 4 5 6 7 8 9 0	41	1 2 3 4 5 6 7 8 9 0	66	1 2 3 4 5 6 7 8 9 0
17	1 2 3 4 5 6 7 8 9 0	42	1 2 3 4 5 6 7 8 9 0	67	1 2 3 4 5 6 7 8 9 0
18	1 2 3 4 5 6 7 8 9 0	43	1 2 3 4 5 6 7 8 9 0	68	1 2 3 4 5 6 7 8 9 0
19	1 2 3 4 5 6 7 8 9 0	44	1 2 3 4 5 6 7 8 9 0	69	1 2 3 4 5 6 7 8 9 0
20	1 2 3 4 5 6 7 8 9 0	45	1 2 3 4 5 6 7 8 9 0	70	1 2 3 4 5 6 7 8 9 0
21	1 2 3 4 5 6 7 8 9 0	46	1 2 3 4 5 6 7 8 9 0	71	1 2 3 4 5 6 7 8 9 0
22	1 2 3 4 5 6 7 8 9 0	47	1 2 3 4 5 6 7 8 9 0	72	1 2 3 4 5 6 7 8 9 0
23	1 2 3 4 5 6 7 8 9 0	48	1 2 3 4 5 6 7 8 9 0	73	1 2 3 4 5 6 7 8 9 0
24	1 2 3 4 5 6 7 8 9 0	49	1 2 3 4 5 6 7 8 9 0	74	1 2 3 4 5 6 7 8 9 0
25	1 2 3 4 5 6 7 8 9 0	50	1 2 3 4 5 6 7 8 9 0	75	1 2 3 4 5 6 7 8 9 0

(注) この解答用紙は実物を縮小してあります。Ｂ４用紙に133%拡大コピーすると、ほぼ実物大で使用できます。(タイトルと配点表は含みません)

受験番号				
1	1	1	1	1
2	2	2	2	2
3	3	3	3	3
4	4	4	4	4
5	5	5	5	5
6	6	6	6	6
7	7	7	7	7
8	8	8	8	8
9	9	9	9	9
0	0	0	0	0

記入方法

1. 記入は、必ずＨＢの黒鉛筆で、▯の中を正確に、ぬりつぶしてください。
2. 訂正は、プラスチック製消しゴムできれいに消してください。
3. 解答用紙を、折り曲げたり、汚さないでください。

良い例 ▮

悪い例 ⁄ • ▯

学校配点	
一～三 各2点×50	
100点	計

2023年度 山村学園高等学校 単願・第1回

英語解答用紙

評点 ／100

中学校名	立	中学校

フリガナ	
氏　名	

問	解答記入欄 1～25	問	解答記入欄 26～50	問	解答記入欄 51～75
1	1 2 3 4 5 6 7 8 9 0	26	1 2 3 4 5 6 7 8 9 0	51	1 2 3 4 5 6 7 8 9 0
2	1 2 3 4 5 6 7 8 9 0	27	1 2 3 4 5 6 7 8 9 0	52	1 2 3 4 5 6 7 8 9 0
3	1 2 3 4 5 6 7 8 9 0	28	1 2 3 4 5 6 7 8 9 0	53	1 2 3 4 5 6 7 8 9 0
4	1 2 3 4 5 6 7 8 9 0	29	1 2 3 4 5 6 7 8 9 0	54	1 2 3 4 5 6 7 8 9 0
5	1 2 3 4 5 6 7 8 9 0	30	1 2 3 4 5 6 7 8 9 0	55	1 2 3 4 5 6 7 8 9 0
6	1 2 3 4 5 6 7 8 9 0	31	1 2 3 4 5 6 7 8 9 0	56	1 2 3 4 5 6 7 8 9 0
7	1 2 3 4 5 6 7 8 9 0	32	1 2 3 4 5 6 7 8 9 0	57	1 2 3 4 5 6 7 8 9 0
8	1 2 3 4 5 6 7 8 9 0	33	1 2 3 4 5 6 7 8 9 0	58	1 2 3 4 5 6 7 8 9 0
9	1 2 3 4 5 6 7 8 9 0	34	1 2 3 4 5 6 7 8 9 0	59	1 2 3 4 5 6 7 8 9 0
10	1 2 3 4 5 6 7 8 9 0	35	1 2 3 4 5 6 7 8 9 0	60	1 2 3 4 5 6 7 8 9 0
11	1 2 3 4 5 6 7 8 9 0	36	1 2 3 4 5 6 7 8 9 0	61	1 2 3 4 5 6 7 8 9 0
12	1 2 3 4 5 6 7 8 9 0	37	1 2 3 4 5 6 7 8 9 0	62	1 2 3 4 5 6 7 8 9 0
13	1 2 3 4 5 6 7 8 9 0	38	1 2 3 4 5 6 7 8 9 0	63	1 2 3 4 5 6 7 8 9 0
14	1 2 3 4 5 6 7 8 9 0	39	1 2 3 4 5 6 7 8 9 0	64	1 2 3 4 5 6 7 8 9 0
15	1 2 3 4 5 6 7 8 9 0	40	1 2 3 4 5 6 7 8 9 0	65	1 2 3 4 5 6 7 8 9 0
16	1 2 3 4 5 6 7 8 9 0	41	1 2 3 4 5 6 7 8 9 0	66	1 2 3 4 5 6 7 8 9 0
17	1 2 3 4 5 6 7 8 9 0	42	1 2 3 4 5 6 7 8 9 0	67	1 2 3 4 5 6 7 8 9 0
18	1 2 3 4 5 6 7 8 9 0	43	1 2 3 4 5 6 7 8 9 0	68	1 2 3 4 5 6 7 8 9 0
19	1 2 3 4 5 6 7 8 9 0	44	1 2 3 4 5 6 7 8 9 0	69	1 2 3 4 5 6 7 8 9 0
20	1 2 3 4 5 6 7 8 9 0	45	1 2 3 4 5 6 7 8 9 0	70	1 2 3 4 5 6 7 8 9 0
21	1 2 3 4 5 6 7 8 9 0	46	1 2 3 4 5 6 7 8 9 0	71	1 2 3 4 5 6 7 8 9 0
22	1 2 3 4 5 6 7 8 9 0	47	1 2 3 4 5 6 7 8 9 0	72	1 2 3 4 5 6 7 8 9 0
23	1 2 3 4 5 6 7 8 9 0	48	1 2 3 4 5 6 7 8 9 0	73	1 2 3 4 5 6 7 8 9 0
24	1 2 3 4 5 6 7 8 9 0	49	1 2 3 4 5 6 7 8 9 0	74	1 2 3 4 5 6 7 8 9 0
25	1 2 3 4 5 6 7 8 9 0	50	1 2 3 4 5 6 7 8 9 0	75	1 2 3 4 5 6 7 8 9 0

(注) この解答用紙は実物を縮小してあります。Ｂ４用紙に133%拡大コピーすると、ほぼ実物大で使用できます。(タイトルと配点表は含みません)

受験番号				
1	1	1	1	1
2	2	2	2	2
3	3	3	3	3
4	4	4	4	4
5	5	5	5	5
6	6	6	6	6
7	7	7	7	7
8	8	8	8	8
9	9	9	9	9
0	0	0	0	0

記入方法

1．記入は、必ずＨＢの黒鉛筆で、▯の中を正確に、ぬりつぶしてください。
2．訂正は、プラスチック製消しゴムできれいに消してください。
3．解答用紙を、折り曲げたり、汚さないでください。

良い例 ▌

悪い例 ⁄ ● ▌

学校配点

1～3 各2点×20

4～6 各3点×20

100点	計

2023年度　山村学園高等学校　単願・第1回
数学解答用紙

評点
/100

中学校名	立　　　中学校

フリガナ	
氏　名	

問	解答記入欄 1〜25	問	解答記入欄 26〜50	問	解答記入欄 51〜75
1	1 2 3 4 5 6 7 8 9 0	26	1 2 3 4 5 6 7 8 9 0	51	1 2 3 4 5 6 7 8 9 0
2	1 2 3 4 5 6 7 8 9 0	27	1 2 3 4 5 6 7 8 9 0	52	1 2 3 4 5 6 7 8 9 0
3	1 2 3 4 5 6 7 8 9 0	28	1 2 3 4 5 6 7 8 9 0	53	1 2 3 4 5 6 7 8 9 0
4	1 2 3 4 5 6 7 8 9 0	29	1 2 3 4 5 6 7 8 9 0	54	1 2 3 4 5 6 7 8 9 0
5	1 2 3 4 5 6 7 8 9 0	30	1 2 3 4 5 6 7 8 9 0	55	1 2 3 4 5 6 7 8 9 0
6	1 2 3 4 5 6 7 8 9 0	31	1 2 3 4 5 6 7 8 9 0	56	1 2 3 4 5 6 7 8 9 0
7	1 2 3 4 5 6 7 8 9 0	32	1 2 3 4 5 6 7 8 9 0	57	1 2 3 4 5 6 7 8 9 0
8	1 2 3 4 5 6 7 8 9 0	33	1 2 3 4 5 6 7 8 9 0	58	1 2 3 4 5 6 7 8 9 0
9	1 2 3 4 5 6 7 8 9 0	34	1 2 3 4 5 6 7 8 9 0	59	1 2 3 4 5 6 7 8 9 0
10	1 2 3 4 5 6 7 8 9 0	35	1 2 3 4 5 6 7 8 9 0	60	1 2 3 4 5 6 7 8 9 0
11	1 2 3 4 5 6 7 8 9 0	36	1 2 3 4 5 6 7 8 9 0	61	1 2 3 4 5 6 7 8 9 0
12	1 2 3 4 5 6 7 8 9 0	37	1 2 3 4 5 6 7 8 9 0	62	1 2 3 4 5 6 7 8 9 0
13	1 2 3 4 5 6 7 8 9 0	38	1 2 3 4 5 6 7 8 9 0	63	1 2 3 4 5 6 7 8 9 0
14	1 2 3 4 5 6 7 8 9 0	39	1 2 3 4 5 6 7 8 9 0	64	1 2 3 4 5 6 7 8 9 0
15	1 2 3 4 5 6 7 8 9 0	40	1 2 3 4 5 6 7 8 9 0	65	1 2 3 4 5 6 7 8 9 0
16	1 2 3 4 5 6 7 8 9 0	41	1 2 3 4 5 6 7 8 9 0	66	1 2 3 4 5 6 7 8 9 0
17	1 2 3 4 5 6 7 8 9 0	42	1 2 3 4 5 6 7 8 9 0	67	1 2 3 4 5 6 7 8 9 0
18	1 2 3 4 5 6 7 8 9 0	43	1 2 3 4 5 6 7 8 9 0	68	1 2 3 4 5 6 7 8 9 0
19	1 2 3 4 5 6 7 8 9 0	44	1 2 3 4 5 6 7 8 9 0	69	1 2 3 4 5 6 7 8 9 0
20	1 2 3 4 5 6 7 8 9 0	45	1 2 3 4 5 6 7 8 9 0	70	1 2 3 4 5 6 7 8 9 0
21	1 2 3 4 5 6 7 8 9 0	46	1 2 3 4 5 6 7 8 9 0	71	1 2 3 4 5 6 7 8 9 0
22	1 2 3 4 5 6 7 8 9 0	47	1 2 3 4 5 6 7 8 9 0	72	1 2 3 4 5 6 7 8 9 0
23	1 2 3 4 5 6 7 8 9 0	48	1 2 3 4 5 6 7 8 9 0	73	1 2 3 4 5 6 7 8 9 0
24	1 2 3 4 5 6 7 8 9 0	49	1 2 3 4 5 6 7 8 9 0	74	1 2 3 4 5 6 7 8 9 0
25	1 2 3 4 5 6 7 8 9 0	50	1 2 3 4 5 6 7 8 9 0	75	1 2 3 4 5 6 7 8 9 0

(注) この解答用紙は実物を縮小してあります。Ｂ４用紙に133%拡大コピーすると、ほぼ実物大で使用できます。(タイトルと配点表は含みません)

受験番号				
1	1	1	1	1
2	2	2	2	2
3	3	3	3	3
4	4	4	4	4
5	5	5	5	5
6	6	6	6	6
7	7	7	7	7
8	8	8	8	8
9	9	9	9	9
0	0	0	0	0

記入方法

1．記入は、必ずＨＢの黒鉛筆で、▯の中を正確に、ぬりつぶしてください。
2．訂正は、プラスチック製消しゴムできれいに消してください。
3．解答用紙を、折り曲げたり、汚さないでください。

良い例 ▮

悪い例

推定配点	
1〜5　各5点×20	
100点	計

二〇二三年度　山村学園高等学校　単願・第一回

国語解答用紙

評点
/100

中学校名	立　　　中学校	フリガナ 氏　名	

問	解答記入欄 1～25	問	解答記入欄 26～50	問	解答記入欄 51～75
1	1 2 3 4 5 6 7 8 9 0	26	1 2 3 4 5 6 7 8 9 0	51	1 2 3 4 5 6 7 8 9 0
2	1 2 3 4 5 6 7 8 9 0	27	1 2 3 4 5 6 7 8 9 0	52	1 2 3 4 5 6 7 8 9 0
3	1 2 3 4 5 6 7 8 9 0	28	1 2 3 4 5 6 7 8 9 0	53	1 2 3 4 5 6 7 8 9 0
4	1 2 3 4 5 6 7 8 9 0	29	1 2 3 4 5 6 7 8 9 0	54	1 2 3 4 5 6 7 8 9 0
5	1 2 3 4 5 6 7 8 9 0	30	1 2 3 4 5 6 7 8 9 0	55	1 2 3 4 5 6 7 8 9 0
6	1 2 3 4 5 6 7 8 9 0	31	1 2 3 4 5 6 7 8 9 0	56	1 2 3 4 5 6 7 8 9 0
7	1 2 3 4 5 6 7 8 9 0	32	1 2 3 4 5 6 7 8 9 0	57	1 2 3 4 5 6 7 8 9 0
8	1 2 3 4 5 6 7 8 9 0	33	1 2 3 4 5 6 7 8 9 0	58	1 2 3 4 5 6 7 8 9 0
9	1 2 3 4 5 6 7 8 9 0	34	1 2 3 4 5 6 7 8 9 0	59	1 2 3 4 5 6 7 8 9 0
10	1 2 3 4 5 6 7 8 9 0	35	1 2 3 4 5 6 7 8 9 0	60	1 2 3 4 5 6 7 8 9 0
11	1 2 3 4 5 6 7 8 9 0	36	1 2 3 4 5 6 7 8 9 0	61	1 2 3 4 5 6 7 8 9 0
12	1 2 3 4 5 6 7 8 9 0	37	1 2 3 4 5 6 7 8 9 0	62	1 2 3 4 5 6 7 8 9 0
13	1 2 3 4 5 6 7 8 9 0	38	1 2 3 4 5 6 7 8 9 0	63	1 2 3 4 5 6 7 8 9 0
14	1 2 3 4 5 6 7 8 9 0	39	1 2 3 4 5 6 7 8 9 0	64	1 2 3 4 5 6 7 8 9 0
15	1 2 3 4 5 6 7 8 9 0	40	1 2 3 4 5 6 7 8 9 0	65	1 2 3 4 5 6 7 8 9 0
16	1 2 3 4 5 6 7 8 9 0	41	1 2 3 4 5 6 7 8 9 0	66	1 2 3 4 5 6 7 8 9 0
17	1 2 3 4 5 6 7 8 9 0	42	1 2 3 4 5 6 7 8 9 0	67	1 2 3 4 5 6 7 8 9 0
18	1 2 3 4 5 6 7 8 9 0	43	1 2 3 4 5 6 7 8 9 0	68	1 2 3 4 5 6 7 8 9 0
19	1 2 3 4 5 6 7 8 9 0	44	1 2 3 4 5 6 7 8 9 0	69	1 2 3 4 5 6 7 8 9 0
20	1 2 3 4 5 6 7 8 9 0	45	1 2 3 4 5 6 7 8 9 0	70	1 2 3 4 5 6 7 8 9 0
21	1 2 3 4 5 6 7 8 9 0	46	1 2 3 4 5 6 7 8 9 0	71	1 2 3 4 5 6 7 8 9 0
22	1 2 3 4 5 6 7 8 9 0	47	1 2 3 4 5 6 7 8 9 0	72	1 2 3 4 5 6 7 8 9 0
23	1 2 3 4 5 6 7 8 9 0	48	1 2 3 4 5 6 7 8 9 0	73	1 2 3 4 5 6 7 8 9 0
24	1 2 3 4 5 6 7 8 9 0	49	1 2 3 4 5 6 7 8 9 0	74	1 2 3 4 5 6 7 8 9 0
25	1 2 3 4 5 6 7 8 9 0	50	1 2 3 4 5 6 7 8 9 0	75	1 2 3 4 5 6 7 8 9 0

（注）この解答用紙は実物を縮小してあります。Ｂ４用紙に133％拡大コピーすると、ほぼ実物大で使用できます。（タイトルと配点表は含みません）

受験番号				
1	1	1	1	1
2	2	2	2	2
3	3	3	3	3
4	4	4	4	4
5	5	5	5	5
6	6	6	6	6
7	7	7	7	7
8	8	8	8	8
9	9	9	9	9
0	0	0	0	0

記入方法

1．記入は、必ずＨＢの黒鉛筆で、▯の中を正確に、ぬりつぶしてください。
2．訂正は、プラスチック製消しゴムできれいに消してください。
3．解答用紙を、折り曲げたり、汚さないでください。

良い例 ▮

悪い例 ⁄ •]

推定配点	
一～三　各2点×50	
100点	計

2023年度 山村学園高等学校 第2回

英語解答用紙

評点
/100

中学校名	立 中学校

フリガナ	
氏名	

問	解答記入欄 1～25	問	解答記入欄 26～50	問	解答記入欄 51～75
1	1 2 3 4 5 6 7 8 9 0	26	1 2 3 4 5 6 7 8 9 0	51	1 2 3 4 5 6 7 8 9 0
2	1 2 3 4 5 6 7 8 9 0	27	1 2 3 4 5 6 7 8 9 0	52	1 2 3 4 5 6 7 8 9 0
3	1 2 3 4 5 6 7 8 9 0	28	1 2 3 4 5 6 7 8 9 0	53	1 2 3 4 5 6 7 8 9 0
4	1 2 3 4 5 6 7 8 9 0	29	1 2 3 4 5 6 7 8 9 0	54	1 2 3 4 5 6 7 8 9 0
5	1 2 3 4 5 6 7 8 9 0	30	1 2 3 4 5 6 7 8 9 0	55	1 2 3 4 5 6 7 8 9 0
6	1 2 3 4 5 6 7 8 9 0	31	1 2 3 4 5 6 7 8 9 0	56	1 2 3 4 5 6 7 8 9 0
7	1 2 3 4 5 6 7 8 9 0	32	1 2 3 4 5 6 7 8 9 0	57	1 2 3 4 5 6 7 8 9 0
8	1 2 3 4 5 6 7 8 9 0	33	1 2 3 4 5 6 7 8 9 0	58	1 2 3 4 5 6 7 8 9 0
9	1 2 3 4 5 6 7 8 9 0	34	1 2 3 4 5 6 7 8 9 0	59	1 2 3 4 5 6 7 8 9 0
10	1 2 3 4 5 6 7 8 9 0	35	1 2 3 4 5 6 7 8 9 0	60	1 2 3 4 5 6 7 8 9 0
11	1 2 3 4 5 6 7 8 9 0	36	1 2 3 4 5 6 7 8 9 0	61	1 2 3 4 5 6 7 8 9 0
12	1 2 3 4 5 6 7 8 9 0	37	1 2 3 4 5 6 7 8 9 0	62	1 2 3 4 5 6 7 8 9 0
13	1 2 3 4 5 6 7 8 9 0	38	1 2 3 4 5 6 7 8 9 0	63	1 2 3 4 5 6 7 8 9 0
14	1 2 3 4 5 6 7 8 9 0	39	1 2 3 4 5 6 7 8 9 0	64	1 2 3 4 5 6 7 8 9 0
15	1 2 3 4 5 6 7 8 9 0	40	1 2 3 4 5 6 7 8 9 0	65	1 2 3 4 5 6 7 8 9 0
16	1 2 3 4 5 6 7 8 9 0	41	1 2 3 4 5 6 7 8 9 0	66	1 2 3 4 5 6 7 8 9 0
17	1 2 3 4 5 6 7 8 9 0	42	1 2 3 4 5 6 7 8 9 0	67	1 2 3 4 5 6 7 8 9 0
18	1 2 3 4 5 6 7 8 9 0	43	1 2 3 4 5 6 7 8 9 0	68	1 2 3 4 5 6 7 8 9 0
19	1 2 3 4 5 6 7 8 9 0	44	1 2 3 4 5 6 7 8 9 0	69	1 2 3 4 5 6 7 8 9 0
20	1 2 3 4 5 6 7 8 9 0	45	1 2 3 4 5 6 7 8 9 0	70	1 2 3 4 5 6 7 8 9 0
21	1 2 3 4 5 6 7 8 9 0	46	1 2 3 4 5 6 7 8 9 0	71	1 2 3 4 5 6 7 8 9 0
22	1 2 3 4 5 6 7 8 9 0	47	1 2 3 4 5 6 7 8 9 0	72	1 2 3 4 5 6 7 8 9 0
23	1 2 3 4 5 6 7 8 9 0	48	1 2 3 4 5 6 7 8 9 0	73	1 2 3 4 5 6 7 8 9 0
24	1 2 3 4 5 6 7 8 9 0	49	1 2 3 4 5 6 7 8 9 0	74	1 2 3 4 5 6 7 8 9 0
25	1 2 3 4 5 6 7 8 9 0	50	1 2 3 4 5 6 7 8 9 0	75	1 2 3 4 5 6 7 8 9 0

(注) この解答用紙は実物を縮小してあります。Ｂ４用紙に133%拡大コピーすると、ほぼ実物大で使用できます。(タイトルと配点表は含みません)

受験番号				
1	1	1	1	1
2	2	2	2	2
3	3	3	3	3
4	4	4	4	4
5	5	5	5	5
6	6	6	6	6
7	7	7	7	7
8	8	8	8	8
9	9	9	9	9
0	0	0	0	0

記入方法

1．記入は、必ずＨＢの黒鉛筆で、▯の中を正確に、ぬりつぶしてください。
2．訂正は、プラスチック製消しゴムできれいに消してください。
3．解答用紙を、折り曲げたり、汚さないでください。

良い例 ▮

悪い例 ⁄ •]

推定配点	
1～3 各2点×20 4～6 各3点×20	
計	100点

2023年度　山村学園高等学校　第2回

数学解答用紙

中学校名	立	中学校

フリガナ	
氏　名	

評点
/100

問	解答記入欄 1～25	問	解答記入欄 26～50	問	解答記入欄 51～75
1	1 2 3 4 5 6 7 8 9 0	26	1 2 3 4 5 6 7 8 9 0	51	1 2 3 4 5 6 7 8 9 0
2	1 2 3 4 5 6 7 8 9 0	27	1 2 3 4 5 6 7 8 9 0	52	1 2 3 4 5 6 7 8 9 0
3	1 2 3 4 5 6 7 8 9 0	28	1 2 3 4 5 6 7 8 9 0	53	1 2 3 4 5 6 7 8 9 0
4	1 2 3 4 5 6 7 8 9 0	29	1 2 3 4 5 6 7 8 9 0	54	1 2 3 4 5 6 7 8 9 0
5	1 2 3 4 5 6 7 8 9 0	30	1 2 3 4 5 6 7 8 9 0	55	1 2 3 4 5 6 7 8 9 0
6	1 2 3 4 5 6 7 8 9 0	31	1 2 3 4 5 6 7 8 9 0	56	1 2 3 4 5 6 7 8 9 0
7	1 2 3 4 5 6 7 8 9 0	32	1 2 3 4 5 6 7 8 9 0	57	1 2 3 4 5 6 7 8 9 0
8	1 2 3 4 5 6 7 8 9 0	33	1 2 3 4 5 6 7 8 9 0	58	1 2 3 4 5 6 7 8 9 0
9	1 2 3 4 5 6 7 8 9 0	34	1 2 3 4 5 6 7 8 9 0	59	1 2 3 4 5 6 7 8 9 0
10	1 2 3 4 5 6 7 8 9 0	35	1 2 3 4 5 6 7 8 9 0	60	1 2 3 4 5 6 7 8 9 0
11	1 2 3 4 5 6 7 8 9 0	36	1 2 3 4 5 6 7 8 9 0	61	1 2 3 4 5 6 7 8 9 0
12	1 2 3 4 5 6 7 8 9 0	37	1 2 3 4 5 6 7 8 9 0	62	1 2 3 4 5 6 7 8 9 0
13	1 2 3 4 5 6 7 8 9 0	38	1 2 3 4 5 6 7 8 9 0	63	1 2 3 4 5 6 7 8 9 0
14	1 2 3 4 5 6 7 8 9 0	39	1 2 3 4 5 6 7 8 9 0	64	1 2 3 4 5 6 7 8 9 0
15	1 2 3 4 5 6 7 8 9 0	40	1 2 3 4 5 6 7 8 9 0	65	1 2 3 4 5 6 7 8 9 0
16	1 2 3 4 5 6 7 8 9 0	41	1 2 3 4 5 6 7 8 9 0	66	1 2 3 4 5 6 7 8 9 0
17	1 2 3 4 5 6 7 8 9 0	42	1 2 3 4 5 6 7 8 9 0	67	1 2 3 4 5 6 7 8 9 0
18	1 2 3 4 5 6 7 8 9 0	43	1 2 3 4 5 6 7 8 9 0	68	1 2 3 4 5 6 7 8 9 0
19	1 2 3 4 5 6 7 8 9 0	44	1 2 3 4 5 6 7 8 9 0	69	1 2 3 4 5 6 7 8 9 0
20	1 2 3 4 5 6 7 8 9 0	45	1 2 3 4 5 6 7 8 9 0	70	1 2 3 4 5 6 7 8 9 0
21	1 2 3 4 5 6 7 8 9 0	46	1 2 3 4 5 6 7 8 9 0	71	1 2 3 4 5 6 7 8 9 0
22	1 2 3 4 5 6 7 8 9 0	47	1 2 3 4 5 6 7 8 9 0	72	1 2 3 4 5 6 7 8 9 0
23	1 2 3 4 5 6 7 8 9 0	48	1 2 3 4 5 6 7 8 9 0	73	1 2 3 4 5 6 7 8 9 0
24	1 2 3 4 5 6 7 8 9 0	49	1 2 3 4 5 6 7 8 9 0	74	1 2 3 4 5 6 7 8 9 0
25	1 2 3 4 5 6 7 8 9 0	50	1 2 3 4 5 6 7 8 9 0	75	1 2 3 4 5 6 7 8 9 0

(注) この解答用紙は実物を縮小してあります。Ｂ４用紙に133%拡大コピーすると、ほぼ実物大で使用できます。(タイトルと配点表は含みません)

受験番号				
1	1	1	1	1
2	2	2	2	2
3	3	3	3	3
4	4	4	4	4
5	5	5	5	5
6	6	6	6	6
7	7	7	7	7
8	8	8	8	8
9	9	9	9	9
0	0	0	0	0

記入方法

1. 記入は、必ずＨＢの黒鉛筆で、□の中を正確に、ぬりつぶしてください。
2. 訂正は、プラスチック製消しゴムできれいに消してください。
3. 解答用紙を、折り曲げたり、汚さないでください。

良い例 ▮

悪い例 ⁄ ●]

推定配点	
1～5　各5点×20	
100点	計

二〇二三年度　山村学園高等学校　第二回

国語解答用紙

評点	/100

中学校名	立　　中学校

フリガナ	
氏　名	

問	解答記入欄 1～25	問	解答記入欄 26～50	問	解答記入欄 51～75
1	1 2 3 4 5 6 7 8 9 0	26	1 2 3 4 5 6 7 8 9 0	51	1 2 3 4 5 6 7 8 9 0
2	1 2 3 4 5 6 7 8 9 0	27	1 2 3 4 5 6 7 8 9 0	52	1 2 3 4 5 6 7 8 9 0
3	1 2 3 4 5 6 7 8 9 0	28	1 2 3 4 5 6 7 8 9 0	53	1 2 3 4 5 6 7 8 9 0
4	1 2 3 4 5 6 7 8 9 0	29	1 2 3 4 5 6 7 8 9 0	54	1 2 3 4 5 6 7 8 9 0
5	1 2 3 4 5 6 7 8 9 0	30	1 2 3 4 5 6 7 8 9 0	55	1 2 3 4 5 6 7 8 9 0
6	1 2 3 4 5 6 7 8 9 0	31	1 2 3 4 5 6 7 8 9 0	56	1 2 3 4 5 6 7 8 9 0
7	1 2 3 4 5 6 7 8 9 0	32	1 2 3 4 5 6 7 8 9 0	57	1 2 3 4 5 6 7 8 9 0
8	1 2 3 4 5 6 7 8 9 0	33	1 2 3 4 5 6 7 8 9 0	58	1 2 3 4 5 6 7 8 9 0
9	1 2 3 4 5 6 7 8 9 0	34	1 2 3 4 5 6 7 8 9 0	59	1 2 3 4 5 6 7 8 9 0
10	1 2 3 4 5 6 7 8 9 0	35	1 2 3 4 5 6 7 8 9 0	60	1 2 3 4 5 6 7 8 9 0
11	1 2 3 4 5 6 7 8 9 0	36	1 2 3 4 5 6 7 8 9 0	61	1 2 3 4 5 6 7 8 9 0
12	1 2 3 4 5 6 7 8 9 0	37	1 2 3 4 5 6 7 8 9 0	62	1 2 3 4 5 6 7 8 9 0
13	1 2 3 4 5 6 7 8 9 0	38	1 2 3 4 5 6 7 8 9 0	63	1 2 3 4 5 6 7 8 9 0
14	1 2 3 4 5 6 7 8 9 0	39	1 2 3 4 5 6 7 8 9 0	64	1 2 3 4 5 6 7 8 9 0
15	1 2 3 4 5 6 7 8 9 0	40	1 2 3 4 5 6 7 8 9 0	65	1 2 3 4 5 6 7 8 9 0
16	1 2 3 4 5 6 7 8 9 0	41	1 2 3 4 5 6 7 8 9 0	66	1 2 3 4 5 6 7 8 9 0
17	1 2 3 4 5 6 7 8 9 0	42	1 2 3 4 5 6 7 8 9 0	67	1 2 3 4 5 6 7 8 9 0
18	1 2 3 4 5 6 7 8 9 0	43	1 2 3 4 5 6 7 8 9 0	68	1 2 3 4 5 6 7 8 9 0
19	1 2 3 4 5 6 7 8 9 0	44	1 2 3 4 5 6 7 8 9 0	69	1 2 3 4 5 6 7 8 9 0
20	1 2 3 4 5 6 7 8 9 0	45	1 2 3 4 5 6 7 8 9 0	70	1 2 3 4 5 6 7 8 9 0
21	1 2 3 4 5 6 7 8 9 0	46	1 2 3 4 5 6 7 8 9 0	71	1 2 3 4 5 6 7 8 9 0
22	1 2 3 4 5 6 7 8 9 0	47	1 2 3 4 5 6 7 8 9 0	72	1 2 3 4 5 6 7 8 9 0
23	1 2 3 4 5 6 7 8 9 0	48	1 2 3 4 5 6 7 8 9 0	73	1 2 3 4 5 6 7 8 9 0
24	1 2 3 4 5 6 7 8 9 0	49	1 2 3 4 5 6 7 8 9 0	74	1 2 3 4 5 6 7 8 9 0
25	1 2 3 4 5 6 7 8 9 0	50	1 2 3 4 5 6 7 8 9 0	75	1 2 3 4 5 6 7 8 9 0

(注)　この解答用紙は実物を縮小してあります。Ｂ４用紙に133%拡大コピーすると、ほぼ実物大で使用できます。(タイトルと配点表は含みません)

受験番号				
1	1	1	1	1
2	2	2	2	2
3	3	3	3	3
4	4	4	4	4
5	5	5	5	5
6	6	6	6	6
7	7	7	7	7
8	8	8	8	8
9	9	9	9	9
0	0	0	0	0

記入方法

1．記入は、必ずＨＢの黒鉛筆で、▯の中を正確に、ぬりつぶしてください。
2．訂正は、プラスチック製消しゴムできれいに消してください。
3．解答用紙を、折り曲げたり、汚さないでください。

良い例

悪い例

学校配点	
一～三　各2点×50	
100点	計

2023年度　山村学園高等学校　第3回

英語解答用紙

評点
/100

中学校名	立　　　　中学校

フリガナ	
氏　名	

問	解答記入欄 1～25	問	解答記入欄 26～50	問	解答記入欄 51～75
1	1 2 3 4 5 6 7 8 9 0	26	1 2 3 4 5 6 7 8 9 0	51	1 2 3 4 5 6 7 8 9 0
2	1 2 3 4 5 6 7 8 9 0	27	1 2 3 4 5 6 7 8 9 0	52	1 2 3 4 5 6 7 8 9 0
3	1 2 3 4 5 6 7 8 9 0	28	1 2 3 4 5 6 7 8 9 0	53	1 2 3 4 5 6 7 8 9 0
4	1 2 3 4 5 6 7 8 9 0	29	1 2 3 4 5 6 7 8 9 0	54	1 2 3 4 5 6 7 8 9 0
5	1 2 3 4 5 6 7 8 9 0	30	1 2 3 4 5 6 7 8 9 0	55	1 2 3 4 5 6 7 8 9 0
6	1 2 3 4 5 6 7 8 9 0	31	1 2 3 4 5 6 7 8 9 0	56	1 2 3 4 5 6 7 8 9 0
7	1 2 3 4 5 6 7 8 9 0	32	1 2 3 4 5 6 7 8 9 0	57	1 2 3 4 5 6 7 8 9 0
8	1 2 3 4 5 6 7 8 9 0	33	1 2 3 4 5 6 7 8 9 0	58	1 2 3 4 5 6 7 8 9 0
9	1 2 3 4 5 6 7 8 9 0	34	1 2 3 4 5 6 7 8 9 0	59	1 2 3 4 5 6 7 8 9 0
10	1 2 3 4 5 6 7 8 9 0	35	1 2 3 4 5 6 7 8 9 0	60	1 2 3 4 5 6 7 8 9 0
11	1 2 3 4 5 6 7 8 9 0	36	1 2 3 4 5 6 7 8 9 0	61	1 2 3 4 5 6 7 8 9 0
12	1 2 3 4 5 6 7 8 9 0	37	1 2 3 4 5 6 7 8 9 0	62	1 2 3 4 5 6 7 8 9 0
13	1 2 3 4 5 6 7 8 9 0	38	1 2 3 4 5 6 7 8 9 0	63	1 2 3 4 5 6 7 8 9 0
14	1 2 3 4 5 6 7 8 9 0	39	1 2 3 4 5 6 7 8 9 0	64	1 2 3 4 5 6 7 8 9 0
15	1 2 3 4 5 6 7 8 9 0	40	1 2 3 4 5 6 7 8 9 0	65	1 2 3 4 5 6 7 8 9 0
16	1 2 3 4 5 6 7 8 9 0	41	1 2 3 4 5 6 7 8 9 0	66	1 2 3 4 5 6 7 8 9 0
17	1 2 3 4 5 6 7 8 9 0	42	1 2 3 4 5 6 7 8 9 0	67	1 2 3 4 5 6 7 8 9 0
18	1 2 3 4 5 6 7 8 9 0	43	1 2 3 4 5 6 7 8 9 0	68	1 2 3 4 5 6 7 8 9 0
19	1 2 3 4 5 6 7 8 9 0	44	1 2 3 4 5 6 7 8 9 0	69	1 2 3 4 5 6 7 8 9 0
20	1 2 3 4 5 6 7 8 9 0	45	1 2 3 4 5 6 7 8 9 0	70	1 2 3 4 5 6 7 8 9 0
21	1 2 3 4 5 6 7 8 9 0	46	1 2 3 4 5 6 7 8 9 0	71	1 2 3 4 5 6 7 8 9 0
22	1 2 3 4 5 6 7 8 9 0	47	1 2 3 4 5 6 7 8 9 0	72	1 2 3 4 5 6 7 8 9 0
23	1 2 3 4 5 6 7 8 9 0	48	1 2 3 4 5 6 7 8 9 0	73	1 2 3 4 5 6 7 8 9 0
24	1 2 3 4 5 6 7 8 9 0	49	1 2 3 4 5 6 7 8 9 0	74	1 2 3 4 5 6 7 8 9 0
25	1 2 3 4 5 6 7 8 9 0	50	1 2 3 4 5 6 7 8 9 0	75	1 2 3 4 5 6 7 8 9 0

(注)　この解答用紙は実物を縮小してあります。Ｂ４用紙に133%拡大コピーすると、ほぼ実物大で使用できます。(タイトルと配点表は含みません)

受験番号				
1	1	1	1	1
2	2	2	2	2
3	3	3	3	3
4	4	4	4	4
5	5	5	5	5
6	6	6	6	6
7	7	7	7	7
8	8	8	8	8
9	9	9	9	9
0	0	0	0	0

記入方法

1．記入は、必ずＨＢの黒鉛筆で、▯の中を正確に、ぬりつぶしてください。
2．訂正は、プラスチック製消しゴムできれいに消してください。
3．解答用紙を、折り曲げたり、汚さないでください。

良い例　▮

悪い例　⁄ • ▯

推定配点
1～3　各2点×20 4～6　各3点×20
100点　計

2023年度 山村学園高等学校 第3回

数学解答用紙

評点 /100

中学校名	立	中学校

フリガナ	
氏　名	

問	解答記入欄 1～25	問	解答記入欄 26～50	問	解答記入欄 51～75
1	1 2 3 4 5 6 7 8 9 0	26	1 2 3 4 5 6 7 8 9 0	51	1 2 3 4 5 6 7 8 9 0
2	1 2 3 4 5 6 7 8 9 0	27	1 2 3 4 5 6 7 8 9 0	52	1 2 3 4 5 6 7 8 9 0
3	1 2 3 4 5 6 7 8 9 0	28	1 2 3 4 5 6 7 8 9 0	53	1 2 3 4 5 6 7 8 9 0
4	1 2 3 4 5 6 7 8 9 0	29	1 2 3 4 5 6 7 8 9 0	54	1 2 3 4 5 6 7 8 9 0
5	1 2 3 4 5 6 7 8 9 0	30	1 2 3 4 5 6 7 8 9 0	55	1 2 3 4 5 6 7 8 9 0
6	1 2 3 4 5 6 7 8 9 0	31	1 2 3 4 5 6 7 8 9 0	56	1 2 3 4 5 6 7 8 9 0
7	1 2 3 4 5 6 7 8 9 0	32	1 2 3 4 5 6 7 8 9 0	57	1 2 3 4 5 6 7 8 9 0
8	1 2 3 4 5 6 7 8 9 0	33	1 2 3 4 5 6 7 8 9 0	58	1 2 3 4 5 6 7 8 9 0
9	1 2 3 4 5 6 7 8 9 0	34	1 2 3 4 5 6 7 8 9 0	59	1 2 3 4 5 6 7 8 9 0
10	1 2 3 4 5 6 7 8 9 0	35	1 2 3 4 5 6 7 8 9 0	60	1 2 3 4 5 6 7 8 9 0
11	1 2 3 4 5 6 7 8 9 0	36	1 2 3 4 5 6 7 8 9 0	61	1 2 3 4 5 6 7 8 9 0
12	1 2 3 4 5 6 7 8 9 0	37	1 2 3 4 5 6 7 8 9 0	62	1 2 3 4 5 6 7 8 9 0
13	1 2 3 4 5 6 7 8 9 0	38	1 2 3 4 5 6 7 8 9 0	63	1 2 3 4 5 6 7 8 9 0
14	1 2 3 4 5 6 7 8 9 0	39	1 2 3 4 5 6 7 8 9 0	64	1 2 3 4 5 6 7 8 9 0
15	1 2 3 4 5 6 7 8 9 0	40	1 2 3 4 5 6 7 8 9 0	65	1 2 3 4 5 6 7 8 9 0
16	1 2 3 4 5 6 7 8 9 0	41	1 2 3 4 5 6 7 8 9 0	66	1 2 3 4 5 6 7 8 9 0
17	1 2 3 4 5 6 7 8 9 0	42	1 2 3 4 5 6 7 8 9 0	67	1 2 3 4 5 6 7 8 9 0
18	1 2 3 4 5 6 7 8 9 0	43	1 2 3 4 5 6 7 8 9 0	68	1 2 3 4 5 6 7 8 9 0
19	1 2 3 4 5 6 7 8 9 0	44	1 2 3 4 5 6 7 8 9 0	69	1 2 3 4 5 6 7 8 9 0
20	1 2 3 4 5 6 7 8 9 0	45	1 2 3 4 5 6 7 8 9 0	70	1 2 3 4 5 6 7 8 9 0
21	1 2 3 4 5 6 7 8 9 0	46	1 2 3 4 5 6 7 8 9 0	71	1 2 3 4 5 6 7 8 9 0
22	1 2 3 4 5 6 7 8 9 0	47	1 2 3 4 5 6 7 8 9 0	72	1 2 3 4 5 6 7 8 9 0
23	1 2 3 4 5 6 7 8 9 0	48	1 2 3 4 5 6 7 8 9 0	73	1 2 3 4 5 6 7 8 9 0
24	1 2 3 4 5 6 7 8 9 0	49	1 2 3 4 5 6 7 8 9 0	74	1 2 3 4 5 6 7 8 9 0
25	1 2 3 4 5 6 7 8 9 0	50	1 2 3 4 5 6 7 8 9 0	75	1 2 3 4 5 6 7 8 9 0

(注)この解答用紙は実物を縮小してあります。Ｂ４用紙に133%拡大コピーすると、ほぼ実物大で使用できます。(タイトルと配点表は含みません)

受験番号				
1	1	1	1	1
2	2	2	2	2
3	3	3	3	3
4	4	4	4	4
5	5	5	5	5
6	6	6	6	6
7	7	7	7	7
8	8	8	8	8
9	9	9	9	9
0	0	0	0	0

記入方法

1．記入は、必ずＨＢの黒鉛筆で、▯の中を正確に、ぬりつぶしてください。
2．訂正は、プラスチック製消しゴムできれいに消してください。
3．解答用紙を、折り曲げたり、汚さないでください。

良い例 ▮

悪い例 ⁄ • ▯

推定配点	
1～5 各5点×20	
100点	計

二〇二三年度 山村学園高等学校 第三回

国語解答用紙

評点
/100

中学校名	立 中学校

フリガナ	
氏 名	

問	解答記入欄 1～25	問	解答記入欄 26～50	問	解答記入欄 51～75
1	1 2 3 4 5 6 7 8 9 0	26	1 2 3 4 5 6 7 8 9 0	51	1 2 3 4 5 6 7 8 9 0
2	1 2 3 4 5 6 7 8 9 0	27	1 2 3 4 5 6 7 8 9 0	52	1 2 3 4 5 6 7 8 9 0
3	1 2 3 4 5 6 7 8 9 0	28	1 2 3 4 5 6 7 8 9 0	53	1 2 3 4 5 6 7 8 9 0
4	1 2 3 4 5 6 7 8 9 0	29	1 2 3 4 5 6 7 8 9 0	54	1 2 3 4 5 6 7 8 9 0
5	1 2 3 4 5 6 7 8 9 0	30	1 2 3 4 5 6 7 8 9 0	55	1 2 3 4 5 6 7 8 9 0
6	1 2 3 4 5 6 7 8 9 0	31	1 2 3 4 5 6 7 8 9 0	56	1 2 3 4 5 6 7 8 9 0
7	1 2 3 4 5 6 7 8 9 0	32	1 2 3 4 5 6 7 8 9 0	57	1 2 3 4 5 6 7 8 9 0
8	1 2 3 4 5 6 7 8 9 0	33	1 2 3 4 5 6 7 8 9 0	58	1 2 3 4 5 6 7 8 9 0
9	1 2 3 4 5 6 7 8 9 0	34	1 2 3 4 5 6 7 8 9 0	59	1 2 3 4 5 6 7 8 9 0
10	1 2 3 4 5 6 7 8 9 0	35	1 2 3 4 5 6 7 8 9 0	60	1 2 3 4 5 6 7 8 9 0
11	1 2 3 4 5 6 7 8 9 0	36	1 2 3 4 5 6 7 8 9 0	61	1 2 3 4 5 6 7 8 9 0
12	1 2 3 4 5 6 7 8 9 0	37	1 2 3 4 5 6 7 8 9 0	62	1 2 3 4 5 6 7 8 9 0
13	1 2 3 4 5 6 7 8 9 0	38	1 2 3 4 5 6 7 8 9 0	63	1 2 3 4 5 6 7 8 9 0
14	1 2 3 4 5 6 7 8 9 0	39	1 2 3 4 5 6 7 8 9 0	64	1 2 3 4 5 6 7 8 9 0
15	1 2 3 4 5 6 7 8 9 0	40	1 2 3 4 5 6 7 8 9 0	65	1 2 3 4 5 6 7 8 9 0
16	1 2 3 4 5 6 7 8 9 0	41	1 2 3 4 5 6 7 8 9 0	66	1 2 3 4 5 6 7 8 9 0
17	1 2 3 4 5 6 7 8 9 0	42	1 2 3 4 5 6 7 8 9 0	67	1 2 3 4 5 6 7 8 9 0
18	1 2 3 4 5 6 7 8 9 0	43	1 2 3 4 5 6 7 8 9 0	68	1 2 3 4 5 6 7 8 9 0
19	1 2 3 4 5 6 7 8 9 0	44	1 2 3 4 5 6 7 8 9 0	69	1 2 3 4 5 6 7 8 9 0
20	1 2 3 4 5 6 7 8 9 0	45	1 2 3 4 5 6 7 8 9 0	70	1 2 3 4 5 6 7 8 9 0
21	1 2 3 4 5 6 7 8 9 0	46	1 2 3 4 5 6 7 8 9 0	71	1 2 3 4 5 6 7 8 9 0
22	1 2 3 4 5 6 7 8 9 0	47	1 2 3 4 5 6 7 8 9 0	72	1 2 3 4 5 6 7 8 9 0
23	1 2 3 4 5 6 7 8 9 0	48	1 2 3 4 5 6 7 8 9 0	73	1 2 3 4 5 6 7 8 9 0
24	1 2 3 4 5 6 7 8 9 0	49	1 2 3 4 5 6 7 8 9 0	74	1 2 3 4 5 6 7 8 9 0
25	1 2 3 4 5 6 7 8 9 0	50	1 2 3 4 5 6 7 8 9 0	75	1 2 3 4 5 6 7 8 9 0

(注) この解答用紙は実物を縮小してあります。Ｂ４用紙に133％拡大コピーすると、ほぼ実物大で使用できます。(タイトルと配点表は含みません)

受験番号				
1	1	1	1	1
2	2	2	2	2
3	3	3	3	3
4	4	4	4	4
5	5	5	5	5
6	6	6	6	6
7	7	7	7	7
8	8	8	8	8
9	9	9	9	9
0	0	0	0	0

記入方法

1. 記入は、必ずＨＢの黒鉛筆で、▯の中を正確に、ぬりつぶしてください。
2. 訂正は、プラスチック製消しゴムできれいに消してください。
3. 解答用紙を、折り曲げたり、汚さないでください。

良い例 ▮

悪い例 ⊘ • ▯

学校配点	
一～三 各2点×50	
100点	計

2022年度 山村学園高等学校 単願・第1回

英語解答用紙

評点 ／100

中学校名	立 中学校

フリガナ	
氏　名	

問	解答記入欄 1～25	問	解答記入欄 26～50	問	解答記入欄 51～75
1	1 2 3 4 5 6 7 8 9 0	26	1 2 3 4 5 6 7 8 9 0	51	1 2 3 4 5 6 7 8 9 0
2	1 2 3 4 5 6 7 8 9 0	27	1 2 3 4 5 6 7 8 9 0	52	1 2 3 4 5 6 7 8 9 0
3	1 2 3 4 5 6 7 8 9 0	28	1 2 3 4 5 6 7 8 9 0	53	1 2 3 4 5 6 7 8 9 0
4	1 2 3 4 5 6 7 8 9 0	29	1 2 3 4 5 6 7 8 9 0	54	1 2 3 4 5 6 7 8 9 0
5	1 2 3 4 5 6 7 8 9 0	30	1 2 3 4 5 6 7 8 9 0	55	1 2 3 4 5 6 7 8 9 0
6	1 2 3 4 5 6 7 8 9 0	31	1 2 3 4 5 6 7 8 9 0	56	1 2 3 4 5 6 7 8 9 0
7	1 2 3 4 5 6 7 8 9 0	32	1 2 3 4 5 6 7 8 9 0	57	1 2 3 4 5 6 7 8 9 0
8	1 2 3 4 5 6 7 8 9 0	33	1 2 3 4 5 6 7 8 9 0	58	1 2 3 4 5 6 7 8 9 0
9	1 2 3 4 5 6 7 8 9 0	34	1 2 3 4 5 6 7 8 9 0	59	1 2 3 4 5 6 7 8 9 0
10	1 2 3 4 5 6 7 8 9 0	35	1 2 3 4 5 6 7 8 9 0	60	1 2 3 4 5 6 7 8 9 0
11	1 2 3 4 5 6 7 8 9 0	36	1 2 3 4 5 6 7 8 9 0	61	1 2 3 4 5 6 7 8 9 0
12	1 2 3 4 5 6 7 8 9 0	37	1 2 3 4 5 6 7 8 9 0	62	1 2 3 4 5 6 7 8 9 0
13	1 2 3 4 5 6 7 8 9 0	38	1 2 3 4 5 6 7 8 9 0	63	1 2 3 4 5 6 7 8 9 0
14	1 2 3 4 5 6 7 8 9 0	39	1 2 3 4 5 6 7 8 9 0	64	1 2 3 4 5 6 7 8 9 0
15	1 2 3 4 5 6 7 8 9 0	40	1 2 3 4 5 6 7 8 9 0	65	1 2 3 4 5 6 7 8 9 0
16	1 2 3 4 5 6 7 8 9 0	41	1 2 3 4 5 6 7 8 9 0	66	1 2 3 4 5 6 7 8 9 0
17	1 2 3 4 5 6 7 8 9 0	42	1 2 3 4 5 6 7 8 9 0	67	1 2 3 4 5 6 7 8 9 0
18	1 2 3 4 5 6 7 8 9 0	43	1 2 3 4 5 6 7 8 9 0	68	1 2 3 4 5 6 7 8 9 0
19	1 2 3 4 5 6 7 8 9 0	44	1 2 3 4 5 6 7 8 9 0	69	1 2 3 4 5 6 7 8 9 0
20	1 2 3 4 5 6 7 8 9 0	45	1 2 3 4 5 6 7 8 9 0	70	1 2 3 4 5 6 7 8 9 0
21	1 2 3 4 5 6 7 8 9 0	46	1 2 3 4 5 6 7 8 9 0	71	1 2 3 4 5 6 7 8 9 0
22	1 2 3 4 5 6 7 8 9 0	47	1 2 3 4 5 6 7 8 9 0	72	1 2 3 4 5 6 7 8 9 0
23	1 2 3 4 5 6 7 8 9 0	48	1 2 3 4 5 6 7 8 9 0	73	1 2 3 4 5 6 7 8 9 0
24	1 2 3 4 5 6 7 8 9 0	49	1 2 3 4 5 6 7 8 9 0	74	1 2 3 4 5 6 7 8 9 0
25	1 2 3 4 5 6 7 8 9 0	50	1 2 3 4 5 6 7 8 9 0	75	1 2 3 4 5 6 7 8 9 0

（注）この解答用紙は実物を縮小してあります。Ｂ４用紙に133%拡大コピーすると、ほぼ実物大で使用できます。（タイトルと配点表は含みません）

受験番号				
1	1	1	1	1
2	2	2	2	2
3	3	3	3	3
4	4	4	4	4
5	5	5	5	5
6	6	6	6	6
7	7	7	7	7
8	8	8	8	8
9	9	9	9	9
0	0	0	0	0

記入方法

1．記入は、必ずＨＢの黒鉛筆で、▯の中を正確に、ぬりつぶしてください。
2．訂正は、プラスチック製消しゴムできれいに消してください。
3．解答用紙を、折り曲げたり、汚さないでください。

良い例 ▮

悪い例

学校配点	
1～3 各2点×20 4～6 各3点×20	
100点	計

2022年度 山村学園高等学校 単願・第1回

数学解答用紙

評点
/100

中学校名	立	中学校

フリガナ	
氏　名	

問	解答記入欄 1～25	問	解答記入欄 26～50	問	解答記入欄 51～75
1	1 2 3 4 5 6 7 8 9 0	26	1 2 3 4 5 6 7 8 9 0	51	1 2 3 4 5 6 7 8 9 0
2	1 2 3 4 5 6 7 8 9 0	27	1 2 3 4 5 6 7 8 9 0	52	1 2 3 4 5 6 7 8 9 0
3	1 2 3 4 5 6 7 8 9 0	28	1 2 3 4 5 6 7 8 9 0	53	1 2 3 4 5 6 7 8 9 0
4	1 2 3 4 5 6 7 8 9 0	29	1 2 3 4 5 6 7 8 9 0	54	1 2 3 4 5 6 7 8 9 0
5	1 2 3 4 5 6 7 8 9 0	30	1 2 3 4 5 6 7 8 9 0	55	1 2 3 4 5 6 7 8 9 0
6	1 2 3 4 5 6 7 8 9 0	31	1 2 3 4 5 6 7 8 9 0	56	1 2 3 4 5 6 7 8 9 0
7	1 2 3 4 5 6 7 8 9 0	32	1 2 3 4 5 6 7 8 9 0	57	1 2 3 4 5 6 7 8 9 0
8	1 2 3 4 5 6 7 8 9 0	33	1 2 3 4 5 6 7 8 9 0	58	1 2 3 4 5 6 7 8 9 0
9	1 2 3 4 5 6 7 8 9 0	34	1 2 3 4 5 6 7 8 9 0	59	1 2 3 4 5 6 7 8 9 0
10	1 2 3 4 5 6 7 8 9 0	35	1 2 3 4 5 6 7 8 9 0	60	1 2 3 4 5 6 7 8 9 0
11	1 2 3 4 5 6 7 8 9 0	36	1 2 3 4 5 6 7 8 9 0	61	1 2 3 4 5 6 7 8 9 0
12	1 2 3 4 5 6 7 8 9 0	37	1 2 3 4 5 6 7 8 9 0	62	1 2 3 4 5 6 7 8 9 0
13	1 2 3 4 5 6 7 8 9 0	38	1 2 3 4 5 6 7 8 9 0	63	1 2 3 4 5 6 7 8 9 0
14	1 2 3 4 5 6 7 8 9 0	39	1 2 3 4 5 6 7 8 9 0	64	1 2 3 4 5 6 7 8 9 0
15	1 2 3 4 5 6 7 8 9 0	40	1 2 3 4 5 6 7 8 9 0	65	1 2 3 4 5 6 7 8 9 0
16	1 2 3 4 5 6 7 8 9 0	41	1 2 3 4 5 6 7 8 9 0	66	1 2 3 4 5 6 7 8 9 0
17	1 2 3 4 5 6 7 8 9 0	42	1 2 3 4 5 6 7 8 9 0	67	1 2 3 4 5 6 7 8 9 0
18	1 2 3 4 5 6 7 8 9 0	43	1 2 3 4 5 6 7 8 9 0	68	1 2 3 4 5 6 7 8 9 0
19	1 2 3 4 5 6 7 8 9 0	44	1 2 3 4 5 6 7 8 9 0	69	1 2 3 4 5 6 7 8 9 0
20	1 2 3 4 5 6 7 8 9 0	45	1 2 3 4 5 6 7 8 9 0	70	1 2 3 4 5 6 7 8 9 0
21	1 2 3 4 5 6 7 8 9 0	46	1 2 3 4 5 6 7 8 9 0	71	1 2 3 4 5 6 7 8 9 0
22	1 2 3 4 5 6 7 8 9 0	47	1 2 3 4 5 6 7 8 9 0	72	1 2 3 4 5 6 7 8 9 0
23	1 2 3 4 5 6 7 8 9 0	48	1 2 3 4 5 6 7 8 9 0	73	1 2 3 4 5 6 7 8 9 0
24	1 2 3 4 5 6 7 8 9 0	49	1 2 3 4 5 6 7 8 9 0	74	1 2 3 4 5 6 7 8 9 0
25	1 2 3 4 5 6 7 8 9 0	50	1 2 3 4 5 6 7 8 9 0	75	1 2 3 4 5 6 7 8 9 0

(注) この解答用紙は実物を縮小してあります。Ｂ４用紙に133%拡大コピーすると、ほぼ実物大で使用できます。(タイトルと配点表は含みません)

受験番号				
1	1	1	1	1
2	2	2	2	2
3	3	3	3	3
4	4	4	4	4
5	5	5	5	5
6	6	6	6	6
7	7	7	7	7
8	8	8	8	8
9	9	9	9	9
0	0	0	0	0

記入方法

1．記入は、必ずＨＢの黒鉛筆で、▯の中を正確に、ぬりつぶしてください。

2．訂正は、プラスチック製消しゴムできれいに消してください。

3．解答用紙を、折り曲げたり、汚さないでください。

良い例 ▮

悪い例 ⁄ • ▯

学校配点	
[1]～[5] 各5点×20	
100点	計

二〇二二年度　山村学園高等学校　単願・第一回

国語解答用紙

評点
/100

中学校名	立　　　中学校

フリガナ	
氏　名	

問	解答記入欄 1～25	問	解答記入欄 26～50	問	解答記入欄 51～75
1	1 2 3 4 5 6 7 8 9 0	26	1 2 3 4 5 6 7 8 9 0	51	1 2 3 4 5 6 7 8 9 0
2	1 2 3 4 5 6 7 8 9 0	27	1 2 3 4 5 6 7 8 9 0	52	1 2 3 4 5 6 7 8 9 0
3	1 2 3 4 5 6 7 8 9 0	28	1 2 3 4 5 6 7 8 9 0	53	1 2 3 4 5 6 7 8 9 0
4	1 2 3 4 5 6 7 8 9 0	29	1 2 3 4 5 6 7 8 9 0	54	1 2 3 4 5 6 7 8 9 0
5	1 2 3 4 5 6 7 8 9 0	30	1 2 3 4 5 6 7 8 9 0	55	1 2 3 4 5 6 7 8 9 0
6	1 2 3 4 5 6 7 8 9 0	31	1 2 3 4 5 6 7 8 9 0	56	1 2 3 4 5 6 7 8 9 0
7	1 2 3 4 5 6 7 8 9 0	32	1 2 3 4 5 6 7 8 9 0	57	1 2 3 4 5 6 7 8 9 0
8	1 2 3 4 5 6 7 8 9 0	33	1 2 3 4 5 6 7 8 9 0	58	1 2 3 4 5 6 7 8 9 0
9	1 2 3 4 5 6 7 8 9 0	34	1 2 3 4 5 6 7 8 9 0	59	1 2 3 4 5 6 7 8 9 0
10	1 2 3 4 5 6 7 8 9 0	35	1 2 3 4 5 6 7 8 9 0	60	1 2 3 4 5 6 7 8 9 0
11	1 2 3 4 5 6 7 8 9 0	36	1 2 3 4 5 6 7 8 9 0	61	1 2 3 4 5 6 7 8 9 0
12	1 2 3 4 5 6 7 8 9 0	37	1 2 3 4 5 6 7 8 9 0	62	1 2 3 4 5 6 7 8 9 0
13	1 2 3 4 5 6 7 8 9 0	38	1 2 3 4 5 6 7 8 9 0	63	1 2 3 4 5 6 7 8 9 0
14	1 2 3 4 5 6 7 8 9 0	39	1 2 3 4 5 6 7 8 9 0	64	1 2 3 4 5 6 7 8 9 0
15	1 2 3 4 5 6 7 8 9 0	40	1 2 3 4 5 6 7 8 9 0	65	1 2 3 4 5 6 7 8 9 0
16	1 2 3 4 5 6 7 8 9 0	41	1 2 3 4 5 6 7 8 9 0	66	1 2 3 4 5 6 7 8 9 0
17	1 2 3 4 5 6 7 8 9 0	42	1 2 3 4 5 6 7 8 9 0	67	1 2 3 4 5 6 7 8 9 0
18	1 2 3 4 5 6 7 8 9 0	43	1 2 3 4 5 6 7 8 9 0	68	1 2 3 4 5 6 7 8 9 0
19	1 2 3 4 5 6 7 8 9 0	44	1 2 3 4 5 6 7 8 9 0	69	1 2 3 4 5 6 7 8 9 0
20	1 2 3 4 5 6 7 8 9 0	45	1 2 3 4 5 6 7 8 9 0	70	1 2 3 4 5 6 7 8 9 0
21	1 2 3 4 5 6 7 8 9 0	46	1 2 3 4 5 6 7 8 9 0	71	1 2 3 4 5 6 7 8 9 0
22	1 2 3 4 5 6 7 8 9 0	47	1 2 3 4 5 6 7 8 9 0	72	1 2 3 4 5 6 7 8 9 0
23	1 2 3 4 5 6 7 8 9 0	48	1 2 3 4 5 6 7 8 9 0	73	1 2 3 4 5 6 7 8 9 0
24	1 2 3 4 5 6 7 8 9 0	49	1 2 3 4 5 6 7 8 9 0	74	1 2 3 4 5 6 7 8 9 0
25	1 2 3 4 5 6 7 8 9 0	50	1 2 3 4 5 6 7 8 9 0	75	1 2 3 4 5 6 7 8 9 0

（注）この解答用紙は実物を縮小してあります。Ｂ４用紙に133％拡大コピーすると、ほぼ実物大で使用できます。（タイトルと配点表は含みません）

受験番号				
1	1	1	1	1
2	2	2	2	2
3	3	3	3	3
4	4	4	4	4
5	5	5	5	5
6	6	6	6	6
7	7	7	7	7
8	8	8	8	8
9	9	9	9	9
0	0	0	0	0

記入方法

1．記入は、必ずＨＢの黒鉛筆で、▯の中を正確に、ぬりつぶしてください。
2．訂正は、プラスチック製消しゴムできれいに消してください。
3．解答用紙を、折り曲げたり、汚さないでください。

良い例 ▮

悪い例 ⁄ ●]

学校配点	
一～三　各２点×50	
100点	計

2022年度 山村学園高等学校 第2回

英語解答用紙

評点
/100

中学校名	立 中学校

フリガナ	
氏名	

問	解答記入欄 1～25	問	解答記入欄 26～50	問	解答記入欄 51～75
1	1 2 3 4 5 6 7 8 9 0	26	1 2 3 4 5 6 7 8 9 0	51	1 2 3 4 5 6 7 8 9 0
2	1 2 3 4 5 6 7 8 9 0	27	1 2 3 4 5 6 7 8 9 0	52	1 2 3 4 5 6 7 8 9 0
3	1 2 3 4 5 6 7 8 9 0	28	1 2 3 4 5 6 7 8 9 0	53	1 2 3 4 5 6 7 8 9 0
4	1 2 3 4 5 6 7 8 9 0	29	1 2 3 4 5 6 7 8 9 0	54	1 2 3 4 5 6 7 8 9 0
5	1 2 3 4 5 6 7 8 9 0	30	1 2 3 4 5 6 7 8 9 0	55	1 2 3 4 5 6 7 8 9 0
6	1 2 3 4 5 6 7 8 9 0	31	1 2 3 4 5 6 7 8 9 0	56	1 2 3 4 5 6 7 8 9 0
7	1 2 3 4 5 6 7 8 9 0	32	1 2 3 4 5 6 7 8 9 0	57	1 2 3 4 5 6 7 8 9 0
8	1 2 3 4 5 6 7 8 9 0	33	1 2 3 4 5 6 7 8 9 0	58	1 2 3 4 5 6 7 8 9 0
9	1 2 3 4 5 6 7 8 9 0	34	1 2 3 4 5 6 7 8 9 0	59	1 2 3 4 5 6 7 8 9 0
10	1 2 3 4 5 6 7 8 9 0	35	1 2 3 4 5 6 7 8 9 0	60	1 2 3 4 5 6 7 8 9 0
11	1 2 3 4 5 6 7 8 9 0	36	1 2 3 4 5 6 7 8 9 0	61	1 2 3 4 5 6 7 8 9 0
12	1 2 3 4 5 6 7 8 9 0	37	1 2 3 4 5 6 7 8 9 0	62	1 2 3 4 5 6 7 8 9 0
13	1 2 3 4 5 6 7 8 9 0	38	1 2 3 4 5 6 7 8 9 0	63	1 2 3 4 5 6 7 8 9 0
14	1 2 3 4 5 6 7 8 9 0	39	1 2 3 4 5 6 7 8 9 0	64	1 2 3 4 5 6 7 8 9 0
15	1 2 3 4 5 6 7 8 9 0	40	1 2 3 4 5 6 7 8 9 0	65	1 2 3 4 5 6 7 8 9 0
16	1 2 3 4 5 6 7 8 9 0	41	1 2 3 4 5 6 7 8 9 0	66	1 2 3 4 5 6 7 8 9 0
17	1 2 3 4 5 6 7 8 9 0	42	1 2 3 4 5 6 7 8 9 0	67	1 2 3 4 5 6 7 8 9 0
18	1 2 3 4 5 6 7 8 9 0	43	1 2 3 4 5 6 7 8 9 0	68	1 2 3 4 5 6 7 8 9 0
19	1 2 3 4 5 6 7 8 9 0	44	1 2 3 4 5 6 7 8 9 0	69	1 2 3 4 5 6 7 8 9 0
20	1 2 3 4 5 6 7 8 9 0	45	1 2 3 4 5 6 7 8 9 0	70	1 2 3 4 5 6 7 8 9 0
21	1 2 3 4 5 6 7 8 9 0	46	1 2 3 4 5 6 7 8 9 0	71	1 2 3 4 5 6 7 8 9 0
22	1 2 3 4 5 6 7 8 9 0	47	1 2 3 4 5 6 7 8 9 0	72	1 2 3 4 5 6 7 8 9 0
23	1 2 3 4 5 6 7 8 9 0	48	1 2 3 4 5 6 7 8 9 0	73	1 2 3 4 5 6 7 8 9 0
24	1 2 3 4 5 6 7 8 9 0	49	1 2 3 4 5 6 7 8 9 0	74	1 2 3 4 5 6 7 8 9 0
25	1 2 3 4 5 6 7 8 9 0	50	1 2 3 4 5 6 7 8 9 0	75	1 2 3 4 5 6 7 8 9 0

（注）この解答用紙は実物を縮小してあります。Ｂ４用紙に133％拡大コピーすると、ほぼ実物大で使用できます。（タイトルと配点表は含みません）

受験番号				
1	1	1	1	1
2	2	2	2	2
3	3	3	3	3
4	4	4	4	4
5	5	5	5	5
6	6	6	6	6
7	7	7	7	7
8	8	8	8	8
9	9	9	9	9
0	0	0	0	0

記入方法

1．記入は、必ずＨＢの黒鉛筆で、▯の中を正確に、ぬりつぶしてください。
2．訂正は、プラスチック製消しゴムできれいに消してください。
3．解答用紙を、折り曲げたり、汚さないでください。

良い例 ▮

悪い例 ⁄ • ▯

学校配点	
1～3 各2点×20 4～6 各3点×20	
100点	計

2022年度 山村学園高等学校 第2回

数学解答用紙

評点
/100

中学校名	立 中学校

フリガナ	
氏 名	

問	解答記入欄 1～25	問	解答記入欄 26～50	問	解答記入欄 51～75
1	1 2 3 4 5 6 7 8 9 0	26	1 2 3 4 5 6 7 8 9 0	51	1 2 3 4 5 6 7 8 9 0
2	1 2 3 4 5 6 7 8 9 0	27	1 2 3 4 5 6 7 8 9 0	52	1 2 3 4 5 6 7 8 9 0
3	1 2 3 4 5 6 7 8 9 0	28	1 2 3 4 5 6 7 8 9 0	53	1 2 3 4 5 6 7 8 9 0
4	1 2 3 4 5 6 7 8 9 0	29	1 2 3 4 5 6 7 8 9 0	54	1 2 3 4 5 6 7 8 9 0
5	1 2 3 4 5 6 7 8 9 0	30	1 2 3 4 5 6 7 8 9 0	55	1 2 3 4 5 6 7 8 9 0
6	1 2 3 4 5 6 7 8 9 0	31	1 2 3 4 5 6 7 8 9 0	56	1 2 3 4 5 6 7 8 9 0
7	1 2 3 4 5 6 7 8 9 0	32	1 2 3 4 5 6 7 8 9 0	57	1 2 3 4 5 6 7 8 9 0
8	1 2 3 4 5 6 7 8 9 0	33	1 2 3 4 5 6 7 8 9 0	58	1 2 3 4 5 6 7 8 9 0
9	1 2 3 4 5 6 7 8 9 0	34	1 2 3 4 5 6 7 8 9 0	59	1 2 3 4 5 6 7 8 9 0
10	1 2 3 4 5 6 7 8 9 0	35	1 2 3 4 5 6 7 8 9 0	60	1 2 3 4 5 6 7 8 9 0
11	1 2 3 4 5 6 7 8 9 0	36	1 2 3 4 5 6 7 8 9 0	61	1 2 3 4 5 6 7 8 9 0
12	1 2 3 4 5 6 7 8 9 0	37	1 2 3 4 5 6 7 8 9 0	62	1 2 3 4 5 6 7 8 9 0
13	1 2 3 4 5 6 7 8 9 0	38	1 2 3 4 5 6 7 8 9 0	63	1 2 3 4 5 6 7 8 9 0
14	1 2 3 4 5 6 7 8 9 0	39	1 2 3 4 5 6 7 8 9 0	64	1 2 3 4 5 6 7 8 9 0
15	1 2 3 4 5 6 7 8 9 0	40	1 2 3 4 5 6 7 8 9 0	65	1 2 3 4 5 6 7 8 9 0
16	1 2 3 4 5 6 7 8 9 0	41	1 2 3 4 5 6 7 8 9 0	66	1 2 3 4 5 6 7 8 9 0
17	1 2 3 4 5 6 7 8 9 0	42	1 2 3 4 5 6 7 8 9 0	67	1 2 3 4 5 6 7 8 9 0
18	1 2 3 4 5 6 7 8 9 0	43	1 2 3 4 5 6 7 8 9 0	68	1 2 3 4 5 6 7 8 9 0
19	1 2 3 4 5 6 7 8 9 0	44	1 2 3 4 5 6 7 8 9 0	69	1 2 3 4 5 6 7 8 9 0
20	1 2 3 4 5 6 7 8 9 0	45	1 2 3 4 5 6 7 8 9 0	70	1 2 3 4 5 6 7 8 9 0
21	1 2 3 4 5 6 7 8 9 0	46	1 2 3 4 5 6 7 8 9 0	71	1 2 3 4 5 6 7 8 9 0
22	1 2 3 4 5 6 7 8 9 0	47	1 2 3 4 5 6 7 8 9 0	72	1 2 3 4 5 6 7 8 9 0
23	1 2 3 4 5 6 7 8 9 0	48	1 2 3 4 5 6 7 8 9 0	73	1 2 3 4 5 6 7 8 9 0
24	1 2 3 4 5 6 7 8 9 0	49	1 2 3 4 5 6 7 8 9 0	74	1 2 3 4 5 6 7 8 9 0
25	1 2 3 4 5 6 7 8 9 0	50	1 2 3 4 5 6 7 8 9 0	75	1 2 3 4 5 6 7 8 9 0

(注) この解答用紙は実物を縮小してあります。Ｂ４用紙に133％拡大コピーすると、ほぼ実物大で使用できます。（タイトルと配点表は含みません）

受験番号				
1	1	1	1	1
2	2	2	2	2
3	3	3	3	3
4	4	4	4	4
5	5	5	5	5
6	6	6	6	6
7	7	7	7	7
8	8	8	8	8
9	9	9	9	9
0	0	0	0	0

記入方法

1．記入は、必ずＨＢの黒鉛筆で、▯の中を正確に、ぬりつぶしてください。

2．訂正は、プラスチック製消しゴムできれいに消してください。

3．解答用紙を、折り曲げたり、汚さないでください。

良い例 ▮

悪い例 ⊘ •]

学校配点	
1～5 各5点×20	
100点	計

二〇二二年度 山村学園高等学校 第二回

国語解答用紙

評点 ／100

中学校名	立 中学校

フリガナ	
氏名	

問	解答記入欄 1～25	問	解答記入欄 26～50	問	解答記入欄 51～75
1	1 2 3 4 5 6 7 8 9 0	26	1 2 3 4 5 6 7 8 9 0	51	1 2 3 4 5 6 7 8 9 0
2	1 2 3 4 5 6 7 8 9 0	27	1 2 3 4 5 6 7 8 9 0	52	1 2 3 4 5 6 7 8 9 0
3	1 2 3 4 5 6 7 8 9 0	28	1 2 3 4 5 6 7 8 9 0	53	1 2 3 4 5 6 7 8 9 0
4	1 2 3 4 5 6 7 8 9 0	29	1 2 3 4 5 6 7 8 9 0	54	1 2 3 4 5 6 7 8 9 0
5	1 2 3 4 5 6 7 8 9 0	30	1 2 3 4 5 6 7 8 9 0	55	1 2 3 4 5 6 7 8 9 0
6	1 2 3 4 5 6 7 8 9 0	31	1 2 3 4 5 6 7 8 9 0	56	1 2 3 4 5 6 7 8 9 0
7	1 2 3 4 5 6 7 8 9 0	32	1 2 3 4 5 6 7 8 9 0	57	1 2 3 4 5 6 7 8 9 0
8	1 2 3 4 5 6 7 8 9 0	33	1 2 3 4 5 6 7 8 9 0	58	1 2 3 4 5 6 7 8 9 0
9	1 2 3 4 5 6 7 8 9 0	34	1 2 3 4 5 6 7 8 9 0	59	1 2 3 4 5 6 7 8 9 0
10	1 2 3 4 5 6 7 8 9 0	35	1 2 3 4 5 6 7 8 9 0	60	1 2 3 4 5 6 7 8 9 0
11	1 2 3 4 5 6 7 8 9 0	36	1 2 3 4 5 6 7 8 9 0	61	1 2 3 4 5 6 7 8 9 0
12	1 2 3 4 5 6 7 8 9 0	37	1 2 3 4 5 6 7 8 9 0	62	1 2 3 4 5 6 7 8 9 0
13	1 2 3 4 5 6 7 8 9 0	38	1 2 3 4 5 6 7 8 9 0	63	1 2 3 4 5 6 7 8 9 0
14	1 2 3 4 5 6 7 8 9 0	39	1 2 3 4 5 6 7 8 9 0	64	1 2 3 4 5 6 7 8 9 0
15	1 2 3 4 5 6 7 8 9 0	40	1 2 3 4 5 6 7 8 9 0	65	1 2 3 4 5 6 7 8 9 0
16	1 2 3 4 5 6 7 8 9 0	41	1 2 3 4 5 6 7 8 9 0	66	1 2 3 4 5 6 7 8 9 0
17	1 2 3 4 5 6 7 8 9 0	42	1 2 3 4 5 6 7 8 9 0	67	1 2 3 4 5 6 7 8 9 0
18	1 2 3 4 5 6 7 8 9 0	43	1 2 3 4 5 6 7 8 9 0	68	1 2 3 4 5 6 7 8 9 0
19	1 2 3 4 5 6 7 8 9 0	44	1 2 3 4 5 6 7 8 9 0	69	1 2 3 4 5 6 7 8 9 0
20	1 2 3 4 5 6 7 8 9 0	45	1 2 3 4 5 6 7 8 9 0	70	1 2 3 4 5 6 7 8 9 0
21	1 2 3 4 5 6 7 8 9 0	46	1 2 3 4 5 6 7 8 9 0	71	1 2 3 4 5 6 7 8 9 0
22	1 2 3 4 5 6 7 8 9 0	47	1 2 3 4 5 6 7 8 9 0	72	1 2 3 4 5 6 7 8 9 0
23	1 2 3 4 5 6 7 8 9 0	48	1 2 3 4 5 6 7 8 9 0	73	1 2 3 4 5 6 7 8 9 0
24	1 2 3 4 5 6 7 8 9 0	49	1 2 3 4 5 6 7 8 9 0	74	1 2 3 4 5 6 7 8 9 0
25	1 2 3 4 5 6 7 8 9 0	50	1 2 3 4 5 6 7 8 9 0	75	1 2 3 4 5 6 7 8 9 0

(注) この解答用紙は実物を縮小してあります。Ｂ４用紙に133％拡大コピーすると、ほぼ実物大で使用できます。(タイトルと配点表は含みません)

受験番号				
1	1	1	1	1
2	2	2	2	2
3	3	3	3	3
4	4	4	4	4
5	5	5	5	5
6	6	6	6	6
7	7	7	7	7
8	8	8	8	8
9	9	9	9	9
0	0	0	0	0

記入方法

1．記入は、必ずＨＢの黒鉛筆で、「」の中を正確に、ぬりつぶしてください。
2．訂正は、プラスチック製消しゴムできれいに消してください。
3．解答用紙を、折り曲げたり、汚さないでください。

良い例 ▌

悪い例 ⁄ ● ▌

学校配点	
一～三 各2点×50	
100点	計

2022年度 山村学園高等学校 第3回

英語解答用紙

中学校名	立　　　　中学校

フリガナ	
氏　名	

評点
/100

問	解答記入欄 1～25	問	解答記入欄 26～50	問	解答記入欄 51～75
1	1 2 3 4 5 6 7 8 9 0	26	1 2 3 4 5 6 7 8 9 0	51	1 2 3 4 5 6 7 8 9 0
2	1 2 3 4 5 6 7 8 9 0	27	1 2 3 4 5 6 7 8 9 0	52	1 2 3 4 5 6 7 8 9 0
3	1 2 3 4 5 6 7 8 9 0	28	1 2 3 4 5 6 7 8 9 0	53	1 2 3 4 5 6 7 8 9 0
4	1 2 3 4 5 6 7 8 9 0	29	1 2 3 4 5 6 7 8 9 0	54	1 2 3 4 5 6 7 8 9 0
5	1 2 3 4 5 6 7 8 9 0	30	1 2 3 4 5 6 7 8 9 0	55	1 2 3 4 5 6 7 8 9 0
6	1 2 3 4 5 6 7 8 9 0	31	1 2 3 4 5 6 7 8 9 0	56	1 2 3 4 5 6 7 8 9 0
7	1 2 3 4 5 6 7 8 9 0	32	1 2 3 4 5 6 7 8 9 0	57	1 2 3 4 5 6 7 8 9 0
8	1 2 3 4 5 6 7 8 9 0	33	1 2 3 4 5 6 7 8 9 0	58	1 2 3 4 5 6 7 8 9 0
9	1 2 3 4 5 6 7 8 9 0	34	1 2 3 4 5 6 7 8 9 0	59	1 2 3 4 5 6 7 8 9 0
10	1 2 3 4 5 6 7 8 9 0	35	1 2 3 4 5 6 7 8 9 0	60	1 2 3 4 5 6 7 8 9 0
11	1 2 3 4 5 6 7 8 9 0	36	1 2 3 4 5 6 7 8 9 0	61	1 2 3 4 5 6 7 8 9 0
12	1 2 3 4 5 6 7 8 9 0	37	1 2 3 4 5 6 7 8 9 0	62	1 2 3 4 5 6 7 8 9 0
13	1 2 3 4 5 6 7 8 9 0	38	1 2 3 4 5 6 7 8 9 0	63	1 2 3 4 5 6 7 8 9 0
14	1 2 3 4 5 6 7 8 9 0	39	1 2 3 4 5 6 7 8 9 0	64	1 2 3 4 5 6 7 8 9 0
15	1 2 3 4 5 6 7 8 9 0	40	1 2 3 4 5 6 7 8 9 0	65	1 2 3 4 5 6 7 8 9 0
16	1 2 3 4 5 6 7 8 9 0	41	1 2 3 4 5 6 7 8 9 0	66	1 2 3 4 5 6 7 8 9 0
17	1 2 3 4 5 6 7 8 9 0	42	1 2 3 4 5 6 7 8 9 0	67	1 2 3 4 5 6 7 8 9 0
18	1 2 3 4 5 6 7 8 9 0	43	1 2 3 4 5 6 7 8 9 0	68	1 2 3 4 5 6 7 8 9 0
19	1 2 3 4 5 6 7 8 9 0	44	1 2 3 4 5 6 7 8 9 0	69	1 2 3 4 5 6 7 8 9 0
20	1 2 3 4 5 6 7 8 9 0	45	1 2 3 4 5 6 7 8 9 0	70	1 2 3 4 5 6 7 8 9 0
21	1 2 3 4 5 6 7 8 9 0	46	1 2 3 4 5 6 7 8 9 0	71	1 2 3 4 5 6 7 8 9 0
22	1 2 3 4 5 6 7 8 9 0	47	1 2 3 4 5 6 7 8 9 0	72	1 2 3 4 5 6 7 8 9 0
23	1 2 3 4 5 6 7 8 9 0	48	1 2 3 4 5 6 7 8 9 0	73	1 2 3 4 5 6 7 8 9 0
24	1 2 3 4 5 6 7 8 9 0	49	1 2 3 4 5 6 7 8 9 0	74	1 2 3 4 5 6 7 8 9 0
25	1 2 3 4 5 6 7 8 9 0	50	1 2 3 4 5 6 7 8 9 0	75	1 2 3 4 5 6 7 8 9 0

(注) この解答用紙は実物を縮小してあります。Ｂ４用紙に133%拡大コピーすると、ほぼ実物大で使用できます。(タイトルと配点表は含みません)

受験番号				
1	1	1	1	1
2	2	2	2	2
3	3	3	3	3
4	4	4	4	4
5	5	5	5	5
6	6	6	6	6
7	7	7	7	7
8	8	8	8	8
9	9	9	9	9
0	0	0	0	0

記入方法

1. 記入は、必ずＨＢの黒鉛筆で、□の中を正確に、ぬりつぶしてください。
2. 訂正は、プラスチック製消しゴムできれいに消してください。
3. 解答用紙を、折り曲げたり、汚さないでください。

良い例 ▮

悪い例 ⁄ •]

学校配点	
1～3 各2点×20 4～6 各3点×20	
100点	計

2022年度　山村学園高等学校　第3回

数学解答用紙

評点
/100

中学校名	立　　　　中学校

フリガナ	
氏　名	

問	解答記入欄 1〜25	問	解答記入欄 26〜50	問	解答記入欄 51〜75
1	1 2 3 4 5 6 7 8 9 0	26	1 2 3 4 5 6 7 8 9 0	51	1 2 3 4 5 6 7 8 9 0
2	1 2 3 4 5 6 7 8 9 0	27	1 2 3 4 5 6 7 8 9 0	52	1 2 3 4 5 6 7 8 9 0
3	1 2 3 4 5 6 7 8 9 0	28	1 2 3 4 5 6 7 8 9 0	53	1 2 3 4 5 6 7 8 9 0
4	1 2 3 4 5 6 7 8 9 0	29	1 2 3 4 5 6 7 8 9 0	54	1 2 3 4 5 6 7 8 9 0
5	1 2 3 4 5 6 7 8 9 0	30	1 2 3 4 5 6 7 8 9 0	55	1 2 3 4 5 6 7 8 9 0
6	1 2 3 4 5 6 7 8 9 0	31	1 2 3 4 5 6 7 8 9 0	56	1 2 3 4 5 6 7 8 9 0
7	1 2 3 4 5 6 7 8 9 0	32	1 2 3 4 5 6 7 8 9 0	57	1 2 3 4 5 6 7 8 9 0
8	1 2 3 4 5 6 7 8 9 0	33	1 2 3 4 5 6 7 8 9 0	58	1 2 3 4 5 6 7 8 9 0
9	1 2 3 4 5 6 7 8 9 0	34	1 2 3 4 5 6 7 8 9 0	59	1 2 3 4 5 6 7 8 9 0
10	1 2 3 4 5 6 7 8 9 0	35	1 2 3 4 5 6 7 8 9 0	60	1 2 3 4 5 6 7 8 9 0
11	1 2 3 4 5 6 7 8 9 0	36	1 2 3 4 5 6 7 8 9 0	61	1 2 3 4 5 6 7 8 9 0
12	1 2 3 4 5 6 7 8 9 0	37	1 2 3 4 5 6 7 8 9 0	62	1 2 3 4 5 6 7 8 9 0
13	1 2 3 4 5 6 7 8 9 0	38	1 2 3 4 5 6 7 8 9 0	63	1 2 3 4 5 6 7 8 9 0
14	1 2 3 4 5 6 7 8 9 0	39	1 2 3 4 5 6 7 8 9 0	64	1 2 3 4 5 6 7 8 9 0
15	1 2 3 4 5 6 7 8 9 0	40	1 2 3 4 5 6 7 8 9 0	65	1 2 3 4 5 6 7 8 9 0
16	1 2 3 4 5 6 7 8 9 0	41	1 2 3 4 5 6 7 8 9 0	66	1 2 3 4 5 6 7 8 9 0
17	1 2 3 4 5 6 7 8 9 0	42	1 2 3 4 5 6 7 8 9 0	67	1 2 3 4 5 6 7 8 9 0
18	1 2 3 4 5 6 7 8 9 0	43	1 2 3 4 5 6 7 8 9 0	68	1 2 3 4 5 6 7 8 9 0
19	1 2 3 4 5 6 7 8 9 0	44	1 2 3 4 5 6 7 8 9 0	69	1 2 3 4 5 6 7 8 9 0
20	1 2 3 4 5 6 7 8 9 0	45	1 2 3 4 5 6 7 8 9 0	70	1 2 3 4 5 6 7 8 9 0
21	1 2 3 4 5 6 7 8 9 0	46	1 2 3 4 5 6 7 8 9 0	71	1 2 3 4 5 6 7 8 9 0
22	1 2 3 4 5 6 7 8 9 0	47	1 2 3 4 5 6 7 8 9 0	72	1 2 3 4 5 6 7 8 9 0
23	1 2 3 4 5 6 7 8 9 0	48	1 2 3 4 5 6 7 8 9 0	73	1 2 3 4 5 6 7 8 9 0
24	1 2 3 4 5 6 7 8 9 0	49	1 2 3 4 5 6 7 8 9 0	74	1 2 3 4 5 6 7 8 9 0
25	1 2 3 4 5 6 7 8 9 0	50	1 2 3 4 5 6 7 8 9 0	75	1 2 3 4 5 6 7 8 9 0

(注)　この解答用紙は実物を縮小してあります。Ｂ４用紙に133%拡大コピーすると、ほぼ実物大で使用できます。(タイトルと配点表は含みません)

受験番号				
1	1	1	1	1
2	2	2	2	2
3	3	3	3	3
4	4	4	4	4
5	5	5	5	5
6	6	6	6	6
7	7	7	7	7
8	8	8	8	8
9	9	9	9	9
0	0	0	0	0

記入方法

1．記入は、必ずＨＢの黒鉛筆で、□の中を正確に、ぬりつぶしてください。
2．訂正は、プラスチック製消しゴムできれいに消してください。
3．解答用紙を、折り曲げたり、汚さないでください。

良い例　▌

悪い例　⁄ ● ▐

学校配点	
1〜5　各5点×20	
100点	計

二〇二二年度　山村学園高等学校　第三回

国語解答用紙

評点　／100

中学校名	立　　　　中学校

フリガナ	
氏　名	

問	解答記入欄 1～25	問	解答記入欄 26～50	問	解答記入欄 51～75
1	1 2 3 4 5 6 7 8 9 0	26	1 2 3 4 5 6 7 8 9 0	51	1 2 3 4 5 6 7 8 9 0
2	1 2 3 4 5 6 7 8 9 0	27	1 2 3 4 5 6 7 8 9 0	52	1 2 3 4 5 6 7 8 9 0
3	1 2 3 4 5 6 7 8 9 0	28	1 2 3 4 5 6 7 8 9 0	53	1 2 3 4 5 6 7 8 9 0
4	1 2 3 4 5 6 7 8 9 0	29	1 2 3 4 5 6 7 8 9 0	54	1 2 3 4 5 6 7 8 9 0
5	1 2 3 4 5 6 7 8 9 0	30	1 2 3 4 5 6 7 8 9 0	55	1 2 3 4 5 6 7 8 9 0
6	1 2 3 4 5 6 7 8 9 0	31	1 2 3 4 5 6 7 8 9 0	56	1 2 3 4 5 6 7 8 9 0
7	1 2 3 4 5 6 7 8 9 0	32	1 2 3 4 5 6 7 8 9 0	57	1 2 3 4 5 6 7 8 9 0
8	1 2 3 4 5 6 7 8 9 0	33	1 2 3 4 5 6 7 8 9 0	58	1 2 3 4 5 6 7 8 9 0
9	1 2 3 4 5 6 7 8 9 0	34	1 2 3 4 5 6 7 8 9 0	59	1 2 3 4 5 6 7 8 9 0
10	1 2 3 4 5 6 7 8 9 0	35	1 2 3 4 5 6 7 8 9 0	60	1 2 3 4 5 6 7 8 9 0
11	1 2 3 4 5 6 7 8 9 0	36	1 2 3 4 5 6 7 8 9 0	61	1 2 3 4 5 6 7 8 9 0
12	1 2 3 4 5 6 7 8 9 0	37	1 2 3 4 5 6 7 8 9 0	62	1 2 3 4 5 6 7 8 9 0
13	1 2 3 4 5 6 7 8 9 0	38	1 2 3 4 5 6 7 8 9 0	63	1 2 3 4 5 6 7 8 9 0
14	1 2 3 4 5 6 7 8 9 0	39	1 2 3 4 5 6 7 8 9 0	64	1 2 3 4 5 6 7 8 9 0
15	1 2 3 4 5 6 7 8 9 0	40	1 2 3 4 5 6 7 8 9 0	65	1 2 3 4 5 6 7 8 9 0
16	1 2 3 4 5 6 7 8 9 0	41	1 2 3 4 5 6 7 8 9 0	66	1 2 3 4 5 6 7 8 9 0
17	1 2 3 4 5 6 7 8 9 0	42	1 2 3 4 5 6 7 8 9 0	67	1 2 3 4 5 6 7 8 9 0
18	1 2 3 4 5 6 7 8 9 0	43	1 2 3 4 5 6 7 8 9 0	68	1 2 3 4 5 6 7 8 9 0
19	1 2 3 4 5 6 7 8 9 0	44	1 2 3 4 5 6 7 8 9 0	69	1 2 3 4 5 6 7 8 9 0
20	1 2 3 4 5 6 7 8 9 0	45	1 2 3 4 5 6 7 8 9 0	70	1 2 3 4 5 6 7 8 9 0
21	1 2 3 4 5 6 7 8 9 0	46	1 2 3 4 5 6 7 8 9 0	71	1 2 3 4 5 6 7 8 9 0
22	1 2 3 4 5 6 7 8 9 0	47	1 2 3 4 5 6 7 8 9 0	72	1 2 3 4 5 6 7 8 9 0
23	1 2 3 4 5 6 7 8 9 0	48	1 2 3 4 5 6 7 8 9 0	73	1 2 3 4 5 6 7 8 9 0
24	1 2 3 4 5 6 7 8 9 0	49	1 2 3 4 5 6 7 8 9 0	74	1 2 3 4 5 6 7 8 9 0
25	1 2 3 4 5 6 7 8 9 0	50	1 2 3 4 5 6 7 8 9 0	75	1 2 3 4 5 6 7 8 9 0

受験番号				
1	1	1	1	1
2	2	2	2	2
3	3	3	3	3
4	4	4	4	4
5	5	5	5	5
6	6	6	6	6
7	7	7	7	7
8	8	8	8	8
9	9	9	9	9
0	0	0	0	0

記入方法

1．記入は、必ずＨＢの黒鉛筆で、▯の中を正確に、ぬりつぶしてください。
2．訂正は、プラスチック製消しゴムできれいに消してください。
3．解答用紙を、折り曲げたり、汚さないでください。

良い例 ▮

悪い例 ⁄ •]

学校配点	
一～三　各2点×50	
100点	計

（注）この解答用紙は実物を縮小してあります。Ｂ４用紙に133％拡大コピーすると、ほぼ実物大で使用できます。（タイトルと配点表は含みません）

スーパー過去問をお買い上げいただいた方に

声教からのお知らせ

どうしても使ってほしい３冊!!

声の教育社では，高校入試のスタンダード（定番）として，高校受験案内／学校別スーパー過去問／都立・公立高校スーパー過去問をご用意しています。知っておきたい学校情報や，解いておきたい珠玉の頻出問題が満載です!!

東京都高校受験案内：定価2310円（税込）
東京都立高校スーパー過去問：定価1100円（税込）
3～10年間スーパー過去問：定価2200～2530円（税込）

充実のラインアップ!!
受験案内＋公立過去問＋私立過去問

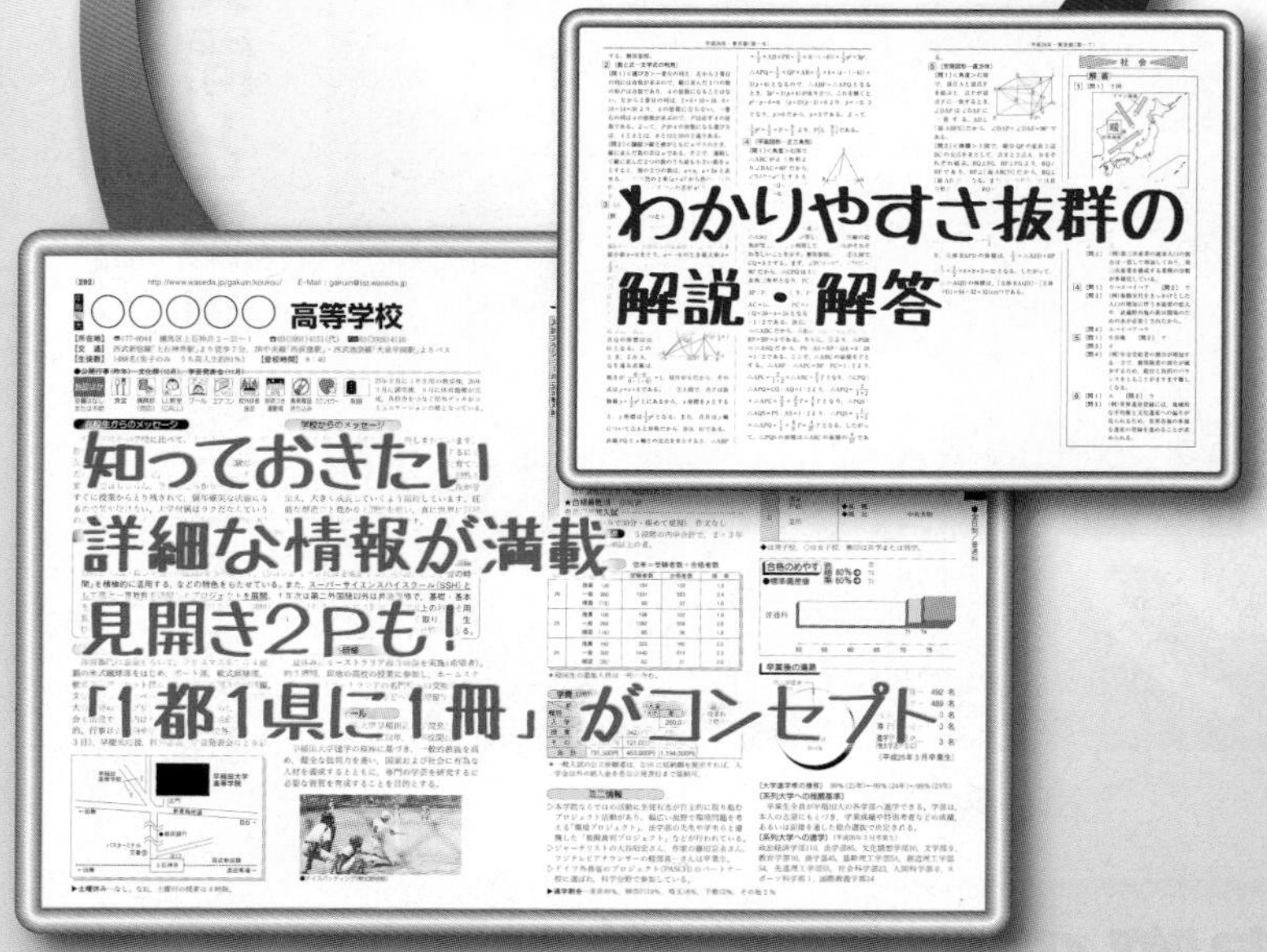

各県高校受験案内：定価2310円（税込）（茨城県は定価1650円
各県公立高校スーパー過去問：定価1100円（税込）
3～10年間スーパー過去問：定価2200～2530円（税込

声の教育社
〒162-0814 東京都新宿区新小川町8-15
TEL 03（5261）5061 FAX 03（5261）5062
https://www.koenokyoikusha.co.jp

高校後見返し